经济管理学术文库·管理类

企业战略管理要义及进展：
基于实践的视角

Enterprise Strategic Manage Essentials and Progress:
Based on Practical Perspective

陶晓红／著

图书在版编目（CIP）数据

企业战略管理要义及进展：基于实践的视角/陶晓红著.—北京：经济管理出版社，2018.12
ISBN 978-7-5096-6223-6

Ⅰ.①企… Ⅱ.①陶… Ⅲ.①企业管理—战略管理—研究 Ⅳ.①F272.1

中国版本图书馆 CIP 数据核字（2018）第 273144 号

组稿编辑：宋　娜
责任编辑：张　昕　田乃馨
责任印制：黄章平
责任校对：陈　颖

出版发行：经济管理出版社
（北京市海淀区北蜂窝 8 号中雅大厦 A 座 11 层 100038）
网　　址：www.E-mp.com.cn
电　　话：(010) 51915602
印　　刷：北京晨旭印刷厂
经　　销：新华书店
开　　本：720mm×1000mm/16
印　　张：20
字　　数：349 千字
版　　次：2019 年 5 月第 1 版　2019 年 5 月第 1 次印刷
书　　号：ISBN 978-7-5096-6223-6
定　　价：98.00 元

·版权所有　翻印必究·
凡购本社图书，如有印装错误，由本社读者服务部负责调换。
联系地址：北京阜外月坛北小街 2 号
电话：(010) 68022974　　邮编：100836

前言
Preface

对企业战略理论的研究,始于对企业战略概念的分析,这一分析有着既定的路径与线索。"战略"一词来源于希腊语 Strategos,最早用于军事领域,意指将军,其后演变为克敌制胜的艺术和科学。西方战略管理大师明茨伯格说:"我们对战略管理形成的认识就如盲人摸象,没人具有审视整个大象的眼光,每个人都只是抓住战略形成过程的一个局部,而对其他难以触及的部分一无所知。"自"二战"以来,以西方科学为基础的现代战略管理理论逐步发展并不断演化,众多学者也倾注了大量精力对现代战略管理理论进行研究,使现代战略管理理论不断深化。与此同时,东方战略管理思想也引起世界的关注,随着中国企业、中国经济不断地走向世界,人们在关注中国经济发展取得重大成就的同时,也在研究以中国为代表的东方战略思想。为此,有关战略管理理论的研究逐渐成为学界的前沿和热点。

本书把规范研究和案例分析方法结合起来,力图厘清战略管理理论的演进脉络,探究战略管理的范畴和战略管理先导,完善企业战略管理的理论体系。为了达到这个研究目标,本书在文献综述及诠释战略管理相关概念的基础上,着重进行了以下的研究:

研究一,对战略管理思想的演进过程进行梳理,总结西方战略管理理论的源起过程和我国战略管理理论的产生历程;研究二,对战略管理的范畴进行分析,总结了战略管理的三种模式和战略管理的环境范畴和矛盾范畴;研究三,对企业战略伦理进行研究,对伦理思想的产生和发展进行梳理,从责任化的伦理思想、中西方战略伦理思想、多层次的战略伦理三个角度来分析企业战略伦理思想,分析了商业伦理的效应、分类和模型以及商业伦理导向的企业战略管理体系;研究四,从战略思维、战略企业家、战略定位、战略制定、战略选择五个角度来分析战略管理的先导；研究五，分析了竞争优势的内涵及特征、演化及模式，分析了战略企业家和战略定位，总结了战略制定的内容、模式、创新和工具，探究了战略选择的类型及内容、基本思维模式和分析框架；研究六，分析了战略转型的概念与模型、体系、路径与实践；研究七，对创新创业战略理论进行了分析；研究八，对互联网与生态战略进行分析；研究九，对国际化与知识战略进行总结分析。

探索战略管理理论，帮助企业更加有效地将战略管理应用于实践中，能够使企业决策者从极高层面与极大视域中把握企业的长期生存与发展的重大问题，有利于企业在广阔的市场竞争中脱颖而出，取得更好的发展。战略管理学属于高级管理学。作为系统性、思辨性、概念性及经验性极强的高层管理理论，战略管理是对企业长期生存与发展的顶层设计与认识。

任教以来，本人一直从事企业战略管理课程的教学，也对战略管理问题产生了一些认识和理解，形成积累了相应的知识框架，结合后期的教学需要，特编写此专著，希冀为当年高校课程的创新创业教育提供力所能及的帮助。

立足于现有的教材，在篇章结构、理论思想、表现形式和知识内容等方面锐意创新；把企业战略管理的案例融入每章每节的每个知识点之中，既介绍案例，又深入剖析案例，并力求精准，克服冗长累赘，运用了最新的国内外典型企业战略管理案例；通过知识逻辑图对每章的知识结构进行总结性归纳，把图表和文字结合起来，使读者在短时间内便能掌握章节的知识全貌；尽量吸收东方的企业战略管理精髓，并与西方的商业战略管理理论进行整合，取长补短。

目 录
Contents

第一章　战略管理思想演进 …………………………………………………… 001

　第一节　战略管理理论的源起 / 001
　　一、西方战略管理理论的源起 / 001
　　二、我国战略管理理论的产生历程 / 003
　第二节　战略管理理论形成与发展的流派 / 004
　　一、明茨伯格的划分：十大经典流派 / 004
　　二、三类现代流派 / 004
　　三、战略联盟流派与基于信息技术的战略管理思想学派 / 012
　【本章参考文献】/ 015

第二章　战略管理范畴 …………………………………………………………… 019

　第一节　战略管理模式范畴 / 019
　　一、说明性战略管理模式 / 020
　　二、描述性战略管理理论模式 / 021
　　三、思维性战略管理模式 / 021
　　四、行为性战略管理模式 / 023
　第二节　战略管理的环境范畴 / 024
　　一、企业环境 / 024
　　二、企业环境系统 / 025
　　三、企业环境的分析方法 / 027

第三节　战略管理的矛盾范畴 / 037
　　　　一、战略依据："动"与"静"的环境假设 / 037
　　　　二、战略视野："对内"与"朝外" / 039
　　　　三、战略性质："竞争"与"共生" / 040
　　　　四、战略状态："孤立静止"与"动态持续" / 042
　　　　五、战略核心："价值瓜分"与"价值创新" / 043
　　　　六、战略主体："上下"与"内外" / 044
　　　　七、战略目标："经济性"与"社会性" / 045
　【本章参考文献】/ 045

第三章　企业战略伦理　047

　　第一节　伦理思想的演化 / 047
　　　　一、伦理思想的产生及发展 / 047
　　　　二、责任化的伦理思想 / 050
　　　　三、中西方战略伦理思想 / 052
　　　　四、多层次的战略伦理 / 057
　　第二节　商业伦理 / 061
　　　　一、商业伦理思想的演化 / 061
　　　　二、商业伦理的效应 / 064
　　　　三、商业伦理的分类及模型 / 066
　　　　四、商业伦理导向的企业战略管理体系 / 068
　　第三节　企业战略伦理思想的现实考量 / 070
　　　　一、企业社会化理论 / 070
　　　　二、企业对伦理责任的认识误区 / 072
　　　　三、企业伦理责任与盈利的统一性 / 074
　　　　四、价值观对伦理责任的影响 / 074
　　　　五、企业伦理责任实例 / 075
　【本章参考文献】/ 078

第四章　战略管理先导 …………………………………………………… 081

第一节　战略思维 / 081
一、战略思维的内涵及特征 / 081
二、战略思维的演化及模式 / 082
三、战略思维、战略计划、战略、战略思想 / 084

第二节　战略企业家 / 085
一、战略智慧 / 085
二、战略意图 / 086
三、战略企业家 / 086

第三节　战略定位 / 090
一、战略定位的理论溯源及演进 / 090
二、企业战略定位分析框架 / 094
三、战略定位的层次 / 095
四、战略定位的先导 / 096
五、企业战略定位实践：投资控股还是产业运营？——丰收集团的战略定位之惑 / 101

第四节　战略制定 / 111
一、战略制定的内容 / 111
二、战略制定的模式 / 111
三、战略制定的工具 / 112
四、战略制定的创新 / 113

第五节　战略选择 / 114
一、战略选择的类型 / 114
二、战略选择的内容 / 118
三、战略选择的基本思维模式 / 120
四、战略选择的分析框架 / 123
五、企业战略选择实践 / 128

【本章参考文献】/ 134

第五章　战略核心 ……………………………………………………… 137

第一节　竞争优势与核心竞争力 / 137
一、竞争优势的内涵 / 137
二、竞争优势的来源 / 139
三、核心竞争力 / 142
四、动态竞争 / 153

第二节　商业模式 / 154
一、商业模式的形成 / 154
二、商业模式的内涵 / 156
三、商业模式的构成要素及类别 / 158
四、商业模式模型 / 159
五、商业模式发展阶段 / 161
六、商业模式特征与评价 / 162
七、商业模式设计 / 165
八、商业模式与战略 / 168
九、商业模式的企业实践及现实评价 / 170
十、商业模式创新 / 172

【本章参考文献】/ 186

第六章　战略转型 ……………………………………………………… 189

第一节　战略转型的概念与模型 / 190
一、战略转型的多视角考究 / 190
二、战略转型的主要内容 / 192
三、战略转型的模型 / 194
四、战略转型测量 / 198
五、战略转型的类型 / 199

第二节　战略转型的体系、路径与实践 / 202
一、战略转型的体系化 / 202
二、战略转型的路径 / 203

三、企业成功转型的关键性因素 / 204

四、企业战略转型实践 / 206

【本章参考文献】/ 209

第七章 创新创业战略 ·· 211

第一节 创新战略 / 211

一、创新 / 211

二、创新战略 / 218

第二节 创业战略 / 245

一、创业 / 245

二、创业战略 / 247

【本章参考文献】/ 258

第八章 互联网与生态战略 ·· 261

第一节 互联网环境中的战略管理 / 261

一、互联网时代的到来 / 261

二、互联网与战略的联系 / 263

三、互联网环境下的战略管理挑战与机遇 / 264

四、互联网战略思维 / 267

五、互联网企业战略趋向：并购与柔性 / 268

六、"互联网+"战略的企业实践 / 271

第二节 生态战略 / 274

一、商业生态系统 / 274

二、商业生态模式 / 279

三、创新生态系统 / 282

四、生态战略 / 285

【本章参考文献】/ 287

第九章 国际化与知识产权战略 ·· 289

第一节 国际化战略 / 289

一、企业国际化理论进程 / 289

二、国际化战略的理由 / 290

三、国际化战略的内涵与动因 / 292

四、企业国际化战略的类型与方式 / 294

五、企业国际化演化路径 / 295

六、企业国际化的实践：小米的国际化之路 / 297

第二节 知识产权战略 / 300

一、知识产权战略的内涵与特征 / 300

二、知识产权战略的构成要素 / 301

三、知识产权战略的分类 / 301

第三节 专利战略 / 302

一、专利申请战略主要类型 / 302

二、专利进攻战略主要类型 / 303

三、专利防御战略主要类型 / 304

四、混合型专利战略 / 305

五、专利布局 / 305

六、专利国际化 / 307

【本章参考文献】/ 308

第一章　战略管理思想演进

第一节　战略管理理论的源起

一、西方战略管理理论的源起

对企业战略理论的研究，始于对企业战略概念的分析，这一分析有着既定的路径与线索。"战略"一词来源于希腊语 Strategos，最早用于军事领域，意指将军，其后演变为克敌制胜的艺术和科学。公元前 360 年，孙武主撰的专著《孙子兵法》，是世界上第一部战略管理的经典文献，被誉为"兵学圣典"。此外，毛泽东的《中国革命战争的战略问题》和克劳塞维茨的《战争论》都是国内外经典的战略巨著。然而，战略问题在当时却仅涉猎军事领域。资本主义工业大革命，催生了企业这种社会经济组织形态，转而，战略被运用于企业的生产经营之中。在国外，以亚当·斯密、瓦特和斯图亚特等为代表的欧洲管理者和泰罗为代表的科学管理学派的管理思想均聚焦组织内部管理，关注内部组织的运行效率，并未涉及组织活动效果这一企业战略问题。法约尔则提出了计划、组织、指挥、协调与控制五项职能，这一观点成为最早出现的战略管理思想。1938 年，巴纳德在提出的组织理论中指出，组织与环境相适应的是组织效能问题，而管理科学所解决的是组织效率，这一观点成为企业战略概念的第二种认识。德鲁克早在 1954 年提出事业理论，德鲁克经常问企业家和管理者的问题是"我们的业务是什么""我们的客户是谁""客户的认知价值是什么"。领导者和管理者对这些问题的理解准确与否,在很大程度上影响甚至决定着企业的兴衰成败。对这三个问题的假设包括如何看待市场、如何鉴别顾客和竞争者以及他们的价值和行为、对技术及其发展的态度以及对本公司的优势和弱点的认识等。每一个组织,无论其是否为商业性的,都会形成自己的事业理论。事业理论由三个部分组成:第一,有关组织外部环境的假设;第二,有关组织特殊使命的假设;第三,为完成企业使命所必需的核心竞争力假设。事业理论的特点包括:①环境、使命和核心竞争力的假设都必须是符合现实的;②三个方面的假设必须相互协调;③事业理论必须为整个组织内的成员所知晓和理解。20世纪60年代,安德鲁斯认为战略由内部环境因素和外部环境因素两大层次构成,前者包括公司实力、个人价值和渴望,后者包括市场机会和社会责任,并主张获取竞争优势的途径在于配置好资源以形成独特能力,这一观点被看成是企业战略概念的第三种观点。钱德勒较为正式地界定了企业战略的概念,认为战略是"确定企业的长期基本目标与目的,选择企业达到这些目标所遵循的途径,并为实现这些目标与途径而对企业重要资源进行的管理"。明茨伯格(Mintzberg)提出了非单一的战略内涵,即战略"5P"[Plan(计划)、Pattern(模式)、Position(定位)、Perspeetive(观念)、Ploy(计策)]论。

战略函数 $S=f(E, R, V)$ 有助于加深对战略的理解,战略函数表征的是,战略(S)是环境(E)、资源(R)和愿景(V)三个变量的三元函数,是三个变量的交集。环境是企业制定战略的外部因素,它界定了企业"可做"什么的范围;资源是企业制定战略的基础条件,资源包括土地、资金、厂房等有形资产,也包括人力资源等无形资源,它界定了企业"能做"什么的范围;愿景是企业制定战略的价值诉求,它描述了企业"想做"什么的范围,更多地体现了企业管理者的意志和意图,它为企业的战略制定提供了精神动力和方向指南。战略的本质是"该做"什么,它是"可做""能做"和"想做"的有机统一,三者缺一不可。

安索夫提出的战略四要素(产品与市场范围、增长向量、协同效果和竞争优势),则将企业战略的概念分析由单纯的组织内部转向了组织与环境的关系之上,其出版的《企业战略》一书,成为企业战略理论研究的转折点。Kenneth R. Andrews(1971)首先提出战略管理过程(Strategic Management Process)包括战略制定、战略实施两个阶段,之后有学者将它扩充为三个阶段:战略制定、战略实施、战略评估和控制。战略制定包括战略分析与战略选择。管理者研究组织的内部和外部环境,以确定关键的内部和外部战略因素。根据战略与组织内部和外部环境相匹配的原则,需要对组织的使命与战略有所调整,并且在公司层、业务层或职能层面上制定新的战略。战略实施主要是要求公司确定年度目标、制定政策、激励雇员和配置资源，各个职能部门制定具体的战术，以便使制定的战略得以贯彻执行，也就是战略实施阶段。战术运用活动包括培育支持战略实施的企业文化，建立有效的组织结构，制定预算，建立和使用信息系统，制定各种行动、方案和具体计划措施。然而，由于外部及内部因素处于不断变化之中，所有战略都将面临不断地调整与修改，所以管理者需要及时地了解是哪一特定的战略管理阶段出了问题，而战略评价便是获得这一信息的主要方法。战略评价活动包括：重新审视外部与内部因素、度量业绩、采取纠正措施。而战略控制一般可以分为事前控制、事中控制和事后控制三个阶段。

二、我国战略管理理论的产生历程

在国内，不少学者对我国企业战略理论的发展历程进行了探究，存在"三阶段论"及"四阶段论"。耿弘（1990）将企业战略理论的发展历程划分为以环境为基础的经典战略理论、以产业（市场）结构分析为基础的竞争战略理论和以资源及知识为基础的核心竞争力理论三个阶段。李柏洲和吕海军（2003）将企业战略理论的发展分为早期发展阶段、产业经济学阶段、组织经济学阶段、企业资源观阶段和未来企业内外部互动的知识战略阶段。周文燕等（2004）将企业战略管理理论的发展分为早期战略思想、传统战略理论、竞争战略理论和动态战略理论四个阶段。杨林和陈传明（2005）立足于矛盾的不同处理结果，将国外企业战略管理理论的演变历程划分为建立在对抗竞争基础上的战略管理理论、建立在有限合作基础上的战略理论和建立在互惠共存基础上的战略理论三大阶段。邹统钎和周三多（2010）则按照时间顺序将企业战略理论划分为以下几个阶段：20世纪60年代的战略规划理论，20世纪70年代的环境适应战略理论，20世纪80年代的产业组织理论与通用战略理论，20世纪90年代的资源基础理论与核心能力说，2000年前后超越竞争的创新与创造战略理论（如科特勒的顾客让渡价值理论、穆尔的商业生态系统理论）。代表性的研究属清华大学教授金占明和杨鑫（2008），他们从理论与实践两个层面，归纳了战略管理在我国形成与发展的轨迹，即先后划分为战略缺失期（1978~1983年）、萌芽期（1984~1992年）、确立与发展期（1993~2000年）和繁荣创新期（2000年至今）四大阶段。

第二节
战略管理理论形成与发展的流派

西方战略管理大师明茨伯格说:"我们对战略管理形成的认识就如盲人摸象,没人具有审视整个大象的眼光,每个人都只是仅仅抓住战略形成过程的一个局部,而对其他难以触及的部分一无所知。"

自"二战"以来,以西方科学为基础的现代战略管理理论逐步发展并不断演化,众多学者也对现代战略管理理论倾注了大量精力进行研究,使现代战略管理理论不断深化。

与此同时,东方战略管理思想也引起世界的关注,随着中国企业、中国经济不断地走向世界,人们在关注中国经济发展取得重大成就的同时,也在研究以中国为代表的东方战略思想。

一、明茨伯格的划分:十大经典流派

自从 20 世纪五六十年代战略管理研究萌芽以来,有关战略管理的研究文献可谓汗牛充栋,理论研究流派也纷纷涌现。关于战略管理理论流派的划分,国内外学界并无一致的看法。其中,最为引人关注的为明茨伯格依据战略管理演变的顺序划分的"十大战略管理理论流派",即设计学派、计划学派、定位学派、企业家学派、认识学派、学习学派、权力学派、文化学派、环境学派和结构学派,其基本情况见表 1-1。

二、三类现代流派

20 世纪 80 年代以来,西方战略管理理论流派可归并为三大类。

第一类是根据战略理论发展演变的过程,将战略管理理论归纳为四大流派,分别是产业分析竞争战略理论流派、企业基础资源理论流派、核心能力理论流派、动态能力理论流派。进入 21 世纪,企业战略管理理论的新发展主要表现在五个方面:一是战略管理理论呈动态化趋势;二是系统复杂性理论在战略管理理论中的运用;三是战略管理要求企业的全员参与;四是战略管理理论的定量研究得到重视;五是各战略理论学派之间趋于整合。详细见表 1-2。

第一章 战略管理思想演进

表1-1 西方战略管理十大流派

流派	时间	工具（模型）	假设前提	视角	主要观点	主要代表人物
设计学派	20世纪70年代	SWOT模型	• 战略的形成是一个有意识、深思熟虑的思维过程 • 进行控制设计并保持清醒执行官的思维过程，首席执行官即是战略家的责任 • 战略的形成模型必须保持简单和非正式 • 当战略形成是一个性化设计过程的最佳效果时，必须保持简单 • 战略应当是明确的，内容丰富、简单完整才能被执行 • 只有独特、内容丰富、简单明了的战略完全制定好才能被执行	战略制定是一个孕育有的过程	设计学派强调战略制定大多是个非程序化的分析过程，是一种思考过程，更多依赖企业家有意识的经验和洞察力。设计学派力求战略的简洁和清晰，强调战略结构与战略的协调	安德鲁斯
计划学派	20世纪60年代	经验曲线、安索夫矩阵	• 战略过程产生于一个自觉、可控、自觉的步骤，有清晰的步骤，每个步骤都能详细描述并利用各种技术完成 • 原则上，首席执行官负责整个战略规划过程，实际执行由全体计划人员负责 • 由正式规划过程得到切实的战略应被明确地制定出来，以便通过详细的目标、预算、程序和各种经营计划来执行	战略制定一个独立、正式的过程	计划学派认为战略制定要经过三个环节即战略制定、战略实施和战略反馈。其注重对战略意图进行全面、系统分解，强调计算分析、价值分析，通过战略分解和实施使企业价值最大化	安索夫
定位学派	1970年至20世纪80年代	波士顿矩阵、五力模型、三种通用战略、价值链模型	• 战略是市场中通用的，可以辨识的位置 • 市场（环境）是存在利润且充满竞争的 • 战略形成过程就是在分析计算基础之上对通用战略进行的一种选择 • 分析人员在战略形成中起主要作用，他们将分析结果交给负责监控的管理人员 • 实际上，市场结构决定了深思熟虑的战略定位，而战略定位决定了组织结构	战略制定是一个分析过程	定位学派，即找到自己独特的定位，避免模仿，规避竞争，强调外部环境，注重产业结构分析，与设计学派和计划学派相比，更注重研究战略的内容	迈克尔·波特

005

二 企业战略管理要义及进展：基于实践的视角

续表

流派	时间	工具（模型）	假设前提	视角	主要观点	主要代表人物
企业家学派	20世纪60年代	—	● 战略存在于企业领导人心中，它既是一种观念，更是一种特殊的、长期的方向，是组织未来的一种愿景 ● 战略的形成最好是一种半意识的思维过程，无论是领导人在实际中自己构思的战略还是将其他人的战略以自己的方式经验内在化，都需根植于领导人的经验和直觉中 ● 企业领导人专心于企业发展愿景，亲自控制战略实施 ● 战略愿景有延展性，并且是企业家深思熟虑的 ● 任何企业或组织在任何时候具有组织的延展性，并且接受组织领导人的指挥而不受组织结构的 ● 企业家式战略试图占据某个市场位置，而且这个市场位置可以保护企业不受市场竞争打击	战略制定是一个构筑愿景的过程	企业家学派强调企业家的直觉和判断，以及其远见卓识，面对不确定的环节，凭借其经验和能力对未来做出预测	弗兰克·奈特、熊彼特
认识学派	20世纪50年代	—	● 战略形成是战略家头脑中的一个认知过程 ● 战略以概念、地图、图解、结构等方式呈现，决定了人们如何对环境信息加以处理的方法 ● 外部信息进入人脑后会加工，人们看到的时间是所感知的世界 ● 作为一种概念，战略首先是很难形成的，难以找到最优方案，当战略不可行时，也难以改变	战略制定是一个心理过程	认识学派包含两个分支，即实证主义与主观主义，其强调世界是复杂的，人们认识世界通过大脑无穷尽的，人们需要通过创新来实现战略的概念的创新	赫伯特·西蒙

续表

流派	时间	工具（模型）	假设前提	视角	主要观点	主要代表人物
学习学派	20世纪60年代	—	• 组织环境是复杂不可预测的，战略在制定中相关知识不断产生，战略的制定伴随着整个学习的过程 • 学习型组织，组织内有许多潜在的战略家 • 学习过程是随机发生的 • 领导人的角色不是预先制定战略，而是管理学习的过程，在学习中形成战略 • 战略首先来自过去的行为模式，然后才是对未来的计划，并作为指导组织的整体行为规范	战略是一个应急的过程	学习学派认为外部环境复杂多变，战略家需不断有效学习，通过适应环境进行变化，创造环境"干中学""学中干"是管理其基本观点	查理·林德布罗姆
权力学派	20世纪70年代	—	• 战略的形成受到权力和政治的影响，包括内部和外部的 • 战略的形成过程决定了它更多是意外出现的，更多是作为权力平衡和策略，而不是对未来的构想 • 微观权力论把战略制定看着一种政治游戏的形成，多个利益集团相互影响的过程 • 宏观权力论认为组织机构通过战略对其他组织进行控制或合作来增进自身利益	战略制定是一个协商的过程	权力学派认为组织是"人的集合"，任何组织内部决策的作出都是组织内部权力较力制衡的结果。权力集团基于战略利益因素，可能会对战略做出非理性的选择与确定判断	麦克米兰
文化学派	20世纪60年代后期	—	• 战略制定具有社会属性，它以组织内成员的信仰和理解为基础 • 组织成员通过文化适应和社会化的过程接受这种信仰，包括正式的灌输和非正式的影响过程 • 组织成员只能部分地描述组织文化，对文化的解释较为模糊 • 战略是一种意图表现，能力、组织优势等分析模式，是一种深层熟悉的过程 • 文化，尤其是企业精神，不经常变化，但会在集体战略愿景范围内进行一些调整	战略形成是一个集体思维和社会交互的过程	与权力学派的个人或小团体利益不同，文化学派着眼于战略体的共同支持。文化对战略起支持作用，也可能起到阻碍作用，文化学派还认为组织文化影响深刻，长久且稳定，文化成为企业核心竞争力的来源	艾瑞克·莱恩曼

流派	时间	工具（模型）	假设前提	视角	主要观点	主要代表人物
环境学派	20世纪70年代	组织生态学，应用网络分析法	• 环境作为一种综合力量向组织展现自身，是战略形成过程中的中心角色 • 在形成阶段组织可以通过塑造自我来响应环境，但随着时间后就推移，领导对组织绩效和生存力的影响越来越小 • 屈从生存选择压力的组织最终会形成不同类型的生态种群，同一种生态种群中的组织具有相似的技术、产品和管理风格	战略形成是一个反应过程	环境学派认为，战略形成反应对环境真正的表现。环境学派否认有一种"最好的方法"来管理组织，而是根据组织内外部环境的不同情境来应对	Hannan, Freeman
结构学派	20世纪70年代		• 大多数情况下，可将组织描述为某种稳定状态，特性所构成的稳定结构：组织在一段时期内，采用特殊的结构形式，与特殊的环境相匹配，产生特殊行为，从而形成一套特殊的战略 • 这些稳定时期偶尔会被一些变革过程所打断，即转向另一种结构的飞跃 • 这些相继的推移和变革过程可能随着时间的推移而自发地规律化，形成模式化序列，如组织的生命周期 • 战略管理的关键就是维持战略的稳定状态，或大多数时候适应变的需要，能够在不破坏组织的前提下管理这个混乱的转变过程 • 战略的制定可以是一种概念性的设计或正规计划，可以是系统分析或政治领导权，还可以是共同学习或一种愿景，每一种都有自己存在的时间和自己的内容，也就是这些学派所代表的特别结构 • 结果战略采取了计划或模式、定位或观念，甚至策略所有了自身的形式，但都依自己的时间和自己的情形出现	战略形成是一个变革的过程	结构学派是对前面学派的综合。其核心内容为"结构"（组织及其外部分环境）与"转变"（一种战略状态飞跃到另一种状态），其主要观点如下： （1）大多数时候组织都可被描述为某种稳定结构，特殊时期例外 （2）这种稳定偶尔会被打破，组织跃迁到另一种结构状态 （3）这种结构变化呈现出某种规律，成为组织的生命周期 （4）战略管理的关键就是维持稳定，至少大多数时候能适应战略变化，但应周期地认识到转变的需要，能够在不破坏组织的前提下管理这个混乱的转变过程	普拉哈普·坎德瓦拉，享利·明茨伯格

续表

流派	时间	工具（模型）	假设前提	视角	主要观点	主要代表人物
结构学派	20世纪70年代				（5）战略的制定可以是一种概念性的设计或正规计划，可以是系统分析和领导学习或一种政治共同和自己的内存，每一种都有了自己存在的时间和自己的学派身代表的特别结构 （6）结果战略采取了计划或模式、定位或观念，但都依自己的策略的形式，自己的情形出现的时间和自己的情形出现	普拉蒂普·坎德瓦拉，亨利·明茨伯格

资料来源：笔者整理。

表 1-2 战略理论第一类流派划分

学派	年代	分析工具	主要观点	主要代表人物
产业分析竞争战略理论流派	20世纪30年代	五力模型	企业战略的核心是获取竞争优势，竞争战略的选择由两个中心问题构成：第一个是产业长期盈利能力及其影响因素所决定的产业吸引力；第二个是决定产业内相对竞争地位的因素，企业的基本竞争优势来源于低成本与歧异性	迈克尔·波特
企业基础资源理论流派	20世纪80年代	关键因素评价矩阵（IFE）	企业是实体资产、无形资产及能力三大素质的组合，企业的资产与能力决定企业的效率与成效，拥有最佳且最适当资源的企业比竞争对手表现的更佳或成本更低，从而取得成功	沃纳菲尔特、科利斯、蒙哥马利
核心能力理论流派	20世纪90年代		现代市场的竞争是核心能力的竞争，核心能力组织中积累性学习，特别是关于如何协调不同生产技能和有机结合各种流派的学识。只有当知识、资源和能力同时符合珍贵、异质、不可模仿难以替代的标准时才能形成核心竞争力。现代市场竞争与其说是基于产品的竞争，不如说是基于核心能力的竞争	普拉哈拉德、哈默尔
动态能力理论流派	20世纪90年代		动态能力是企业整合、建立以及重构企业内外能力以适应快速变化的环境的能力 学习机制是动态能力不断演化的根本手段 动态能力是企业竞争优势的来源，动态能力对企业绩效有一定关系	Teece、Zollo、Winter、Zott等

资料来源：笔者整理。

第二类是从企业经营环境变化和经营行为的角度，将西方主流战略管理理论分为三个学派，包括企业战略学派、战略管理过程学派、逻辑渐进学派，详见表1-3。

表 1-3 战略理论第二类流派划分

学派	年代	分析工具	主要观点	代表人物
企业战略学派	20世纪六七十年代	SWOT模型	该学派将战略思想引入企业，企业的战略制定必须考虑且适应环境变化，在大公司发展过程中，战略是企业发展的重要驱动力，强调由于迅速扩张带来组织结构的改变，组织结构必须适应公司战略的变化。大公司高层管理者既要制定与当前资源利用有关的战术决策，也要制定与未来资源分配相连的战略决策。公司战略就是公司的整体思维方式，即把公司组织管理方面的优势、劣势与环境机会、威胁进行匹配	钱德勒、安德鲁斯

续表

学派	年代	分析工具	主要观点	代表人物
战略管理过程学派			战略管理过程学派认为战略管理是企业家通过确定企业愿景，建立绩效目标，根据企业内外部环境的发展变化制订各种经营战略和计划，进而实施该战略计划，以达到绩效目标的过程	格鲁克、汤普森
逻辑渐进学派			逻辑渐进学派认为战略不是既定的，而是人们研究形势时随着组织应付局势的能力一起出现的，真正的战略是在实施管理过程中按照一定逻辑方式逐渐形成的。该学派主张用学习模式替代理性模式，注重管理者的核心作用。管理者在管理或学习的实践中产生出新的战略	奎因、林德布罗姆

资料来源：笔者整理。

随着全球化的推进，信息化程度的进一步提升，企业的内、外部环境发生了深刻变化，现代战略理论学派出现了第三类学派，包括战略联盟学派、基于信息技术的战略学派、顾客让渡价值理论学派、商业生态系统理论学派、边缘竞争战略理论、蓝海战略学派与紫海战略学派等，详见表1-4。

表1-4 战略理论第三类流派划分

理论学派	年代	主要观点	代表人物
战略联盟	20世纪90年代	网络或组织已成为企业发展的一种趋势，是一种"你中有我，我中有你"的局面，企业或组织间为了共同或相似的目标，在保证相互独立的经营权基础上，通过各种协议、契约而组合成一个能够优势互补、利益共享、风险共担、要素能双向或多向流动的松散型网络组织，能够实现"1+1>2"的战略效果	霍普兰德、奈格尔
基于信息技术的战略理论		主张通过利用信息技术或建立战略信息系统来实现企业的竞争战略，获得竞争优势，实现企业使命和目标，与以往不同，将信息技术提升到战略高度来看待	
顾客让渡价值理论		企业应从提高顾客的整体价值入手，不仅关注企业的产品，而且要关注企业的服务、人员、形象等。企业间的竞争战略应围绕顾客为中心展开，让顾客整体价值最大化，从而提高顾客的满意度和忠诚度	菲利普·科特勒
商业生态系统理论		商业生态系统跟自然生态系统类似，这个生态系统包括企业自身、竞争者、社会、政府以及其他利益相关方，企业的各项经营战略等都需要站在系统的角度去决策，如既要关注自身利益，也要关注社会责任等各相关方	穆尔

续表

理论学派	年代	主要观点	代表人物
边缘竞争战略理论	20世纪90年代	边缘竞争理论认为，企业所处的环境是难以预测的，需要通过利用变革的动态本质来构建一系列的竞争优势，并力图捕捉无序平衡的边缘状态，使企业在无序和有序之间保持微妙的平衡状态。在此基础上，努力把握时间边缘平衡，使企业的变革随着时间的推移而发生发展，达到时间节奏的状态。以此来培养企业具有对"灵活性"的追求能力，它是将"如何制定战略目标"和"如何实现战略目标"两个方面的内容进行有机的融合和运用的一种信息时代的战略	布朗、艾森哈特
蓝海战略	21世纪	随着越来越多的企业去瓜分和拼抢有限的市场份额和利润，无论采取"差异化"战略还是"成本领先"战略，企业获利的增长空间都越来越小。企业应寻找跨越现有竞争市场及其边界，创造新的市场需求，从而开创新的价值市场，那就是"蓝海"，蓝海战略的核心是价值创新	W.钱·金、勒妮·莫博涅
紫海战略		随着越来越多的竞争者进入蓝海，蓝海会逐渐变成介于蓝海与红海之间的紫海，而企业进入红海时要想生存并发展，需要寻找自己的核心竞争力，逐渐向蓝海靠拢，最终进入紫海。蓝海只是市场的暂态，紫海才是常态	艾学娇

资料来源：笔者整理。

三、战略联盟流派与基于信息技术的战略管理思想学派

互联网、电子商务的迅速发展正在从根本上改变企业的竞争环境与竞争方式，战略管理理论流派之间的界限也越来越模糊，相互取长补短，趋于融合，分析问题也趋于全面化，在这一背景下产生了两大流派值得学术界关注，即战略联盟观与机遇信息技术的战略管理思想。"战略联盟"最早是由美国DEC公司总裁霍普兰德和管理学家奈格尔提出来的，主要是指两个或者两个以上的企业或部门为了达到共同战略目标，包括共同拥有市场或者共同使用资源等，通过各种协议、契约而组合成一个能够优势互补、利益共享、风险共担、要素能双向或多向流动的松散型网络组织。这是一种自发性的、非强制的组织，联盟的各方有相互独立自主的经营权。基于信息技术的战略管理思想主张通过利用信息技术或建立战略信息系统来实现企业的竞争战略，获得竞争优势，实现企业使命和目标。它与以往利用信息技术的不同点在于，它把信息技术与信息系统上升到一个战略的地位，与产业结构、核心能力、资源等战略具有同等重要性。

1. 顾客让渡价值理论学派

20世纪90年代，菲利普·科特勒博士在《营销管理》中指出："顾客让渡价值，指的是顾客在购买商品时考虑的不仅是商品的使用价值，而是包含使用价值

在内的一系列价值；同时，顾客所考虑的成本也不仅是货币成本，而是包括货币成本在内的一系列成本。而这些价值与成本的差额即是顾客让渡价值。"进一步丰富了企业经营战略理论，企业应从提高顾客的整体价值入手，不仅关注企业的产品，而且要关注企业的服务、人员、形象等，企业间的竞争战略应围绕顾客为中心展开，让顾客整体价值最大化，从而提高顾客的满意度和忠诚度，"顾客让渡价值"理论为企业经营驾驭顾客资产的经营战略提供了明确的战略方向。

2. 商业生态系统理论学派

1996年美国学者穆尔在《竞争的衰亡：商业生态系统时代的领导与战略》中系统地阐述了商业生态系统的概念及其演化规律，为各类企业的发展提供了一个新的视角，他认为，商业生态系统是指商业以组织和个体的相互作用为基础的经济联合体，其成员除企业自身外，包括消费者、代理商、供应商、竞争者、政府等。1998年穆尔进一步强调商业生态系统的动态性和共生性，指出商业生态系统是："一个由相互支撑的组织所构成的扩展系统，这个系统包括：客户群、供应商群、产业领导者群，投资商、金融商、贸易合作伙伴、标准制订者、工会、政府及具有政府职能的单位，以及其他利益共同体单位。这些单位通过利益共享、自组织甚至有些偶然的方式聚集在一起。"商业生态系统理论与以往企业竞争理论有较明显的突破，它的主要研究视角以领导企业为核心的商业联合共同体为主要研究对象，探讨商业生态系统成员相互作用内在机理，价值创新模式等，为了解企业垄断的趋势及结构状态提出新的竞争合作理论，它突破了传统分析方法在现代商业分析中的局限性，为产业组织分析提供了新的理论框架，它是新近出现的供应链理论、战略联盟理论的进一步发展，为企业识别市场机会与风险进行正确市场定位与市场竞争提供了工具。

3. 边缘竞争战略理论

1998年布朗和艾森哈特在《边缘竞争》一书中提出了"边缘竞争"的概念。该理论的基本思想是企业应该不断变革管理来构建和调整企业的竞争优势，根据一系列不相关的竞争力来彻底地改造企业优势，保持企业在无序和有序之间的微妙平衡。边缘竞争战略把"如何制定战略目标"和"如何实现战略目标"两个方面的内容紧密联系起来。不断地寻找新的战略目标以及实现战略目标的方法，这种战略充分显示出业绩的关键动力就是应变能力。边缘竞争理论认为战略是公司不断调整组织结构形式，与该组织结构相适应采取半固定式的战略趋向的一种必然结果，半固定式的战略趋向是边缘竞争的战略方法与所谓的传统战略方法最主要的区别。边缘竞争战略有五个基本要素：即兴发挥、互适性、再造、实践及时间节奏。

4. 超强竞争战略理论

美国管理大师达·维尼在研究竞争环境变化过程中短期竞争和持久长期竞争优势时，提出了超强竞争战略理论。他认为今天的企业处在超强的竞争环境下，这是一种优势迅速崛起并迅速消失的环境，任何一家企业无法建立永恒的竞争优势，因为每次企业间的互动都会改变紧张的本质，因此必须通过一连串短暂的行为来建立一种短暂的竞争优势，每一项行动都必须结合竞争对手的特点来策划或评判，从而使企业能够保持较长时间的竞争优势。超强竞争优势的主要观点主要体现在如下几个方面：

第一，企业企图构建其坚实的和持久的竞争地位，必须持续地改变和破坏其竞争优势。传统的竞争条件下，企业的竞争优势是长期的概念。但在超级竞争的环境中，企业必须拥有一系列的短期竞争优势，并不断地破坏它们，只有这样，企业才能不被其竞争对手模仿，并保持其市场中的优势地位。

第二，只有在其他竞争者认为进入壁垒始终有效的情况下，进入壁垒才能发挥作用，否则，其他的竞争者将轻而易举地进入市场展开竞争。

第三，为防止竞争对手的模仿，企业成功的方法是"非理性"和无法预测的。这并不意味着企业必须毫无根据地改变其战略，也不意味着企业实施的战略能被其对手预测。

第四，传统的战略计划无效。战略必须建立在创造和破坏竞争优势的基础上，超强竞争意味着是在不断变化的环境中预测竞争对手战略的竞赛，其结果必然是企业创造一系列短期竞争优势，是一种真正的动态竞争结构。

第五，在企业生命周期中，竞争日益困难，难以找到一条成功的道路。企业必须在快速和无法预测的环境中提高其竞争能力。

5. 蓝海战略与紫海战略学派

进入21世纪以来，W.钱·金（W. Chan Kim）和莫博涅（Mauborgne）提出"蓝海战略"（Blue Ocean Strategy）。一方面，认为聚焦于红海等于接受了商战的限制性因素，即在有限的土地上求胜，却否认了商业世界开创新市场的可能。运用蓝海战略，视线将超越竞争对手移向买方需求，跨越现有竞争边界，将不同市场的买方价值元素筛选并重新排序，从给定结构下的定位选择向改变市场结构本身转变。另一方面，认为在基于竞争的战略思想指导下，企业常常在"差异化"和"成本领先"战略之间选择其一，确立自身的产品或服务在市场中的独特定位，以便打败竞争对手，最大限度地占有市场份额。然而，追求"差异化"战略以为这相应地增加成本，而以"成本领先"为导向的战略又限制了企业所能获取的利润率。随着越来越多的企业去瓜分和拼抢有限的市场份额和利润，无论采取"差异化"战略还是"成本领先"战略，企业获利的增长空间都越来越小。

"蓝海"代表当前未知的市场空间，其蕴含着高速增长的空间，不存在竞争。因此，蓝海战略跨越现有竞争市场及其边界，创造新的市场需求，从而开创新的价值市场，实现企业的高速发展，这对于处于竞争程度非常高的行业是一剂战略思维的"洗礼"。

由于蓝海战略期本身存在理论缺陷，过分强调蓝海，规避竞争，忽视了市场的本质特点。其实不存在长久的蓝海，它只是短暂的一瞬间，所有的蓝海最终都会成为红海。艾学娇学者认为，红海总是表象的，任何一片红海里面都隐藏着某些蓝色的海沟，紫海才是常态，所谓紫海就是红海与蓝海的混合区域。紫海战略理论认为，随着越来越多的竞争者进入蓝海，蓝海会逐渐变成介于蓝海与红海之间的紫海，而企业进入红海时要想生存并发展，需要寻找自己的核心竞争力，逐渐向蓝海靠拢，最终进入紫海。紫海兼具了红海的竞争和蓝海的创新，其相互融合成紫海，才是市场的常态。

【本章参考文献】

[1] Collis D. J., Montgomery C. A. Competing on Resources: Strategy in the 1990s [J]. Harvard Business Review, 1995 (7).

[2] Grant R M. The Resource-Based Theory of Competitive Advantage: Implications for Strategy Formulation [J]. California Management Review, 2005 (33).

[3] Yli-renko H., Autio. E. & Sapienza. H. J. Social Capita, Knowledge Aquisition, and Knowledge Exploitation [J]. Strategic Management Journal, 2006 (22).

[4] Wernerfelt B. A Resource-based View of the Firm [J]. Strategic Management Journal, 1984 (5).

[5] Chandler A. D. Strategy and Structure: Chapters in the History of the American Industry Enterprises [M]. MIT Press, 1999.

[6] Prahaled C K., Hamel G. The Core Competence of the Corporation [J]. Harvard Business Review, 1990 (5).

[7] Moore J. F. A New Ecology of Completion [M]. New York: Harvard Business Review, 2004.

[8] Pralahad C. K. Hamel G. The Core Competence of the Corporation [J]. Harvard Business Journal, 1990 (3).

[9] Porter M. E. Competitive Advantage of Nations [M]. London: Macmillan, 1990.

[10] Moore J. F. The Rise of A New Corporate Form [J]. Washington Quarterly, 1998, 21 (1).

[11] Porter M. E., Kramer M R. Strategy & Society: The Link between Competitive Advantage and Corporate Social Responsibility [J]. Harvard Business Review, 2006, 80 (12).

[12] Waddock S. A. The Multiple Bottom lines of Corporate Citizenship: Social Inveseing, Rputation and Responsibility Audits [J]. Business and Society Review, 2000, 105 (3).

[13] Barney J. B.Firm Resources and Sustained Competitive Advantage[J]. Journal of Management, 1991 (1).

[14] Wernerfelt B.The Resource-Based View of the Firm [J]. Strategic Management Jorunal, 1984, 5 (2).

[15] Teece D J, Pisano G & Shuen A. Dynamic Capabilities and Strategic Management [J]. Strategic Management Journal, 1997 (7).

[16] Drucker P.F. The New Meaning of Corporate Social Responsibility [J]. California Management Review, 1984 (2).

[17] 吴照云. 战略管理 [M]. 北京: 中国社会科学出版社, 2008.

[18] 吴照云. 管理学（第六版）[M]. 北京: 中国社会科学出版社, 2011.

[19] 吴照云. 中国管理思想史 [M]. 北京: 经济管理出版社, 2012.

[20] 詹姆斯·弗·穆尔. 竞争的衰亡——商业生态系统时代的领导与战略 [M]. 北京: 北京出版社, 1999.

[21] 项保华. 战略管理——艺术与实务 [M]. 上海: 复旦大学出版社, 2010.

[22] R. 爱德华·弗里曼. 战略管理——利益相关者方法 [M]. 王彦华, 梁豪译. 上海: 上海译文出版社, 2006.

[23] 王亚刚, 席酉民. 和谐管理理论视角下的战略形成过程: 和谐主题的核心作用 [J]. 管理科学学报, 2008, 11 (3).

[24] 倪义芳, 吴晓波. 论企业战略管理思想的演变 [J]. 经济管理, 2001 (6).

[25] 许可, 徐二明. 企业资源学派与能力学派的回顾与比较 [J]. 经济管理, 2002 (2).

[26] 眭文娟, 谭劲松, 张慧玉. 企业社会责任行为中的战略管理视角理论综述 [J]. 管理学报, 2012, 9 (3).

[27] 迈克尔·波特. 竞争战略 [M]. 北京: 华夏出版社, 1997.

[28] 周三多, 邹统钎. 战略管理思想史 [M]. 上海: 复旦大学出版社, 2003.

[29] 钟耕深, 崔祯珍. 商业生态系统理论及其发展方向 [J]. 东岳论丛, 2009 (6).

[30] 亨利·明茨伯格, 布鲁斯·阿尔斯特兰德, 约瑟夫·兰佩尔. 战略历程: 穿越战略管理旷野的指南（原书第2版）[M]. 魏江译. 北京: 机械工业出版社, 2012.

[31] 田圣炳. 管理理论流派的演进 [J]. 科技与管理, 2004 (6).

[32] 王昕旭, 闫昱彤. 企业战略管理理论的流派及发展趋势研究 [J]. 内蒙古财经学院学报, 2011 (4).

[33] 强志源.当代西方战略管理学派评价与发展趋势［J］.天津师范大学学报（社会科学版），2014（3）.

[34] 刘珂，王海飞.企业战略管理［M］.南京：南京大学出版社，2012.

[35] ［韩］W.钱·金，［美］勒妮·莫博涅.蓝海战略［M］.吉宓译.北京：商务印书馆，2005.

[36] 艾学娇.紫海战略：新商业模式领跑未来［M］.北京：清华大学出版社，2010.

[37] 洪兵.东方战略管理学［M］.北京：中国社会科学出版社，2012.

[38] 张红兵，和金生.战略管理理论的演绎和展望［J］.电子科技大学学报（社会科学版），2007（4）.

[39] 邹统钎，周三多.战略管理思想史［M］.天津：南开大学出版社，2011.

[40] 洪兵.东方战略学［M］.北京：中国社会科学出版社，2012.

[41] 黄丹，余颖.战略管理：研究注记·案例（第2版）［M］.北京：清华大学出版社，2009.

[42] ［日］宫本武藏著.五轮书（第1版）［M］.李津译.北京：企业管理出版社，2003.

[43] ［德］卡尔·冯·克劳塞维茨.战争论［M］.西安：陕西师范大学出版社，2008.

[44] 昀熙·加里·哈默尔：一流的战略大师［J］.管理大师解读，2014（10）.

[45] ［美］H.伊戈尔·安索夫.战略管理［M］.邵冲译.北京：机械工业出版社，2013.

[46] ［英］蒂姆·辛德尔.管理大师及其思想精髓［M］.于晓言译.沈阳：东北财经大学出版社，2009.

[47] ［英］阿德里·安五尔德里奇.管理大师［M］.熊睦铭，施轶译.北京：中信出版社，2013.

[48] 唐任伍.世界管理思想史［M］.重庆：重庆大学出版社，2011.

第二章　战略管理范畴

战略管理理论的研究范畴，是反映战略本质属性，以及普遍联系的基本概念和基本问题。鲁梅尔特（1995）在出版的《战略的基本问题》一书中，归纳出战略的四个基本问题，即如何行事？为什么存在差异？功能与价值是什么？什么决定在国际竞争中的成败？国内学者项保华（2001）在《战略管理——艺术与实务》一书中，提出了战略研究的根本问题包括三个层面，第一层面是目标追求（活得了、活得好和活得久），第二层面是实践回答（做什么、如何做及由谁做），第三层面是理论阐明（为何生、凭啥存、因何亡）；同时指出战略必须回答的三个基本问题，即企业的业务是什么、应该是什么、为什么？王浩（2013）则认为，战略管理包含主体要素、目的要素、环境要素、内容要素和过程要素，每个要素所涉及的问题构成"问题域"，战略管理存在主体要素问题域、目的要素问题域、环境要素问题域、内容要素问题域和过程要素问题域。

第一节　战略管理模式范畴

1971年，安德鲁斯在其《公司战略概念》一书中提出了制定与实施企业战略的两阶段战略管理模式；1976年，安索夫在出版的《从战略计划走向战略管理》一书中系统地阐述了战略管理模式，认为战略行为就是一个组织对其环境的交互过程以及由此引起的组织内部结构变化的过程；1980年和1985年，波特在产业组织经济学"结构—行为—绩效"（S-C-P）的理论基础上，提出了"分析产业环境—选择具有吸引力的产业—制定战略—开发或获取实施战略的资源—实施战略—获得超额绩效"的战略管理模式；1990年，普拉哈拉德和哈默尔则从核心能力角度，提出了"识别企业资源—确定企业能力—选择一个可利用其资源和能力且具有吸引力的产业—制定和实施战略—获得超额绩效"的战略管理模式。

究竟什么是战略管理模式？模式是一种再现现实的理论性的简化形式，是一种用图像甚至是图表形式对某一事项或实体进行有意简化的描述，一般解释为某种事物的标准式样。将模式这一理论工具运用到战略管理领域，就产生了企业战略管理模式：由多维战略管理要素构成的有机协调系统。战略管理模式是对战略进行管理的标准式样。理论上，战略管理模式就是解决某一类战略管理问题的方法论，是把解决该类问题的方法总结归纳到理论高度的认识结果，战略管理要素的不同组合会形成具有不同功能的战略管理模式。实践中，战略管理模式依赖战略思维的正确指导，不同战略思维指导下的战略管理模式的管理侧重点是不相同的。例如，以产业定位战略思想为指导的战略管理模式，是以产业分析作为战略管理的重点；相反，以资源、能力的战略思维为指导的战略管理模式，则是以企业特殊资源的利用和核心能力的确定为战略管理的重点。

一、说明性战略管理模式

说明性战略管理模式主要研究的是如何制定企业战略的问题。主要包括设计学派（the Design School）、计划学派（the Planning School）和定位学派（the Positioning School）三个基本模式。

设计学派模式主张从企业的外部环境和内部条件出发，通过机会与威胁、优势与劣势的比较，按照扬长避短、趋利避害的原则，组合形成战略，其主要方法是环境扫描、PEST要素分析法和SWOT分析法。

计划学派认为战略是可以规划的，制定战略的过程应该是一个受控的、有意识的、正式的计划过程，这个过程被分解成清晰的具体步骤。例如，斯坦纳详细给出的战略计划的具体步骤是：目标确定、外部审查、内部审查、战略评价、战略运用和为整个过程制订计划等。

定位学派主张战略是在市场中通用的、可以辨别的位置，其主要步骤是：①确定企业的使命和愿景；②对企业的一般环境进行分析；③运用五力分析模型对企业的产业环境进行分析；④确定战略重点并进行良好定位；⑤制定实施战略重点的具体措施。

二、描述性战略管理理论模式

描述性战略管理模式侧重于对战略制定过程中的行为因素的研究，试图在战略展开即描述过程中把握对战略制定的理解。主要包括企业家学派（the Entrepreneur School）、认识学派（the Cognitive School）、学习学派（the Learning School）、权力学派（the Power School）、文化学派（the Culture School）和环境学派（the Environmental School）六个基本模式。

企业家学派主张战略形成是企业家的事情，与其他层次或系统的管理者关系不大。强调企业家与生俱来的某些心理状态，如直觉、判断、智慧、经验和洞察力等与战略形成密切相关；并认为战略就是一种远见，是一种与形象和方向感相关的看法；企业家的远见卓识、战略眼光是战略成败的关键因素。

认识学派指出，战略形成是一个认识的基本过程，特别是一个作为概念的战略形成的基本过程。它不仅是一个理性思维的过程，而且也包括了非理性的因素。

学习学派模式主张战略的出现往往是个人，或者更多的时候是集体学习的结果，包括通过学习了解外部环境的变化、通过学习促使组织应变。

权力学派研究的是企业内部的政治生活对促进战略形成和变化的影响，主张制定战略的过程实际上是权力和与权力有关的政治斗争的过程，是各种正式的和非正式的利益团体运用权力、施加影响和不断博弈、谈判的过程。

文化学派把个体的集合连接进企业组织这个整体，主张战略的形成过程实际上是根植于企业文化及其背后的社会价值观念的作用。企业的文化不仅潜移默化地影响战略的决策，而且影响战略的执行。

环境学派认为，战略管理应该考虑环境的因素，各种复杂力量所构成的环境是战略制定过程的核心"演员"，战略必须适应环境、必须对变化的环境做出积极的反应，企业与环境应该是互动的。例如，种群生态学认为应该通过在群体上的变异—选择—保留来达到适应环境和改变环境的战略目的。

三、思维性战略管理模式

1. 以竞争为本的战略思维模式

20 世纪 80 年代初以来，以迈克尔·波特为代表的竞争战略理论成为企业战略管理的主流理论，"竞争"成为战略思维的基本概念和基本出发点。波特认为，一个企业的盈利水平取决于其所在产业的盈利潜力，而一个产业的盈利潜力又取决于这个产业的竞争强度及其背后的结构性因素。也就是说，产业定位是企业取得成功的关键性因素，选择一个盈利水平高的进入产业或者在产业中占据一个有利的位置成为这一模式企业战略思维的归宿。基于这样的理论，企业决策者逐渐形成了通过进入产业的选择或定位来寻求发展机会、进行战略制定和实施的思维定式。这种思维模式的核心是以"竞争"为本，把竞争作为分析问题的基本出发点。

怎样才能占据一个有利的位置？这就需要进行产业结构的分析，特别是通过对潜在竞争对手的进入、替代品的威胁、产业内部竞争激烈程度、供应商和顾客讨价还价的能力的分析，来识别、评价和选择适合产业特点的成本领先、标新立异和目标聚集等竞争战略。

2. 以资源为本的战略思维模式

基于资源的观点，任何一个企业都是各种资源的组合，而不单纯是各种具体业务的集合体。企业要想取得好的业绩，必须依靠企业内部具有异质性的资源和能力，战略思维的角度应该以"资源和能力"来代替传统的"产品和竞争"。因此，"资源和能力"成为这一模式企业战略思维的基本概念和出发点。

理论界一般认为，能力或核心能力是资源概念的自然扩展、延伸和动态化，两者虽有差异，但共同点是主要的，都强调企业竞争优势的内生性。基于这样的考虑，企业决策者们逐渐形成了企业成功的关键在于是否拥有不同于竞争对手的资源、是否具备了超过竞争对手的能力，以及资源与能力的结合是否孕育和形成了核心能力等这样的思维模式。

3. 以顾客为本的战略思维模式

进入20世纪90年代，顾客需求发生了很大的变化。有能力的竞争性供给源越来越多，市场和顾客都越来越成熟。顾客从关心产品质量到关心性价比，甚至关心个性化需求，这些都在影响和改变着企业战略。在这种背景下，以顾客为本的战略思维模式逐渐形成。

这种模式主张，无论是增强企业自身能力，还是拓展市场，都必须以顾客为中心、创造顾客感兴趣的新价值；研究顾客需求和满足顾客需要是企业战略的出发点。提出了战略始于顾客，顾客决定产品，战略的本质就是向顾客提供有效的价值。

基于这样的认识，决策者们逐渐形成了企业要想取得成功就应该以顾客为中心、尽最大努力维系顾客或比竞争对手更好、更快地满足顾客的需求、反映顾客的需要、奉顾客为上帝的战略思维模式。

以顾客为本、把顾客看作是企业的一部分，把顾客与企业存在的关系过程中形成的利润视为企业盈利能力的度量，是这一战略思维模式的核心内容。

四、行为性战略管理模式

战略管理行为是其行为主体与其所处环境的函数。战略管理的行为主体既包括个人主体，也包括群体主体，所处环境既包括内部机制要素，也包括外部存在环境。战略管理行为是由战略行为动机引起的、由战略目标维持和导向的、通过其行为主体完成的、能动的企业管理活动，它至少要回答"做什么、如何做、谁来做"这三个基本问题。因此，战略管理的行为模式可以基于这三个方面去思考。

1. 战略管理要素模式

战略管理是"做什么"的呢？这不仅涉及战略目标的抉择问题，更重要的是涉及战略管理的要素问题。

从不同的角度或方面，对战略管理的要素有不同的解释。安德鲁斯认为，它应该包括市场机会、公司能力、个人价值观和渴望、社会责任四个方面，其中市场机会和社会责任是外部因素，公司能力、个人价值观和渴望则是内部因素。安索夫认为，它应该包括产品与市场范围、增长向量（发展方向）、竞争优势、协同作用（整体效应）四个方面。斯坦纳则认为，它应该包括当前决策的未来性、过程、宗旨、结构等方面。项保华则用方向正确、运作高效、心情舒畅和"三高"（高妙、高效、高型）来界定战略管理。英国学者格里·约翰逊和凯万中心斯科尔斯认为，了解企业的战略定位、未来的战略选择和把战略付诸行动是战略管理的三个主要因素；各要素又要受若干因素的影响，或者说需要考虑很多方面。例如，战略定位就要考虑外部环境、内部资源和能力以及利益相关者的期望和目标等方面的因素；战略选择就要受战略选择的基础、备选方案，以及战略选择的方向和方法的影响或制约；战略实施则要考虑组织的结构、协调和配置资源的能力以及管理变革的各种能力等方面。

2. 战略管理过程模式

战略管理是"如何做"的呢？这不仅涉及过程问题，也涉及"怎样做"的方法问题，尤其是涉及所借助的主要工具问题。

一般来说，战略管理涉及战略分析、战略选择、战略实施和战略评价或战略评估等这样几个阶段或环节，而且它们之间的关联多是一种由此及彼的线性关系，即由战略分析到战略选择，再由战略选择推演到战略实施和战略评价。

当然，也有的学者把战略分析与选择作为一个阶段称为战略制定，把战略评价或评估称为战略控制。

3.战略管理主体模式

战略管理"谁来做"呢？当然是由企业管理人员个体和群体（组织）来进行。因此，本质上说，战略管理主体模式也就是用来回答"谁来做"的模式。

在企业这个有目的的组织中，群体行为是由个体行为按照既定的目标和程序整合而成的，个体行为是复杂、灵活、多样的和离散的，但是为了实现既定目标的群体行为则是有着内在规律性的，是完全可以模式化的。正因如此，如何激励"个体"去按照群体目标"理事"是管理学中极为重要的研究领域。本文拟从群体行为角度对战略管理模式予以总结。

第二节 战略管理的环境范畴

一、企业环境

管理学界对企业环境众说纷纭，一般将企业环境界定为企业（组织）的外部环境。如卡斯特等（1985）认为："从广义上说，环境就是组织界限以外的一切事物。"[1] 理查德·L.达夫特（2003）把组织环境定义为"存在于组织边界之外，可能对组织总体或局部产生影响的所有因素"。[2] 加雷斯·琼斯（2003）把组织环境定义为"超出组织边界但对管理者获得、运用资源有影响的一组力量和条件的组合"。[3] 虽然有的学者也提出了"内部环境"的概念，但对企业内部环境及其内容未作明确的界定，也没有对内部环境及其与外部环境的关系作深入具体的分析。例如，理查德·L.达夫特（2003）在《管理学》一书中，也提出了"需要注意，组织还有其内部环境，它是由那些处于组织内部的要素所构成的"。[4] 实际上，他对内部环境的分析，着重于组织文化方面。

---

[1] [美]卡斯特，罗森茨韦克.组织与管理——系统方法与权变方法[M].傅严等译.北京：中国社会科学出版社，1985，164.
[2] [美]查理德·L.达夫特.组织理论与设计[M].王凤斌等译.北京：清华大学出版社，2003，149.
[3] [美]加雷斯·琼斯.当代管理学[M].李伟健等译.北京：人民邮电出版社，2003，40.
[4] [美]查理德·L.达夫特.管理学[M].韩经纶等译.北京：机械工业出版社，2003，69.

综上所述，在影响企业的战略因素中，既有来自企业外部环境的因素，也有来自企业的资源、能力、组织结构等因素构成的内部环境因素。

二、企业环境系统

达夫特（2003）认为："环境是由若干方面组成的，每个部分又是包含着有相似要素的外部环境子系统"；"环境领域可以进一步细分为任务环境和一般环境两个层次"；"任务环境一般包括行业、原材料、市场等方面，还可能包括人力资源和国际环境"；"一般环境通常包括政府、社会文化、经济形势、技术以及金融资源等要素"。[①] 加雷斯·琼斯（2003）认为："影响管理者从而影响组织运作的主要力量包括任务环境，也包括一般环境"；"任务环境是指来自供应商、分销商、消费者以及竞争对手，影响企业获取投入、提供产出的一组力量和条件"；"一般环境是指经济、科技、社会文化、人口、政治法律以及全球力量等更大范围的影响企业及其任务环境的一组力量"。[②] 罗宾斯（1997）则把组织环境分为"一般环境与具体环境"，"一般环境包括组织外部的一切，例如，经济因素、政治条件、社会背景及技术因素"；"具体环境是指与实现组织目标直接相关的那部分环境"；"它包括投入物供应商、客户或顾客、竞争者、政府机构及公共压力集团"。[③] 卡斯特等（1985）等把组织环境分为"社会（一般）环境"和"工作（具体）环境"。前者包括经济、社会、人口、自然资源、法律、政治、教育、技术、文化，后者包括消费者、技术、社会政治、供应者、竞争者；前者"影响某一特定社会中的一切组织"，后者"更直接地影响个别组织"。[④] 席酉民（2001）在《企业外部环境分析》一书中指出："企业环境分为内部环境和外部环境。内部环境主要讨论企业内部的氛围、企业组织制度和政策形成的感受系统。"[⑤] 赵锡斌教授（2004）认为，"企业环境是一个内容较广的概念，它既包括企业的内部环境，也包括企业的外部环境"。因此，应当把企业环境作为一个整体的概念来定义，即企业环境是指一些相互依存、互相制约、不断变化的各种因素组成的一个系统，是影响企业管理决策和生产经营活动的现实各因素的集合。这一定义，既不是专

[①] [美] 理查德·L.达夫特.组织理论与设计 [M].王凤斌等译.北京：清华大学出版社，2003，149-151.
[②] [美] 加雷斯·琼斯.当代管理学 [M].李伟健等译.北京：人民邮电出版社，2003，52-53.
[③] [美] 斯蒂芬·P.罗宾斯.管理学 [M].黄卫伟等译.北京：中国人民大学出版社，1997，64.
[④] [美] 卡斯特，罗森茨韦克.组织与管理——系统方法与权变方法 [M].傅严等译.北京：中国社会科学出版社，1985，164-169.
[⑤] 席酉民.企业外部环境分析 [M].北京：高等教育出版社，2001，1.

指企业的外部环境，也不专指企业的内部环境或内部环境的某些方面，而是指一个环境系统，既反映了企业环境的内容、作用，也反映了企业环境的基本特征。①

企业环境系统是一个复杂的系统，它由宏观环境系统、中观环境系统、微观环境系统组成：①宏观环境系统包括自然环境系统和社会环境系统。自然环境系统主要指资源、生态等环境；社会环境系统包括政治、经济、科技、法律和社会文化等环境。②中观环境系统指市场环境系统，包括市场容量、市场结构、市场规则、竞争对手、供应商、购买者等。③微观环境系统主要指企业内部环境系统，包括组织结构、生产与技术结构、财务及控制、人力资源、市场营销、研究开发及企业文化等。②

环境分析框架如表 2-1 所示。③

表 2-1 企业环境分析

			内容
外部环境分析	宏观环境分析		政治环境分析、经济环境分析、社会环境分析、技术环境分析
	中观环境分析	产业环境分析	产业结构环境分析、产业组织环境分析、产业政治环境分析
		竞争环境分析	潜在进入者分析、供应方分析、需求方分析、替代品企业分析、行业内竞争者分析
内部环境分析			企业历史分析、企业资源、能力、核心能力分析、企业的价值系统分析

如表 2-1 所示，企业环境系统由各自不同、数量不等的环境子系统构成，每个环境子系统有各自的运动规律；各环境子系统及其构成要素本身是不断变化的，它们之间是互动的或互为环境；不同的内部环境系统构成不同的企业，形成不同组织企业运行的规律。企业环境具有动态性、互动性的特点，因此企业环境各构成要素在不同的条件下对企业的影响程度也是动态变化的。

以高德地图为例，其通过环境分析确定机遇与挑战，并制定了对应的战略，详见表 2-2。

---

① 郑敏，柏露萍. 企业环境与企业绩效分析 [J]. 商业时代，2009 (31)：47.
② 朱华. 企业与企业环境互动探析 [J]. 武汉大学学报，2007，60 (2)：236-237.
③ 王海鉴，滕人轶等. 战略管理案例精选精析 [M]. 北京：中国社会科学出版社，2008 (1)：82.

表 2-2　高德地图的战略机遇及挑战分析

机遇：人工智能技术的快速发展（AI）	人工智能是互联网企业必须具备的能力，从最初亚马逊的智能推荐，到目前基于 LBS 的购物信息推荐，再到炙手可热的自动驾驶汽车，都是人工智能的产物。可以说，人工智能将会是未来科技企业的必需品，在方兴未艾的阶段，提高 AI 技术，将会抢占行业高地
高德的战略布局	（1）高德推出 AI 引擎，打破了手机、车机等后端地图数据的边界，体现了在全境能力、大数据能力和个性化能力三大技术方向上的突破，将地图竞争提升到了新的高度；在全境能力方面，高德的 AI 引擎能应对各种复杂环境，真正实现了"一云多屏" （2）在大数据方面，高德在原有数据来源的基础上增加了阿里生态数据及第三方应用数据，由 AI 引擎自动采集数据，挖掘过期或新增的 POI 信息、道路变化信息，根据用户选择的热度、标签等综合分析 POI、不同道路的权重和优质度，最终为用户提供更贴心的出行和导航服务
挑战：物联网	物联网已成为未来趋势，万物互联将会改变人类的生活模式。当前，各大巨头已经纷纷布局，例如特斯拉汽车、小米的智能家居等。而汽车作为一个重要的入口，同样是商业巨头的争夺要地
高德的战略布局	高德希望手机和车机的用户体验一致化，实现功能上的互联。高德发布新一代智能车载导航——高德地图车机版（AMAP AUTO）2.0，着重打造手机与车机两个中心，实现手机屏幕和车机屏幕的"长期共存，阶段互补"。为了实现"一个高德"的目标，高德地图投入了史上最大规模的研发，意图达到"一云多屏"，即让手机、电脑、汽车等诸多需要使用地图的平台使用一套核心引擎
机遇：自动驾驶	自动驾驶作为出行行业未来的趋势，正在成为各大互联网公司、各大车企及零部件厂商"较劲"的练兵场
高德的战略布局	高德内部正在研究以自动驾驶地图为核心、以云计算和人工智能学习为基础建立的 AutoNavi 自动驾驶解决方案，已经成为国内第一个获得自动驾驶地图商业订单的地图服务商

三、企业环境的分析方法

1. PESTEL 分析法

PESTEL 分析模型又称大环境分析，是分析宏观环境的有效工具，不仅能够分析外部环境，而且能够识别一切对组织有冲击作用的力量。它是调查组织外部影响因素的方法，其每一个字母代表一个因素，可以分为六大因素：政治因素（Political）、经济因素（Economic）、社会因素（Social）、技术要素（Technological）、环境因素（Environmental）和法律因素（Legal）。

（1）政治因素（Political）。是指对组织经营活动具有实际与潜在影响的政治力量和有关的政策、法律及法规等因素。对企业战略有影响的政治因素有：政府的管制和管制解除、政府采购规模和政策、特种关税、专利数量、中美关系、财政和货币政策的变化、特殊的地方及行业规定、世界原油、货币及劳动力市场、进出口限制、他国的政治条件、政府的预算规模。

（2）经济因素（Economic）。是指组织外部的经济结构、产业布局、资源状况、经济发展水平以及未来的经济走势等。对企业战略有影响的经济因素有：经济转型、可支配的收入水平、利率规模经济、消费模式、政府预算赤字、劳动生产率水平、股票市场趋势、进出口因素、地区间的收入和销售消费习惯差别、劳动力及资本输出、财政政策、欧共体政策、居民的消费趋向、通货膨胀率、货币市场利率、汇率、国民生产总值变化趋势。

（3）社会因素（Social）。是指组织所在社会中成员的历史发展、文化传统、价值观念、教育水平以及风俗习惯等因素。社会文化的因素包括：企业或行业的特殊利益集团、国家和企业市场人口的变化、生活方式、公众道德观念、对环境污染的态度、社会责任、收入差距、人均收入、价值观、审美观、对售后服务的态度、地区性趣味和偏好评价。

（4）技术因素（Technological）。技术因素不仅包括那些引起革命性变化的发明，还包括与企业生产有关的新技术、新工艺、新材料的出现和发展趋势以及应用前景。技术的因素包括：企业在生产经营中使用了哪些技术、这些技术对企业的重要程度如何、外购的原材料和零部件包含哪些技术、上述的外部技术中哪些是至关重要的？为什么？企业是否可以持续地利用这些外部技术、这些技术最近的发展动向如何？哪些企业掌握最新的技术动态？这些技术在未来会发生哪些变化？企业对以往的关键技术曾进行过哪些投资？企业的技术水平和竞争对手相比如何？企业及其竞争对手在产品的开发和设计、工艺革新和生产等方面进行了哪些投资、外界对各公司的技术水平的主观排序、企业的产品成本和增值结构是什么？企业的现有技术有哪些能应用？利用程度如何？企业需要实现目前的经营目标需要拥有哪些技术资源？公司的技术对企业竞争地位的影响如何？是否影响企业的经营战略？

（5）环境因素（Environmental）。是指一个组织的活动、产品或服务中能与环境发生相互作用的要素。环境的因素包括：企业概况（数量、规模、结构、分布）、该行业与相关行业发展趋势（起步、摸索、落后）、对相关行业影响、对其他行业影响、对非产业环境影响（自然环境、道德标准）、媒体关注程度、可持续发展空间（气候、能源、资源、循环）、全球相关行业发展（模式、趋势、影响）。

（6）法律因素（Legal）。组织外部的法律、法规、司法状况和公民法律意识所组成的综合系。法律的因素包括：世界性公约及条款、基本法（宪法、民法）、劳动保护法、公司法和合同法、行业竞争法、环境保护法、消费者权益保护法、行业公约。

2. EFE 矩阵分析

外部因素评价矩阵（External Factor Evaluation Matrix，EFE 矩阵），是一种对外部环境进行分析的工具，其做法是从机会和威胁两个方面找出影响企业未来发展的关键因素，根据各个因素影响程度的大小确定权数，再按企业对各关键因素的有效反应程度对各关键因素进行评分，最后算出企业的总加权分数。EFE 矩阵可以帮助战略制定者归纳和评价经济、社会、文化、人口、环境、政治、政府、法律、技术以及竞争等方面的信息。

建立 EFE 矩阵的五个步骤如下：

（1）确认因素。列出外部环境分析过程中确认的外部因素，外部因素总数可以在 10~20 个。因素包括影响公司和其所在行业的各种机会与威胁。

（2）赋予权重。根据各因素的重要程度赋予每个因素以权重，所有因素的权重和必须等于 1。

（3）进行评分。按照公司现行战略对各因素的有效反应程度范围在 1~4 分。4 分代表反应很好，3 分代表反应超过平均水平；2 分代表反应为平均水平；1 分代表反应很差。

（4）得到加权分数。用每个因素的权重乘以其评分，得到各因素的加权分数。

（5）得到加权总分。将所有因素的加权分数相加，以得到公司的加权总分。

无论 EFE 矩阵包含的因素有多少，一个公司总的加权分数最高为 4.0，最低为 1.0，平均总加权分数为 2.5。总加权分数 4.0 表示现行公司战略对外部环境的机会与威胁做出了出色反应，1.0 则表示公司的战略没有利用机会或没有摆脱威胁。

3. IFE 矩阵分析

内部因素评价矩阵（Internal Factor Evaluation Matrix，IFE 矩阵）是对企业组织内部资源与能力进行评价的一种方法，它采用通行的观点，将企业内部因素的优势与劣势进行分析的结果以矩阵形式表现出来，形成内部因素评价矩阵。在建立 IFE 矩阵时需要靠直觉性判断，因为具有科学方法的外表并不意味着就是一种万能的技术，对矩阵中因素的透彻理解比实际数字更为重要。构建内部因素评价矩阵法，可以按照以下步骤对企业进行分析：

（1）在第一栏列出在内部分析过程中确定的关键因素，采用 10~20 项最重要的优势与劣势，先列优势因素，再列劣势因素，要尽可能具体。

（2）在第二栏给每个因素规定权重以表明该因素对企业战略的相对重要性程度。权重在 1（非常重要）和 0（不重要）之间，各因素权重之和为 1。无论一项关键因素是内部优势还是劣势，只要对企业绩效有较大的影响，就应当给予较高的权数，权数越大，说明该因素对企业当前和未来的成功越重要。

（3）在第三栏给每个因素按 1~4 分给予评价。1 分表示重要劣势，2 分表示次要劣势；3 分表示次要优势，4 分表示重要优势。总之，优势给 4 分或 3 分，劣势给 2 分或 1 分。评分依据是该因素基于公司来说是优势还是劣势，而第二步的权数是基于产业。

（4）在第四栏将第二栏的权重和第三栏的得分相乘，得到每个因素的加权分。

（5）最后将第四栏所有内部因素的加权分相加，得到该企业的总加权分。无论一个 IFE 矩阵包括多少因素，总加权分数都落在 1~4，平均值为 2.5。总加权分数大大低于 2.5 分的企业，内部条件处于弱势地位，而总加权分数大大超过 2.5 分的企业，内部条件处于强势。像外部因素评价矩阵一样，一般来说，IFE 矩阵应该有 10~20 个关键因素。但因素的多少不影响总加权分数的范围，因为权数的总和始终是 1。

4. 五力模型

五力模型是迈克尔·波特（Michael Porter）于 20 世纪 80 年代初提出，它认为行业中存在决定竞争规模和程度的五种力量，这五种力量综合起来影响着产业的吸引力以及现有企业的竞争战略决策。五种力量分别为同行业内现有竞争者的竞争能力、潜在竞争者进入的能力、替代品的替代能力、供应商的讨价还价能力、购买者的讨价还价能力。一个产业内部竞争激烈，这既不是偶然的巧合，也不能归咎于"坏运气"。相反，产业内部的竞争激烈程度根植于其基础经济结构。一个产业的竞争状态取决于五种基本竞争作用力，这些作用力汇集起来决定着产业的最终利润潜力。

波特五力模型将大量不同的因素汇集在一个简便的模型中，以此分析一个行业的基本竞争态势。五种力量模型确定了竞争的五种主要来源，即供应商和购买者的讨价还价能力，潜在进入者的威胁，替代品的威胁，以及最后一点，来自在同一行业的公司间的竞争。如图 2-1 所示。

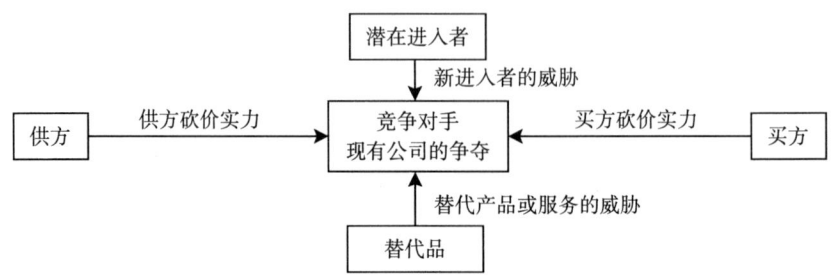

图 2-1　波特的五种基本竞争力量模型

行业中的五种竞争力量决定了行业内的竞争状况，五种力量的相互作用和综合强度决定了行业的最终获利能力。但在实践中，关于五力分析模型的运用一直存在许多争论。目前较为一致的看法是：该模型更多的是一种理论思考工具，而非可以实际操作的战略工具，因为该模型的理论是建立在以下三个假定基础之上的：

（1）制定战略者可以了解整个行业的信息。要求制定战略者了解整个行业的信息，显然现实中是难以做到的。

（2）同行业之间只有竞争关系，没有合作关系。现实中企业之间不仅存在竞争关系，而且存在多种合作关系，不是只有你死我活的竞争关系。

（3）行业的规模是固定的。假设行业的规模是固定的，因此，企业只有通过夺取对手的份额来占有更大的资源和市场。但现实中企业之间往往不是通过吃掉对手而是与对手共同做大行业的"蛋糕"来获取更大的资源和市场。同时，市场可以通过不断的开发和创新来增大容量。

虽然有不足，但该模型为企业外部环境中的行业结构竞争提供了分析框架。

5. 价值链

（1）价值链的内涵。1985年，哈佛商学院的迈克尔·波特（Michael E. Porter）教授在其所著的《竞争优势》一书中首次提出了"价值链"（Value Chain）这一概念。企业系统的整合与分解是波特价值链思想的精髓。价值链分析法是一种寻求确定企业竞争优势的工具。企业有许多资源、能力和竞争优势，如果把企业作为一个整体来考虑，又无法识别这些竞争优势，这就必须把企业活动进行分解，通过考虑这些单个的活动本身及其相互之间的关系来确定企业的竞争优势。

波特认为，企业的每项生产经营活动都是其创造价值的活动，这样，企业所有不同且相互关系的生产经营活动便构成了创造价值的动态过程，即价值链。如果将企业笼统地看作一个整体，就很难清晰地分析和识别出企业的竞争优势，而深入地研究企业内部的设计、生产、营销、交货等环节以及辅助活动等许多相互衔接的过程，即将企业分解为由一系列价值活动构成的价值链，则可以有效地发现企业的竞争优势来源。

价值链理论分析企业哪部分运作能产生价值而哪部分不能产生价值，了解这些是很重要的，企业只有在它创造的价值大于它为创造这些价值所付出的成本时，才能得到超额回报。也就是说，从对企业价值链分析研究中可知，企业所创造的价值实际上来自企业价值链上的某些特定的价值活动，这些真正创造价值的经营活动，就是企业价值链的"战略环节"。企业在竞争中的优势，尤其是能够获得持续的竞争优势，就来源于企业在价值链某些特定的战略价值环节上的优势，把握了这些关键环节，也就控制了整个价值链。

波特的价值链分析模型首先将企业的价值活动分为基本活动和支持活动两大类。基本活动也称为主体活动，是指从企业购进原材料进行加工生产成为最终产品，将其运出企业，上市销售，直到售后服务的一系列活动，具体包括内部后勤、经营、外部后勤、市场与销售、服务。支持活动也称为辅助活动，始终贯穿在主体活动之中，包括企业投入的采购管理、技术开发、人力资源管理和企业的基础设施等。图 2-2 就是波特价值链分析模型。需要特别强调的是，在表 2-3 和表 2-4 中的所有项目都必须考虑竞争对手的情况。因为，通过价值链而获取的竞争优势，是企业的一种资源或能力以一种优于竞争对手或以一种竞争对手无法运作的方式来获得，并以此为企业的客户创造价值，并同时拥有这种创造价值的能力。

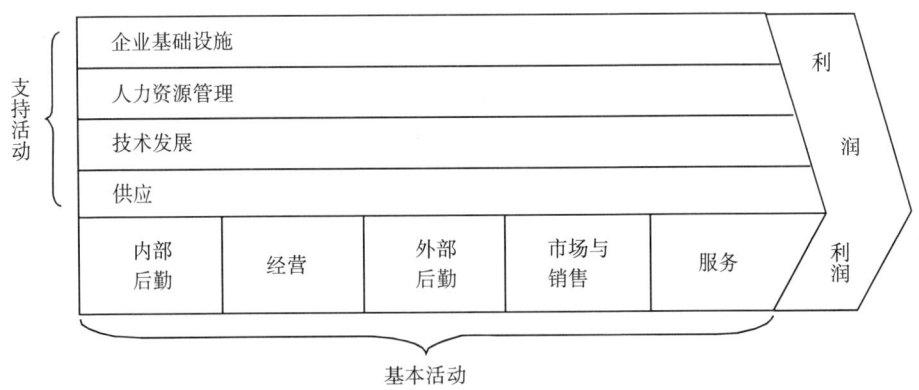

图 2-2 波特价值链分析模型

表 2-3 评价企业价值链的基本活动

内部后勤
- ◆ 原材料与存货控制系统的健全
- ◆ 原材料仓储活动的效率

经营
- ◆ 与主要竞争对手相比较的设备生产能力
- ◆ 适当的生产工艺自动化
- ◆ 生产控制体系对改善质量与降低成本的有效性
- ◆ 工厂与工艺设计的效率

续表

外部后勤
- ◆ 产成品与服务分配的时间安排与效率
- ◆ 产成品仓储活动的效率

市场与销售
- ◆ 确定不同消费者需要的市场调研的有效性
- ◆ 销售促进与广告的创新
- ◆ 替换分销渠道的评价
- ◆ 销售力量的激励与竞争
- ◆ 质量设想的发展与好的名声
- ◆ 消费者之间的品牌忠诚度的程度
- ◆ 市场分割或整个市场中市场占领的程度

消费者服务
- ◆ 请求消费者输入产品改进方法的方式
- ◆ 对消费者抱怨的及时注意
- ◆ 保证与担保政策的恰当性
- ◆ 消费者教育与训练的质量
- ◆ 提供替换零部件与修理服务的能力

注：每一条都应被分为差、一般或优秀三档。[1]

表 2-4 评价企业价值链的支持活动

人力资源管理
- ◆招募、训练与提高所有雇员水平的有效性
- ◆激励与挑战雇员报酬机制的适当性
- ◆最少缺勤与保持适当营业额的工作环境
- ◆与商业联合会的关系
- ◆专业组织中管理人员与技术人员实际的积极参与
- ◆雇员激励与工作满意程度的水平

技术发展
- ◆研究与开发活动的成功（产品与方法革新的领先）

---

[1] Deess G. G., Miller A. Strategie Mangement [M]. McGraw Hill, Inc., 1997: 75.

续表

◆R&D 部门与其他部门之间的运作关系的质量
◆技术发展活动的进度安排
◆实验室与其他实验设施的质量
◆鼓励创造与创新的工作环境的能力
供应
◆投入资源的替代，较少依赖单一供应商的发展
◆采购原材料：
正合时宜
最低可能的成本
可接受的质量成本
◆获得工厂、机器与建筑设施的方法
◆租赁与购买决策标准的发展
◆与可信赖的供应商之间良好的长期关系
企业基础设施
◆确定新产品市场机会与潜在环境威胁的能力
◆完成战略目标的战略计划体系的质量
◆有组织的分支单位之间与价值链有关的所有活动的协调与整合
◆获得相对较低成本的资本支出与流动资本的资金能力
◆制定战略与日常决策中信息系统支持的水平
◆管理阶层对一般环境与竞争环境及时的和准确的信息
◆与公共政策制定者及利益集团间的关系
◆公众形象与公司品德表现

注：每一条都应被分为差、一般或优秀三档。[1]

另外，麦肯锡管理咨询公司也开发了一个价值链分析模型，如图 2-3 所示。这个价值链与现在的企业职能分工相同，而且各个企业都有相类似的职能分工。所以即使没有受过管理学科班训练的人，也会使用这一分析模型的职能对比方式，将自身企业与竞争对手做对比分析。

---

[1] Deess G. G., Miller A. Strategie Mangement [M]. McGraw Hill, Inc., 1997: 75.

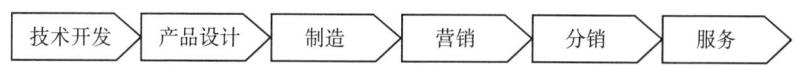

图 2-3 麦肯锡管理咨询公司开发的普通价值链分析模型

企业内部环境的价值链分析，作为一种系统性的分析方法，为我们提供了一种分析和识别企业自身存在的竞争优势及劣势的理论依据。不同的行业、不同的企业的价值链是不一样的，不同的产品也都有自己的价值链。大多数企业一般都生产几种不同的产品或服务，因而该企业内部也就会有几条不同的价值链，分析每一条价值链，有利于从企业一系列的价值活动中识别和寻求企业的竞争优势与劣势。企业价值链分析方法的一般步骤是：①研究生产产品或服务的所有活动，辨别每种产品的价值链，确定优势与劣势活动。②分析各产品价值的内在联系，即一项价值活动（如采购）的执行方式与另一项价值活动（如生产作业）成本之间的关系。③分析不同产品或事业部之间价值链的相互融合的可能性。大多数情况下，一项活动通常都存在规模经济问题，如果某个产品的产量达不到一定的规模，就可以和其他产品一起承担能够达到规模经济的产量，以此来达到生产成本最低的效果。

（2）价值链的微观面与宏观面。在价值链分析方法实际运用的过程中，战略分析人员还可以将价值链的分析拓展到微观层面和宏观层面。

微观层面分析主要是指战略分析人员可以将价值链做进一步的细化分析，如可以将整个营销活动拆解成更进一步的细分活动，包括产品、价格、渠道、促销、包装、人员、流程及与合作者的关系等，以此可以更加清楚地了解活动创造价值的来源。

宏观层面分析主要是指战略分析人员可以将价值链扩展成整个价值系统来做分析，即价值活动的创造，并不一定只局限于单一企业，还可以通过战略联盟、垂直整合、并购等战略手段来扩大经营范围，以形成整个价值创造系统，如图 2-4 所示。图中上游活动中供应商的价值链拥有创造和交付企业价值链所使用的外购输入的功能，因而供应商价值链对企业价值链具有重要的影响。同时，在企业价值链中生产的产品又要通过下游活动中的渠道价值链到达买方手中，渠道价值链的附加活动不仅影响着买方，而且也影响着企业自身的活动。最终企业的产品要成为买方价值链的一部分而满足买方的需要，从这一角度来看，获取和保持竞争优势不仅取决于对企业价值链的理解，而且取决于对企业如何适合于某个价值系统的理解。

图 2-4 产业的价值系统①

从现代工业的产业价值链环节来看,一个完整的产业价值链包括原材料加工、中间产品生产、制成品组装、销售、服务等多个环节,不同环节上有不同的参与角色,发挥着不同的作用,并获得相应的利益。

(3) 价值链整合。基于价值链的战略选择的本质在于对价值链各环节的选择和组合。表现为分解、整合、共享、外包等类型(李玉刚,2005)。

1) 专注于价值链的某个环节做精做强。企业应重新审视自己所参与的价值过程,从功能与成本的比较中,研究在哪些环节上自己具有比较优势,或有可能建立起竞争优势,集中力量培育并发展这种优势;从维护企业品牌角度研究哪些是重要的、核心的环节,保留并增强这些环节上的能力,把不具有优势的或非核心的一些环节分离出来,利用市场寻求合作伙伴,共同完成整个价值链的全过程。如我国一些制造企业利用劳动力成本优势,避开技术劣势,专注于制造环节,做"橄榄"环节,与外国公司的"哑铃型"契合。

2) 整合社会资源,构建新的价值链。在买方市场的态势下,在生产能力相对过剩的情况下,市场上就会存在许多相对独立的,并且具有一定比较优势的增值环节。对企业来说,这些都是可以利用的社会资源。然而,要让这些分散的环节创造出新的价值,必须要用一个价值链把它们有机地串联起来。这就要求我们的企业家掌握丰富的信息,具有创新的观念和敏锐的眼光,并具备相关的知识和经营智慧。

3) 虚拟经营和外包。虚拟经营是企业在网络经济与电子商务环境下的一种重要的经营方式。它有利于增强企业在选择合作伙伴、合作领域、合作方式、组织结构等方面的灵活性,企业之间便于借助互联网快速、高效地发布和接收数据和信息,既大大降低了风险,又适应电子商务环境的特点,在资源、技术、人员、物流、配送、安全等多方面发挥协同优势。

外包战略是指将价值链的非核心环节业务外包给其他企业,特别是中小型企

---

① [美]迈克尔·波特. 竞争优势 [M]. 陈小悦译. 北京: 华夏出版社, 1997.

业。它既可以有效地降低产品成本,引进和利用外部资源,也可以有效地确立企业的竞争优势。从战略上看,业务外包可以给企业提供较大的灵活性,尤其是在购买高速发展的新技术、新式样的产品,或复杂系统组成零部件方面。另外,当多个一流的供应商同时生产一个系统的组成部件时,就会降低外包企业的专有资产投资,缩短设计和生产周期。供应商既有相关方面的人才优势,又有专门领域的复杂的技术知识,而且可以不断地更新产品。企业实行价值链的外包战略,把其所研制技术和零部件所要承担的风险扩散到每个供应商身上,就无须承担零部件的研究与开发计划失败的全部风险,也不必为每一零部件系统投资或不断地扩大配件本身的生产能力。这样,企业就可以全力改善本身核心业务的竞争力。

(4)价值链升级。许多学者研究了国际化企业价值链升级的问题。Amsden(1989)是最早研究新兴市场在全球分工格局下如何进行升级的学者之一,其研究表明一个新兴市场实现产业升级的最佳途径是由委托代工到研发设计,最后到建立自主品牌并拓展销售渠道。Hobbday(2000)以中国台湾、中国香港地区、韩国和新加坡为研究对象,研究分析了亚洲"四小龙"地区的企业从委托代工到研发设计,最后过渡到建立自主品牌全过程的规律,从而验证了Amsden(1989)提出的新兴市场由委托代工到研发设计,最后到建立自主品牌并拓展销售渠道实现产业升级的途径是可行的。Kaplinsky等(2008)在研究全球价值链时,分析了买方(委托加工方)对家具制造业企业的功能升级、产品升级和过程升级的影响。宋泓(2005)指出,发展中国家从世界制造业基地向世界制造业中心过渡需要经历五个主要关键环节:第一是对当地市场的必要保护;第二是对当地市场的培育;第三是后发优势的作用及其利用;第四是市场机制的作用;第五是对市场机制的引导,这些条件需要当地政府和市场的共同作用来实现。

第三节 战略管理的矛盾范畴

一、战略依据:"动"与"静"的环境假设

战略管理的本质是"企业与变化着的背景和环境不断对话的过程"(周三多,2002)。环境假设是企业制定竞争战略的出发点,同时也制约着企业战略理论的演化。企业的环境时刻处在不断的演化状态,而各大主流战略学派对环境的判断

则处于不断的调整及修正过程之中。以企业环境分析为立足点的战略流派包括战略规划学派、环境适应学派、产业结构学派、企业能力学派,理论层面则有战略信息、企业流程再造、学习型组织、战略转折点和边缘竞争等理论。

战略规划学派产生于 20 世纪 50~60 年代,该学派以安索夫(Ansoff)、安德鲁斯(Andrews)、钱德勒(Chandler)和安东尼(Anthony)等先贤为代表,把环境假定为相对稳定或可以预测。在批判和继承规划学派的基础之上,以明茨伯格(Mintzberg)和奎因(Quinn)为代表的环境适应学派借鉴达尔文的"物竞天择,适者生存"的自由选择论和适应进化论,依据"实在主义"的方法论进行分析,认为企业战略是在其经营实践中持续试错的产物,战略需要根据环境的变化而不断进行调整。显然,该学派认为企业环境是动态变化且不可预测的。20 世纪 80 年代的结构学派认为,环境动态但可以预测,因而形成的战略方案同未来的环境可以基本保持一致,不会有太大的偏离。20 世纪 90 年代的资源学派和能力学派指出,企业外界环境是动态且难以预测的,企业的竞争优势来源于其内部独特的资源和能力,该学派避开了难以把握的外部环境,把研究的视角由"外因"转向"内因",主张企业需要培育核心竞争力来以不变应万变,该学派运用"构建主义"的研究方法,形成了资源基础理论和企业能力理论。

1998 年,美国学者查尔斯·惠兹曼出版了《战略信息系统》一书,首先全面地分析了企业战略信息系统问题。"战略信息"是应对环境变化而实施战略管理的重要资源。1990 年,彼得·圣吉在其著作《第五项修炼:学习型组织的艺术与实践》中从组织角度分析了企业的战略管理问题,指出战略管理的最终目的是企业经营管理活动适应环境的变化,而组织学习就是适应环境变化的有效方法。由此提出了学习型组织应具备的五项修炼,即自我超越、改善心智模式、建立共同愿望、团队学习和系统思考。圣吉的战略管理思想应组织外部条件变化而生,学习型组织创建目的在于应对动态的环境。1993 年,迈克尔·哈默和詹姆斯·钱皮提出了企业再造理论,其核心领域是业务流程再造。企业再造(Reengining the Corporation),即对企业原有的工作流程进行全面的改造,以适应企业外部环境变化以及企业制度、技术、分工与管理者的变化。1996 年,布格尔曼和葛洛夫(Burgelman and Grove)提出了"战略转折点"(Strategic Inflection Point)[①]的观

[①] 美国英特尔公司前总裁安德鲁·葛洛夫在《只有偏执狂才能生存》一书中给战略转折点做了非常经典的定义:"企业的根基所在即将发生变化的那一时刻,这个变化有可能意味着企业有机会上升到新的高度,但它也同样有可能标示着没落的开端。"

念，认为环境的剧烈变化及其所带来的不确定性会导致企业的战略意图和战略行动发生偏差，这种偏差将阻碍企业的转型，是组织面临"战略转折点"的标志。1998年，布朗（Brown）与艾森哈特（Eisenhardt）借鉴进化和环境复杂性等理论，在《边缘竞争》一书中指出，未来企业经营环境的主要特征是快速变化和难以预测，因此企业战略管理最重要的任务是调整组织结构形式等管理变革，由此持续调整竞争优势。

二、战略视野："对内"与"朝外"

由于企业面临的环境复杂而动态，各战略流派对战略研究的视角呈多元化，不同流派对战略问题所关注的重点对象左右摇晃，抑或对内，抑或对外。综合地看，企业战略视野存在如下发展轨迹：重点关注外部因素（强调战略与环境的匹配性）→重点关注企业内部条件（强调战略性资源及核心能力）→重点关注外部环境与内部条件的有机结合（强调战略联盟）（陈建校，2009）。

以安德鲁斯为代表的设计学派和以安索夫为代表的计划学派都强调战略是计划和规划的过程，其战略视角侧重于组织内部战略方案的制定与实施。定位学派建立在企业"同质性"假设的逻辑基础之上，把战略视线转向组织之外，尤其是来自产业和竞争对手的外部环境，提出了企业竞争优势由外生的市场结构决定理论。该学派忽略了对企业内部条件的思考，从而把战略领域引向另外一条道路。沃纳菲尔特"基于资源的企业观"，把企业战略理论带入了以资源为基础的竞争优势理论阶段，该理论建立在企业"异质性"假设的逻辑基础之上。资源基础学派遵循"资源—战略—绩效"的研究范式，其核心思想是：企业内部资源差异会导致竞争优势的差异，公司的竞争优势取决于其拥有的高价值资源。波特的价值链分析方法也转向了企业内部分析框架体系之中。普拉哈拉德（Prahalad）和哈默尔（Hamel）的企业能力理论认为，企业是能力体系或能力的集合体，在获取竞争优势方面，企业内部资源比外部资源更重要，它既是企业拥有的智力资本，也是企业决策、创新的源泉。企业能力理论极少关注企业外部环境，主张企业的战略的目标在于识别和开发竞争对手难以模仿的核心能力。

同资源学派和能力学派一致，以彭罗斯、尼尔逊和温特等为代表的企业知识战略理论亦认为，企业内生知识的积累是企业竞争优势的来源，该学派重点关注企业内部的默会性知识。20世纪60年代，乔治·理查德森（George B. Richardson）则提出了组织经济活动的企业知识基础论。以客户价值为中心的战略逻辑扩展和超越了传统企业战略理论的内容，将视线移向企业外部的顾客，把培育和提升顾客让渡价值作为竞争的焦点,主张围绕客户价值这一核心命题来重构自己的战略逻辑框架。伊丹敬之的战略适应性观点(认为战略的成功本质在于战略的适应性,包括环境适应、资源适应和组织适应)和奎因的逻辑改良主义(认为战略就是对环境变化的逻辑反应等理论)是对环境学派主要思想的有力诠释。无独有偶,商业生态系统理论和战略网络理论也主张把企业战略的内在因素和外部因素放在同等重要的位置。

三、战略性质:"竞争"与"共生"

企业战略管理的根本目的是可持续发展,所采取的手段有竞争,也有合作。从企业战略理论的演进轨迹来看,所强调的竞争程度遵循着由弱到强,直至对抗,然后到合作最后至共生的发展脉络。

明茨伯格等著的《战略历程》中提到的十大传统战略管理学派中,除定位学派外,对于竞争问题是很少关注的,或者说没把竞争作为战略管理的重点。自20世纪80年代以来,企业战略理论的研究视线逐渐转移到"竞争"的主题上。企业竞争战略观大致分为四个阶段:以环境为基础的企业竞争战略观、以产业结构分析为基础的企业竞争战略观、以企业资源为基础的企业竞争战略观和以知识积累及知识创新为基础的企业竞争战略观。

20世纪90年代,战略联盟观和商业生态论的出现,标志着企业战略理论进入"关注企业间竞争合作和共同演化"的超越竞争新阶段。与以往的学派不同,战略联盟观[①]和战略生态观研究的是合作竞争与共同演化,关注的重点是协同与共生。

1988年,伽雷诺(Jaillo)在《战略管理杂志》上发表题为《战略网络》的论文,首次正式提出了基于战略网络的企业战略理论。随后于1993年,又出版了标志着战略网络理论成形的专著《战略网络:创建无边界的组织》,在其中,讨论了战略网络选择的时机和信任机制的建立、利用交易成本理论说明何时建立网络等问题。实质上,战略网络是企业所面对的一张关系网络,它包括顾客、竞争者、企业员工、生产者、政府、股东、科研机构及其他利益相关者。与商业生态论不谋而合,战略网络的竞争观强调企业之间的竞合,实质上也彰显了一种"系

---

① 战略联盟概念最早由美国DEC公司总裁简霍普兰德和管理学家罗杰奈格尔提出,是指由两个或两个以上有着对等经营实力的企业(或特定事业和职能部门),为达到共同拥有市场、共同使用资源等战略目标,通过各种协议、契约而结成的优势相长、风险共担、要素水平式双向或多向流动的松散型网络组织。

统共生"战略理念。

日本的"战略先生"大前研一认为,日本企业在国际商战中取得成功,与其重视竞争是密不可分的。日本企业与对手展开竞争的具体做法包括四个方面,即强化企业的经营职能性差异、利用对手的弱点、不断问为什么、为使用者寻求最大利益(罗珉,2000)。

企业集群战略理论[①]认为,在一定的地理位置上集聚的相互关联的企业及机构可以共享集群带来的规模经济和范围经济的好处,同时也能减少交易费用;可使知识、经验、技能在企业之间快速传播。企业集群理论主张集群内部企业之间的共同成长,而集群之间则主要表现为竞争。

20世纪90年代以来新的企业战略观表明,产业环境激烈变化、创新和创造为特点的发展趋势,要求企业在面对竞争性挑战方面,不仅要做出内部调整以适应变化,而且企业的战略管理必须具有更前瞻的眼光和更强的战略主动性。这种企业战略观,超越了90年代以前的战略管理理论中偏重竞争而忽视合作的缺陷,要求企业更加关注核心能力发展和资源积累,更加关注合作与竞争并重,塑造新的企业竞争规则。从理论基础上分析,它把理论建立在网络经济,而不是传统的规模经济或范围经济的基础之上,因此其视野更宽广,更具前瞻性(吕健华,2005)。

席西民(2008)基于和谐管理理论,提出了战略"和谐论",构建了复杂多变环境下战略过程模型,并从宏观和微观两个层面进行了详尽描述。在宏观层面,和谐管理理论视角下的战略过程主要体现为:①和谐主题提供战略行为产生的目的并限定战略行为演化的方向与范围("谐"对"和"的指引);②战略行为模式的不断演化、发展保障了原有和谐主题的实现及新主题的相应形成,并且某些衍生出来的关键性战略行为将直接导致和谐主题的转换("和"对"谐"的作用)。微观视角下,战略是在既定和谐主题实现过程中,战略行为既接纳"主和派"的"模式",也包含"主谐派"的"计划",并尤其注重两方面围绕既定和谐主题的有机耦合过程。本质上,这种战略"和谐论"是一种共生的战略理念。

---

① 在国外,继迈克尔·波特于1990年在《国家竞争优势》中首次提出集群的概念后,以1994年安娜李·萨克森尼安(A. L. Saxenian)所写的《地区优势:硅谷和128地区的文化与竞争》、迈克尔·波特于1998年发表的《产业集群与新竞争经济学》及克鲁格曼(Krugman)于1999年所著的《空间经济:城市、区域与国际贸易》等为标志性成果的企业集群战略理论。在国内,北京大学的王缉慈教授于2001年出版了《创新的空间——企业集群与区域发展》一书,他运用迈克尔·波特的企业集群理论,说明了基于企业集群的区域网络出现与发展的诸多理论与实践问题。

总的来看，"设计学派"源于较弱的竞争性，"计划学派"则建立在竞争性趋强的基础之上，到了"结构学派""能力学派"和"资源学派"时代，尽管它们对于竞争优势来源的认识各不相同，但更多地强调对抗性竞争，这一点却是相同的。"战略生态""战略联盟"和"企业集群"理论则完全不同于以上各种理论，制定企业战略的竞争空间在扩展，竞争力的研究对象不再局限于单独的企业个体，主张企业间通过合作建立共生系统以求得共同发展。

四、战略状态："孤立静止"与"动态持续"

竞争战略的三大主流学派（结构学派、能力学派和资源学派）有一个共同的特点，即把企业的竞争环境视为相对静态的，同时也把企业自身独立于其他组织之外，忽视了竞争企业间的互动关系和竞争环境的复杂变化。

以提斯（D.T. Teece）等为代表的学者在《动态能力与战略管理》一文中提出了动态能力理论。该理论秉承了熊彼特"创造性毁灭"的思想和演化经济学的组织惯例观点，进而把企业行为与能力模型引入其中，认为要获取持久的竞争优势，企业必须具备能够进行"创造性毁灭"的动态能力（Dynamie Capabilities）。

对动态竞争战略的研究兴起于20世纪80年代，其基本思路认为战略是动态的，企业的竞争行为会引发其他竞争者的反击行为，动态战略就是要研究企业之间竞争互动行为的规律，它以美籍华裔学者陈明哲（Chen M. J.）等学者的研究为代表。

组织生态学也为企业环境与企业战略的互动模式提供了理论依据。组织生态学强调组织之间的合作，认为组织不是孤立的。相反，组织生存于复杂的组织生态系统之中。组织的生存与发展依赖于组织生态系统中不同组织之间的相互适应。

理查·达维尼（Richard A. D. Aveni）在研究短期竞争优势和持久竞争优势的关系时提出了超强竞争理论（Hypercompetition）。该理论认为，企业所处超强竞争的环境是一种优势迅速崛起并迅速消失的环境，企业需顺应市场竞争的动态发展，积极瓦解对手的优势，不断创造新的、暂时的优势，以一连串短暂的行动积累成持久的优势，战略目标将是打破现状而非维持稳定及平衡。

边缘竞争战略[①]理论主张，企业应该通过不断变革管理来构建竞争优势，该

[①] 1998年，布朗与艾森哈特合作出版了《边缘竞争》一书，提出了边缘竞争战略理论。该理论的基本思想是，企业应该不断变革管理来构建和调整企业的竞争优势，根据一系列不相关的竞争力来彻底地改造企业优势，保持企业在无序和有序之间的微妙平衡。边缘竞争战略把"如何制定战略目标"和"如何实现战略目标"两个方面的内容紧密联系起来，不断地寻找新的战略目标以及实现战略目标的方法。这种战略充分显示出业绩的关键动力就是应变能力。边缘竞争理论认为，战略是公司不断调整组织结构形式，与该组织结构相适应采取半固定式的战略趋向的一种必然结果。半固定式的战略趋向是边缘竞争的战略方法与传统战略方法的最主要区别。

理论解决了公司在高度变革及不确定性的市场上所面临的战略挑战，即不断地创新公司自身，以获取持续的竞争优势。

五、战略核心："价值瓜分"与"价值创新"

企业战略管理理论的核心命题是围绕构建竞争优势展开的，竞争优势的背后隐喻即为"价值瓜分"。换言之，市场价值瓜分的能力取决于企业是否具有竞争优势以及竞争优势的强弱。"价值创新"[①]战略思想的产生，使企业战略管理的中心由通过竞争优势瓜分价值转向了为顾客创造更好的价值和开辟新的市场价值。

菲利普·科特勒提出的"顾客让渡价值"理论认为，企业必须构造完整的产品价值链，从整体顾客价值着手，谁的基本竞争战略更能够提高顾客让渡价值，谁就能够在竞争中获胜。其背后逻辑是，只有为顾客创新价值，才具有更大的竞争优势。能力学派认为，企业竞争优势的来源是通过"熊彼特租金"（Scmupeter Rents）[②]显现出来的。因此，企业战略管理的重点是获取及维持生产与研发的独特能力、洞察市场需求变化而改善产品或服务质量及功能的能力、拥有业务流程再造及改善管理水平的能力，跳转到新市场或新领域的能力，因为这些能力是企业价值创新的源泉和法宝。

以戴维尼为代表的超强竞争理论（又称为动态竞争理论），与经济学中熊彼特创新理论十分相似，该理论的逻辑是，不可能存在一个可持续的优势，无论是张伯伦租金还是李嘉图租金都会很快趋于消散。企业对可持续竞争优势的全神贯注不仅是幼稚的，而且可能是致命的。企业的主要战略目标是通过不断地创新，破坏已存在的优势来源，并创造新的优势来源。具体的手段就是不断地进行价值创新。换言之，企业应追求获得一系列暂时优势，不断创造新的利基，从业不断比竞争对手领先一步。

蓝海战略认为，聚焦于红海等于接受了商战的限制性因素，而运用蓝海战略

[①] 1997年，金昌为和莫博涅首次提出了价值创新的概念，把价值创新导入企业战略管理中，他们认为，企业价值的创新是指以满足顾客需求为目的，不断改进其产品或服务，从而使企业的产品或服务相对于竞争者而言，能够给消费者创造更多的效用。他们归纳了传统战略逻辑和价值创新逻辑在战略的基本层面上的不同：大多数企业认为自己所处行业的条件是既定的并据此制定相应的战略，而价值创新则寻求价值上的重大飞跃；传统的竞争发生在明确的界限之内，但价值创新者常常跨越这些界限；许多组织的战略思维经常跟随竞争对手的变化而变化，而价值创新者则不把竞争对手当作比较基准；价值创新者不关注客户之间的差别，而是从客户所看重的一些东西中寻找共同点。

[②] "熊彼特租金"（Schumpeter Rents）是指基于创新能力和行为的经济租金，即指企业通过新产品、新技术、新供应源和新的组织模式来适应复杂多变的内外部环境，并形成暂时垄断性，从而获得的高额回报。这些都是属于企业独特能力的范畴，是企业的核心竞争力或者动态能力的表现。

能够把视线从"超越竞争对手"移向"买方需求",不仅能够将不同市场的买方价值元素筛选并重新排序,还能够从给定结构下的定位选择向改变市场结构本身转变。蓝海战略的基石是价值创新。蓝海总是很短暂的,所有的蓝海最终将会被染成红色;红海总是表象的,任何一片红海里都隐藏着某些蓝色的海沟。红海与蓝海是一种理论上的相对概念,紫海才是市场的常态。紫海是红海与蓝海的混合区域,红海与蓝海夹杂在一起,就组成了紫海。如果说红海战略的战略核心是价值瓜分,蓝海战略的战略核心是价值创新,那么,紫海战略的战略核心便是二者兼有。

六、战略主体:"上下"与"内外"

站在企业内部,企业战略主体涉及上层领导及下层员工两大主体。以明茨伯格提出的十大战略学派为例,在早期的几个战略流派中,战略决策的责任都是由企业高层承担,如设计学派是高级主管、计划学派是计划管理人员、定位学派是分析管理人员、企业家学派是企业高层领导;从认知学派开始,战略制定者开始向中下层延展。例如,学习学派认为,人人都是战略者;权力学派认为,所有拥有权力的人都参与战略的制定,对于文化学派,则更加信赖集体决策。彼得·德鲁克指出:"现在真正控制资源和绝对是决定性的'生产要素'既非资本,也非土地或劳动力,而是知识"。现代管理回归到"以人为本",战略管理也不例外,战略主体也更加注重"全员"而非仅仅"高管人员"。"人本"战略的实质,是以促进人自身自由、全面发展为根本目的的管理理念与管理模式,而人自身自由、全面发展的核心内容,便是个体心理目标结构的发展,以及个性的完善(邓凌翃,2003)。

站在企业外部看,企业战略的主体已由单个企业自身转向与企业外部相关的系统网络。20世纪90年代的企业战略理论,往往注重战略的内源性,强调"自我依赖"这种战略独立性。例如,计划学派、资源学派和能力学派等均在其列。以资源基础学派为例,该学派认为,企业内部资源同外部资源相比,对获取竞争优势更具有重要意义。在企业内部,依赖于企业的异质性的、非常难以模仿的、效率高的专有资源,并且企业有不断产生这种资源的内在动力,保持企业的竞争优势在于不断地形成、利用这些专有的优势资源。企业在实施企业战略的时候,首先是确定公司的独特专有资源。显然,资源基础学派强调"独善其身",即认为,只要企业自身拥有关键、核心资源,就会拥有竞争优势,从而在市场竞争中立于不败之地。之后的企业战略理论则把企业自身同外界环境的多种主体利益捆绑起来，从更大战略网络层面，分析相关利益主体组成的系统战略问题，突出了战略的整体性、关联性和协同性。尤其值得一提的是，网络经济条件下，企业的"无边界化"，必然会催生战略的网络化，关系战略管理是企业成功的关键。商业生态系统理论、战略联盟理论和企业集群理论等战略思想都位居其列。以战略生态理论为例，该理论以系统生态学为研究范式，把企业看成是嵌入一定战略网络中的子利益单元，从而跨越了战略思维中过分关注对手和"独善其身"的战略视野。

七、战略目标："经济性"与"社会性"

企业具有"经济性"与"社会性"双重属性，企业管理追求的是效率与效果，企业战略作高级层面的企业管理内容，同样讲求效率，但也要兼顾"经济性"与"社会性"的平衡。从企业战略的形成与发展的思想演化来看，其战略成分中的"经济性"逐渐由"社会性"部分取代，成为"经济性"与"社会性"互补共依的战略格局。企业要持续增强国际竞争力，必须注重商业伦理和社会责任问题。从战略的角度来审视，企业应主动介入并自我调适，把企业社会责任与其核心战略相整合，以此寻找长期竞争优势和识别机会，促进未来价值的创造（眭文娟等，2012）。企业社会责任战略管理的目标是获取可持续竞争优势（宁亚春，2012），从这一点看，企业战略目标的经济性与社会性是在矛盾中相统一的。在企业战略理论发展的进程中，企业"社会性"日益成为战略的重要组成部分。诚如彼得·F.德鲁克（1984）所言，未来的企业从善方能制胜，而且唯有将社会责任融入到市场机会中，企业才能更好地承担起这一责任。

辩证地看，企业战略应在经济性与社会性之间取得平衡。从战略层次上讲，企业的经济性与社会性并非对立的，其经济性决策与社会性取向之间必然存在彼此融合点，二者共同构成了企业的核心战略框架。当然，社会性嵌入企业特定业务，这是个渐进的学习过程，这个过程能够推动企业创新，由此增强企业竞争力（J vilanova M., Lozano J. & Arens D., 2009）。

【本章参考文献】

[1] Jones G., Hill C. W. L. Strategic Management: Theory: An Integrated Approach [J]. Strategic Management An Integrated Approach, 2001.

[2] 钮先钟. 西方战略思想史 [M]. 桂林：广西师范大学出版社，2003.

[3] 侯树栋. 国防教育大词典 [M]. 北京：军事科学出版社，1992.

[4] 邹统钎，周三多. 战略管理思想史 [M]. 天津：南开大学出版社，2011.

[5] 陈殿阁. 从竞争走向合作——战略联盟理论评析 [J]. 经济管理，2000（3）：62-63.

[6] 斯托克. 时基法则的结果 [M]. 上海：上海远东出版社，1999.

[7] 马璐，黎志成. 企业信息化与企业竞争力 [J]. 经济管理，2000（7）：28-29.

[8] [美] 理查德·L. 达夫特. 管理学 [M]. 韩经纶等译. 北京：机械工业出版社，2003.

[9] 刘珂，王海飞. 企业战略管理 [M]. 南京：南京大学出版社，2012.

[10] 刘宝宏. 企业战略管理 [M]. 大连：东北财经大学出版社，2009.

[11] 邵一明. 战略管理 [M]. 北京：中国人民大学出版社，2009.

[12] 王方华，吕巍. 战略管理 [M]. 北京：机械工业出版社，2007.

[13] 亨利·明茨伯格. 战略历程——纵览战略管理学派 [M]. 北京：机械工业出版社，2002.

[14] 希尔·琼斯，周长辉. 战略管理 [M]. 北京：中国市场出版社，2007.

[15] 高红岩. 战略管理学 [M]. 北京：清华大学出版社，2009.

[16] 王倩. 企业战略管理 [M]. 上海：立信会计出版社，2008.

[17] 鲁贵卿. 建筑施工企业战略管理实践 [M]. 北京：中国建筑工业出版社，2007.

[18] 顾天辉，杨立峰，张文昌. 企业战略管理 [M]. 北京：科学出版社，2004.

第三章 企业战略伦理

第一节 伦理思想的演化

一、伦理思想的产生及发展

伦理是社会哲学、价值领域中的社会哲学，按黑格尔的说法，它是自由意志发展的最高阶段，是法与道德的统一，它是人类合目的发展的规定性要求。伦理作为一种社会发展所要求的行为准则，理应为所有社会参与者共同遵守，但由于利益的驱动，这种人类社会的实践方式发生偏差，偏离出正常的规范要求，因此伦理水准也成为社会对企业认可、接受的一个重要指标，企业的伦理水准越高，社会对企业认可度也就更高；反之，则会被市场逐渐淘汰。因此，越来越多的企业从战略的高度来认识伦理问题，对伦理的研究也随之出现。[①]

从自然经济过渡到商品经济时、全球经济，伦理观念也随之改变。

在最初的人类文明时期，由于食物来源有限，古代部落的生存通过部落之间争夺土地、牧草、水源获取生存，这是一种零和的对局，在这种经济形态下，争夺成为人际关系的主要内容，其他点是损人利己或者损己利人。虽然从生物学的角度上看，生物竞争是物种淘汰和进化的法则，生物个体的优胜劣汰促进了物种的优化，但就群体而言这种社会关系并不能促进人类社会的繁荣。

---

① 周俊敏.论企业的伦理战略[J].伦理学研究，2008（6）.

随着时代的发展及人类文明的进步，人与人之间交往形式发生转变，"交换"开始出现，交换的规则是建立在平等自愿的基础上协商一致的。由于交换的双方都是"自利"的，他们通过交换发挥自己的比较优势，从而使自己创造的价值进一步增值。由此来看，交换能创造价值，其中比较典型的有商品交换。但是，由于我国长期处于自然经济，实行"重农轻商"，甚至打击"商人"的政策，使商品交换始终处于一种萌芽的状态，重农轻商的政策背后实际上有深厚的伦理思想在起作用。这种伦理观的主要特征是抑制人的自利以及追求物质的欲望。故有以儒家、道家等为代表的我国传统伦理思想的盛行。例如，孔子曾说："不义而富且贵，于我如浮云。"宋代理学家提出"存天理，灭人欲"。如果人人没有私欲，那么人就没有了目标，人类历史就难以持续发展了。

当自然经济过渡到商品经济时，伦理思想也需要得到改变，要承认人人追求自身利益的正当性，是合乎道德的，为了保证商品交换的顺利进行，公平竞争成为一个必要条件，交换双方在市场中的地位平等，不能采取强制手段违反这一伦理观念。

随着商品经济的深入发展，到了市场经济时期，市场在资源配置中起决定性作用，然而由于市场的自身缺陷，市场机制是由自利的动机所驱动，而市场规则则不能靠自利的动机去维护。因此，在市场经济条件下仍旧需要保持一个很高的伦理价值观，尤其是要坚持诚信、坚持自己应有的社会责任。近年来，因为全球环境问题的解决不可能是每个国家、企业、个人追求自利的结果，而只能是基于公共的社会责任感。

各阶段伦理的演进最终是匹配经济发展的规律，组织和个人必须适应时代的发展，战略伦理也随着经济、社会的不断变化而衍生出新的内容。当代伦理学的核心问题就是责任问题，而明晰责任的载体又是一个关键性的问题。只有明晰团体责任与个体责任的确切比例，伦理规范才能真正执行。企业伦理这一概念就其最基本的意义而言，是指作为一个整体企业的伦理，企业作为一个团体正如自然人一样也是道德行为的主体，是道义责任的载体。[1]

从西方历史来看，伦理思想产生于公元前5世纪~公元前4世纪的古希腊，历经苏格拉底、柏拉图、亚里士多德师生三人不断推进。苏格拉底亲身经历了雅典的兴衰，看到雅典卷入的伯罗奔尼撒战争带来的许多道德问题，致使雅典的民

---

[1] 吴秋兰.关于可持续发展战略的伦理思考——团体伦理研究[J].福建师范大学学报（哲学社会科学版），2001（3）.

主制度遭遇到了危机。因此，促使了苏格拉底对人的思考，人应该追求过什么样的生活、选择什么样的价值目标、拥有什么样的德性以及相应的社会制度如何安排等；苏格拉底一生都在思考"什么是善""什么是美德""什么是正义"等问题，并将善、美德与正义付诸实践。

柏拉图继承和发展了苏格拉底的伦理思想，在他的代表作《理想国》中，柏拉图提出了"一个人如何度过自己的一生""一个正义的人是否也能成为一个幸福的人"等问题，最终他归结到个人灵魂的不朽和永生幸福，而在这中间他思考个人正义与制度正义的联系，"一个理想的正义国家将是怎样的？"等问题。

亚里士多德在两人的基础上进一步丰富和深化了西方伦理思想，在他的代表作《尼各马可伦理学》中，亚里士多德系统阐述了一种高尚的目的论、完善论和德性论等。亚里士多德认为人类所有的活动和技术都抱有某种目的，这种目的就是他们视作"善"的东西，实现这种目的就意味着去达到幸福，而"善"或"幸福"的人也是合乎人的德性的现实活动。[①]"德性"又分为两种：一种是理性的德性，另一种是伦理的德性。还有种种介于"过度"与"不及"之间的中道的行为品质，人们就是通过这些行为去追求至善的目的和最大的幸福。

此后，这种至善论经过斯多葛派[②]、基督教哲学家奥古斯丁、阿奎那的发展，使至善论进入宗教的领域：上帝是全知、全能、全善的存在，人生是一段趋赴上帝的旅程。经过近现代哲学家的进一步发展，如洛克、斯密、休谟、卢梭、黑格尔等人从不同立场上对伦理的深化，让人们看到了现代道德伦理的困境与传统伦理的断裂程度。边沁、密尔、西季威克等从功利主义角度阐述功利主义对现代社会生活和政治决策的影响。

在中国历史上，伦理思想的产生从商朝就开始了，那时候的社会秩序和规范有浓厚的宗教、天命的意味；后来，经周朝的人文理性的洗礼，发展成为一种富有道德和亲情特点的"礼"的社会秩序规范；到了春秋时期，礼崩乐坏，使孔产生对人生、道德和社会问题的思考，尤其是对道德的主体和内在的资源的开发，因此孔子提出了以"仁"为核心的道德论和人生哲学，经过孟子、荀子的进一步发展，孔子的伦理思想逐渐成为中国传统社会的支配思想。

到了汉唐时期，董仲舒在儒家伦理思想的"外王"层面颇有建树；在宋代以

---

① 何怀宏. 伦理学是什么 [M]. 北京：北京大学出版社，2002.
② 斯多葛派由于学派创始人芝诺（Zeno），通常是在雅典集会广场的廊苑聚众讲学，故该学派称为画廊学派或斯多葛派（英文 Stoic，来自希腊文 Stoa；原指门廊或画廊，后专指斯多葛学派）。

后，朱熹、王阳明等在儒家思想"内圣"层面卓有贡献，他们面对社会与个人问题的种种压力，在思想上既回应佛教思想的挑战又吸收其资源，使儒家伦理思想有一个较大发展。到19世纪后，西方思想的传入，中国伦理思想与西方伦理思想发生了交融，形成了现代中国的伦理思想，在后面会作详细阐述。

二、责任化的伦理思想

1924年，英国某蛋糕公司董事谢尔顿（Sheldon）首次提出企业社会责任（Corporate Social Responsibility，CSR）概念。1979年，Carroll在其《公司绩效的三维概念模型》一文中首次提出了影响深远的四责任框架。他开创性地将企业社会责任划分为经济责任、法律责任、伦理责任和自愿责任（也称自由斟酌的责任）四个方面，并详细讨论了它们的具体含义。其后，Carroll在把"自愿责任"进一步具体化为慈善责任的同时，把四种责任从低到高排列成所谓的"社会责任金字塔"模型。以此研究为基础，国内外出现了许多对企业社会责任内容的分类研究。

1984年，Carroll和Hoy提出，应从企业战略层面审视企业社会责任（Corporate Social Responsibility，CSR）。他们认为，企业常把社会事务作为环境干扰因素或作为评价企业业绩的标准是一种短视行为，企业应该把社会事务政策纳入战略层面上。Porter和Kramer（2006）则认为，战略性企业社会责任不仅指那些能利用企业能力来改善重要竞争背景的战略性慈善活动，还指那些能产生社会利益并同时强化企业战略的价值链转型活动。Porter和Kramer（2006）把企业社会责任分为反应性社会责任和战略性社会责任。企业反应性社会责任主要表现为做一个良好的企业公民，关心各利益相关者所关注的社会问题，或减少企业经营活动已经产生的或可能会产生的负面影响。与企业反应性社会责任不同，企业战略性社会责任的目的在于寻找能够为企业和社会创造共享价值的机会，在解决社会问题的同时获取可持续竞争优势。

1995年，当时的欧委会主席雅克·德洛尔（Jaques Delors）针对员工压榨的不法现象通过了一项宣言，在欧洲开启了关于企业社会责任的新篇章。20世纪90年代以来，企业社会责任理论得到越来越多的学者关注。1996年，在雅克·德洛尔的号召下成立了欧洲企业社会责任协会；为规范和明确CSR体系的各项内容，国际上有很多种类的CSR标准，具有代表性的标准包括SA8000、ISO 14000、ISO 26000系列。ISO 26000《社会责任指南》是国际标准化组织在ISO 14000之后制定的最新标准体系。Burke和Logsdon（1996）认为，企业社会责任（政策、项目或流程）能给企业带来大量商业利益，就是战略性的。他们提出了战略性企业社会责任的五个维度：一致性、专用性、前瞻性、自愿性和可见性。所谓一致性，是指企业的社会责任行为与企业经营理念和目标具有一致性；专用性，是指企业的社会责任行为可以为企业带来他人无法获取的特殊收益；前瞻性，是指企业的社会责任行为是基于对未来发展环境的一种预测；自愿性，是指企业的社会责任行为是企业的自愿选择，而非外界的强制要求；可见性，则是指企业的社会责任行为所能引起的社会关注、赢得认可。2001年，欧委会颁布了企业社会责任绿皮书；2010年，ISO 26000《社会责任指南》颁布。Jamali（2007）认为，企业战略性社会责任的核心是通过履行企业社会责任来获得商业利益，即通过做好事来获得好处。企业战略性社会责任又分为企业"由内及外"的价值链创新和企业"由外及内"的竞争环境投资两种类型。其中，前者是指企业为解决社会问题而进行的企业价值链创新，从企业内部价值链的基本活动与辅助支持性活动中，尽可能消除企业经营活动所造成的负面社会影响，同时尽可能创造出既实现社会价值又实现企业战略发展的机会；后者是指通过投资于竞争环境中某些能够促进企业竞争力提升的社会项目来创造共享价值，使社会目标和经济目标统一起来，并建立起企业与社会的共生关系，进而将履行企业社会责任与公司战略发展前景紧密融合。当然，如果能够同时履行这两种企业战略性社会责任，那么就能使两者相互促进和强化，效果也会更加显著。Husted和Allen（2007）认为，履行强制性企业社会责任也可以使企业获得竞争优势，因而自愿性对于战略性企业社会责任并非必要。因此，他们将战略性企业社会责任定义为四种能力：一是为企业的资源和资产组合设置一致目标的能力（一致性）；二是先于竞争对手获得战略性要素的能力（前瞻性）；三是通过顾客对企业行为的感知来建立声誉优势的能力（可见性）；四是确保企业创造的价值增殖为企业所独占的能力（专用性）。

卡罗尔（Carroll）企业社会责任观理论认为，企业社会责任是社会在一定时期对企业提出的经济、法律、道德和慈善期望。第一，经济责任就是企业首先是一个经济组织。也就是说，企业的首要任务是生产社会需要的产品与服务，并以在社会看来反映了所提供产品与服务的真实价值的价格出售。第二，法律责任就是社会在赋予企业经济任务的同时，制定了要求企业遵守的法律。要求企业做到的，如遵守所有的法律、条例、履行合同任务等。第三，道德责任包含了超越法律规定的、社会成员所期望或禁止的活动。就是社会期望企业做到的，按照高于法律的最低要求从事经营活动、做道德表率等。第四，慈善责任也称自愿的或自行处理的责任。慈善责任与道德责任的区别在于，前者并不是伦理上所要求的。如果企业为社会福利事业提供资金、设施和人力支持，社会会高兴，但是企业做不到这一点，也不会被认为是不道德的。慈善责任是社会希望企业做到的，如企业捐款、支持教育、志愿活动等。应该说经济责任、法律责任、道德责任、慈善责任既不是并列关系，也不是递进的关系，它们之间存在交叉和重叠。之所以如此概括，出于两个考虑：一是从经营实践的历史看，各种责任受重视的时间有先有后，先是经济，然后是法律，再后来是道德和自行处理的责任；二是企业行为或动机可以归入其中的一个或几个责任。卡罗尔（Carroll）认为，"只要企业能有意识地进行这种投资并持之以恒，那么迟早会获得企业在社会资本上的回报，唤起尽可能多的、各种类型的利益相关者的忠诚和支持。"

三、中西方战略伦理思想

1. 中国战略伦理思想

在中国"伦理"一词最早出现在《礼记·乐记》中："凡音者，生于人心者也；乐者，通于论理者也"。"伦"是指人的关系，即人伦；"理"是指道德律令和原则。所以，伦理是指人与人相处应遵守的道德和行为准则。

"知周乎万物，而道济天下"，中国古代的《周易》中萌发了"道济天下"的具有深刻伦理意蕴的战略思想。主要记载姜太公文韬武略的《六韬》一书也认为："天下非一人之天下，乃天下之天下……德之所在，天下归之……道之所在，天下归之。"说的就是：要得天下和王天下就要收服民心，而首先要以道德收服民心，使民心悦诚服。不难看出其中具有深邃的战略伦理眼光。

义是中国传统伦理学中一个重要的道德范畴。郭沫若曾在《先秦天道观之发展》中考证，夏代人推崇命，周代人推崇礼，从西周开始慢慢出现了德，西周初期德的主要内涵是指"外德于人，内德于己"，德字最准确的理解应是正直或者正义。《左转》中有"礼以行义"和"奉义顺，则谓之礼"，战国时期，"世衰道微，邪说暴行有作，臣弑其君者有之，子弑其父有之，孔子俱，作《春秋》"（《孟子·滕文公下》），正是有鉴于此"礼崩乐坏"的局面，孔子提出了以仁义代替礼义的地位。后来到了汉代，"义"字转化为"義"，许慎在其《说文解字》中对义的解释是"义，几威仪也，从我从羊"。清代学者王国维也从字体结构上对"義"进行解释，其含义是人拿着兵器守卫羊群的意思。而羊在《说文解字》中"羊"通"祥"，是吉祥、美好的意思，羊这种动物被认为是聪明正义的化身。因此，我们也容易理解"義"的本义就是用戈矛等武器来捍卫人世间那种善美和吉祥的美好事物，后来被许慎引申为"己之威仪"。"义"在很多地方也被理解为"谊"，在《说文解字》中"谊，人之所宜也。"《礼记·中庸》中说："义者，宜也。"义也是适宜、适当的意思，在待人接物的过程中能够恰到好处。①

兵家中《孙子兵法》就倡导"不战而屈人之兵"方为上策的思想，其中乃是大战略的思想，这种大战略思想用孙子的话来说就是"善之善者也"，其中已清晰地显示出兵家经典视域中的战略伦理思想。

道家伦理经典中也已蕴含了对伦理的大战略价值思想的揭示。"人善人欺，天不欺"，"天之道不争而善胜，不言而善应，不召而自来，绰然而善谋"。"人善"最终方可以立于不败之地，其"善胜"和"善谋"思想就是展现"运筹帷幄，决胜千里"的战略思维和意图或战略决策之举，道家要求人们把讲道德视为自己天性的自然，利而不害，为而不利，在自然状态下感悟道德，不要把道德当成一种牟利技工的手段。道家提出了"善者，吾善之，不善者，吾亦善之"和"以德报怨"人伦观点。②

法家伦理思想也是东方战略伦理思想的重要一部分，其在人性论、义利观、公私观、道德原则、道德养成及道德规范上有独特见解。法家伦理思想的两大精髓分别是功利主义的价值观与以"法"为核心的伦理思想。③例如，在道德的来源上，法家认为利产生并决定义，他们认为人性好利恶害、自利自为，人与人之间的关系也是一种利害、利用关系。那么，"利"便是人的一切行为和交往的唯一动力；对个人而言，个人应该积极追求名与利；法家认为只有依靠法治才能保障良好的社会秩序，法家在反对儒家的仁义礼教作用的同时，提出了法是约束人们的社会行为的首要和必需规范，因为必须以法为教，道德规范也必须要靠守法为前提，违法是不道德的。

儒家伦理战略思想是我国最主要的传统伦理思想。自孔子创立以来，历经孟子、荀子、董仲舒及后来儒家学者的继承、发展和创新，逐渐形成了见利思义、取之有义、先义后利、重利轻义的义利观。这些核心伦理思想与当前商业活动中的公平交易、等价交换、文明经商等原则相融合，符合社会主流价值观。此外，儒家伦理重视"以人为本"的人本管理思想、"诚信"理念、"爱人修己"的自律意识、"以和为贵"的"和合"思想、"天人合一"的精神以及"和而不同"的理念等。

---

① 刘军，黄少英. 儒家伦理思想与现代企业管理伦理 [M]. 北京：科学出版社，2010.
② 汪泽应. 道家伦理思想的精神实质 [J]. 湖南社会科学，2011：10.
③ 陈琴玲. 法家伦理思想探微 [D]. 苏州大学，2009：24.

儒家伦理经典有"仁者无敌"的精辟论道,"意诚而后心正,心正而后身修,身修而后家齐,家齐而后国治,国治而后天下平"。欲求己之人生真乐,唯德行于己,欲觅家和唯德行于家,欲济一世于太平,唯德行一世,欲天下大同唯德行天下。此中已包含和谐身心、和谐家庭、和谐民族甚至和谐人类社会之间通融的战略伦理思想。"老吾老,以及人之老;幼吾幼,以及人之幼,天下可运于掌"已开始战略伦理思想实现途径的思考。"德利百姓,威震四海"则一语道破了战略伦理思想的要义。荀子也曾言:"君者,舟也;庶人者,水也;水则载舟,水则覆舟。"对此我们现在可以说"政治政权,舟也;人民,水也;人民载舟,人民覆舟"。

2. 西方战略伦理思想

古希腊柏拉图提出了"哲人"治国的战略伦理思想。因为"哲人"在他建构的"理想国"中是灵魂最高尚的人,是"至善"大智慧的化身。特别到文艺复兴以后的近代西方古典哲学高峰的康德和黑格尔那里,"世界"成为他们解读的"道德王国"和"伦理世界",在康德"永久和平论"中,他试图通过一种道德哲学的规划,来论证"自由国家联盟""世界公民体制"等,以便使这个世界能够不断地趋向于永久和平。①

德谟克利特、亚里士多德认为道德与财富并不对立,适度占有财富不仅必需而且有利,这是典型人性利己主义伦理思想。西方伦理思想非常重视物质利益在道德中作用的财富,人性利己主义是这种伦理道德观的前提。如果社会创造条件使人在不损害他人的前提下实现利己本性,这不仅符合道德而且是一种公德。因此,人的利己心的满足和实现就成为对社会发展有益的东西,就是道德的。利即义的观点,因为适应市场经济发展的需要,对于调动个人的主动性、积极性是十分有利的,它促进了个人才智的发展,这是积极的一面。同时其消极的一面也影响深远。②

笛卡尔开创了唯理论哲学思潮后发展为德国古典哲学,在此基础上产生了理性主义伦理思潮。他主张人是社会存在物,理性是人的本性,并对道德内容和道德评价标准起着决定性的作用。人的道德理性或这种普遍理性的异化形式——客观精神成为道德的来源,同时也承认人是自然的产物,属于经验世界,受欲望支配。追求幸福,在社会中表现为追求个人的物质利益。然而,人的道德意义或道

---

① 姚占军. "战略伦理"理论构建及其实践透视 [D]. 湖南师范大学, 2011.
② 章海山. 西方伦理思想新探 [J]. 道德与文明, 2001 (5).

德价值最根本的在于，人的普遍理性能够控制人的欲求，在追求欲望满足和物质利益过程中不应损害社会和他人。只有受理性支配和控制的欲求才是符合道德的，而且理性控制情欲，反而能够保证人的欲望的顺利实现，有助于社会和人际关系的和谐。理性主义伦理思潮的现实意义充分体现在道德的"人是目的，不是手段"的命题之中，每个人都应当是自己的主人，而不是他人驱使的工具。人是目的的现实含义，就在于每个人享有财产权，有权自由、自主地支配自己的财产。[1]

帕森斯则进一步对社会整合问题进行了深层分析认为，"潜在模式维持"意指社会大系统的成员都必须使其精神状态与维持系统所需的社会价值相协调，这是一种内化于人们的行为之中的普遍价值承诺。后来哈贝马斯独到地创建"交往沟通理论"认为，现代社会的整合涉及国家管理的政治、经济层面（工具理性），又涉及文化价值层面（交往理性）。然其不断地进行政治、经济层面分化，却难实现文化价值层面的整合。其解决路径是：通过发挥沟通理性所具有的潜力来促进社会整合实现。这种沟通理性也被命名为"交往伦理"。显然哈贝马斯强调了伦理的交互性在社会理性中的战略价值，但仅仅强调这一点对实现社会和谐稳定发展的大战略还是远远不够的。当代著名政治伦理学家罗尔斯的"正义论"强调，社会公正属于社会意识形态范畴，涉及公民对自身所处社会环境的心理体验和感察。[2]

企业伦理学（Business Ethics or Management Ethics）发端于20世纪70年代的美国。1974年11月，美国堪萨斯大学哲学系和企业学院共同发起召开了第一届企业伦理学讨论会，并出版了《伦理学、自由经营和公共政策：企业中的道德问题论文集》一书。这标志着西方企业伦理学的正式产生。对于企业伦理的含义，学者们从不同的角度进行了多种诠释。许多定义都是关注于企业行为的伦理价值或关注于哪些行为是正确或错误，在很多场合中伦理（Ethics）是与道德（Morals）相互换。美国著名学者成中英先生认为："企业伦理是指任何商业团体或机构以合法手段从事营利活动时，所应当遵守的伦理规范。"陈炳富、周祖成在其著作中写道："企业伦理是在企业内形成一套管理者倡导的、全体员工倡导的、始终如一遵循的处理企业与消费者、供应者、竞争者、政府、社区所有者、员工等关系的行为准则。"在所有定义中，Lewis（1985）的定义无疑是最具有代表性的，企业伦理是指为道德上的正确行为提供引导或特殊情况下提供真实性的

---

[1] 章海山. 西方伦理思想新探 [J]. 道德与文明，2001（5）.
[2] 姚占军. "战略伦理"理论构建及其实践透视 [D]. 湖南师范大学，2011.

规则、规范、标准和原则。

英国学者 Oliver Sheldon 于 1924 年提出企业社会责任（Corporate-Social-Responsibility，CSR）。Sheldon 认为，企业不能仅仅把最大限度地为股东盈利或赚钱作为自己唯一存在目的，还必须最大限度地增加除股东之外的所有其他利益相关者的利益。这里的所有其他利益相关者应该包括雇员、消费者、债权人、当地社区、社会弱势群体乃至整个社会。管理学大师 Drucker 也指出，任何一个组织都不只是为了自身，而是为了社会而存在，企业也不例外。企业不仅是股东谋取利润的工具，更应该成为为其他利益相关者服务的工具，因为企业利益相关者的利益最大化才是现代企业的经营目的，股东价值最大化并不等于企业创造的社会财富最大化。

1997 年，美国一家非政府组织"社会责任国际"（Social Accountability International，SAI）发布一份社会责任标准，即 SA8000。其宗旨是确保供应商所供应的产品，皆符合社会责任标准的要求。SA8000 标准适用于世界各地，任何行业和不同规模的公司。与 ISO 9000 质量管理体系及 ISO 14000 环境管理体系一样，SA8000 也是一套可被第三方认证机构审核的国际标准。

西方伦理思想重视"真""善""美"，而构建真善美相统一的思想体系历来是西方思想家的一个理想与目标。苏格拉底认为知识就是美德，人只有具备了对道德的理性知识，才有可能成为有德之人。近代以来，西方伦理思想家更明确地把"真"作为"善"的基础，认识世界是道德认识的前提和必要条件，道德必须建立在人的理性和知识基础上，这表述了人的知识素质对于道德的重要作用。进入现代以后，出现了非理性主义伦理思潮，把非理性的情感、意志、生命力等作为道德源泉，从而削弱了道德的社会作用。但是，重视非理性因素在道德中的作用，不仅拓宽了道德的领域，还发掘了影响道德的深层次的因素。在当代，人们又重新认识和重视理性对道德的作用，也十分重视非理性的作用。

西方伦理思想从古希腊开始，就注重公正，作为基督教的信徒，他们认为"在上帝面前人人平等"。在西方伦理中，公正作为一种道德原则，在经济生活中意味着每个经济主体可以自由从事经济活动，市场应当为每个人提供相同的条件；在政治生活中意味着人人在法律面前平等；在道德领域中意味着人人有权自由选择自己的行为。在对待公平与效率的问题上，近代以来，西方伦理始终把效率放在首位，公平服从于效率。在当代，由于社会贫富差距过大的问题，公平的问题被重新界定，就是在物质财富分配中寻找一个适当的度，在一种有效的经济运作中兼顾公平。

西方伦理思想和东方伦理思想一样作为世界宝贵的精神财富，尤其是那些适应时代发展的伦理思想，我们应该继承和进一步发展。

四、多层次的战略伦理[①]

1. 使命和目标层面的战略伦理

战略伦理的重要体现就是组织的使命和目标，因此在战略设计上必须要考虑组织的使命和目标。对战略伦理的分析必须抓住组织使命和目标，不能偏离。企业可以根据自己的特点及其担当的使命来设置其伦理战略路径，设计其伦理水平和伦理资源的投入，做出其战略决策。如果企业的使命和目标没有体现出伦理价值，对内不能激励员工，对外难以获得社会的认可，从而难以赢得生存的空间。

2. 战略收益和风险层面的战略伦理

广义上讲，组织的收益包括组织的利润、产品的知名度、客户的忠诚度、产品品牌等，组织需要获得尽可能大的收益必须要对战略伦理进行分析。从企业的角度看，如果因为企业的产品和服务不合格损害了消费者的利益，必将给企业带来巨大损失。就企业的战略风险而言，既可能涉及财务风险问题，也可能是因为产品和服务质量引起的市场风险，或由于不利信息传播导致的市场普遍的抵制引起的市场萎缩，企业如果想构建品牌，赢得较高的市场声誉和地位，科学合理的伦理战略设计是必不可少的，否则，在复杂多变的市场上，一个组织因伦理问题遭遇失败也是可能的。

不同阶段的组织的战略收益和战略风险是不同的，对战略收益和战略风险的认识也不同，因此，组织应分析其战略收益和风险与其伦理行为的关系，分析组织运营中的伦理需求及需求的侧重点，来合理配置伦理资源，进行有效的伦理战略投入，以规避企业风险，扩大其战略收益，特别是市场对组织的伦理行为较为敏感，容易因伦理问题带来风险的组织更应该进行全面的伦理战略分析，提出应对之策。

3. 地位、资源和能力层面的战略伦理

战略伦理必须根据组织的资源状况及其配置来确定，该战略必须有助于组织的生存和发展，它所追求的是企业效率的整体提高。

在激烈竞争的市场上，伦理也是组织的一种重要资源。因此，在战略部署上，应该考虑组织的伦理水平与组织的地位相匹配，在有效控制伦理成本的基础

[①] 周俊敏. 论企业的伦理战略 [J]. 伦理学研究，2008（6）.

上，要使伦理战略能提升组织的地位、资源价值和战略能力，以利于企业品牌的塑造，提升组织的市场竞争力。对于那些因市场前景不好的战略收缩型企业就可能不会注重伦理战略，其伦理风险可能会较大，因为担负伦理责任是需要伦理能力的，而一般的市场跟随者，则可能在压缩伦理成本的基础上使伦理表现平平。

4. 生态战略伦理

生态伦理要求人们将生态价值和人类主体都作为整体来思考，从全球生态和整个人类的角度来进行一元化的协调和合作。但事实上却是，现实世界的自然价值却被人类不同价值主体，即不同民族、国家、地区行政单位、阶级、阶层、社会团体和个人等所分割和占有，这是造成当代全球生态危机的根本原因所在。[①]

可持续发展是指既满足当代人的需要，又不对后代人满足其需要的能力构成危害的发展，它是一种要求个人、企业和国家减少浪费和不当消费，改变生产生活方式，将资源留给子孙后代以实现人类发展的系统理论。该理论的主要思想有以下三点：①可持续发展鼓励经济增长。它强调须通过经济增长提高人们的生活水平，增强国家的整体实力。不仅要重视经济增长的数量，更要依靠科学技术，提高经济活动的效益和质量。②可持续发展的标志是良好的生态环境和资源的永续利用。它要求在保护环境和资源永续利用的条件下，进行经济建设，保证以可持续的方式使用自然资源和环境成本。③可持续发展的目标是谋求社会的全面进步。它认为在人类可持续发展系统中，经济发展是基础，自然生态保护是条件，社会进步是目的，只要社会在各个时间段内都能保持与经济、资源和环境的协调，才是可持续发展的社会。

可持续发展战略需要伦理制度的支持。当前环境恶化与资源耗竭产生的根本原因在于缺少一种关于环境与资源的有效的制度安排，只有这个问题解决了，环境问题才有望真正解决，可持续发展伦理的制约作用才可能得以发挥。可持续发展战略需要企业伦理规范。企业要想赢得和保持一个长期的战略优势，就必须符合可持续发展的要求，提高社会合作的信赖度，强化自己的行为能力和减少经济风险及社会成本，即使在法律允许的范围之内也要进一步以伦理准则来约束自己，主动地实现道德自律。必须将企业利益与道德责任以一个大写的"和"字连接在一起，在不损及企业生存的前提下以道德的考虑对将赢利作为企业界的无条件的最高目标的行为进行限制，提醒企业界要有一种前瞻性的思维方法。[②]

---

①② 吴秋兰.关于可持续发展战略的伦理思考——团体伦理研究[J].福建师范大学学报（哲学社会科学版），2001（3）.

5. 利益相关者层面的战略伦理

利益相关者是在企业生产、运营、市场、产业和产品等方面拥有权益的个人或机构，他们会受企业影响，但也有能力影响企业，他们与企业之间形成"双向通道"关系。

1927年通用电气公司的一位经理在其就职演说中首次提出公司应该为利益相关者服务的思想。1963年，美国斯坦福研究院首次提出利益相关者概念。1965年，美国学者Ansof最早将该词引入管理学界和经济学界，认为"要制定出一个理想的企业目标，必须综合平衡考虑企业的诸多利益相关者之间相互冲突的索取权，他们可能包括管理人员、工人、股东、供应商以及分销商"。1977年，宾夕法尼亚的沃顿学院首次开设"利益相关者管理"的课程，利益相关者理论开始被西方学术界和企业界所重视。弗里曼（1984）将利益相关者定义为"任何能够影响或被企业达到目标影响的组织或个人"，他认为，利益相关者是那些如果没有他们的支持企业组织将不复存在的群体。利益相关者既包括股东、债权人、雇员、消费者、供应商等交易伙伴，也包括政府部门、本地居民、当地社区、媒体，还包括自然环境、人类后代、非人物种等受到企业经营活动直接或影响的客体。企业与利益相关者之间是一种以企业为中心的双向互动关系。

根据学者们的研究，利益相关者可以概括为以下特征：第一，利益相关者是与企业存在交易关系的群体，利益相关者向企业投入自身某种资源，并以此作为回报的基础。符合这一特征的群体主要为雇员、供应商以及消费者。第二，利益相关者在企业中拥有一份权益，利益相关方会从企业活动中获取一份收益。如果这种权益得不到满足，利益相关方就会停止对企业的投入，甚至对企业实施负面影响。符合这一特征的群体主要为股东和债权人。第三，利益相关者与企业之间的关系是相互影响的互动关系。企业活动改变会影响利益相关者的行为态度，而这种改变若符合利益相关方的利益，企业活动会因利益相关方的某些决策而得到支持，反之会受到限制。符合这一特征的群体主要为政府部门、本地居民、社区、媒体以及自然环境等。

利益相关者理论认为，制定理想的企业目标，就必须综合平衡考虑企业的诸多利益者之间相互冲突的索取权。利益相关者是指对那些企业战略目标的实现产生影响或者能够被企业实施战略目标的过程影响的个人或团体。利益相关者理论主要是从企业社会绩效评价的角度提出企业不仅要对股东负责，而且要对所有的利益相关者负责。利益相关者理论最大的贡献在于提醒企业应该更多地关注股东以外的其他利益主体的利益，以确保实现公司价值长期的最大化。对企业而言，善待员工、向客户提供优质服务、鼓励与供应商长期合作、偿还债务并培育良好的社会声誉都是股东长期利益之所在。其他利益相关者的利益是以公司为载体的，只有确保公司持续、健康经营，这些利益才能兑现，而股东以及潜在投资者对公司的投资是这一逻辑过程的必备前提。然而，在公司经营过程中，各利益相关者之间又存在着利益上的冲突，实现一方利益往往是以牺牲另一方利益为代价的，即使是同一群体的利益相关者也存在着利益冲突。因此，在公司制度中体现各自的利益诉求是各利益相关者的必然要求。利益相关者理论既没有给出一种能平衡所有利益相关者之间利益的控制机制，以及利益相关者保护制度化的有效机制，也未能构建一个包括所有利益相关者在内的共治主体。这不仅是企业社会责任理论上存在的不足，也是实践中企业社会责任建设面临的难点问题。

　　按照利益相关者最宽泛的定义，企业生产经营活动所影响的以及能影响企业活动的每一个人、每一个团体、自然资源等都是企业利益相关者的话，企业管理人员根本就不知道应该有多少利益相关者的利益需要平衡，管理人员也不可能同时满足所有利益相关者的利益要求。如果企业管理人员对所有利益相关者负责，实际对谁都不负责。也就是说，如果没有一个共同认可的目标指引，复杂的责任就不会起作用。多重目标还非常容易掩盖管理人自我利益最大化的行为，甚至可能导致企业管理人员仅仅追求部分目标，而忽视这些目标与效率或价值之间的关系。因而，对利益相关者的边界进行界定，就显得十分重要。目前对于利益相关者边界的确定主要有以下几种观点：弗里曼从所有权、经济依赖性和社会利益三个角度对企业利益相关者进行了分类，所有持有公司股票者是对企业拥有所有权的利益相关者，对企业有经济依赖性的利益相关者包括经理人员、债权人、雇员、消费者、供应商、竞争者、地社区等，而政府领导人、媒体等则与公司在社会利益上有关系。Frederick 将利益相关者分为直接利益相关者和间接利益相关者，其中直接利益相关者是与企业直接发生市场交易的利益相关者，包括股东、企业员工、债权人、供应商等；间接利益相关者则是与企业发生非市场关系的利益相关者，包括中央政府、地方政府、社会活动团体、媒体、一般公众等。 米切尔根据合法性（某一群体是否被赋有法律上的、道义上的或者特定的对于企业的索取权）、权力性（某一群体是否拥有影响企业决策的地位、能力和相应的手段）、紧急性（某一群体的要求能否立即引起企业管理层的关注）三大属性对利益相关者进行了划分。若这三大属性均拥有则是确定型利益相关者；若只拥有其中的两大属性则是关键利益相关者、从属利益相关者和危险利益相关者；若只拥有一项则是蛰伏利益相关者、或有利益相关者和要求利益相关者。

以医药企业为例，其对利益相关者的责任包括：第一，对消费者的责任。这属于医药企业的基础核心责任，首先是医药产品质量责任。不仅包括生产质量控制的相关责任还包括研发责任、售后对产品安全监测的责任等。其次是产品价格责任。医药企业应考虑到患者的负担能力，以适当合理的价格将产品提供给医疗机构和患者，保证药品的可及性。再次是产品信息责任。企业应向社会提供全面真实的医药产品信息，依法发布产品宣传信息，尊重消费者对药品不良反应的知情权。最后是产品结构方面的责任。企业应充分考虑到对疾病防控医药产品和利润虽低但社会有一定需求的医药产品的研发、生产和供给。前者可以降低群众患病几率，节约社会资源，提高人们的生活质量；后者可以满足患者需要，实现社会效益的最大化。第二，对投资者的责任。这属于医药企业的基础责任，即医药企业应通过企业发展与盈利，保证投资者获得合理的投资回报。此外，还应公开、翔实地告知投资者企业资源的利用情形、结果和财务状况。第三，对雇员的责任。这属于医药企业的基础责任，主要是对雇员的安全保障和福利责任。特别是应承担对生产一线员工的安全保障责任，给予其充分的生产防护、定期体检〔由于《药品生产质量管理规范》（GMP）强制实施，医药企业员工的工作环境较有保障〕。此外，应依法为员工提供各项福利保障。第四，保护生态环境责任。这属于医药企业的基础责任，化学药的生产对环境影响通常都较大，企业有责任采取措施承担环保责任；传统中药材原料有一部分是濒危的动植物，企业也应积极开发使用疗效类似的替代品。第五，对社区的责任。这属于医药企业的高层次责任，主要侧重于利用企业专业优势，通过各种途径开展健康教育活动，提高人们的健康保健意识。第六，社会慈善责任。这属于医药企业的高层次责任，强调医药企业在遇到公共卫生突发事件和社会灾害时，主动承担医药产品的及时供给责任。此外，有能力的医药企业可进行慈善捐助活动，如对受灾和贫困地区人口给予药品和资金捐助等。

第二节 商业伦理

一、商业伦理思想的演化

早在春秋战略时期，《吕氏春秋》从商业道德、商业利益、商业责任分别对商业伦理进行了阐述。从商业道德方面来讲,《吕氏春秋》要求商人具有公平、诚信的商业道德,商人在买卖过程中要遵守公平的道德,其前提就是要度量衡进行严格检查,人无信不立,事无信不成,商人应当坚守诚信,以立身行事;从商业利益方面来讲,《吕氏春秋》主张追求大利的商业利益观,商人应重视大利。

在儒家思想成为封建正统思想,儒家文化成为传统文化的主体后,以儒家思想为主要特征的儒家商业伦理取得长足发展,比较著名的商人有徽商、晋商和潮商等,扬州盐商是徽商的一支,但从他们身上却只能嗅到儒家仁义礼智信的和谐,全无商人趾高气扬的味道。扬州盐商将"义以生利、以义制利"的儒家义利观灵活运用,在商业经营理念上"见利思义",在商业行为准则上主张"取之有义",商业经营效果上认为"先义后利",在商业价值判断上奉行"重义轻利"。扬州盐商用儒家的义利观指导商业经营,既传承了传统道德文化,又实现了物质追求目标,达到了高度发达和繁荣,创造了商帮奇迹。① 在富裕之后,扬州盐商富而儒化。具体表现为:扬州盐商乐善好施、济困扶贫、大办书院、振兴教育、附风弄雅、催生文化繁荣;业儒为士谋求地位。例如,乾隆初,汪应庚捐资5万金重修扬州府学,马氏出重金修著名的梅花书院。当时广储门外的梅花书院、三元坊的安定书院、府东的资政书院、府西的维扬书院和仪征的乐仪书院均靠盐商财力支撑。由于盐商们对教育的重视,扬州在清代人才辈出,扬州府进士总数达348名,一甲进士11名,扬州成为国内重要的文化发达地区。②

中国传统商业伦理思想以儒家思想的"仁爱、重义、以和为贵、诚信"为基础,经商崇端木之风,端木是孔子的学生,也是商业鼻祖,是中国封建社会的商业典范,儒家的核心理念对商业伦理影响甚深。③

西方的商业伦理思想主要来源于宗教、经济学和哲学。"西方经济学之父"亚当·斯密认为,商业对国民的性格形成有重要影响。在野蛮民族之间,诚实是极其稀罕的美德,推广诚实和遵守时间的道德是商业。基督教马克斯·韦伯在《新教伦理与资本主义精神》一书中概括了新教伦理,认为贫穷是上帝对懒惰的惩罚,通过勤勉获得财富是上帝给予的偏爱,肯定了商业活动的合法性,强调了勤劳、节俭的重要;休谟认为,商业促进人类形成契约型的交换关系,包括公正观念、自由观念和守信观念。富兰克林提出"信誉就是金钱",肯定了信誉的价值。④

---

①② 高志明,古良琴.扬州盐商的儒学之道与商业伦理 [J].江苏教育学院学报(社会科学版),2013(4).

③④ 王欣.义乌小商品市场商业伦理研究 [D].浙江农林大学,2013.

东西方对商业伦理的研究有共性也有个性。在"利己"与"利他"、"个人主义"和"集体主义"、功利主义与非功利主义方面各有侧重，但同时都强调节俭、公正和诚信对经济运行的重要性。中国传统文化是以"性善"作为人性假设，传统商业伦理精神最核心的内容是："重义轻利""君子爱财、取之有道"的道义精神；"童叟无欺""诚者人之道也"的诚信精神；"礼之用、和为贵"的以和为贵精神；"强本节用"的节俭精神。西方社会是以"经济人"作为人性假设，其商业伦理首推"重商""崇商"精神，肯定追求功利。同时西方是契约社会，注重理性，要求商业经营者"平等、守法、信用、规范"。

商业伦理是指任何商业团体或机构以合法手段从事活动时，所应遵守的伦理规范与准则。[①]但是，由于个人对事物的是与非、对与错、善与恶、好与坏、应该与不应该等价值判断与伦理认知存在差别，因此商业伦理实际上是一种信念，其核心在于对是非的判断。

追根溯源，对于商业伦理这一种论题的论述最初是从霍华德·博文（Howard R. Bowen）的《商人的社会责任》（1953）一书开始的。博文论证说，"如果企业在决策中认清了更广泛的社会目标，那么其商业行为就会为广大社会带来更多的社会和经济利益。"此后，国内外学者掀起了商业伦理争论的高涨，并且从不同的角度对这一概念进行阐述和发展。

第一种观点认为，企业的本质与伦理责任是矛盾的。企业的存在是为了满足股东利益的最大化，而对股东之外的人群利益的追求必然会影响股东的利益。20世纪80年代后，该观点随着利益相关者理论的产生和发展有了很大的变化。这一时期也是对企业伦理责任进行严肃讨论的开始。根据利益相关者理论，企业不仅对股东负责，它同时与广泛意义上的利益相关者发生交换并对它们负责。

第二种观点，基于功利主义哲学和利益相关者理论，认为企业的伦理责任是利益相关者利益的最大化。这种视角指出，从长期来看，企业对利益相关者的伦理责任是可以为企业带来长远的利益回报的。例如，一些潜在的顾客群体会因为企业的捐赠行为和环保意识成为企业长期的忠实顾客。

第三种观点，基于自由主义市场理论及其改良版的福利社会理论，认为企业伦理责任还应包括给予处于不平等议价地位或劣势竞争地位的市场伙伴优惠待遇，以确保市场竞争的公平性。

第四种观点，基于康德哲学的本体论观点，认为企业伦理责任应该把发展个

---

① 张甜甜."电商大战"引发的商业伦理思考[J]. 东方企业文化·企业政工, 2013.

人作为终极目标之一，而不是利用个人实现盈利的手段。

第五种观点，基于更广泛意义上的伦理责任观，认为企业的伦理责任是企业同人类社会之间的一种主动的纽带。因为企业是被社会所定义的，因此企业对社会负责就是对自己负责，这两种责任是不可分割也是无法分割的。

其实，主流观点对企业伦理责任的履行对象和内容上的认识基本一致，认为企业对员工、合作伙伴、消费者、社区、政府等利益相关者负有保护其基本利益的义务，其履行社会责任的内容不仅体现在经济责任和法律责任上，还要体现在对生态环境和社会整体福利的改善上。

由此，也引发出对商业伦理的本质是什么思考。实质上，商业伦理是道德、梦想、责任和精神。企业家要不断地思考商业伦理问题，形成核心价值观。如果一个企业没有核心价值观的话，那么它的制度是建立不起来的。一个企业的制度包含但不限于规章制度，这些制度由于有了核心价值，可以变为公司的自觉行动。优秀公司和伟大公司的区别就在于有没有道德和制度。

道德经营作为企业的核心战略，在一个软实力竞争、经济人性化、企业伦理化的时代，其对于企业生死沉浮、基业长青的战略意义。道德经营是指企业按照道德理念来指导自身的经营行为，合乎道德地谋取正当的利益，从而真正建构起企业的战略经营模式。这一崭新的概念范式，既是企业伦理学、企业经营学以及管理学研究的理论新范式，也是分析企业问题的理论新范式，它力图整合经营与道德实现两者的交融互涉、良性互动。可以说，企业道德经营必将整体提升企业的整体素质和核心竞争力，必将有助于环境保护及生态和谐，同时还有助于社会和谐和经济秩序的构建，并最终提升利益相关者的幸福指数。①

二、商业伦理的效应

1. 经济效应

从企业责任与企业自身发展的相互作用看，企业伦理表现、企业发展和企业声誉三者之间是相互影响的。尽管企业履行伦理责任短时间会导致成本增加，但从长远看，企业履行伦理责任会获得正向的外部效应，提高企业声誉。首先，企业履行伦理责任，对内善待员工，对外善待消费者，可以促使企业跟上社会前进的步伐，管理体现符合时代潮流的价值取向，展现出企业良好的社会形象，

---

① 王小锡. 当代企业伦理范式的战略思考——序张志丹博士新著《道德经营论》[J]. 武汉科技大学学报（社会科学版），2014：24-24.

赢得社会的信赖，为企业发展营造更好的社会氛围和市场环境；其次，企业履行伦理责任，可以增进员工的认同感，激发员工的工作热情和创造精神，从而提升企业生产工作效率和核心竞争力，促使企业效益不断提高；最后，企业履行伦理责任，可以避免和减少社会的负面评价，更多吸引投资，获得政府支持，从而创造更多的发展机会，既提升企业应对危机的抗风险能力，又实现可持续发展。

2. 社会效应

树立企业伦理责任可以使其利益相关者改变以自我为中心的价值观念，树立一种更高层次的共同的价值观念，从而潜意识地对企业产生一种强烈的向心力。首先，企业伦理责任作为企业文化中的一种伦理要素，大大加强了企业与利益相关者之间的责任关系，提高了企业的凝聚力；其次，当履行伦理责任成为企业上下的共识，就使其利益相关者自然而然地按照既成的模式思维和行动，而超出模式的思想和行为就会受到群众舆论和内在思想情感压力的无形约束；最后，企业的伦理任要解决的是以捍卫消费者权益、劳工利益和环境保护等公众利益为核心的社会问题，解决这些问题不仅是各国企业，也是整个人类社会共同追求的理想目标，通过更好地实践企业伦理责任，能够形成良好的融合凝聚作用。

3. 生产效应

实现质量责任与环保责任的统一。企业需要将生产伦理观念融入企业生产经营的全过程，使企业在保护生态环境和环境保护前提下，能够实现经营整体效率的提高。此外，从企业产品质量方面分析，因为竞争性的市场和追求利润最大化的条件，所以企业必须将产品质量作为其生命线，企业的产品质量决定商品的质地，企业认同的价值取向会影响企业的产品质量、企业的道德观念也会影响企业的产品质量。因此，企业在伦理原则中应该秉持质量第一，不断完善企业的质量管理，从源头上杜绝违背质量第一原则的行为。

4. 交换效应

企业将诚信作为纽带。交换活动内在性地要求公平交易，因此公平交易是企业与顾客之间的基本伦理观念。经济的发展使交换关系越来越复杂，公平理念逐渐升华为诚信理念，诚信是市场经济不断发展变化的内生性要求。

5. 分配效应

企业将正义的价值观念注入企业产品分配的全过程中。道德理念中的伦理作为第三种调节国民收入分配的力量，被称作"第三次分配"。第三次分配是社会成员的社会道德共识而自发形成的国民收入调节方式，主要采取的方式是慈善公益，通过慈善公益来再分配社会财富和资源。企业在生产经营过程中应该要遵循社会正义这一价值观念的要求。将分配公正融入企业社会责任承担要求中，积极实践和参与社会的慈善公益事业，从而真正促进收入的第三次分配。

三、商业伦理的分类及模型

企业伦理责任分类由于各个企业应对社会问题所采取的行为模式不同，Porte和Kramer（2006）把企业伦理责任分为反应性伦理责任和战略性伦理责任。企业反应性伦理责任主要表现为做一个良好的企业公民，关心各利益相关者所关注的社会问题或减少企业经营活动已经产生的或可能会产生的负面影响。例如，每当我们国家出现重大灾难，伊利集团及时伸出援手，为防治"非典"捐款、为东南亚海啸地震灾区捐款、为困难职工捐赠衣物、为福利院儿童赠送牛奶、为贫困中小学生捐赠助学金、开办"伊利宏志班"、为贫困农牧民捐赠生产物资、为养牛户免费提供科技培训、卫生防疫等。捐资助学、扶贫赈灾、帮扶社会弱势群体，赞助社会公益、文化事业。与企业反应性伦理责任不同，企业战略性伦理责任的目的在于寻找能够为企业和社会创造共享价值的机会，在解决社会问题的同时获取可持续竞争优势。Jamali（2007）认为，企业战略性伦理责任的核心是通过履行企业社会责任来获得商业利益，即通过做好事来获得好处。企业战略性社会责任又分为企业"由内及外"的价值链创新和企业"由外及内"的竞争环境投资两种类型。其中，前者是指企业为解决社会问题而进行的企业价值链创新，从企业内部价值链的基本活动与辅助支持性活动中，尽可能消除企业经营活动所造成的负面社会影响，同时尽可能创造出既实现社会价值又实现企业战略发展的机会；后者是指通过投资于竞争环境中某些能够促进企业竞争力提升的社会项目来创造共享价值，使社会目标和经济目标统一起来，并建立起企业与社会的共生关系，进而将履行企业伦理责任与公司战略发展前景紧密融合。当然，如果能够同时履行这两种企业战略性社会责任，那么就能使两者相互促进和强化，效果也会更加显著。图3-1为"企业战略伦理责任的过程模型"。

企业伦理责任三角模型（如图3-2所示）包括三个层级，每一层级之间用一条虚线分开，最上面一个层级又用一条波浪线分为两部分。三角形的两边都有一条箭头朝下的垂线。左面的垂线顺着箭头往下说明对企业社会责任性行为的供给的强制性力量的增强。往上则减弱。这样就可以看到：最下面层级的强制性最强，而越往上则越弱；右面的垂线越往下，说明基础性越强。往上说明基础性越弱。即下面的层级相比上面的层级更是一个企业伦理责任性行为的供给基础。三角形的形状表示，随着从下往上逐渐变小的层级，企业伦理责任性行为的供给逐渐减少。

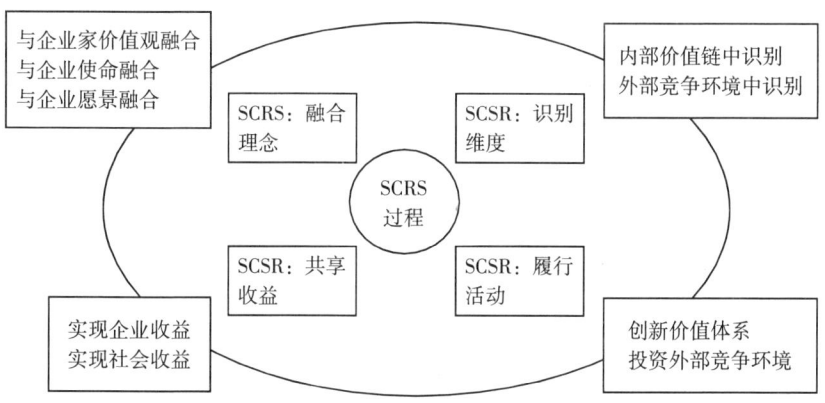

图 3-1 企业战略性伦理责任过程模型

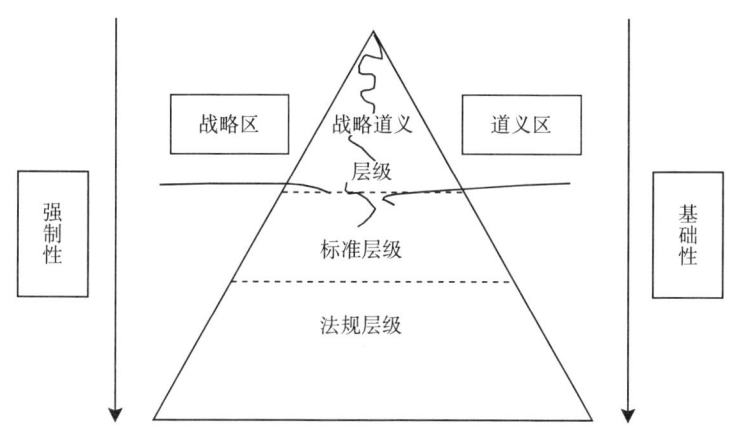

图 3-2 企业伦理责任三角模型

（1）法规层级。这一层级对企业社会责任性行为供给强制性最强，在这一层级上企业是严格按照法律和规章的规定行事的，属于服从性的行为。通过强制企业进行某些社会投入，如控制污水和废气的排放，整个社会的福利得到了增长。同时企业履行这一层级上法律与规章的要求也保护了股东的利益。由于这一层级强制性与"双赢"性，法规层级构成了企业社会责任性行为的供应基础，一个社会绝大多数企业伦理责任行为都是由这一层级提供的。

（2）标准层级。其中的企业伦理责任行为则属于依从性行为，是按照社会风俗习惯（可称为社会标准）、行业标准行事的。虽然风俗习惯和标准不会对企业伦理责任行为的供给产生如法律般的硬性要求，而且有时风俗习惯和标准也是可以改变的，但大多数情况下如果不依从行事的话，企业就可能得不到消费者的认可从而在市场的竞争中被排挤出去，所以企业一般都会选择依从行事。与法规层级相似，这些依从性的行为既使社会受益，又保护了股东的利益。但是，由于这一层级对企业的强制性有所减弱，使它的基础性作用就不如法规层级那么重要。

（3）战略与道义层级。图中用一条波浪线将其分为战略区与道义区两个部分。左边称为战略区，右边称为道义区。从两条垂线上看，这一层级的强制性与基础性都是最弱的。战略区包括的行为是那些管理者基于战略意义上的考虑而采取的行动。在这一区域的行动尽管有些冒险，却是由公司的管理者基于追求利润的战略来进行抉择的，是对消费者、竞争者、雇员、法律等内外部压力所做的积极的反应。而从长期意义上讲能够增加股东财富。当其他企业也纷纷仿效这一革新行为时，个别企业在战略区的社会责任性行为就会趋于向下方层级转移，甚至这一实践会成为一项标准。右边道义区中包括的行为是管理者基于其自身的价值判断而实施的行为。这些行为是由管理者的道义责任决定的，较少考虑是否与股东的利益相悖，而且从短期角度看是偏离利润最大化目标的。这一半区的企业行为对社会比对企业更为有利，这就对企业的这种行为产生了一种十分重要的阻碍作用。战略区与道义区用一条波浪线分开，说明两者之间的界限是很难划分的。由于这种难区分性和结果的不确定性，管理者鉴于个人声望和社会形象，往往会在行为选择时更加倾向于道德区。从这个角度看，在两权分离的现代公司中，企业偏离利润最大化目标而更多选择道义目标应是常态。

四、商业伦理导向的企业战略管理体系

企业伦理责任理念的贯彻和企业伦理责任管理体系的建立并不是一个零散的行为，而是对企业现有战略管理体系的重新思考，它贯穿于企业战略管理的全过程。因此，在企业战略管理的过程中，如何把企业社会责任理念和企业伦理责任管理体系融入企业战略管理的各个阶段，实现基于企业社会责任的战略管理，这就需要企业的高层管理者在深刻理解企业社会责任理念的基础上，重新塑造企业的战略管理体系。

如图3-3所示，企业社会伦理战略管理体系主要包括企业社会责任战略分析

体系、企业社会责任战略规划体系、企业社会责任战略实施体系和企业社会责任战略绩效评价体系。具体来说，企业在进行战略环境分析时，应认知到社会和公众对企业承担伦理责任行为的压力和需求，形成对企业伦理责任理念的正确认识。但由于在同一个社会背景下，每个企业所处的行业环境及自身能力存在着显著的差异，所以每个企业必须通过对企业的内外部环境分析，挖掘企业履行伦理责任的机会，确定企业伦理责任的战略定位，以降低企业由于消极履行伦理责任所带来的风险。企业在进行伦理责任战略规划时，企业的高层管理者必须通过对企业使命、经营宗旨的系统思考，塑造企业的伦理责任理念，制定企业履行伦理责任的目标，选择企业伦理责任的战略实施方案，并在此基础上形成企业伦理责任行为规范，最后再通过企业伦理责任管理制度、实施流程的建立，完善企业伦理责任的战略管理体系。在企业伦理责任战略实施时，企业的高层管理者必须根据企业伦理责任的战略目标，对企业的组织结构和文化进行调整，并配置相关资源，以服务企业伦理责任的战略目标，履行企业伦理责任的战略规划，更大范围地学习和传播企业社会责任理念。在对企业伦理责任绩效进行评价时，企业的高

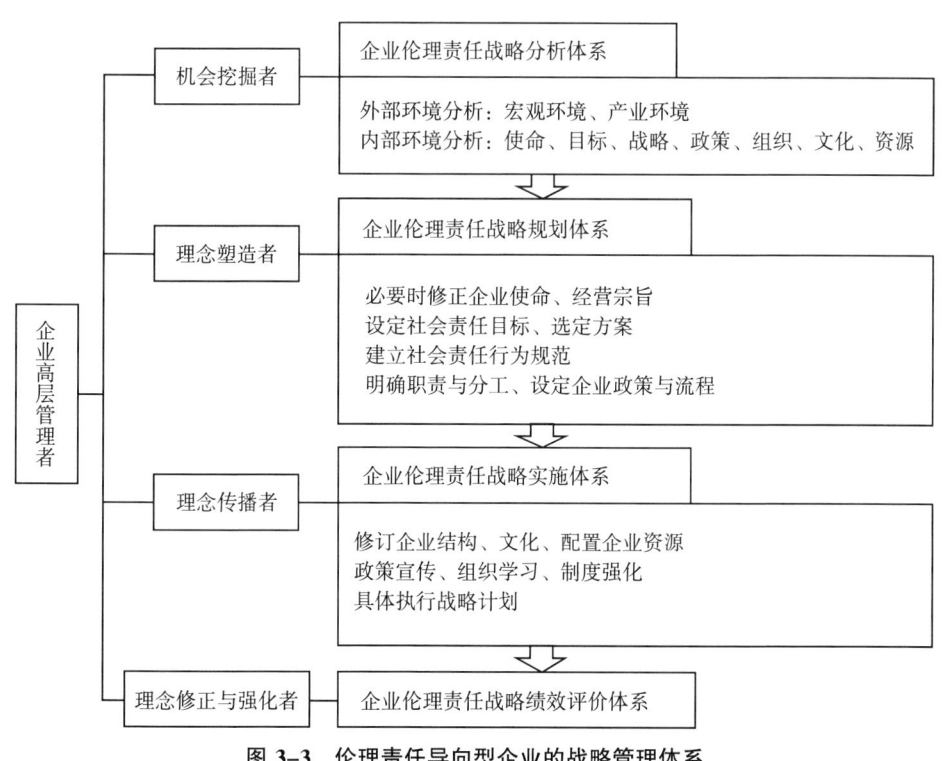

图 3-3 伦理责任导向型企业的战略管理体系

层管理者必须结合企业伦理责任战略实施的结果,从企业战略制定者的角度对企业伦理责任理念进行修正和强化,实现企业伦理责任管理体系与企业战略管理体系的有效融合。

第三节 企业战略伦理思想的现实考量

一、企业社会化理论

1. 金·阿特洛(Kim Alter):社会企业组织形态连续光谱理论

金·阿特洛(2004)认为,社会企业是介于传统营利企业和传统商业组织间的连续体。传统非营利企业与传统营利企业在社会变革环境下,尽管初始目标有所差异,但是为了形成"可持续性的发展战略",两种组织形式最终还是向中间状态"社会企业"或"负有社会责任使命的企业"靠拢。

在该连续光谱中(如图3-4所示),从传统的非营利组织到传统商业组织之间存在多种组织形态,其中社会企业与承担社会责任使命的企业之间存在一条重要的分界线,左边的企业主要追求社会价值的可持续性,以商业操作为手段,以实现社会目标为最终任务;右边的企业主要追求经济价值的可持续性,以追求社会目标为手段,最终促进经济目标的实现;中间是混合型组织,在创造社会价值与创造经济价值之间寻找平衡。

传统的非营利性组织	非营利性组织:参与创收活动	社会企业	负有社会责任使命的企业	营利企业,兼具社会责任	传统的营利企业
使命驱动 对利益相关者负责 收入再投资于使命活动			盈利驱动 对股东负责 收入用于股东进行再分配		

图3-4 社会企业组织形态连续光谱

2. 苏塔·金·奥特:社会企业运营模式类型理论

苏塔·金·奥特(Sutia Kim Alter,2000)认为社会企业运营模式主要有以下三种:

(1)社会企业就业模式。社会企业为其目标人群(存在就业障碍的人)提供就业机会和在职培训，通过在公开市场销售产品或提供服务获取收入，用于支付项目成本和运营开支，包括工资和雇佣导致的其他费用。

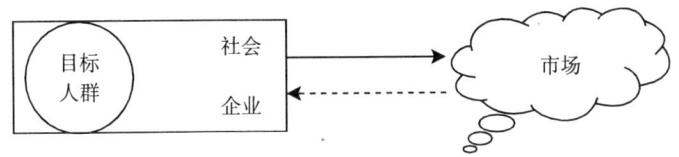

图 3-5　社会企业就业模式

就业模式往往可以形成一个嵌入式社会企业即社会项目即商业活动，该社会企业的使命是为目标人群提供就业机会，开发目标人群技能，增加目标人群收入。该就业模式的优点在于操作方便，任何组织都可以雇用人群进行产品生产和服务提供，就业模式以使命为中心，可以对就业市场产生积极影响。

社会企业采用该模式，需要考虑工作机会的恰当性及其商业上的可行性。通常此类组织会根据雇佣群体的情况改良工作环境或缩短工作时间。

该模式的缺点在于：由于目标人群多为弱势群体且劳动效率低下，使生产出的产品在市场上缺乏竞争力，这会在一定程度上影响组织的生存能力。

（2）组织支持模式。社会企业组织支持模式即社会企业在外部开展商业活动，销售产品和服务获取收入，用于支持服务组织和服务项目。在此过程中，社会企业仅是作为一种筹资机制，如图 3-6 所示。

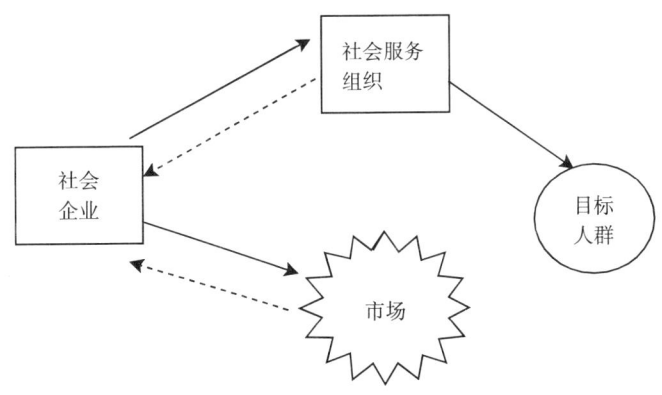

图 3-6　社会企业组织支持模式

组织支持模式往往可以形成一个外部式社会企业即商业活动与社会项目分离。因此，社会企业根据财务优势选择商业活动，而这些活动不一定与组织的社会使命相关。这种模式的缺点在于：存在社会使命与获取利润之间的冲突。

（3）"就业"与"组织支持"混合模式。社会企业可以结合不同的运营模式，以实现最大的价值创造和双重底线的目标。就业模式与组织支持模式混合起来，可以发挥两种模式的优势，克服各自的不足，如图3-7所示。

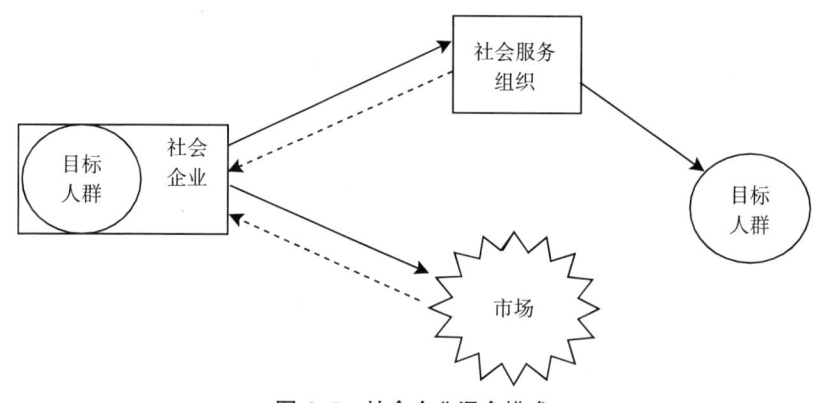

图 3-7　社会企业混合模式

就业模式的社会企业生存能力有限，单靠自身的力量难以吸纳更多的目标人群就业；社会企业承担了许多政府、公益组织应当承担的责任，加重了企业的负担；就业模式中的企业其身份也不是很方便其接受外界资金和其他资源。

组织支持模式中社会企业本身是一个营利性企业，目标导向是营利，但营利与公益往往会产生冲突和矛盾。就业模式与组织支持模式混合后，社会企业转变为以营利为手段、慈善为目标的企业；在企业内部将营利性部分与公益性社会服务部分相对分离，一方面减少社会企业所承担的公益职能，使企业"轻装上阵"参与市场竞争，增加企业盈利能力，从而能持续扩大规模，解决更多目标人群的就业问题。另一方面，作为纯公益性质的社会服务组织，企业可以方便地接受政府和慈善组织的资金、物资和人员的资助，更好地履行自己的纯公益职能，为更多的目标群体服务。

二、企业对伦理责任的认识误区

企业对伦理责任主要有以下几方面的"误区"：一是认为履行伦理责任对企业有利，所以企业应当履行社会责任。事实上，是否履行社会责任不是对单一的企业有利，而是由相关各方的权利利益关系和共同的利益决定的。二是认为企业生存下去了，就是履行了基本的伦理责任。但是，如果不治理严重的环境污染，不改善恶劣的工作环境，这样的企业即使生存下去，对于社会也是缺乏意义的。三是片面理解企业伦理责任，认为其只是企业发展之后履行的伦理责任。其实，在企业初创期应该履行一个企业最基本的职责，企业发展壮大以后可以通过承担更多的伦理责任体现企业的使命感和价值。四是片面理解认为不违法就达到伦理责任的底线要求。法律不可能面面俱到，也往往有滞后的情况，所以会出现并没有违反有关法律条文，却没有达到社会责任行为底线的要求。五是认为伦理责任与合法经营同等。行贿受贿、虚假广告以及假冒伪劣等侵犯知识产权的行为引起了社会舆论对合法经营问题的关注。然而，将企业的伦理责任与合法经营等同，则是一个极大的认识错误。合法经营是每一个企业开展活动的前提，就像每一个公民在社会生活中必须遵守法律一样。从某种意义上讲，法律是约束人的行为的最低标准。换句话说，只要是智力正常的人都应该能够做到法律所要求的，而道德的内容却丰富得多。六是认为伦理责任与公益活动等同。近年来，越来越多的企业开始重视公益活动，如捐助希望工程、认养山林绿地、设立奖学金、参加赈灾及其他慈善活动。但是，在肯定企业积极参与公益活动的同时，不能简单地将公益活动与社会责任画等号。在企业参加公益活动的问题上，有必要关注以下两方面问题：一是减少一些功利性的"公益活动"，二是企业参加公益活动要量力而行。如果就媒体对公益活动的报道进行分析就不难发现，许多"公益活动"具有很强的功利性，甚至有炒作的嫌疑。后者可以说是困扰许多企业尤其是绩优企业的一个现实问题。目前，社会上冠以"公益事业"名称的活动名目繁杂，一些机构也变相地举办各种活动向企业索要财物，令企业经营管理者无所适从，甚至成为一种新的负担。任何慈善捐助和公益活动本来是一种纯洁无私、不图回报的行为，如果带上了功利性色彩，将会失去其本来意义。因此，若企业通过公益活动实现伦理责任就要摒弃功利性，区分炒作和公益活动的唯一标准是活动是否具有功利性。

企业伦理责任是指企业不能仅以利润最大化作为存在的唯一目的，而应最大限度地增进和维护社会公共利益。业界评价某一个企业好坏的主要指标是其总产值、总资产、销售收入和实现利润。这种评价指标体系促使企业单纯追求规模和利润，忽略了企业的社会责任，甚至损害了社会利益。例如，有些企业拖欠工资、污染环境、生产假冒伪劣产品、损害员工或客户的健康或安全甚至生命等，这些问题给整个社会的稳定与经济的可持续发展带来了非常严重的负面影响。企业不应仅被限于一种谋求利润最大化的工具，同时还应成为社会整体福利增进的实体。企业伦理责任其实包括几点内容：第一对消费者负责。生产出高附加价值的、质量好的产品，这是最基本的考虑。第二对企业员工负责。如何减少员工流动率是企业实现社会责任感方面要考虑的问题。第三对生活环境负责。以前大家理解的社会责任就是捐多少钱的问题，但企业的伦理责任不仅只是需要捐款的。第四就是对企业本身负责。一个企业必须盈利，不盈利就没有可持续发展的基础。

三、企业伦理责任与盈利的统一性

很多企业基于现实角度在思考企业履行伦理责任性对自身有什么意义，这种行为能否给企业带来更多的利润？甚至有很多企业认为，履行伦理责任与企业盈利之间存在矛盾，但通过辩证分析发现，企业履行伦理责任与盈利之间并不矛盾。两者的关系如下：

首先，一个企业必须盈利，这是其伦理责任的一部分，只有盈利的企业才可能通过纳税等形式为社会创造财富。其次，一个企业必须在经营中履行其基本的伦理责任，只有这样盈利才有意义。如果企业收入丰厚，但是对社会造成很多负面影响，这种行为也是不道德的。如果长时间这样经营，企业会问题频发，最终会因为仅重视短期利益，而使自己不能长远发展。再次，履行伦理责任对企业的意义重大，它对企业的生存和发展起着越来越重要的作用，甚至已经成为衡量企业经营状况的一个评价标准。履行伦理责任，有利于企业自身的可持续发展，能够促进企业做大、做强和做久。它还可以使企业自身、社会、环境三方和谐共存。除此之外，会给企业带来更多的良性影响，包括口碑效应、品牌高忠诚度、高美誉度，而这些势必会吸引更多的顾客消费，从而让企业获得更多的利润积累。

当然，如果一个企业仅考虑履行伦理责任，而长时间入不敷出，就会因为无法持续盈利，而不能长期地履行伦理责任。

企业必须让商业行为符合道德性和可持续性发展的规则，应该探求将"企业伦理责任"植入企业经营模式中的方式，从而让企业更具有可营利性，而不是让企业仅戴着一个"可持续性发展"徽章。

四、价值观对伦理责任的影响

价值观是一种处理事情判断对错、做选择时取舍的标准。价值观也可以说是一种深藏于内心的准绳，在面临抉择时的一项依据。价值观会指引一个人做出某些行为。每个企业、每个人所拥有的资源都是有限的，但是在面对诸多选择时，个体及企业必须给出自己的最终抉择。对企业来说其自身的经营，经常会发生企业、社会、消费者三者之间的利益冲突，在这个时候企业家的价值观将会引导企业做出不同的决策。如果一个企业家更重视社会整体利益，那么在经营战略制定时，他不会仅考虑盈利等短期利益；如果一个企业家更注重他人利益，他在经营战略制定时可能会更多地考虑利益相关者及消费者的利益，会尽可能多地给他人带来价值回馈；如果一个企业家仅注重企业自身的利益，他所做出的经营战略可能仅从短期盈利的角度出发，不愿意承担更多的社会责任或付出更多的让渡价值。企业家个人的价值观对于企业经营战略的制定会有明显的影响。如果经营战略的制定能够兼顾企业、社会、消费者、利益相关者的利益，那自然是最完美的方案。虽然大多数人认为以上几个主体是利润的瓜分者，其实只要设计好盈利模式，企业完全可以兼顾社会责任、顾客价值与企业利润达到共赢。

企业家的价值观会影响到其战略决策，一个有担当的企业家不仅应该让企业盈利，也应该履行和承担足够的伦理责任。这些伦理责任不必以替社会分担压力或者做慈善做公益的传统模式进行，而是可以做一些力所能及的事情以满足利益相关者、消费者的价值，或解决一些社会中的问题。一个企业家只有内心装着社会的长远利益、装着顾客和利益相关者的利益，才可能在制定战略的时候考虑伦理责任。企业未必要在做大做强以后才考虑社会责任，最好的伦理责任履行模式是将社会责任植入盈利模式，并从企业创立之初就有社会责任的担当。这应该是一个企业家的良知，胸怀天下、以义制利是一个企业家最高的格局。伦理责任的底线是不做危害社会的事，而在此基础上能做有利于社会的事越多，企业的价值就越大。

近年来，诸如三聚氰胺奶粉、日本福岛核电站核泄漏等事件的接连发生，使人们对于企业社会责任建设问题十分关注。企业是利益相关者的共同契约这一观念逐步形成并深入人心。

五、企业伦理责任实例

阿里巴巴集团在其企业社会责任建设过程当中所提出的使命、愿景和责任观体现了其企业社会责任理念。①使命：人人都能快乐地履行社会责任。②愿景：成为一家不断推动社会发展的社会型企业。③责任观：阿里巴巴坚信，企业社会责任应内生于企业的商业模式，唯有如此才能实现可持续发展；阿里巴巴确信，社会责任对企业不是负担，在每一家企业的商业模式中，都可以找到自身与社会责任的结合点;阿里巴巴相信,人人都有社会责任,在网络化的便捷环境下,人人也都有能力履行社会责任。阿里巴巴将企业社会责任建设的具体工作划分为如表3-1所示的三个重要组成部分:企业自身、商业模式以及社会公益。阿里巴巴社会责任建设目标归纳为三个方面:第一积极推动、开启新的商业文明;第二持续不断地改善自然环境;第三积极实践与商业模式相结合的社会公益事业。

表3-1 阿里巴巴企业社会责任建设工作构成

工作构成	社会责任内容	备注
企业自身	依法纳税、员工发展、股东回报	作为社会的一分子,阿里巴巴积极进取、勇于创新,寻求健康可持续的自我发展
商业模式	支持客户发展、创造就业机会、创建诚信网规体系、推动农村电子商务、培养新型人才	阿里巴巴努力为客户创造价值,以行业发展为己任;阿里巴巴坚信,与商业模式相结合的社会责任,方能实现可持续发展
社会公益	环境保护、公益机构合作、关爱弱势群体	阿里巴巴投身社会公益,并致力于自然与人类社会的和谐发展;阿里巴巴期望通过网络的平台,让每个人心里种下关爱的种子

资料来源:《阿里巴巴集团2009年度社会责任报告》。

在企业实践中,英特尔中国不断丰富自己的企业社会责任理念内涵,创造性地提出了CSR1.0、CSR2.0、CSR3.0的概念,认为CSR1.0是授人以"鱼";CSR2.0是授人以"渔";而CSR3.0则是通过建立企业社会责任生态圈,"催化"社会创新、建立跨界合作、共享有价值的"渔场"和"渔业"。在从CSR1.0到CSR3.0的升华过程中,英特尔中国的企业社会责任内涵不断升级,从降低风险发展到预知并创造市场的价值提升。英特尔的社会责任如表3-2所示。

表3-2 英特尔社会责任目标

议题	目标
环境	到2020年,按单位芯片计算的直接温室气体排放量在2010年的水平上减少10%
	2012~2015年,再实现节能14亿度;在2012年的报告中,公布2016~2020年增加节能量的目标
	到2020年,按单位芯片计算的水资源使用量在2010年的水平上减少10%
	废物减量和循环利用: 到2020年,实现化学废物的零填埋 到2020年,固废循环利用率达到90% 到2020年,按每个芯片计算的化学废物生成量在2010年的水平上减少10%

续表

议题	目标
环境	到 2020 年，对于 100%的新化学物质和气体，实施加强的"绿色"化学筛选过程
	2010~2020 年，所有新建筑物的设计至少达到"LEED* 银牌"认证水平
	到 2020 年，使笔记本计算机和数据中心产品的能源效率在 2010 年的水平上增加 25 倍
员工	推动关键的改进措施，为弱势群体和女性提供全面的聘用机会
	我们的年度健康调查的目标参与率超过 70%，至少 95%的调查问题能保持现有得分或提高得分
	保持我们世界一流的安全绩效，实现应记录安全时间发生率 0.40 的目标，提高人体工程学相关伤害的早期报告率，特别是积累性创伤疾病，实现急救与应记录事件的比率为 9:1 的目标
社会	到 2014 年，在 100 个国家和地区开展英特尔教育计划，将教育用电脑市场增长到 1 亿台的规模
	以技术创新推动社会创新，通过志愿服务促进跨界合作，员工志愿活动参与率至少保持 50%
供应链	完成或评审 75 次现场供应商审计，推动减少优先和重大发现的数量，加快问题的解决
	2013 年底，完成并展示针对一级供应商的可持续发展加速项目
	2013 年底，制造出全球首个完全实现四种金属（金、钽、锡、钨）无冲突矿产化的微处理芯片
	追踪 75 家最大供应商，依照全球报告倡议组织，关注的可持续发展报告发布情况，以回应我们对提升透明度的要求
	到 2016 年，建立一支 100%绿色的地面运输车队
	为弱势企业提供 100%应得的投标机会
人权	评估软件业务领域绩效，改进申诉及改正机制，进一步优化分子公司人权政策及事务管理

伊利集团多年来"跨越式"发展过程中始终如一奉行"平衡为主，责任为先，厚度重于速度，行业繁荣胜于个体辉煌，社会价值大于商业财富"的"伊利法则"，展示了伊利集团将伦理责任与企业战略相结合，努力使供应链上每一个利益相关者的利益最大化，努力使企业和社会和谐发展实现企业的社会价值。

"伊利"从经济进步、人的发展、环境保护、社会公益这四个方面践行了企业社会责任的成效。"伊利"在自身发展过程中坚持推动"社区、青少年、环境"三大核心目标的企业社会责任体系构建。

伊利集团社会责任战略意图将企业的社会责任与自身的品牌规划融为一体，将"健康"的理念不断深化，持续关注青少年健康、社会健康、环境健康。全力打造"健康中国社会责任体系"。伊利集团的企业伦理责任战略定位是通过最优质的产品、服务和管理，成为值得全球消费者、合作伙伴、员工、股东信赖的健康食品提供者。伊利集团的企业伦理责任生态战略是在业内首倡的"绿色产业链"，在整个乳制品产业价值链中，促进各个环节的绿色发展，实现与自然、与社会各相关群体的良性互动，达到短期利益和长期发展的统一，从而形成整个产业链可持续发展的"绿色生态圈"。伊利集团的企业伦理责任动态战略管理体现在：伊利集团在既定发展战略、愿景和战略目标前提下，围绕战略调整的影响因素与环境的变化以及自身的战略资源与能力的提升，进行战略实施、战略评估、战略调整和制定新战略等方面的活动；同时，运用动态战略评估与调整的方式对原有的战略进行动态管理。伊利集团在企业伦理责任战略绩效评估方面提倡做负责任的企业公民，这是伊利的战略选择，更是伊利的价值取向。伊利集团对伦理责任的自我评价有几个维度：自身的良好经营、与环境的和谐共处、与产业链合作伙伴的多方共赢、对产业转型升级发展的带动以及对于企业公民理念在中国商界的普及。

伊利集团"绿色产业链"可以看作企业伦理责任三角模型最底层的法规层级。伊利集团在整个乳制品产业价值链中，促进各个环节的绿色发展，实现与自然、与社会各相关群体的良性互动，达到短期利益和长期发展的统一，从而形成整个产业链可持续发展的"绿色生态圈"。

伊利集团的"健康中国责任体系"可以看作企业社会责任三角模型的标准层级，伊利集团将企业的社会责任与自身的品牌规划融为一体，将健康的理念不断深化，持续关注青少年健康、社会健康、环境健康，并围绕这三个方向开展了一系列的社会公益行动。

伊利集团坚持对市场、环境与社会责任的关注，以全球永续性报告协会（GRI）关于企业社会责任（CSR）的国际领先理念建立了集团整体CSR战略管理体系，这可以看作企业社会责任三角模型的战略层级。伊利集团始终以"厚度优于速度、行业繁荣胜于个体辉煌、社会价值大于商业财富"的"伊利"法则，指导企业的每一次成长。"伊利法则"可以看作企业社会责任三角模型的道义层级。

【本章参考文献】

[1] Lewis P. V. Defining "Business Ethics": Like Nailing Jello to a Wall [J]. Journal of Business Ethics, Vol. 4, pp.377-383.

[2] 周俊敏. 论企业的伦理战略 [J]. 伦理学研究, 2012（5）: 47-49.

［3］姚占军．"战略伦理"理论构建及其实践透视［D］．湖南师范大学，2011．

［4］吴秋兰．关于可持续发展战略的伦理学思考——团体伦理问题研究［J］．福建师范大学学报（哲学社会科学版），2001（3）：45-48．

［5］王泽应．道家伦理思想的精神实质论［J］．湖南社会科学，2001（3）：9-12．

［6］陈琴玲．法家伦理思想探微［D］．苏州大学，2009．

［7］汤晓黎．日本伦理思想与日本现代化［J］．西南民族大学学报（人文社科版），2001，22（7）：175-177．

［8］章海山．西方伦理思想新探［J］．道德与文明，2001（5）：22-26．

［9］叶青春．当代中国政府的伦理责任［J］．社会科学研究，2005（4）：22-24．

［10］杨晶．从战略发展的角度看伦理管理与企业经营管理融合的必要性［J］．甘肃科技，2002（7）：46．

［11］王小锡．当代企业伦理实践范式的战略思考——序张志丹博士新著《道德经营论》［J］．武汉科技大学学报（社会科学版），2014（1）：23-24．

［12］刘军．儒家伦理思想与现代企业管理伦理［M］．北京：科学出版社，2010．

［13］张鹤泸，唐骏．"NO.2"之道［J］．中外管理，2008（9）：92-96．

［14］王一．法治视野下强化企业社会责任的路径探索［D］．信阳师范学院，2014．

［15］冯臻．从众还是合规：制度压力下的企业社会责任抉择［J］．财经科学，2014（4）：82-90．

［16］苗振青，李良贤．基于共生视角的企业社会责任研究［J］．企业经济，2012（2）：18-20．

［17］邓玉华．基于社会责任的企业竞争力研究［D］．江西财经大学，2013．

［18］姜丽群．国外企业社会责任缺失研究述评［J］．外国经济与管理，2014，36（2）：13-23．

［19］崔丽．当代中国企业社会责任研究——以关系契约理论为视角［D］．吉林大学，2013．

［20］刘建花．我国企业社会责任的缺失与推进路径研究［J］．济南大学学报(社会科学版)，2013，23（1）：92-96．

［21］赵淑微．后危机时代的企业社会责任研究［D］．浙江海洋学院，2014．

［22］朱乾宇．西方国家企业社会责任借鉴［J］．科技进步与对策，2003（18）：126-128．

［23］杰伊·B.巴尼．战略管理：获得与保持竞争优势［M］．北京：汉语大词典出版社，2011．

［24］何怀宏．伦理学是什么［M］．北京：北京大学出版社，2002．

［25］李恒，黄雯．企业社会责任问题的产生、实质与治理［J］．天府新论，2014（1）：61-65．

［26］龚天平．企业伦理学：国外的历史发展与主要问题［J］．国外社会科学，2006（1）：15-21．

第四章 战略管理先导

第一节 战略思维

一、战略思维的内涵及特征

1. 战略思维的内涵

战略性思维是继生产性思维、经营性思维之后的高级企业思维。企业界越来越认同战略思维的重要性。Mintzberg(1994)认为"战略思维是强调整合,使用直觉和创造性去产生一个综合企业愿景,而战略设计是发生在战略思维后的一个过程"。Garratt(1995)认为,战略思维是一个高层经理人摆脱日常管理事务而获得对组织不同愿景的规划以及正在变化环境的认识。谢武等(2002)认为,战略思维是对企业的生存和发展所作的系统性、整体性、长远性和全局性的战略思考。庞跃辉(2002)定义战略思维是指对关系全局性、长远性、根本性重大问题的分析、综合、判断、预见的理性思维过程,是对社会经济运动规律的思考与把握,是领导者思维能力、思维水平、思维成果的高度体现。

实质上,战略思维是指企业高层管理者摆脱日常管理事务,获得对组织不同愿景规划以及环境变化的认识。战略思维的本质是企业决策者关于企业战略的决策思维,关系到企业战略决策的成败。战略思维的形成始于战略决策者对企业及其所处的客观环境的认知。

战略思维的质量反映着人们概括直接经验与间接经验并对客观世界产生影响

所能达到的深度与广度。战略思维的核心是全局性思维，其基本着眼点是如何正确处理全局与局部、长远与眼前的关系问题。

战略思维体现在个人层面及组织层面。在个人层面的战略思维包括三个主要因素：个人对组织及其环境全面了解、个人的创造性、个人对组织未来的远见能力。组织是人的集合，有自己的结构、行为方式等，它提供了一个平台，促进个人战略思维的产生。在组织层面的战略思维有两个重要内容：培养在高层领导团队里的战略对话；充分利用每个员工的创造性和智慧。

综合起来，战略思维是综合运用现代思维科学、系统科学、未来学、预测学、决策学、人才学、心理学、政治学、文化学等成果，进行战略谋划和实施的思维活动。它的目的是提高企业战略谋划和实施的科学性和有效性，提高领导者驾驭全局的能力和效率。

2. 战略思维的特征

战略型思维是一种高层次思维，它有三大特点。首先，它是系统型思维即由此及彼、由表及里、由要素到整体。它从多个方面、多种角度去全面地观察事物和分析问题，是一种全方位、立体式时空统一的思维。美国建国仅有200多年，却成为世界的"老大"，其过人之处在哪里呢？大概就是它能综合世界各民族的文化，提炼精华"据为己有"。一些专家说："由综合而创造是日本技术腾飞的成功之路。"20世纪60年代，日本人从奥地利引进氧气顶吹炼钢技术；从法国引进高炉顶吹重油技术；从美国和苏联引进高炉高温、高压技术；从西德引进炼钢脱氧技术；从瑞士引进连续铸钢技术以及从美国引进轧钢技术。它们通过对这六大技术的综合，创造了世界上第一流的钢铁技术，并进一步改进，创造出转炉未燃气回收技术；到20世纪70年代，转而将其作为技术专向国外出口。其次，它是超前性思维，即在分析客观现实的基础上思考问题。这种思维不仅是在时间上、空间上的超前，更重要的是认识上和观念上的超前。最后，它是创造性思维。这种思维能够冲破传统思想的障碍和束缚，主动地追求"独到"和"最佳"。世界首富比尔·盖茨在一次演讲中说道："可持续竞争的唯一优势来自超过竞争对手的创新能力。"

二、战略思维的演化及模式

知识经济是现代的主流经济，是现代经济的主要增长点和主导发展方向，知识作为生产要素，其地位空前地高；知识成为人类实现其他一切期望的前提，知识生产本身成为社会经济生活的中心，制定企业战略时要充分关注知识的变革作用。

互联网时代，人们经常讨论怎样用互联网的方式思维，以及如何持有互联网的思想、互联网的思考方式。在大数据时代，应该有大数据的思维方式。参考美国西北大学凯洛格商学院陈宇新教授的论述，大数据时代的"大数据战略思维"特征主要表现为：定量、跨界、执行和怀疑。定量思维是指"一切都可测量"。虽然现实经营管理不是都可以测量，但是企业决策者要持有这样的理念。例如，现在很多餐饮连锁企业都有消费会员卡，但是一般只记录顾客的消费金额，关于顾客消费了什么则并没有记录。如果有了顾客消费了什么的记录，不仅可以判断他的消费水平，也能分析判断他的消费偏好。管理者如果具备定量思维，秉承一切都可测的思想，记录有用的顾客信息，将会对企业的经营和战略决策产生积极作用。跨界思维是指"一切都有关联"。企业经营的各方面之间都有相关性，应该发挥领导者的想象力，将看似不相干的事物联系起来。例如，移动终端和PC终端的跨界，微信、社交网络跟电子商务的跨界。通过跨界能够开创新的商业模式，构建新的价值链。阿里巴巴集团就是充分利用大数据，成功地由一家电子商务公司转型为金融公司、数据服务公司和平台企业，它的转型给金融、物流、电子商务、制造、零售行业带来了深刻影响。执行思维是指"一切都可利用"，执行思维强调充分地发掘、利用大数据。企业收集了大量的数据，但存放着不利用属于资源浪费。企业应该注重实效，将大数据蕴含的市场信息发掘出来，并及时对市场和利益相关者做出反应。怀疑思维是指"一切都可试验"。企业获取了大数据，进行分析获取一定信息之后，有时会导致决策产生更大的偏差，认为有了数据的支持就觉得实际情况就是如此，从而忽略了深入的思考。实际上，有的时候数据会产生误导，所以不能对数据有盲从的思想，相应地还要有怀疑试验的思想。

战略思维形成的认知要素，在不同发展阶段具有不同的侧重点。20世纪60年代，研究的重点是"企业外部市场机遇及企业内部能力"；20世纪70年代，研究的重点是"企业外部环境的不确定性"；20世纪80年代，研究的重点是"企业利益相关者，企业所处行业的5种竞争力量，以及顾客、企业、竞争对手"；20世纪90年代，研究的重点是"企业核心竞争力"。根据以上不同年代战略思维认知要素所包含的不同维度，可以把战略思维模式分为以下几种：一元战略思维（"环境"战略思维、"核心竞争力"思维）、二元战略思维（SWOT思维）、三元战略思维（"顾客—企业—竞争对手"思维）、五元战略思维（"五力模型"思维），和N元战略思维（利益相关者思维）等。

战略管理的本质实际上是要重点思考三个问题：企业在哪里？企业将要去哪

里？企业何时竞争？即企业如何利用自身有效的资源或资产，在充满竞争的环境下满足顾客的需求，从而实现价值的创造。因而，从资源、竞争、顾客三方面出发，有"以资源为本""以竞争为本"和"以顾客为本"三种战略思维，三种战略思维的内涵与特征见表4-1。

表4-1 以资源、竞争、顾客为本的战略思维模式及特征

	以资源为本的战略思维	以竞争为本的战略思维	以顾客为本的战略思维
战略思维方向	由内而外	行业内的竞争	由外而内
战略重点	企业的独特资源	竞争对手	顾客及顾客需求
战略目的	充分利用企业的独特资源	比竞争对手做得更好或打败竞争对手	维系顾客或比竞争对手更好地满足顾客
评价指标	企业资产	行业吸引力	顾客价值

三、战略思维、战略计划、战略、战略思想

1. 战略思维与战略计划

明茨博格（1994）曾指出："战略计划不是战略思维。"并认为，这两个概念关注于战略发展过程中不同的阶段，在他看来战略计划是清晰地、仔细地、正式地分析和处理已确定的战略，而战略思维强调的是整合，使用直觉和创造性去产生一个综合企业远景，他认为战略计划是发生在战略思维后的一个过程。

Heraeleous（1998）将战略计划和战略思维类比于单向学习和双向学习，通过这种类比的方式他将战略计划和战略思维明确区别开来。在他看来，单向学习好比战略计划，双向学习好比战略思维。他认为单向学习是在已存在的假设前提和在一系列可供选择方案中采取行动。相反，双向学习是挑战已存在的假设前提，提出新的具有创造性的解决方案。他认为单双向学习及战略计划和战略思维在一个辩证的发展过程中是相互联系的，对于有效的战略管理具有同等重要性。

2. 战略思维与战略

有效的战略思维才会产生合适的战略，战略思维与战略二者构成母子、源流关系。一个企业可以在一定阶段内制定并执行正确的战略，但不能保证该企业在不同的情境下，在发展的不同阶段，均能制定并执行有效的战略。即阶段性战略的有效并不意味着企业拥有在不同情境下均能提出有效战略的能力。战略思维是在不同情境、不同阶段内制定出有效战略的能力根源。企业战略思维将决定企业的视野、产业和商机的前瞻性、决策的严谨性和竞争力。相应地，战略思维研究

不是研究战略是什么，而是研究战略制定者和执行者"如何想的"，以及"何以这般想"的问题。

3. 战略思维与战略思想

战略思想是战略确立的指导思想，是对战略问题的理性的认识和理论上的把握，是由一系列思想内容构成的体系，既包括战略主体制定和实施的基本立场、基本观点，又包括战略主体制定和实施的基本出发点、目标，包括制定战略的基本原则，还包括制定和实施战略的科学方法等。战略思想对战略的制定和实施具有指导作用，是战略研究中不可缺少的重要部分。在实践应用中二者重叠度高，相对不易区分，经常互用。按照我国战略思想史专家钮先钟对战略思想的解读，战略思想通常包括三项内容：①战略理论；②战略准则；③对战略理论和战略准则的历史性或政治性研究。

可见，战略思维与战略思想是不同的概念。某种意义上说，战略思维是战略思想的根源，战略思想包含和体现了战略思维。战略思维是增量式的、动态的，战略思想是静态的、存量式的。战略思想是战略思维的起点和基础，战略思维则是基于一定的战略思想进行的。广义的战略思维也是战略思想，因为二者都是以人脑为源头，都是人脑的活动结果。同时，战略思想是战略思维活动的结果，是战略思维活动的总和。

第二节 战略企业家

一、战略智慧

知识爆炸时代，大企业日益成为知识密集型的跨国性集团企业。企业家要想把自己的企业经营更出色，不仅需要渊博的知识，更需要的是更多的智慧。对于战略型的企业家来说，一是要有战略的眼光，具有运筹力；二是要能够多谋善断，具有决策力；三是能知人善任，具有统率力。这三种基本能力，都需要具有战略智慧。

战略的智慧是在企业战略家在经营企业过程中所具备的各种特殊能力，包括对企业所处环境的分析能力和解决企业在变化的经济环境中如何生存并发展问题的能力，以及使企业间产生差异的能力。

战略的智慧是大智慧、而非小智谋。大智慧是站在全局和长远考虑问题，更注重运用科学的知识把握事物的发展规律，只有掌握了足够的知识才能拥有智慧。在信息时代，要求一个人精通各方面的知识既是不现实的，也是无法办到的。但是，作为一位企业最高领导者、一位具有远见的企业战略家，需要具备超群的战略智慧，"见胜不过众人之所知，非善之善者也。"也就是说，仅拥有一般的知识是不够的，还必须在知识的基础上加以总结升华形成智慧。作为长期思考、锻炼的结果，每个人可以选择不同的途径来提高和发挥自己的战略智慧。项宝华曾经说过："战略需要富有激情的憧憬，异常冷静的思考，深入细致的行动。"企业管理者必须要有战略的智慧，才能使企业获得更持久的增长价值。①

二、战略意图

Gary Hamel 和 C.K. Prahalad（1989）在《哈佛商业评估》上发表了文章 *Strategic Intent* 引起了战略观念的突破，具有划时代的意义。Hamel 和 Prahalad 认为，企业若想达到成功，必须在企业内部大力宣传自己的战略意图，实现企业战略目的与战略手段的相辅相成。战略意图是一个雄心勃勃的宏伟梦想，是企业的动力之源，它能够为企业带来情感和智能上的双重能量，因此企业才能迈上未来的成功之旅。如果把企业的战略体系架构（包括功能配置、竞争力获取、资源重组在内的高端蓝图）比喻为企业的大脑的话，那么战略意图则是企业的心脏。战略意图应该表现出一种迎接未来挑战的张力。

三、战略企业家

1. 企业家成长模式

具备企业家能力和拥有应用这些能力所需的资源配置权的企业经营者被称为企业家。企业家成长模式是以企业家能力结构中的主导性能力为主要划分依据的企业家行为集合。根据制度能力和战略能力的强弱，可以用图4-1划分为四种企业家成长模式（项国鹏，2006）。

（1）战术企业家。是指制度能力和战略能力都薄弱，但战术性能力或机会性能力比较强的企业家。这种企业家没有把个人经营理念和经营才能通过制度加以体现，从而使企业成长缺乏战略性的制度保障，企业成长的随机性和机会主义色彩浓厚。

---

① 赵桂娟. 企业战略中智慧的运用 [M]. 保定：河北工业大学出版社，2006：21-22.

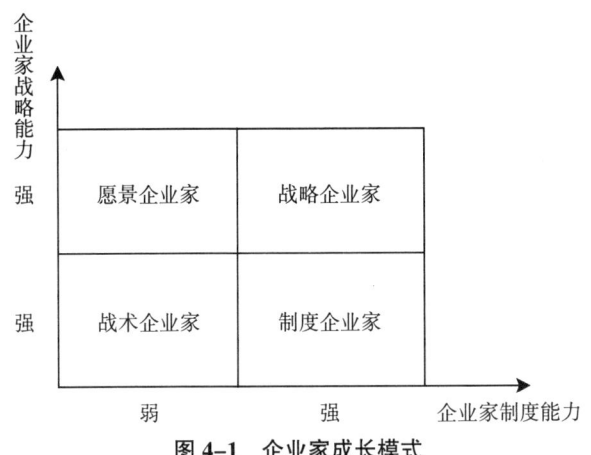

图 4-1 企业家成长模式

（2）愿景企业家。是指战略能力强、制度能力弱的企业家。这种企业家有明晰的企业家愿景和战略意图，强调个人价值观对企业成长的促进作用，重点关注微观管理层面的企业和外部环境的适应性交互，但从制度环境中寻找机会和优化企业内部制度安排的制度变迁能力较弱。

（3）制度企业家。这里的制度企业家是制度能力强、战略能力弱的企业家。在制度经济学文献中，也有制度企业家这个概念。和这里所指制度企业家的相同之处在于两者都注重企业家对外部制度的影响；差异之处在于本文的制度企业家还要分析企业家对企业内部制度安排的影响。

（4）战略企业家。是指制度能力强、战略能力强的企业家。战略企业家也就是战略能力强的制度企业家。据此推论，战术企业家是企业家成长的初级模式；制度企业家、愿景企业家是企业家成长的中级模式；战略企业家是企业家成长的高级模式。

2. 战略企业家

所谓战略企业家，是指具有高超的制度能力、战略能力和拥有应用这些能力所必需的资源配置权的企业经营者。制度能力是指企业经营者创造性地管理制度不均衡而促进企业成长的能力；战略能力是指企业经营者在企业战略过程中体现出来的能力；两种能力共同构成战略企业家能力。

（1）制度能力。制度能力包括维持组织正常运营的制度安排能力和制度变迁能力，制度变迁能力是关键内容。它主要包括以下内容：①在制度不均衡中发现别人不易察觉的市场机遇的洞察力。②实际执行制度变迁的能力。首先，战略企业家为了增强包括自己在内的初级行动团体的力量，需要积极影响一批人响应赢利机会，强化制度变迁动力，降低制度变迁成本。其次，战略企业家为了实现预期收益，要构建作为次级行动团体的组织。最后，战略企业家需要设计用来获取预期收益的制度装置。③优化企业产权制度和公司治理机制，改良微观制度安排，用企业管理制度体现经营理念和经营能力，使企业成长获得稳定的非人格化的制度保障。

（2）战略能力。它具体包括这些能力：①战略认知能力。包括分析环境机会与威胁、企业优势与劣势的能力和洞察竞争规则及其变化的能力。②战略选择能力。包括基于满意原则的方案优选能力、采取权变的战略形成方式的能力、关键时刻力排众议的决断能力。③战略执行能力。包括建立反馈与控制机制的能力、保证战略执行所需的各个组织要素之间动态协调的能力、管理创新流和适应性地调整战略的能力。④战略变革能力。包括催发企业成员产生创新行为的能力、评价战略创意的战略重要性的能力、评价战略创意和企业现有能力体系之间相关性的能力。

制度能力强调企业成长的基础和框架，战略能力聚焦企业和环境间的适应性交互。可用表 4-2 说明两者间的关系。

表 4-2 战略企业家的制度能力和战略能力的比较

比较的内容	制度能力	战略能力
层面	宏观、微观	微观
来源	企业家的制度性知识	企业家的战略性知识
功能	企业成长的制度保证：确立组织之间及组织内部各成员之间的行为模式与关系	管理环境不确定性，使企业和环境能够协调
载体	制度安排、制度装置	业务选择

3. 企业家精神

企业家精神至今还没有一个准确而全面的定义。Morris（1998）初步统计了有关期刊和教科书中关于企业家精神的界定，发现至少有 77 种之多（Mayer, 2001），主要是强调了财富的创造性、企业的创造、革新的创造、变革的创造、工作机会的创造、价值的创造以及成长性的创造。

国内的研究大多是从综合的角度出发，汪丁丁（2000）把企业家精神概括为三方面：一是熊彼特所说的"创新精神"，二是韦伯所说的"敬业精神"，三是诺斯从新制度经济学里提出来的"合作精神"。高希均（2000）认为，企业家精神有四种特质：具创意、有胆识、敢投资、担风险。贾良定和周三多（2006）借用德国古典哲学"精神"概念的结构,认为企业家精神由知识素养(理论精神)、创新能力(实践精神)和伦理品质(自由精神)三个层面构成。

在国外的研究文献中,与企业家精神相对应的词是"Entrepreneurship"。国内对其的翻译除了企业家精神之外,还有创业、创业学、创业精神等。因为早期对企业家精神的研究主要以小型、中型企业为研究对象,探讨如何把握并利用机会创建新的企业,所以企业家精神就被理解为创业精神。如 Venkataraman(1997)就将企业家精神的研究领域定义为"目的是理解机会是如何导致新产品和新服务的发展、产生和应用的,是谁控制着这一过程?这一过程的具体步骤是什么的学术领域?"随着新经济的出现,处于全球化浪潮中的企业必须不断变革以适应不断变化的动态竞争环境,企业家精神就不仅是关于创建企业的行为,它还涉及企业的创新和变革。当前,随着企业家精神研究不断向纵深发展,不少学者如庄子银(2005)等已将对企业家个人、企业组织的微观视野扩展到社会层面,着手研究如何引导区域或国家创建具有企业家精神特征的文化,最大限度地激发整个社会的创新、创业热情,进而使企业家精神成为推动社会经济增长的动力。Stevenson 等(1998)认为,企业家精神的内涵主要包括冒险精神、对市场机会的洞察力和创新精神及资本等,它们是企业发展和经济增长的动力之源,也是驱动中小企业国际化的重要引擎。企业家精神决定了企业家善于发现新机会的特质、敢为人先的胆识以及在把握机会的过程中克服种种不确定性的能力。Ireland、Hitt 和 Sirmon(2003)将企业家精神定义为同时进行的机会寻找和优势寻找活动,认为企业家精神可以为企业带来优良的绩效;同时,提出企业家精神的四个不同维度:企业家的思维、企业家的文化和领导力、对资源的战略管理、使用创造和发展创新。

企业家精神的详细诠释具体见表 4-3。

表 4-3 企业家精神的维度、含义及代表研究

名称	含义	表现	代表研究
企业家思维	以增长为向导,促进柔性、创造性、持续创新和更新,包括:识别企业家的机会、企业家的警戒性、实物期权的逻辑和企业家框架	在不确定的环境中敏锐地发现机会、快速地思考和行动、集中资源利用最有效的机会以及成功利用机会开展创新的组织规划过程	McGrath 和 Madlillan(2000);Shane 和 Venkataran(2000);Alvarez 和 Barney(2002)

续表

名称	含义	表现	代表研究
企业家文化和领导力	鼓励创新、承担风险、持续变革的文化；影响他人、对资源进行战略化管理的能力	勇于创新的价值观和信念，使企业员工按照共同的行为准则去创新；企业家的领导力包括培养企业家的能力、保护威胁现有商业模式的创新成果、明确机会的含义、挑战现有的主导逻辑、重新审视看似简单的问题、联系战略管理和企业家精神	Covin 和 Slevin（2002）；Ireland 和 Hitt（1999）；Rowe（2001）
对资源的战略管理	独特的资源是竞争优势的来源，对资源的战略化管理产生持续的竞争优势构建资源组合，利用资源形成能力，发挥来源于财务资本、人力资本和社会资本的能力作用	为机会的寻找和优势的寻找提供了基础，平衡财务资本、人力资本、社会资本等资源组合的结构，将资源转化成能力并使其发挥作用，都有利于发现机会和建立竞争优势	Teece 等（1997）；Gove 等（2003）；Simon 和 Hitt（2003）
使用创造和发展创新	创新可以获得先动优势，创造性是创新的基础，创新的两种方式，突破型和渐进型，都有利于企业的业绩	企业家的思维、企业家的文化和领导力，对资源的战略管理三者的结果，说明了创新对于发现机会和建立竞争优势的价值和重要作用	Barney 和 Arkan（2001）；Tushnan 和 O'Reilly（1996）

资料来源：Ireland、Hitt 和 Simon（2003）及笔者整理。

第三节 战略定位

一、战略定位的理论溯源及演进

定位原本是市场营销学中的一个概念，20 世纪 70 年代初，AlRies 和 Jack Trout（1972）在美国 *Advertising Age* 上联合撰写了关于营销和广告新思维的系列文章，总标题是"定位时代"。"定位"系列文章中提出的创新性内容主要有："心理占位"的核心理论和新的传播目标、"第一说法""极其简化信息"等重要策略、定位至上时代的主流观点以及以个案展示了定位是广义的成功战略。2001 年，美国营销学会把 Ries 和 Trout 提出的"定位"理论评选为影响美国营销界的核心观念。该系列文章发表后，"定位"成了营销界的一个热门话题。战略管理研究的学者敏锐地意识到了其应用价值,将这一概念由营销领域引入战略管理领域,并展开了对战略定位的研究,进而不断演化出了"战略定位理论"。

Ansoff(1965)认为,战略定位是要确定企业的产品市场领域,确定企业的经营活动将向什么方向发展,首次提出了"战略定位"的概念。Andrews(1971)在《公司战略概念》中所提出的战略理论及其分析框架被认为是现代企业战略定位理论研究的起点。在Andrews的SWOT分析框架中,战略是一个企业"能够做的"(Can Do)和"可能做的"(Might Do)两个维度之间的有机匹配(Fit)。其中,企业"能够做的"取决于组织的强项和弱项,"可能做的"取决于环境的机会与威胁。这些研究成果,标志着战略定位思想的产生与基本研究框架的形成,极大地丰富了战略管理学科的发展。但是,从SWOT分析框架的实际应用效果来看,它对内部条件和外部环境的分析方法与手段显得比较滞后,特别是对企业内部条件的分析而言就显得更加薄弱,成为SWOT分析框架中著名的"内部空白"(Bamey,1995),主要表现在企业很难确定什么是企业的强项和弱项。

从战略角度研究定位的另一个代表人物是哈佛大学商学院波特教授。20世纪80年代,波特深入阐述了战略定位对于企业竞争制胜的重要性。他认为,企业战略目标是为了让企业获得成功,成功取决于企业是否有一个有价值的相对竞争地位,而这则来源于企业针对竞争对手的持续竞争优势。这种竞争优势必然要涉及竞争领域(包括产品、顾客、区域等),竞争领域的选择也就成为企业战略定位的一个重要内容。企业在追求几种优势或不同竞争领域的时候,通常情况下可能会存在逻辑上的冲突。因此,战略定位就成为企业战略管理的核心内容。此外,他将产业组织理论中结构(S)—行为(C)—绩效(P)这一分析范式引入企业战略管理研究中,提出了以产业(市场)结构分析为基础的竞争战略理论,形成了著名的定位学派(Positioning School)。波特(1991)认为,形成竞争战略的实质就是要在企业与其环境之间建立联系。尽管企业环境范围很广,但企业环境中最为关键的部分就是企业参与竞争的一个或几个产业。因此,产业结构深度影响着市场竞争规则的建立和企业竞争战略的选择。一个企业的战略目标就在于使企业在产业内部获得最佳位置,并通过影响和作用于各种市场力量来保护这一位置。波特(1996)在基于价值链的视角重新审视战略后指出,战略定位是以与竞争对手不同的方式执行相同的活动或执行完全不同的活动。该理论从产业结构入手对一个企业"可能做的"方面进行了透彻分析,但对企业"能够做的"方面却语焉不详。

在这样的情形下,1990年以美国密歇根大学的C. K. Prahalad和伦敦商学院的 Gary Hamel 在《哈佛商业评论》上发表的《企业核心竞争力》为标志，以资源、知识为基础的核心竞争力理论迅速发展起来。该理论认为要对企业资源价值进行评估，不能局限于企业自身，而要将企业资源置于其所面对的产业环境，并通过与其竞争对手所拥有的资源、知识进行比较，从而判断其优势劣势。Hamel（1996）进一步明确那些能够使企业获得超额收益、不同于竞争对手的事业模式或经营模式就是一种有效的战略定位。

上述研究极大地推进了企业战略定位中"可做"与"能做"两大因素的研究，形成了一个初步的战略定位分析框架。但是，这一分析框架的出发点更多的是经济性因素，而没有考虑企业所处内外部环境中的社会性因素。

哈佛大学战略管理教授 Panka J. Ghemawat（1991）提出，战略承诺是指企业基于自身的资源和能力，并考虑到外部环境及其未来变化的趋势，为了实现长期战略目标而向顾客、供应商、员工、政府机构、社会大众等利益相关者做出的长期承诺。它是一种坚持不懈的承诺和投入，是一种义无反顾的献身，事实上承诺是战略本身固有的性质。Ghemawat 等（1998）用战略承诺的概念阐述对战略定位的观点，他认为在战略定位与竞争优势之间并非简单的线性关系或一一对应关系，其中不可忽视的是战略承诺的作用。如果说这是基于静态的视角对战略承诺与战略定位关系的论断，那么在动态竞争环境下，每个企业对战略的承诺、投入、决心程度的不同都可能会对战略定位的演化产生影响（韩炜，2010）。

Ghemawat 等的战略承诺理论极大地拓展了战略定位的维度，主要体现在两方面：一是既然无论从静态视角还是从动态视角，战略承诺均会对战略定位产生重大影响，那么作为战略承诺的重要组成部分的企业宗旨、使命、愿景等，也必然会影响到企业的战略定位。企业的宗旨、使命、愿景等涉及了对于企业长期发展前景与目标定位等方面的考虑。这里的关键不在于该使命目标是否一定能够达到，而在于要让企业权利要求者对此达成共识，愿意积极投入，即"想做什么"。此外，另一位管理大师 Henry Mintzberg（1998）认为，战略是一种"5P"组合，即计划（Plan）、计策（Ploy）、模式（Pattern）、定位（Positioning）和观念（Perspective）的适当组合。其中，"定位"是战略中联结企业与环境的纽带，通过正确配置资源，指导企业获得一种有利的市场地位，形成独特的竞争优势。在其理论中，他意识到了企业的"观念"即企业的使命宗旨也对企业战略定位起到了重要影响。二是 Ghemawat 将战略承诺的对象拓展到政府机构、社会大众等与企业并非纯粹经济关系的一些利益相关者。也就是说，企业外部环境中的社会期望及制度约束将会对企业战略定位产生制约，即在很大程度上能决定企业"该做什么"。

所以,发展到该理论阶段,战略定位理论已经开始综合考虑企业"可做"(对外部环境分析中企业机遇的认知,提供了战略选择的必要性依据)、"能做"(企业自身的资源与能力,显示了企业的实力,提供了战略实现的可能性)、"想做"(战略承诺,企业的宗旨、使命、愿景)以及"该做"(社会期望及制度约束)四大因素,一个比较均衡的战略定位分析框架已经形成。

后来,学者发现,企业的战略定位是在企业高层管理团队的主导下制定的,即战略定位的主体是企业高层管理团队。那么,高管层个体对战略定位各要素的认知水平、决策偏好、领导风格、责任感、个人冒险精神等个性化因素也会在企业的战略定位中打上深深的烙印。研究学者们认识到:企业本质上是一定资源的集合体,成功的关键在于它能否整合内外资源为己所用并与企业的利益相关者达成动态平衡的关系。因此,企业对资源的动态整合能力在企业竞争优势的形成过程中所占据的地位和作用要比资源本身更为重要,它通常被表述为战略创新能力。显然,对战略创新能力的强调使富有创新精神的企业家与公司成功更紧密地结合在一起。1983年美国管理学者Miller首先提出"公司企业家精神"的概念,随后,Sandberg(1992)指出,"公司企业家精神"是企业家精神和战略管理领域的"交接核心"。Schendel(1993)进一步认为,企业战略有两个组成部分,即企业家精神部分和整合部分。企业家精神部分决定了在竞争环境中组织应该如何定位。整合部分关注对企业家精神产物如企业政策、企业文化标准等的管理,从这个意义上讲,企业家精神已成为战略定位的一个重要部分。

周小虎、陈传明(2004)等认为,对于那些存在历史并不长(并未形成较为稳固的战略承诺)、运作水平并不成熟规范、内部人员控制比较严重、社会期望与政策规制力不强且处于转轨经济中的企业(尤其是中国企业)而言,高管层的企业家精神,即"敢做"这一要素在战略定位中的作用被不断放大。补充了这一要素后,一个比较完善的战略定位分析框架就构建起来了。

从本质上讲,战略定位就是选择与竞争对手不同的经营活动或以不同的方式完成类似的经营活动等。在同一产业中,战略定位相对于竞争对手的战略和结构上的差异,往往是企业持续竞争优势和超额利润回报的重要来源。

战略定位曾经是企业竞争战略的核心,但是由于市场竞争日益激烈,技术发展不断加快,战略定位已经显得太过僵滞而被放弃,这主要是因为竞争对手很快就能模仿任何市场定位。波特对此作了批评和反思,认为这是一种似是而非的观点。实际上,问题的症结并不在于战略定位本身,也不在于竞争对手,而在于顾客,是顾客的认知发生了变化,这就需要企业在与顾客的认知互动过程中,做好以下四个方面的工作:认知顾客、让顾客认知企业、影响和作用于顾客对企业的认知、在顾客认知的影响和作用之下获得对顾客新的认知。

二、企业战略定位分析框架

1. 企业的外部环境（可做）

简言之,它包括企业外部所有影响企业经营与绩效的因素,至少在短期内是给定的,不受企业的控制。比如,宏观经济发展状况和行业内竞争对手的多寡。环境因素既可以为企业提供机会,比如,产业的高速发展为企业提供新的增长契机,也可以给企业带来威胁与挑战。比如,政府管制限制企业在某个市场的扩张。因此,企业环境决定了企业的行为空间,决定了它可以做什么。

2. 企业的内部禀赋（能做）

这是指企业内部所拥有和掌控的各类资源,比如设备、资金和人力资源,企业运行中所必需的能力,比如研发能力、制造能力和品牌管理能力等,以及这些资源与能力赖以应用和施展的组织体系。某种特定的企业禀赋,相对于具体的市场机会和竞争对手而言,可能成为优点和强项,也可能成为劣势与弱项,进而影响企业在竞争中的作为。因此,企业的内部禀赋决定了企业能够做什么。

3. 企业的宗旨、使命、愿景（想做）

这些都是企业战略承诺的重要表现形式。为了有效地贯彻战略承诺,一方面企业需要以各种形式在内外部广泛宣传其宗旨、使命、愿景,以便得到企业利益相关者的认知、理解、认同、监督,最终帮助企业获取持续和有力的资源支持。另一方面,又必须将企业长期的宗旨、使命、愿景等贯彻到企业相对短期的战略定位之中,后者对前者只能服从,不能对抗和冲突。一般而言,企业宗旨、使命、愿景所陈述内容的时间跨度一般在十几年至几十年之间,除非企业内外部环境发生了重大变化,短期内不能随意变动,因而这一要素就会对企业的战略定位产生持续性的影响。

4. 企业的社会责任与公众预期（应做）

这可以被理解为企业作为一个社会实体需要对社会做出的非经济性贡献。或者说,对自己从事经营活动的社会和社区所承担的必要社会责任和必须满足的预期。不管企业是否在乎或者愿意,公众、社区团体、政府等都会对企业有某种看法和期许,希望它成为一个好的企业公民,关注人类福祉,保护自然环境,增进社区利益。因此,企业的社会责任与公众预期决定了企业应该做什么。

5. 企业高层决策者的企业家精神（敢做）

这是指作为战略决策者的管理人员的价值体系和进取精神，包括道德禀赋、意识形态、是非标准、眼界魄力和行为规范等，比如是信奉利润至上还是喜好多种目标平衡，是注重任务取向还是任务与人际关系并重。由于高层管理人员一般具有合法地参与和影响企业战略的权力，他们的价值体系和决策偏好在很大程度上影响着企业战略的价值取向及特色。因此，高层管理者个人的价值观和企业家精神决定企业敢做什么。

前两项基本属于事实判断和技术分析层次，主要考察企业内部运作和外部竞争之间的链接、匹配与契合；后三项基本属于价值判断和社会伦理的范畴，主要考察企业的战略承诺、决策者的价值偏好以及企业面临的社会预期对企业战略定位的影响。在应用该框架具体分析某企业的战略定位时，应该结合企业自身内外影响因素，灵活把握五种要素，既要保持五个方面的动态契合，又要保持某种内在的张力、柔性与韧性。在契合与匹配的基调上进行变革和改进，在动态发展中寻求新的契合与均衡。

三、战略定位的层次

战略定位就是将企业的产品、形象、品牌等在预期消费者头脑中占据有利的位置。战略是指导或决定企业发展全局的策略，它需要回答四个问题：企业从事什么业务？企业如何创造价值？企业的竞争对手是谁？哪些客户对企业是至关重要的，哪些是必须要舍弃的？寻找战略定位的思维逻辑如图4-2所示。

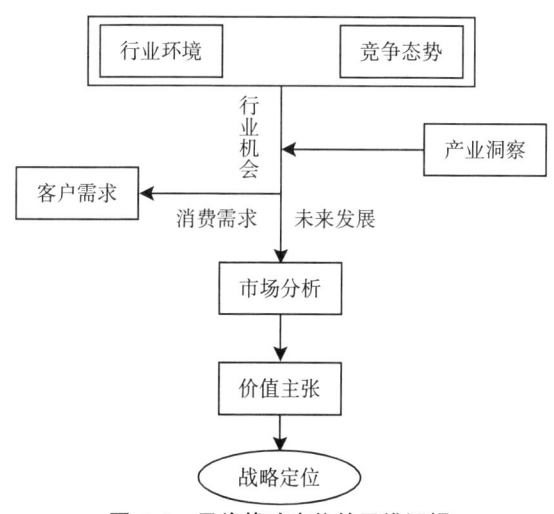

图 4-2 寻找战略定位的思维逻辑

通过归纳企业战略定位理论的发展逻辑可以看出，波特是从产业以及业务运营的层面对企业进行定位，而 Trout 等则是从产品以及品牌传播的角度进行定位。因此，企业的定位是有层次性的。对于企业来说，首要的任务是确定"从事什么行业"，即产业选择的问题，这是最高层次的定位；产品与品牌的定位问题，则应该是企业在确定具体要从事的业务之后才去考虑的事情，这是较低层次的定位（夏清华，2002）。

产业层面的定位即企业的总体战略定位，总体战略定位是企业基于长远发展的需要，在综合分析外部环境机遇与内部资源能力的基础上确定企业的经营重心，规划企业的总体行动，追求企业的总体绩效。它所确定的目标和发展方向是一种原则性和总体性的规定，是对企业未来的总体谋划，而不是纠缠于现实中具体的细枝末节。当内外环境发生重大变化时，企业会在慎重思考的基础上对总体战略定位进行调整，如改变服务对象或者从原来的行业转变到新的行业，或者转变企业原来的资源投向，形成新的经营模式（唐飞等，2007）。产品定位是指企业的产品要针对当前的和潜在的消费者需求，以使其在消费者心目中得到一个独特的有价值的位置，从而塑造产品或企业的鲜明个性或特色形象，从而使目标市场上的顾客了解和认识本企业的产品。产品定位的步骤包括：①分析本公司与竞争者的产品，分析本身及竞争者所销售的产品，是定位的良好起点；②找出差异性；③列出主要目标市场；④指出主要目标市场的特征；⑤指出目标市场的需求。接着就是把产品的特征和目标市场的需求结合在一起。

品牌定位是指企业在市场定位和产品定位的基础上，对特定的品牌在文化取向个性差异上的商业性决策，它是建立一个与目标市场有关的品牌形象的过程和结果。换言之，即指为某个特定品牌确定一个适当的市场位置，使商品在消费者的心中占据一个特殊的位置。品牌定位和市场定位密切相关，品牌定位是市场定位的核心，是市场定位的扩展和延伸，是实现市场定位的手段。因此，品牌定位的过程也是市场定位的过程，其核心是"STP"，即细分市场（Segmenting）、选择目标市场（Targeting）和具体定位（Positioning）。

四、战略定位的先导

按照战略管理过程的要求，战略定位是指确定使命、愿景与目标的过程。其中，使命与愿景是战略定位的先导。

1. 企业使命

按《现代汉语词典》的解释，使命就是责任。这种责任是重大的、历史的、沉淀在血脉之中的。使命是人（不管是自然人还是法人）的存在与否，对于与其有关系的人和社会所产生的价值贡献（徐飞、黄丹，2008）。

战略使命指明了企业意图参与的业务与服务的顾客（Hitt et al.，2012）。战略使命从广义上讲就是企业最终想实现什么，是描绘企业期望成为什么样子的一幅画面。战略使命指明了企业在未来数年想要前进的方向（汤姆逊和斯迪克兰德，2000）。公司的使命宣言需要思考并回答的问题在于：公司将去向何方？公司想要竭尽全力进入的事业是什么？公司未来的业务应该是什么？这些有关公司长期发展方向的问题。战略使命为企业执行和变革提供了坚实的基础，并且当员工和更多的企业行为主体感受到企业使命时，企业的运作可能会更有效。企业战略使命是战略导入的关键部分，能否融入后续的战略行动中，是企业能否获取可持续竞争优势的战略管理基础。因此，一旦企业战略使命发生改变，企业随之的战略行为将在不同的层面发生调整。

任何一个企业的使命都不是可度量的，是对态度、前景和方向的描述。要想真正确定企业使命是很耗时的事，它涉及范围很宽很广，它是具体的对态度、前景和方向的描述。负责描述企业使命的高层管理者和董事会试图为公司提供一个统一的目标，为战略目标的确立和决策的制定打下基础（黄旭，2006）。理论界和实业界普遍的观点是，优秀的公司战略使命应当包括九个基本要素：顾客、产品和服务、市场、技术、企业生存发展及获利、企业经营哲学、自我认知、社会责任感和对员工的态度。战略使命是战略的顶层与灵魂。

例如，在泰航特种车公司中，企业战略使命反映在王成桥阐述的核心价值观内容中。在2012年以前，公司的战略与价值观基本在是参照航天科技集团公司的内容，并未形成符合企业特征的企业使命。在王成桥进入泰航公司前，民用特种车多样化设计和其完全以市场需求为导向的战略定位被认为是企业蓬勃发展的"公认食谱"，公司在民用特种车方面不断地开拓市场与占领市场份额，"市场需求什么，企业就生产什么"被认为是市场经济企业的发展驱动力，是一种典型的"商业主义"经营思维。但是，随着煤炭生产的下滑，公司几乎在2012年一年之内迅速遭遇特种车市场萎缩，在企业主要的业务收入中，煤炭自卸车占到了很大的比重，这种危机开始引发王成桥对于企业原有战略定位的思考。企业以市场需求为导向，完全成为一个追逐满足市场需求的企业，做市场需求的优秀供应者，并非企业的战略使命，而是战略经营方针。民用特种车的定位也只是跟随着航天科技集团的定位，一旦市场环境发生变化，这种以市场需求为战略使命的企业必然会陷入对未来发展方向认识的混乱之中。如果将泰航公司看成有自己独特"活法"的企业,就应该明白,在未来的时间里,公司竭尽全力究竟想成为一个什么类型的公司?公司究竟想要占领什么样的市场位置?以及公司究竟未来要服务于哪些顾客?这三个问题成为王成桥面对民用特种车经营环境不利的环境下对公司战略使命重新思考的关键。在以前的高管留下的理念中,没有找到清晰的答案。王成桥及其团队根据对民用特种车和军用特种车市场的分析,开始反思公司以前的经营理念是否存在问题。以前公司经营关注的是商业利益,民用特种车需求旺盛的时候,公司紧跟国家政策,以民用特种车的生产为主,考虑的是能否赚钱,能否盈利,考虑的是利润。但是,作为军工企业、国有企业,需要肩负国防建设的使命,服务于国家、服务于军队,满足国家军事战略的需要。

王成桥经过对"企业到底追求什么?"这一问题的深刻思考,鲜明地提出"追求至善至美,只做对国家、社会和军队有价值的事情"的核心价值观,提出公司要从商业主义转为事业主义。这意味着王成桥对于泰航特种车公司的战略使命有了全新的认知:公司的使命和价值观,是面向公司的核心利益相关者,国家、社会和军队,体现的是企业利用自己的核心竞争力生产产品和进行竞争,公司高层将战略使命重新定义为具有"事业主义"特点的战略使命。

确定了企业的核心价值观(战略使命)以后,公司高层开始着手让这一价值观深深融入每一个"泰航人"的心中,成为泰航特种车公司的灵魂。经过公司高层、中层的讨论、协商,王成桥开始逐步将公司的核心价值观分解到各个部门。以研发部门为例,部门墙上挂的是"发展极致化设计,追求完美主义",也就是说,要追求产品设计的极致化,追求完美的产品。公司生产的车,不仅考虑满足功能性的需求,更要在细节品质方面精益求精。

在王成桥的推动下,企业确定了全体职工的最高思想行为准则,"客户至上、合作共赢、追求贡献、精诚团结、精神为王、六个意识、一个信念"并区分了不同业务领域和不同层次人员的思想行为准则。通过这种途径使企业使命和价值观逐渐渗透到员工的心理和行为当中,转变成一种激励的力量,从而形成稳定的、持续的、长久的凝聚力。使员工意识到做的事情是有意义、有价值的,员工感到就特别愉悦,因为大家能够围绕共同的目的、共同的目标、共同的事业去奋斗。目标变成了一种可以凝聚人心、统一思想的力量。

经过2~3年的努力,公司1700名员工都清楚地理解公司是做什么的,增强了员工的使命感、荣辱感和政治思想觉悟,都能认识到军用特种车的生产对于国家军事国防的重要意义,并明确公司的发展目标和方向即要造全国一流的特种车,要造世界一流的特种车。一旦员工接受目标和方向之后,他们的思维方式会发生改变，他们知道、明白、理解了企业的核心价值观后，将其落实到行为上，就是工作态度和工作效率。员工不再把自己当成打工仔，而是为国家做贡献、为国家工作，把工作当成一个事业。完成这个事业、完成这个追求、做有价值的东西、做有意义的事情。

2. 企业愿景

根据牛津字典的解释"愿景"的意思是"人们所梦想的、超现实的未来影像"。愿景是企业对未来的期待、展望、追求与梦想。它包含两层意思：第一，愿景是发自内心渴望实现的愿望；第二，愿景要建立具体生动、可以看见的景象。共同愿景则是指由组织中个人愿景互动成长而形成的、组织成员普遍接受和认同的共有的愿景。共同愿景展示了企业的目标，提供给企业前进的动力，并汇聚全体成员的力量。

"企业愿景"是企业未来的一幅前进蓝图，是企业前进的方向、意欲占领的业务位置和计划觉履的能力，它具有塑造战略框架、指导管理决策的作用。一个构思良好的愿景规划包括两个主要成分：核心经营理念和生动的未来前景。"核心经营理念"界定了我们的主张是什么以及我们为什么存在；"生动的未来前景"是企业渴望变成、渴望实现、渴望创造的东西，是那些需要经过明显的改变和发展才能达到的，其作用是激发变革与进步。例如，华为技术公司的企业愿景是"立足于全球，丰富人们的沟通和生活"，在向外界传递着两个方面信息的基础上，也彰显了华为的雄心及社会责任。

形成一个能够达成共识的愿景意义重大，如果员工对于他们需要实现的目标能够达成共识，那么他们不仅在从事日常基本工作时游刃有余，而且可以在实现愿景得到回报。成功的企业家都是富有远见的，他们通过对社会的预期，将自己对企业的未来愿望融合于客观分析中，用一些具有感染力的简练口号表述出来，把所有人的注意力和精力都集中在同一个对象上，激励和带动与企业相关的每一个人，包括员工、投资者、债权人、客户以及公司所在社区的居民。企业愿景体现了企业家的立场和信仰，是企业最高管理者头脑中的一种概念，是这些最高管理者对企业未来的设想，是对"我们代表什么？""我们希望成为怎样的企业？"的持久性回答和承诺。

英国威斯敏斯特大学的基恩教授曾经指出，公司的愿景可以集中企业资源、统一企业意志和振奋企业精神，从而指引、激励企业取得出色的业绩。日本松下电器的创始人松下幸之助也曾讲到，中层经理一旦进入"松下"，就会被告知"松下"未来20年的愿景。公司首先告诉他们"松下"是一个有愿景的企业；其次给他们信心；最后使他们能够根据整个企业未来的发展制订自己的生涯规划，使个人生涯规划立足于企业的发展愿景。

一个有效的愿景，应具备四个基本特征：清晰、持久、独特、服务精神。企业愿景不仅是独特的，而且是清晰持久的，并辅以服务精神。四个特征也构成了愿景的四大要素和企业愿景的四根支柱（杨齐，2008）。

（1）清晰。企业愿景让所有的员工知道每天都在忙什么，为什么忙，工作热情从哪里来。

（2）持久。愿景是员工不断奋斗的内心原动力，就像指南针一样，牢牢地指向企业的愿景。当企业家把"个人愿景"放大成与员工共享的"共同愿景"时，企业就有了灵魂。管理大师加里·胡佛对企业愿景的注解是企业成功的真正原因。愿景就像灯塔一样，始终为企业指明前进的方向，指导着企业的经营策略、产品技术、薪酬体系甚至商品的摆放等所有细节是企业的灵魂。

（3）独特。伟大的企业为什么能成功？是因为企业经营者能够看到别人看不到的东西，将洞察力与策略相结合，描绘出独一无二的企业愿景。这样的企业愿景是企业发展中的共同目标、不变的理念和核心的价值观，甚至可以说是企业的灵魂。它时刻表明着企业存在的目的和理由，激励着企业中的每一个人。企业领导者必须具有独特的视角和敏锐的洞察力，找出未能被满足的消费者需求，并据此创意组合成企业的独特模式，形成独一无二的愿景。

（4）服务精神。愿景是理想，让人被认可，觉得在做了不起的事情，而不是只知道每天做细枝末节的事情。愿景使员工内心渴望能够从事一项重要的任务、事业或使命。

企业愿景在描述中主要包括：企业长期的发展方向、目标、目的及自我设定的社会责任和义务。企业愿景要素的描述主要是通过以下三个方面来体现愿景的四个要素的：①企业对社会（包括具体的经济领域）的影响力、贡献力。麦当劳的愿景是控制全球食品服务业。②在市场或行业中的排位。柯达的愿景是只要是图片都是我们的业务。③与企业关联群体（客户、股东、员工、环境）之间的经济关系。索尼公司的愿景是为包括我们的股东、顾客、员工，乃至商业伙伴在内的所有人提供创造和实现他们美好梦想的机会"Dream in Sony"。

3. 愿景、使命、核心价值观的构建维度及关系

愿景的构建维度包括地域、行业、地位、特定的角度等；使命的构建维度包括价值、产品、客户、社会、员工等；核心价值观的构建比较复杂，一般构建核心价值观需要符合凝聚员工、敬畏客户、尊崇规律三条基本规则。由此我们可以

构建愿景、使命、核心价值观直接的逻辑关系，愿景中的地位是通过价值实现来体现的，即构建维度中的地域、行业及角度都是用来说明地位的。例如，万科的愿景是"成为中国房地产行业持续领跑者，卓越的绿色企业"，中国是地域维度，房地产是行业维度，卓越的绿色企业属于特定角度，持续领跑者是地位。万科的使命是"建筑无限生活"。

价值是如何实现的呢？是通过员工生产产品或者提供服务给客户来获得认可，完成其承担的社会责任实现价值。如何来获得客户的认可呢？首先要凝聚员工，来生产产品或提供服务，同时对客户保持敬畏，并且企业活动一定要符合社会和自然规律。

通过上面的逻辑框架可以看出，企业愿景是通过使命的兑现来体现的，在一定程度上它们是一体的，这也是为什么有些企业的愿景中并没有关于"地位"的字眼，典型的例子就是华为。华为的愿景是"丰富人们的沟通和生活"，看看华为的发展史就不难明白，华为2008年被商业周刊评为全球十大最有影响力的公司。根据Informa的咨询报告，华为在移动设备领域排名全球第三。

五、企业战略定位实践：投资控股还是产业运营？——丰收集团的战略定位之惑

1. 公司简介

丰收集团是一家以白酒、肉食产业链、农产品物流（生产、加工、物流、销售）、建筑产业链、房地产为五大支柱产业，同时兼营种业、金融、环保工程、旅游（度假村、生态观光与工业旅游）、医药药材、饮料、国际贸易、物业管理、文化策划九个附属产业的综合性大型企业集团，同时也是一家上市公司（以下简称"丰收股份"）。

自1994年成立以来，丰收集团积极把握发展机遇，产业规模不断扩大，经济效益大幅提高，企业综合竞争力显著提升。截至2014年底，丰收集团及丰收股份一共有50余个分、子公司，公司总资产达210亿元，销售收入突破150亿元，员工共计1.1万余人。公司先后荣获"农业产业化国家重点龙头企业""中国农业产业化经营20大龙头食品企业""中国肉类食品行业50强企业""中国食品工业企业100强""中国制造业500强""中国信息化建设500强"等荣誉称号。集团提出的宗旨使命是"百年丰收，服务民生"，提出企业的核心价值观是"源自丰收，一诺千金"。

2. 发展瓶颈与问题根源

成立20余年来，丰收集团取得了巨大的成就，无论从国有资产保值增值状况、企业的品牌影响力、行业地位、社会贡献还是各类财务指标（尤其是规模性指标）与20年前、10年前甚至是5年前相比有了飞跃，但发展到现阶段，似乎遭遇了"中年危机"，遇到了一系列发展瓶颈，主要体现在以下三个方面：

（1）产业发展不平衡，相互之间缺乏协同，未形成合理的产业梯次格局。集团整体综合实力和产业影响力虽已大幅提升，但产业之间、企业之间在发展规模、管理水平和发展速度等方面还存在较明显的不平衡。2014年，五大支柱产业中，白酒产业贡献了丰收集团近40%的营收和近75%的营业利润；建筑及房地产业占据了集团50%以上的资产，毛利贡献总量排第二位，但利润贡献与对其的投入不成比例；肉食产业链方面，由于养殖屠宰环节整体的市场大环境不好，影响了该业务板块的盈利水平，利润贡献水平排第三位；农产品物流投入产出比较高，但规模一直上不去，利润贡献比较稳定，排第四位。九大附属产业中，环保工程、旅游、饮料等近三年基本处于亏损状态；种植业、金融、医药药材、国际贸易、物业管理、文化策划处于微利状态，但主要是得益于集团的业务支持与"输血"。总体来看，这几个产业缺乏独立的市场开拓能力，业务量较小且盈利能力偏低，并未形成其核心竞争力。

总之，丰收集团所涉足的业务横跨了第一、第二、第三产业，多达14个行业，覆盖面广、跨度大。但各个产业的发展并不均衡，产业之间缺乏协同效应，尚未形成成熟产业、成长产业和潜力产业并存且协同发展的合理产业梯次格局。

（2）作为支柱的白酒产业已显现增长乏力，产品结构升级优化的前景难言乐观。自2013年起，白酒行业进入深度调整期亏损面不断扩大，行业整体效益不断下滑；2014年白酒行业的亏损阵营则进一步扩大。中国酒业协会理事长王延才曾表示，经过初期的产业调整后，白酒企业逐步适应了产业发展的新常态，但是仍存在产能过剩的隐患，该产业的发展前景并不明朗。在上述背景下，无论是在丰收集团还是在丰收股份，白酒业反映其盈利水平的指标"吨净利"则自2013年开始就有下降趋势，目前下降到2008年全球经济危机以来的新低——1.61万元/吨，这一数值远低于主流地方白酒龙头和全国白酒龙头企业。此外，尽管近年来其营收总体呈增长趋势，但同期增幅却呈现下降趋势。尽管丰收股份的白酒产业无论是在营收、现金流还是在利润等方面贡献很大，是真正意义上的"支柱产业"，但主要依靠的是销量的增长，其利润并没有获得相应的提升，"增长乏力"现象已经初步显现。

（3）集团总部对各产业的管控力度比较薄弱，缺乏科学统一的考核评价机制，未来的经营风险在逐渐积聚。近年来，丰收集团业务覆盖的行业过多过宽，其扩张速度超出了企业自身的内部整合能力，导致一些管控问题不断产生。各产业均强调自身对集团的价值、贡献及重要性，均向集团要资源、要支持。大部分管副总身兼集团某些重点企业的"一把手"，尽管这种兼职体系可以有效减少集团内部高管的数量，有利于提升决策效率，但负作用也相当明显，由于兼职副总自身的工作绩效很大程度上是与其所任职的下属企业的绩效捆绑，他们自然会利用其在集团总部的职权与影响力为其所在的下属企业谋求资源。也就是说，高管的角色重叠混淆了集团公司与上市公司、母公司与子公司不同法人之间的利益边界，导致在进行集团内部的资源配置时，集团高管无法保持客观独立的立场，他们均站在自身角度全力支持本产业内企业的发展。最终，在决定资本资源投向的时候往往妥协，使集团有限的资源很大程度上受"经济父爱主义"或"社会主义"(Socialism)的驱使被平均分配，无法形成高效的资源配置。

至于考核方面，尽管存在着以实业企业的"经济责任制"为主体的考核机制，但集团高层认为由于各产业的行业属性、成熟程度、规模效益、所肩负的发展使命各不相同，很难用一套统一的考评机制进行考核，现有考核机制更多的是聚焦于"自己跟自己比"的纵向考核，而非是从出资人角度来构建以资本的投入产出比为核心的横向考核机制。总之，丰收集团与丰收股份对下属企业的管控非常薄弱，目前仅是停留在经济绩效考核层面——只要下属企业完成了预先设定的经济指标，集团层面的管控就算是完成了，这使下属企业的运营风险在不断积聚，集团总部既难以及时发现，又缺乏相应的应对机制。

（4）问题根源。出于"先子后父"的历史原因，集团进行低效资产清理的工作步履维艰，乃至形成了目前这种运营体制"集而不团"各个产业"缺乏协同"战略定位"摇摆不定"的局面。

1994年，经地区政府研究决定成立丰收集团的前身——丰收现代农业发展中心，代表地方政府对C酒厂、D食品集团公司、E种子公司、F水利工程公司、G华霖实业公司、H粮油加工厂、I农药厂、J生产资料公司、K土产杂品公司9家涉农企业的资产进行经营管理。但事实上，由于当时尚未出台《公司法》，该中心与其说是9家企业的母公司，不如说是它们的上级主管单位，成员企业均有很强的自主经营权，丰收现代农业发展中心除了对其以上级主管单位身份进行外部关系的协调、服务及内部考核之外，并没有干预其战略方向与日常经营，成员企业之间也是各干各的，形成了一种松散的行政管理关系。

1998年，在"捆绑上市"时代潮流的推动下，丰收现代农业发展中心变身为丰收集团，并以募集方式独家发起设立了丰收农业股份有限公司，并于当年11月在深交所挂牌上市，成为该地区第一家农业类上市公司，注册资本4.4亿元。丰收集团将当时的优质资产——白酒、肉食品加工、农产品物流、建筑、房地产等"打包"注入到上市公司中。这样做是因为当时集团所拥有的所有产业均不具备足够的实力单独上市。

换句话说，要想达到上市标准，必须要将其中业绩较好、实力较强的数个产业所涉及的成员企业"捆绑"在一起。成功上市的成果之一就是将原先松散的行政管理关系转变成了比较规范的股权管理关系。这样，丰收集团对丰收股份、丰收集团对其他下属企业、丰收股份对其下属企业在股权关系比较明晰的前提下，基本理顺了管理体系，提升了管理力度，这是一个巨大的进步。但事实上，当时丰收集团与其下属企业并未形成比较规范的母子公司治理模式，这是因为，无论是丰收集团还是丰收股份，由于其横跨的产业领域过宽过多，各产业之间相关性、协同性较弱而专业性又很强，所以尽管作为母子公司之间的管理体系理顺了，但仍缺乏相应的治理机制与管理能力，介入其战略方向、董事会决策乃至生产经营的力度仍旧较弱，原先的松散管理与各自为政的格局并未得到实质性改观。此后，由于丰收集团上市后发展较好，地方政府为"甩包袱"，又将一些实力较弱、发展前景一般，但与丰收集团及丰收股份业务类型相近的国有企业（大多是全民所有制企业）划拨给丰收集团。由于是行政划拨而非主动并购，获取这些资产的成本极低，因此丰收集团以为捡了"大便宜"，均一一"笑纳"了。如此一来，丰收集团的规模虽然迅速膨胀，但运营过一段时间才发现，被划拨的企业要么资质较差，要么集团对其所涉及业务领域较为陌生，因而有限的投入很难带领它们走出困境。如果对它们加大投入，却对能否取得良好回报缺乏信心；由于减少了对原有产业的投入，因而担心其绩效下降，从而引发原有产业领导及职工的不满，故也曾有将这些企业通过经济手段进行清算或卖出的想法。但地方政府怕影响到地区的社会稳定，一直不同意。丰收集团只好不时地通过业务上的"接济"与资金上的"输血"来维持这些企业的运转。这些都加剧了丰收集团产业布局的不合理。

总之，近十年来，丰收集团发展迅速，效益持续增长。然而，在即将迈入"十三五"之际，产业布局不合理、支柱产业前景不明、产业管控薄弱导致的经营风险不断积聚已成为丰收集团未来发展的三大瓶颈，其本质还在于集团整体战略定位的摇摆不定——不会"去芜存精"，导致各产业均不出色，以及机制方面的先天性缺陷。

3. 战略定位现分歧

针对以上问题及根源，在对内外部环境的 SWOT 分析结果达成统一认识的基础上，公司开始确定集团整体的战略定位。但没想到的是，在关于集团战略定位的专题汇报会上，董事会成员之间的分歧爆发了。

（1）杭董事长的战略定位——投资控股型。杭董事长对于 SWOT 分析表的解读比较乐观，他认为集团发展投控型战略的外部机遇明显要大于所面临的挑战；而内部资源条件则是各有优劣，但诸多的内部"短板"是可以在投控型战略的实施过程中不断补齐的。总体而言，投控型发展战略是丰收集团发展的逻辑延伸，丰收集团经过多年的奋斗已成为一个多元化发展的大型企业集团，各主业尽管已初具规模，但相互之间产业跨度大、协同效应弱。要想突破这个发展瓶颈，就必须充分利用外部政策驱动，积极走投控型发展道路。

根据集团内部的现实状况与外部环境所带来的机遇，杭董事长设想构建科学规范的产业管控（考评）机制，并通过市场手段来对所涉足的众多产业进行优胜劣汰，逐渐引导资本的流向，实现"聪明钱"效应。为此，以他为首的部分高管提出了集团今后的战略定位：以生态发展和人本发展为引领，依靠创新驱动和价值驱动，形成风险可控、收益可观、兼具合理产业梯次发展格局的产业组合，成长为多元产业共存的综合型国有投控型企业集团。他认为，这种投控型战略是原有产业经营型战略的转型升级，理由非常充分，总结如下：

第一，外部经济环境在很大程度上为丰收集团实施投控型战略提供了充足的必要性。近年来，我国整体经济、政策等环境条件发生了根本性变化，这种变化对各个产业的发展带来了深刻影响。经济下行、产能过剩等诸多现实不利因素，给大部分行业企业带来了较大冲击。丰收集团既有产业也受到来自外部环境的不利影响，必须要结合市场的变化趋势，对所涉及的行业进行取舍，必须要关注资本的投资回报而不能固守某些产业、某些企业。因此，丰收集团实施投控型战略是集团化被动为主动、变消极为积极的有效战略抉择。此外，对于资产规模已至百亿级、员工规模已至万人级的大型国有企业集团而言，将发展方向仅局限于 2~3 个主导产业，走专业化道路风险太大，尤其是这些主导产业要么前景不明朗，要么处于行业周期低谷且均属充分竞争类行业。因此，丰收集团在"十三五"期间要坚定改革决心，匹配资源，加大投入，加强自身能力的建设，补齐发展短板，推动投控型战略的可持续发展。

第二，外部政策环境为丰收集团实施投控型战略提供了坚实的可行性。作为大型市属国有企业，尽管丰收集团所涉足的产业过多且形成了几大发展瓶颈，但多年来却是为数不多的具备多年混业经营经验且下辖主板上市公司的国有企业。当前国有企业改革的核心路径之一就是改造国有资本投资运营公司，而天海市也有意将其打造成为市属的国有资本投资运营平台，政策环境无疑为丰收集团的投控型战略定位提供了难得的机遇。

第三，集团内部的现实状况使实施投控型战略成为必然选择。近十年来，凭借全体员工的努力奋斗，丰收集团积累下一份较为丰厚的"家底"，已形成了"多产业、具规模"的局面，具备了发展成为国有投资控股公司的产业基础和资本实力。在内忧外压之下，集团高层也想把这份"家底"用好，尽快做大做强。毕竟，丰收集团所涉足的产业几乎都是市场竞争类，"毕竟逆水行舟，不进则退"。然而，从发展现状看，丰收集团存在产业间发展不平衡、布局不合理、协同作用弱、支柱产业前景不乐观、其他新兴产业难以推出、部分低效产业难以整合、对各产业管控力度薄弱等问题，这种并不成功的产业投资之路使集团总体战略重新定位成为必要。

对投控型战略，杭董事长提出了"兼收并蓄、放水养鱼、严格考核、市场检验"的16字运营方针。具体而言，所谓"兼收并蓄"有两层含义：一方面，一旦最终被选中作为天海市的国有资本投资运营中心试点，那么就会用科学的方法遴选出国家产业政策鼓励发展、行业市场绩效表现良好、有发展前景的产业作为备选的投资对象，然后结合集团自身的资源能力，最终确定投资组合，不给集团设置过多的产业投向限制。在这个确定的行业范围内，大力吸纳市内同行业的国有资本，消除竞争对手的同时，打造"强强联合"的局面。另一方面，对于未进入遴选范围的既有产业（一般而言，也是比较弱势的），则借助这次改革机会，吸纳市内同行业运作得较好的国有资本，同时也大力吸收社会（民营、外资）资本，努力打造多元化产权，改进公司治理结构、灵活管理机制、分摊经营风险，最终能带动集团内这些原本靠"输血"才能存活的产业的进一步发展。所谓"放水养鱼"指的是集团对一些原本弱势的产业，给予适当的资金、政策、人才方面的倾斜，也给出2~3年不等的培育期，努力使这些产业能借助这次机遇，培育出较强的市场竞争力，摆脱弱势地位，走上良性发展的希望之路，以证明丰收集团作为试点的成功。

所谓"严格考核、市场检验"是指对所有产业（部分弱势产业是培育期过后）制定统一的、严格的国有资本投入产出考核机制，如果达不到标准，就意味着没有通过市场检验，丰收集团的投资将逐步退出。如何平稳退出对部分企业的投资一向是令集团领导头痛的大问题。国企改革政策中对混合所有制的推进及国企员工股权激励政策的松动，无疑为丰收集团的改革带来巨大的推动作用。今后，凡是下属企业无法通过集团考核与市场检验而又无法一卖了之的，就证明该领域不适合国有资本介入，那么就可以通过加大混合所有制力度，提出多种优惠条件大力引入民营甚至是外资企业的资本由其主导发展。这样一来，集团就会有很大把握在不引发员工动荡和国有资产流失的前提下平稳退出投资。

为了更好地体现这一定位，杭董事长还想将公司从"天海丰收农业发展集团有限公司"改名为"天海丰收控股集团有限公司"，以凸显集团的投资控股属性。总之，综合宏观经济发展背景、政策导向及丰收集团的发展历程，可以清楚地看到，丰收集团实施投控战略转型，是解决主业多元化向产业多元化转变的有效举措，是"十三五"时期集团持续快速发展的重要战略选择。可以说，丰收集团在"十三五"期间对投控型战略的选择与实施，适逢其时，恰逢其势。鉴于上述理由，杭董事长经过多次调研考察与反复思考之后提出，要充分利用国有企业改革大背景下的政策机遇，走投控型发展道路，成长为国有资本投资运营公司，以"管资本"的新思路代替"管资产""管企业"的旧思维。为此，必须要制定出与此相适应的投控型战略，以有效破解发展瓶颈，助推集团在复杂多变的环境中实现新跨越、新发展，最终实现集团的转型升级。

（2）杨总经理的战略定位——产业运营型。董事会上并未出现对投控型战略"一边倒"的情况，杨总、柳副总则提出了一种对立的观点，认为现阶段集团不是不能搞投控型战略，但现在的时机尚不成熟。当前最重要的任务是聚焦资源，集中发展集团内历史比较悠久、竞争力相对突出的白酒业、肉食业及农产品批发业，清理或维持其他产业，在"食品""饮品"等"入口"的民生行业内打出一片天地，塑造"产运型"而非"投控型"的战略定位。形成了产业的核心竞争力，集团核心竞争力也就相应地具备了。杨总、柳副总并不否认外部政策环境为丰收集团搞投控型战略带来了机遇，也认同苏然所做的内外部环境的分析比较客观、全面。但是，他们认为上述战略定位对外部经济环境未来的风险性认识不够充分，对政策环境的解读有偏差，对实施投控型战略的前提、基础重视不够，对集团内部的各类短板与先天性的机制缺陷估计不足。

谈到未来几年的外部经济环境，他们强调了苏然报告中的部分观点：我国经济进入中低速增长几乎没有什么悬念，加上前景日趋动荡的外部环境，行业的产能过剩很难缓解，大部分行业、企业的日子恐怕会非常艰难。他们认为，丰收集团绝大部分产业都处于竞争性领域，未来的运营风险相当高。当然，并不排除即便在比较严峻的外部大环境中，仍会存在一些整体发展前景较好的行业。如果丰收集团搞投控型战略，进入这些行业是顺理成章的，但集团对运营这些行业素无经验，也缺乏资源积累，贸然进入风险很大。

在对政策环境的解析方面，杨、柳两位领导也做了不少功课。他们指出，《中共中央关于制定国民经济和社会发展第十三个五年规划的建议》（以下简称《"十三五"规划建议》）中提出"大力推进农业现代化……着力构建现代农业产业体系、生产体系、经营体系，提高农业质量效益和竞争力，推动"粮经饲"统筹、农林牧渔结合、种养于一体、第一、第二、第三产业融合发展，走产出高效、产品安全、资源节约、环境友好的农业现代化道路，推进农业标准化和信息化。健全从农田到餐桌的农产品质量安全全过程监管体系、现代农业科技创新推广体系、农业社会化服务体系。发展现代种业，提高农业机械化水平，持续增加农业投入……加强农产品流通设施和市场建设"。同时也提出了"实施食品安全战略，形成严密高效、社会共治的食品安全治理体系，让人民群众吃得放心"。2014年中央一号文件公布了《关于全面深化农村改革加快推进农业现代化的若干意见》（以下简称《意见》）。《意见》指出"要坚持农业基础地位不动摇，加快发展现代种业和农业机械化，推进农业科技创新，以满足吃得好、吃得安全为导向，大力发展优质安全农产品，加快发展主产区大宗农产品现代化仓储物流设施，完善鲜活农产品冷链物流体系，加大生态保护建设力度，努力走出一条生产技术先进、生态环境可持续的中国特色新型农业现代化道路"。我国农业长期以来一直处于高度分散、低利润、高风险、低质量的状态，《意见》的发布，预示了未来的发展机会。目前，联想、恒大等一些传统产业集团已纷纷进军现代农业，反映了农业的发展机遇，同时也意味着该产业竞争的加剧。

他们认为，投控型战略的本质目标是主动进行资产的选优汰劣，通过塑造产业的核心竞争力提升整体价值。但要想达成这个目标，实施投控型战略是需要一定的前提条件与物质基础的。苏然所作的研究报告中专门总结了国际投控型产业集团发展的一般经验及其对丰收集团投控型战略的启示。一般而言，投控型产业集团发展的基础应满足如下几个条件：①产业集团金融化，即产融结合。这需要集团外部具有多元且稳定的融资渠道，而内部则需具有持续的、较强的盈利能力，形成充沛的现金流。②产业主导化、归核化，能形成合理的梯次产业结构。也就是说，一方面，具有"现金牛"类成熟的、竞争优势明显的主导产业；另一方面，还要降低多元化程度，坚持围绕企业核心能力的适度相关多元化，并且保证各产业间能相互促进、协同发展，形成合力，还要确保战略方向的一致性。此外，还要有明星类高速成长和问题类有发展潜力的两类产业，这样才能形成一种健康的梯次发展结构，能实现各产业的有序更替。这些需要对资源进行合理科学的配置，在不同发展阶段，优先保障不同的主业，使之在某一阶段，对其他产业起到带动与促进作用。③强总部。在理顺母子公司产权关系上，西方发达国家投控型企业集团着重加强集团内部管理，正确处理好集权与分权的关系。然而，当前的丰收集团显然并不具备这些前提条件。

回到集团内部，这些年来集团的多元化道路走得并不成功——所接收的各类企业超出了集团的驾驭能力，并且其先天性的机制问题也使对其进行整合的难度极大，集团内部积聚的各类矛盾可谓"盘根错节、根深蒂固"，并不是简单地换种战略定位就能顺利解决的。还有，对弱势产业设置2~3年的培育期看似合理，但无疑是以低效资产占用了集团有限的资源，一旦不成功（在当前的宏观经济形势下综合考虑到集团现状，这恐怕是大概率事件），试错成本太高，对集团优势产业抢抓机遇的影响太大，必须要痛下决心，壮士断腕，果断地聚焦资源、精简产业。

杨、柳两位领导还认为，结合严峻的内外部环境形势，明智的做法是采取"聚焦资源、精干主业、创新模式、强化协同"的发展策略——即将有限的资源投入到"肉食""农产品物流""白酒"等现已具备一定市场地位，同时多少有些区域垄断性或先天独占性的行业中来；同时，由于它们都属于"大农业领域"（由于是粮食酿酒，故白酒业也属于农业范畴），产业属性相近，应强化它们之间的协同效应。其他的行业，或直接考虑把包袱甩掉（建筑、房地产、医药）；或通过一段时间的整合包装，寻求以合理的价钱出售（环保水利、金融）；或适当投入一定的资源培育一些有潜力的产业（种业、果蔬饮料业）。

最终，杨、柳两位领导给出的战略定位是：以生态发展和科技发展为引领，紧紧围绕农业产业链深耕细作，构建基于"互联网+"的农产品流通商业模式，为都市居民提供安全、健康、营养的农品与饮品，成长为"大农业"领域内竞争优势突出、协同发展的国内领先的产业运营型企业集团。

4. 启示

丰收集团当前所面临的发展瓶颈，其本质还在于集团整体战略定位的摇摆不定。问题根源在于机制方面的先天性缺陷，以至于其无法进行成功的产业整合。应该说，投控型战略定位的应运而生可以为产业整合带来巨大的推动力。在本案例中，正是在丰收集团发展到当前所面临的发展瓶颈与外部驱动的双重影响下，集团提出了投控型战略定位，实施方面可以借助政策驱动与市场机制直接推动产业整合。

然而，投控型战略并非万能的药方，根据丰收集团当前内部所具备的资源与能力，如果改革所涉及的面小一些，那么推进会更容易一些，成功的概率会更高一些；当然，这种思路所带来的负面因素就是所获得的外部政策红利可能就小了（如可能会失去被改造成为市属国有投资控股公司的机会，从而失去一些政策扶持）。

外部环境方面，要意识到党的十八届三中全会后，国有资本投资运营公司的提出及试点，标志着今后国企改革方向之一是"管资本"逐步取代"管企业"；同时，国有资本的产业布局发生重大调整。这两方面都将成为丰收集团实施投控型战略定位的巨大外部驱动力。因此，在案例分析过程中要高度重视党的十八届三中全会以来国有企业改革的政策导向。

对于我国所特有的"先子后父、强子弱父"的企业集团而言，其进行深刻的产业整合与战略转型要面临多年的历史渊源所造成的"利益固化"或"意识固化"的巨大障碍，还要履行国有企业员工的就业保障责任，因此难度要大得多。要想突破这种"固化"利用经济手段是比较稳妥的方法。国企改革中允许更多国有经济和其他所有制经济发展成为混合所有制经济有效措施，尤其是对员工持股的推动使通过经济手段实施改革的空间大大拓展，为形成"双赢"的格局提供了有利的内部环境。

说到底，投控型战略是解决当前丰收集团所面临发展瓶颈的方式之一，其成功与否，在于能否平衡外在政策机遇、内部资源能力限制、公司传统的价值观、社会期望与政策规制以及高管层的企业家精神几者之间的关系。平衡得好，这条路就可能走得通；平衡不好，就需要另辟蹊径，想出能最大限度兼顾对立方诉求的方案。总之，应了解到，企业战略定位需要方法论，但任何方法均存在局限性，因此企业战略定位各类方法工具的核心任务就是将决策要素找准、找全，为决策者提供坚实、全面的判断基础，至于各个要素的重要性评估或价值判断，则最大限度地依赖于高管层的个人认知与其之间的权力博弈。

第四节 战略制定

一、战略制定的内容

战略制定作为战略计划的形成阶段,是指确定企业任务,认定企业外部机会与威胁,明晰企业内部优势与劣势,进而制定可供选择的战略。该阶段一般包括六个步骤:评估当前绩效、评价组织治理、分析外部环境、分析内部环境、综合分析战略要素、确定企业战略。具体如图 4-3 所示。

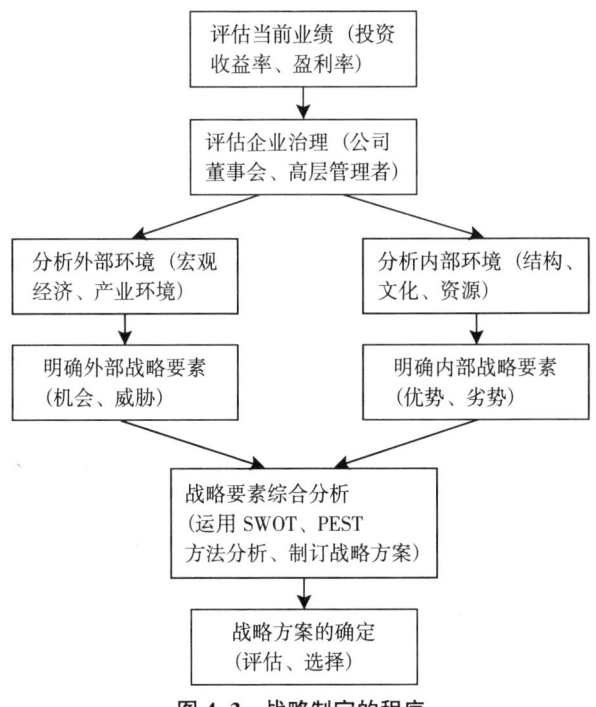

图 4-3 战略制定的程序

二、战略制定的模式

在战略制定的形式上,一般有下列三种模式可供选择:

1. 自上而下型

组织高层领导决定整个企业的经营方向,提出对应的总体战略,并对各个事业部或各部门提供如何达到这一方向的具体指导。然后,由各事业部门、职能部门将其分解,形成与本部门任务相对应的具体化战略方案。

2. 自下而上型

企业采取这种方法时,高层管理人员对各个事业部不给出任何指导原则,要求各事业部提交自己的战略计划。企业总部需要的信息有:主要的机会与威胁、主要目标、实现目标的战略等。在各事业部递交战略计划后,企业高层管理人员对此加以考察和平衡,进而给予确认。

3. 上下结合型

所谓上下结合模式,是指在制定战略的过程中,各个事业部的职能管理人员就战略制定活动定期与总部人员进行交互。企业高层仅仅对各事业部提出粗线条的指导原则,各事业部在制订自己的战略计划时拥有很大的自由度和灵活性。

三、战略制定的工具

1. SWOT 分析模型

又称态势分析法,是一种常用的战略规划工具。SWOT 分析代表分析企业优势(Strength)、劣势(Weakness)、机会(Opportunity)和威胁(Threats)。这是一种将对企业内外部条件各方面内容进行综合和概括,进而分析企业的优劣势、面临的机会和威胁的方法。四种不同类型的组合:优势—机会(SO)组合、弱点—机会(WO)组合、优势—威胁(ST)组合和弱点—威胁(WT)组合,理论模型见表 4-4。

表 4-4 SWOT 理论模型

内部分析 / 外部分析	优势 S 列出优势 1. 2. 3.	劣势 W 列出劣势 1. 2. 3.
机会 O 列出机会 1. 2. 3.	SO 战略发挥优势利用机会 1. 2. 3.	WO 战略克服劣势利用机会 1. 2. 3.
威胁 T 列出威胁 1. 2. 3.	ST 战略利用优势回避威胁 1. 2. 3.	WT 战略减少劣势回避威胁 1. 2. 3.

2. 波特五力模型

波特五力模型是企业制定竞争战略时经常利用的战略分析工具，它将行业中存在着决定竞争规模和程度的五种力量汇集在一个简便的模型中，以此分析一个行业的基本竞争态势。该模型由迈克尔·波特（Michael Porter）于20世纪80年代初提出。五种力量分别为潜在进入者的威胁、替代品威胁、买方议价能力、供应商议价能力以及现存竞争者之间的竞争。决定企业盈利能力首要的和根本的因素是产业的吸引力。任何产业，无论是国内的或国际的，无论生产产品的或提供服务的，竞争规律都将体现在这五种竞争的作用力上。

根据五种竞争力量的思考，企业可以采取尽可能地将自身的经营与竞争力量隔绝开来、努力从自身利益需要出发影响行业竞争规则、先占领有利的市场地位再发起进攻性竞争行动等手段来对付这五种竞争力量，以增强自己的市场地位与竞争实力。模型见图4-4。

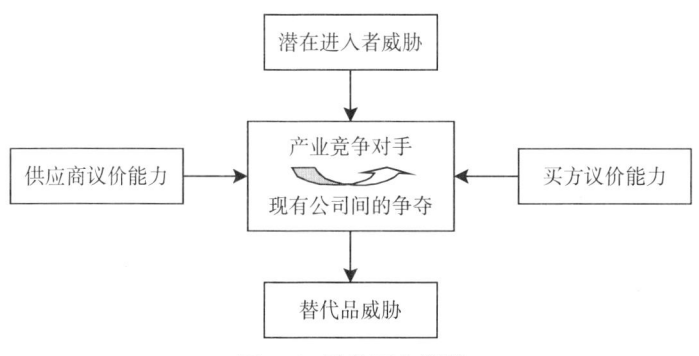

图4-4 波特五力模型

四、战略制定的创新

对于战略制定而言创新为魂，或者可以说"创新决定战略制定的内涵与分量"。创新并非战略制定的独有要求，整个中国的各个领域都在强调创新。具体到战略制定，创新可以分为理念创新、工具创新、方法创新等。理念创新指的是在战略制定中提出客户所不曾意识到或接触过的理念；工具创新指的是在战略制定中创造性地运用原有的分析工具或模型，或者创造新的分析工具或模型；方法创新指的是当传统的工作方法（注意：不是分析工具或模型）无助于战略制定时，寻求新的方法来为客户谋求战略。对于战略制定而言，创新并不止这些，同时每一次的战略制定也无须苛求在这些方面都要有创新。

仍旧以上面列举的三种创新继续讨论。就难度上而言，理念创新实际上是最难的，虽然看起来理念创新似乎比较简单、容易，但理念创新的实质是对客户做人做事原则的一种升华或颠覆，因此难度极大。就以刚结束的一个战略项目为例，战略制定要使客户理解并考虑接受生存方式或运营模式的变革，客户即使接受了项目组的建议，也会面临痛苦的自我批判与革新。理念创新绝不是国内小品中的流行词"忽悠"，如果咨询项目组中没有人对人生、组织、世界有比较透彻的领悟，那么理念创新的可能性极小。

工具创新看起来复杂，但是它所针对的问题是明确的，最终要达到的目的也是确定的，因此重要的在于如何去"操作"才能把工具做出来。战略制定的每一种工具或模型，都有着自身的前提和假设，并且都是一定商业时代与历史的产物，照搬照用这些工具会与实际脱离，更重要的是，客户面临的各种具体问题多种多样，需要具体问题具体分析。咨询顾问所提出的结论、所针对的客户问题这二者之间需要工具和模型的衔接。这既体现了专业性，又能授人以渔。

方法创新不要拘于成法。以战略制定中的访谈为例，是从上而下，还是从下而上？没有定论，因为不同的方法达到的效果不同。再举其他例子，是个别访谈，还是开讨论会？讨论会应该采用什么样的方法？战略制定过程中该如何去获取客户信息或了解客户（而不是简单地通过互联网搜点信息拼凑）？咨询之所以会成为一种挑战式的生活与工作方式，就在于它要求咨询师时时在颠覆自我、不断革新、对自己的所谓经验和方法进行"革命"。工作经验对于许多传统行业会成为一笔宝贵的财富，但是对于咨询行业却最有可能成为一种负累。

上面对战略制定中体系和创新的要求和作用进行了简要的总结，之所以不想写太多，是因为不让读者在背负的各种理论、工具、模型等思想的枷锁后又增加更多的负担。战略咨询对人的领悟能力要求极高，而不只是通常所说的学习能力和创新能力。

第五节
战略选择

一、战略选择的类型

战略选择的研究学派包括战略营销学派和战略管理学派，而两个学派又形成各自的分类。两个学派的划分界限在于企业战略是选择以市场环境、技术手段和生产方式等为导向,还是以企业高层管理者对企业发展方向的决策为导向。

战略营销学派的学者们通过不断积累和完善,分别提出市场导向(顾客导向和竞争者导向)、技术导向、创业导向等(Gatignon & Xuereb,1997;Noble,Sinha & Kumar,2002)。这几种战略选择分类方法尽管能够较为清晰地勾画出战略选择的目标,却对具体方法策略及其要达到的程度没有较好的分析。相比之下,战略管理学派及在其基础上发展壮大的其他学派的影响力更为广泛。

战略管理学派源于 Miles 和 Snow(1978)的概念化战略选择分类,他们根据解决创新问题、工程问题和经营管理问题采取的不同方法,将战略类型划分为探索型(Prospector)、防御型(Defender、分析型(Analyzer)和反应型(Reactor)四类,这种分类方式充分强调了企业高层管理团队特性对企业整体视角和方向的指导与影响。战略管理学派自 Miles 和 Snow 之后引起了较多学者的讨论和跟随,Wissema、VanDerpol 和 Messer(1980)提出战略选择可以分为:①搜索战略;②扩张战略;③持续增长战略;④下滑战略;⑤聚合战略;⑥收缩战略。Porter(1985)把战略类型归结为成本领先战略、差异化战略和聚焦战略。Pierre 和 Berthonetal(1999)建立了顾客导向和创新导向二维矩阵,将战略导向分成孤立型、跟随型、形成型和互动型四种类型。Abell(1999)以变革的程度和变革地位建立战略导向分析矩阵,提出激进革新型(Redical Redefinition)、预见型(Predictation)、调整型(Adjustment)和回转型(Turnaround)四种战略类型。刘春虎(2005)根据对企业内外部环境的感知和分析,提出进攻型、竞争型、保守型、防御型四种战略形态。

在这之后的研究者大多沿袭以上各位学者对战略选择的分类方法并进行实证检验,并对分类方法的优劣进行讨论影响范围较广的为 Miles 和 Snow 划分的四分方法以及 Porter 划分的三分方法。沈灏和李垣等(2009)依据 Miles 和 Snow 的战略选择分类理论,探究了企业战略选择对企业创新能力和创新绩效的影响。郑兵云、陈沂等(2011)依据 Porte 的战略选择分类方法研究了企业竞争战略对企业绩效的影响作用。两者相比,Miles 和 Snow 的分类方法较为理想和简洁,便于企业对未来战略选择进行预测;Porter 的分类方法使用的术语概括凝练,适合运用于大企业的战略选择研究。

1. Miles 和 Snow 的战略选择四分法

Miles 和 Snow 的战略选择四分法把企业的战略类型分为防御型、分析型、探索型和反应型四类(Miles & Snow,1978),该分类方法在之后研究中得到了充分的认可。Miles-Snow 分类在不同国家具有较好的适应性。DeSarbo 等(2005)在中国、日本和美国三个国家709家企业中进行的调查证明了Miles-Snow战略分类与战略能力、不确定性和企业绩效之间的关系。

（1）探索型。探索型战略指企业通过关注多个细分市场和产品领域，持续寻找新的商机，会持续关注引进新创意和新产品。通常作为行业创新的领导者，他们对市场上正在显现的商业机会迅速反应，倾向通过推出新产品、新产品服务技术，以及提供全面营销和生产方案等增强自身领导能力，这点与跟随者不同。

（2）防御型。防御型战略指防卫性的行为特征，如成本削减和寻求提高效率等。重视运营效率、争取规模经济和提高技术效率，为了保证企业在技术领域获得持续的先进地位，防止竞争者渗透自己的细分市场，通常乐于提供高投资。

（3）分析型。分析型战略介于预见型和防御型之间，兼具防守者和前瞻者的特征。分析型战略的创新大多基于已经存在的市场，通过模仿和改进前瞻者早期产品，建立竞争优势。分析型企业很少主动对潜在市场进行进攻，其主要特点是在探索型企业和防御型战略企业之间建立平衡。但有时候，完美的平衡很难实现，分析型战略会使企业减少效率，难以实现战略目标。

（4）反应型。反应型战略主要是对于外部环境缺乏控制的一类企业，通常这类企业通过减小企业规模避免在市场变动过程中被淘汰出局，这类企业的数量远远小于其他三种类型，通常难以在激烈的竞争环境中保持优势。

Miles-Snow的分类方法并不局限于某一特定产业或行业，也不限于企业的类型和所在的国家，具有较强的一致性和有效性。特别是其将整个组织视为一个综合体系的理论构建有利于对组织战略选择有一个精确、排他的划分。这种划分本身并不具有优劣比较，而在现实经济活动中反应型战略被认为是最为被动和随波逐流的，一些学者的研究也证实了探索型、防御型、分析型的战略选择带来的企业绩效表现更优。另外，由于Miles-Snow理论的基础源于企业高层管理者对企业未来局势的把握和影响，因此受到企业结构、企业环境和企业家个性特质等影响最为显著，因此适合于对规模较小、企业家影响作用较大的私营企业。

2. 企业家精神与战略选择

战略选择的概念是由英国管理学家约翰·柴尔德（Child）1972年提出的，他认为组织内部政治决定了组织所选择的结构形式、组织对环境的驾驭能力。内部政治依赖于内部权力结构。也就是说，企业家或高层管理者会采取行动界定或操纵组织的经营领域，以使环境因素不能够迫使现有组织结构变化。这一概念的提出启发学者们关注管理者的主观能动性的积极作用，即管理者可以通过"战略选择"改变组织的环境、结构及运作模式。这时的研究框架虽然未包括企业家精神的概念，但强调企业家本身的主观选择即是认同企业家精神、信念、成就动机等对企业战略选择的重要性。后来的学者分别从企业家精神的个体层面和组织层面探讨其对企业战略选择的重要影响。

（1）个人层面的企业家精神对战略选择的影响。Timmons（2002）提出的机会、资源、团队驱动的战略选择模型强调了企业创始人对战略选择的关键作用，然而也指出了在二维空间探讨战略选择，难以保证企业发展的可持续性和稳定性。王辉（2006）指出，作为企业首席执行官需要处理的内部事务包括战略决策、有效沟通、构建愿景、建立组织结构控制和管理运营系统等。吴刚（2007）通过研究企业CEO信念对企业战略选择的约束性，指出企业家的经营理念、战略意识和精神品质影响着企业未来的战略选择。这些研究都证明了企业的战略选择离不开企业高层管理者、企业家的个人表现，尤其会受到企业家精神的深刻影响。个人层面的企业家精神还会引导企业选择不同的战略类型。研究证明，具有创新精神、具备风险承担能力的企业家倾向于选择跨行业发展业务范围以拓展自己的经营边界，乐于采取探索型战略，如多元化战略或国际化战略等。缺乏创新精神和风险承担能力的企业家相对倾向于选择更为保守、稳健的业务发展战略。另外，主张全面发展的全面型企业家和主导创新的挑战型企业家最有可能采取防御性战略，而关系型企业家一般不会在市场竞争中采取防御性战略。

（2）组织层面的企业家精神对战略选择的影响。企业家精神在组织层面的渗透表现为组织内部建立起来的统一价值观体系和企业文化，诸如群体创新意识、开拓进取的精神面貌和爱岗敬业的精神品质等。尽管关于组织层面企业家精神对战略选择的影响机制尚未有明确结论，但从组织层面考虑企业家精神对战略管理的影响是有益的，因为企业文化对战略的支持程度直接决定了企业成功与否。Deal和Kennedy（1982）提出，战略管理过程很大程度是发生于企业特定文化中的，战略变革总是要受到企业文化的冲击，符合公司企业家精神的战略变革往往易于实现。Lorsch（1986）发现，企业精神文化会成为成功企业的有力保障，避免文化阻碍战略管理的变革。廖泉文（2007）等提出，公司企业家精神是战略管理中的一种关键资源，如何开发和管理企业家精神对企业战略选择有重要影响。不仅小企业需要企业家精神，大企业也需要"创新性破坏"和新的资源组合。尽管目前对于企业家精神与战略选择的相关关系研究已有一定的成果，但是这些研究仍然未摆脱企业家个性特征的影响因素，未能集中对某几种典型企业家精神的战略影响进行详细分析，对组织层面的企业家精神研究大多强调企业文化的影响力，对公司企业家精神的影响作用还有待进一步研究。

二、战略选择的内容

战略选择是指在前期分析的基础上,利用一些战略分析工具和方法,综合考虑企业情况,选择出最有利于企业的发展战略。战略专家唐东方提出,战略选择的框架包括发展方向、发展目标、发展领域和发展能力的选择四个方面。

1. 愿景的选择

愿景的选择,即发展方向的选择。愿景是企业长远的未来要成为一样什么样的企业。愿景为企业提供了发展方向,愿景是企业对未来发展的最重要的选择。企业在战略选择中首要思考的是企业的愿景是什么呢?选择好了愿景就是选择了企业整体的发展方向。

2. 战略目标的选择

战略目标的选择,包括发展型战略目标、维持型战略目标和收缩型战略目标。战略目标是企业为实现其愿景在一定时期内对主要成果期望达成的目标值。战略目标对企业发展速度与发展质量提出了要求。战略目标通常有两个最核心的选择:

(1)发展速度选择。企业的发展速度应该保持多少,是发展、维持,还是收缩?如果选择发展,是高速发展、中速发展,还是低速发展?这些通常是战略目标选择重要思考的课题。

(2)发展质量选择。企业发展过程中,发展质量应该保持什么样的水平,是速度优先,还是质量优先?这些通常是战略目标选择重要思考的课题。

3. 业务战略的选择

业务战略的选择,包括产业战略、区域战略、客户战略和产品战略的选择。业务战略是企业在未来业务发展方面的重大选择、规划及策略,为企业提供了发展点。业务战略包括产业战略、区域战略、客户战略和产品战略四大业务战略。业务战略选择包括了产业战略、区域战略、客户战略和产品战略四大业务战略的选择:

(1)产业战略选择。产业战略选择包括产业战略选择、产业组合战略选择、产业扩张战略选择和产业竞争战略选择。

(2)区域战略选择。区域战略选择包括区域战略选择、区域组合战略选择、区域扩张战略选择和区域竞争战略选择。

(3)客户战略选择。客户战略选择包括客户战略选择、客户组合战略选择、客户扩张战略选择和客户竞争战略选择。

（4）产品战略选择。产品战略选择包括产品战略选择、产品组合战略选择、产品扩张战略选择和产品竞争战略选择。

由于业务战略选择涉及内容非常多，在整体战略体系中非常重要，本书中我们把产业战略、区域战略、客户战略和产品战略四大业务战略分别单独设立一章来进行详细的、重点介绍。

4. 职能战略的选择

职能战略的选择，即发展能力的选择。职能战略是指企业为实现愿景、战略目标、业务战略，在企业职能方面的重大选择、规划及策略。职能战略为企业提供了发展能力。职能战略首先要根据愿景、战略目标、业务战略，考虑整体上的核心发展能力，为实现核心发展能力，又进一步考虑市场营销战略、技术研发战略、生产制造战略、人力资源战略和财务投资战略。职能战略选择也分为核心发展能力、市场营销战略、技术研发战略、生产制造战略、人力资源战略和财务投资战略的选择：

（1）核心发展能力选择。核心发展能力是企业为实现未来愿景、战略目标、业务战略所需的最核心能力，核心发展能力包括了企业未来对最重要的能力方面的选择等。

（2）市场营销战略选择。市场营销战略是企业在市场营销职能方面的重大选择、规划及策略。市场营销战略选择通常包括品牌战略选择、推广战略选择、价格战略选择、渠道战略选择、客服战略选择等。

（3）技术研发战略选择。技术研发战略是企业在技术研发职能方面的重大选择、规划及策略。技术研发战略选择通常包括技术战略选择、研发战略选择、工艺战略选择等。

（4）生产制造战略选择。生产制造战略是企业在生产制造职能方面的重大选择、规划及策略。生产制造战略选择通常包括产能规划与布局战略选择、生产工艺战略选择、生产运行战略选择、成本战略选择等。

（5）财务投资战略选择。财务投资战略是企业在财务投资职能方面的重大选择、规划及策略。财务投资战略选择通常包括筹资战略选择、投资战略选择、财务运营战略选择、资本运营战略选择等。

（6）人力资源战略选择。人力资源战略是企业在人力资源职能方面的重大选择、规划及策略。人力资源战略选择通常包括组织发展战略选择、人员配置战略选择、人员激励战略选择、人员开发战略选择等。

以比亚迪公司为例，其四次战略选择包括公司层与业务层两个方面，详见表4-5。

表 4-5 比亚迪历次战略选择

战略选择	业务领域	公司层战略类型	业务层战略类型
第一次战略选择	手机用充电电池	成长战略中的单一经营战略	总成本领先竞争战略、集中于一点战略
第二次战略选择	收购秦川汽车进入汽车领域，汽车整车装配、减震器、座椅、车灯、雨刮器等	成长战略中的相关多元化战略、后向一体化战略、并购战略	总成本领先竞争战略
第三次战略选择	涉足的业务领域有汽车、新能源（包括 LED，光伏发电等）、冰箱、电视、空调、叉车等	成长战略中的非相关多元化战略	除了新能源汽车和充电电池属于差异化战略之外，其他业务领域都属于总成本领先竞争战略
第四次战略选择	重点发展新能源汽车和传统燃油汽车在内的汽车业务、手机部件及组装业务以及二次充电电池及光伏业务；同时，退出冰箱、电视、空调、叉车等业务领域，形成从电池到整车的完整产业链	成长战略中的相关多元化战略和一体化战略	除了新能源汽车和充电电池业务属于实施差异化战略之外，在燃油汽车和手机部件及组装业务领域依然以总成本领先竞争战为主

三、战略选择的基本思维模式

关于企业战略选择的决定因素的分析可以分为两条线路：一是从外部环境（特别是产业结构）的视角探讨企业战略选择的决定因素；二是从内部资源和能力的角度研究企业战略选择的决定因素。

1956 年，美国哈佛大学教授贝恩（Bain）提出了"结构—行为—绩效"的分析模型（Structure-Conduct-Performance Model，SCP 模型），指出企业绩效依赖于企业行为，后者又依赖于市场结构。

1962 年，钱德勒（Chandler）的《战略与结构——美国工业企业史的考证》一书则把贝恩教授的 SCP 模型具体应用于战略决策的分析之中。在钱德勒看来，战略决策首先要以企业未来的发展为出发点来决定企业的基本目标、与此紧密相关的经营目标和经营方针；然后进行为实现经营目标和方针对企业所拥有的资源进行分配和调整的决策行动。钱德勒的理论开创了从外部环境（特别是产业结构）的视角研究战略选择决定因素的先河，并为安索夫（Ansoff，1965）的计划学派和安德鲁斯（Andrews，1965）的设计学派继承和发展。20 世纪 80 年代，以 SCP 模型为基础，波特（Porter，1980，1985）提出了竞争定位理论，成为企业战略选择的主导理论。波特认为，产业结构决定了产业内的竞争状态，进而决定企业的战略选择行为，并最终决定企业的绩效。

正当波特的理论红火之际，鲁默尔特（Rumelt，1991）发现"产业内的利润差异甚至比产业间的差异还要大"，而且过分强调市场的作用，往往会诱导一些企业进入利润很高但缺乏经验或与自身优势毫不相关的产业。于是，学者重新思索美国管理学家切斯特·巴纳德（Chester I. Barnard，1938）的观点：企业组织生存和发展的必要条件取决于企业对外部各种机会的利用能力和企业自身调动职工积极性的能力。沿着巴纳德的理论逻辑发展了两大理论流派，即资源学派和能力学派。资源学派的核心思想是：企业竞争优势是建立在企业所拥有的独特资源及它在特定的竞争环境中配置这些资源的方式基础之上的，如果一个企业拥有异质性的有价值的资源，那么这个企业在资源占有上就具备了一种类似于"垄断"的市场地位，由此而产生持久的竞争优势，获取长期的超额利润。资源学派强调要素市场的不完全性，认为企业不可模仿、难以复制、非完全转移的独特资源是企业可持续竞争优势的源泉（Wernerfelt，1984；Barney，1991，1996）。以普拉哈拉德和哈默尔（Prahalad and Hamel，1990）为代表的能力学派认为，企业竞争优势的根源在于组织内部的能力（组织内部的技能和集体学习及对组织的管理技能），能力的差异是企业持续竞争优势的源泉。能力学派强调以企业生产、经营过程中的特有能力为出发点，制定和实施企业竞争战略。

企业战略的出发点和归宿在于帮助企业在动态变化的环境中谋求竞争优势。企业战略管理者在依据动态环境做出战略决策的过程中，会遵循特定的思维逻辑，这种逻辑将决定企业战略分析的起点与过程、战略抉择的依据、企业资源的配置方向等，因而构成了企业战略的形成逻辑。

因此，企业战略选择可以归纳为两种基础性的思维逻辑，称为企业战略决策的基本思维模式：产业组织模式和资源基础模式。

1. 产业组织模式

波特在1980年出版的《竞争优势》中系统论述了战略分析与选择的思维过程，包括以五种力量模型分析产业的潜在吸引力等，由此构成了基于产业组织思维模式分析的基本框架，并长期主导了西方企业的战略选择，如图4-5所示。产业组织模式（Industrial Organizational Model）建立在如下假设基础上：企业战略决策者都是经济理性的，以追求企业投资收益最大化为经营目标；市场是完善的，企业可以利用要素市场和资源流动性来克服自身在资源和能力上的劣势。因此，选择和进入那些盈利水平最大或者行业吸引力最高的行业，使企业获得高于社会平均水平收益的主要方式。按照产业组织模式的逻辑，制定企业战略需要高度重视组织的外部，在此基础上根据行业的特点制定相应的战略和获取需要的资源、能力。

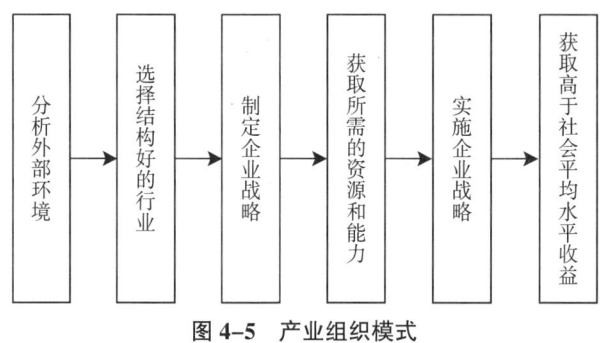

图 4-5　产业组织模式

2. 资源基础模式

资源基础模式（Resource-based View）源于对同一行业内企业之间收益率为何存在稳定差别的研究。根据资源基础模式，企业盈利水平的高低不仅取决于所在行业平均收益率的影响，更重要的是取决于企业所拥有的资源和能力优势的大小，但并非所有的资源和能力都能成为竞争优势的基础，只有当这种资源和能力是有价值的、稀缺的、难以模仿的，才会对竞争优势产生作用。按照资源基础模式的逻辑，企业战略的制定需要高度重视企业的内部条件，战略管理者在制定企业战略的过程中，首先必须分析自己所拥有的资源和能力，如图 4-6 所示。

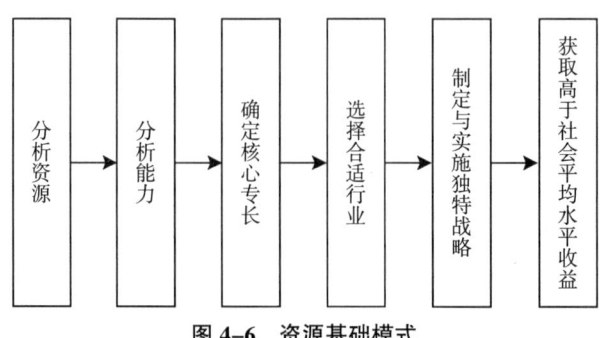

图 4-6　资源基础模式

值得注意的是，单一的战略思维模式往往忽略了一个重要的问题，由于企业资源与能力和外部环境的变化，如何保证企业战略制定的有效性，确保企业持续地获得高于社会平均水平的收益，往往需要战略思维模式的整合。

四、战略选择的分析框架

1. 价值观—控制权—战略选择的分析框架

一般来说,企业的战略选择是为了发挥企业内部的资源、能力、知识、文化优势来适应外界环境的变化,从而击败竞争对手获取可持续的竞争优势(Teece,1997)。外界环境的机遇与威胁、同行业不同企业的战略竞争是企业战略选择的外在动力;企业内部特有的资源、技术、能力、知识、文化等因素是战略选择的内在约束条件。只有与企业内部资源、能力、知识、文化相匹配的战略才能适应外界环境的变化,才能使企业获取可持续的竞争优势。但是,由于外界环境的多变性、信息的不对称性以及人的有限理性,面对同行业不同企业的战略竞争,战略实施的结果并不能完全达到预期的结果,必须重新思索具体的战略实施结果来不断调整企业的战略。因此,企业的最优战略是一个随着高层管理者认知能力的提高而不断适应内外环境的动态的调整过程(图4-7双虚线部分)。

然而,企业还是一个人力资本和非人力资本的特别合约,企业最核心的资源是人。企业的战略选择既不可能完全忽视人的价值观,也不可能不考虑个人行为交互作用的影响,因而,我们认为决定企业的战略选择的内在深层因素是控制权与个人价值观。价值观是个人在特定的地域环境、文化环境以及社会习俗、道德环境下形成的一种对世界的看法。由于人们生活的地域环境、文化环境、社会习俗的不同,人们的认识能力存在差别,接受新思想的容量和方式都有差别。因此,不同的人形成自己独特的价值观的基础不同。一旦个人的价值观产生并最终确定之后,价值观就会引导人的努力方向,告诉人们往何处努力,达到何种人生目标。因此,价值观决定了个人行为选择的最基本方向。控制权主要来源于职权,控制权的大小取决于企业股权份额,个人的人格魅力的高低则可能增加控制权实施的效率。公司的具体战略选择是公司内部参与者之间的一个博弈过程,谁拥有了公司的控制权谁就会选择与自己的价值观相吻合战略,以保证个人价值观的实现。当掌握企业控制权之人的价值观与企业理性一致时,企业所选择的战略就是利用企业内部的资源、能力、知识和文化优势来适应外界环境的变化;当掌握企业控制权之人的价值观与企业理性相悖一时,所选择的战略往往是以牺牲企业理性为代价来保证个人价值观的实现或维持。但是,面对同行业不同企业的战略竞争,战略实施的结果如果超过企业成本和资源容忍的范围,掌握企业控制权之人就会反思自己的价值观,做有限度的战略调整(图4-7实线部分)。

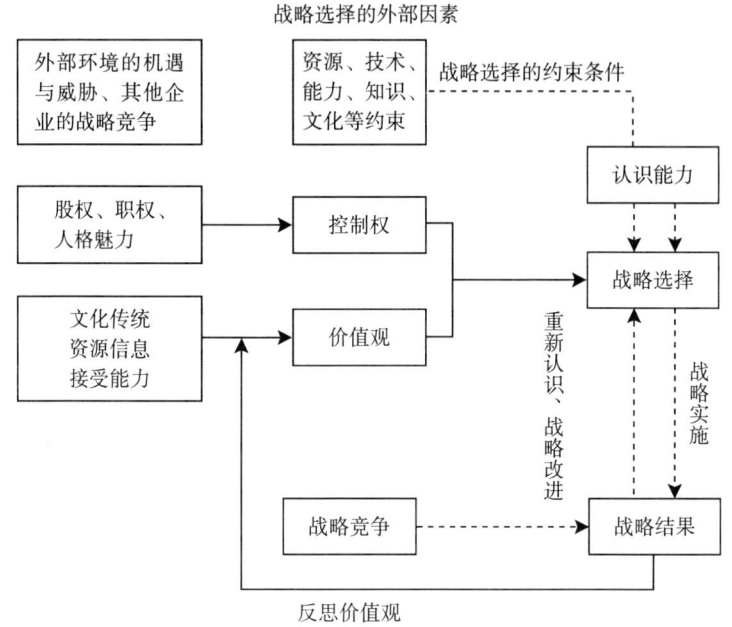

图 4-7 价值观、控制权与战略选择逻辑框架

2. 竞争者与战略选择分析框架

竞争者是企业外部环境中的一个重要因素，一个企业在市场上会面对众多的竞争对手，有些竞争对手与企业实力相当，是企业最大的竞争者；有的竞争对手则相去甚远，够不上真正的威胁。作为一个企业有必要知道最大的竞争对手是谁。例如，可口可乐公司知道其主要竞争者为百事可乐公司，通用汽车公司知道其主要竞争对手为福特汽车公司等。一个企业只有知道了自己的主要竞争对手是谁，才能够根据竞争对手的实力、所处的地位等的不同来制定相应的战略（张军，2013）。

竞争对手分析包含竞争对手的未来目标、假设、现行策略和潜在能力四个内容。对竞争对手未来目标的分析与了解，有利于预测竞争对手对其目前的市场地位的满意程度，从而推断其改变现行战略的可能性以及对其他企业战略行为的敏感度。竞争对手的假设包括竞争对手对其自身企业的评价和对所处产业以及其他企业的评价。这个假设往往是企业各种行为取向的最根本动因。对竞争对手现行战略的分析的目的在于：揭示他们正在做什么以及能够做什么。在对竞争对手目标与假设分析的基础上，能较为容易地判断竞争对手的现行战略。竞争对手能力实事求是的评估是竞争对手分析中最后的步骤。竞争对手的目标、假设和现行战略会影响其反击的可能性、时间、性质及强烈程度。其优势与劣势将决定其反击的能力以及处理所处环境或产业中事件的能力。

以高德地图为例,其对主要竞争对手百度地图的分析详见表4-6。

表4-6 对百度地图的竞争对手分析

方面	对手分析
未来目标	成为综合性的本地生活搜索平台;将自身定位于百度集团旗下O2O业务的重要入口
现行策略	将更多的O2O功能置入地图当中,使其成为百度旗下相关O2O生活服务的入口,如通过百度地图的"用车"按钮可接入Uber和百度自营的顺风车;在"附近"选项卡里,可以进行"找美食""订酒店""查团购""看电影""叫外卖"等操作,用户无须跳转到其他应用即可完成一整套"查找—评价—支付"的产业链操作
假设	百度地图认为,自己是行业O2O生活服务的领跑者,其在下载量及月活跃用户量方面行业领先,O2O的方式是行业发展潮流
能力	优势:依托百度搜索引擎,具有强大的生命力 劣势:数据资源依靠外部获取,部分O2O服务影响用户体验

竞争对手分析主要包括以下三种情形:

(1)敌强我弱战略。当竞争对手的实力明显高于自己时,一般先是采取防御战略,扬长避短、避实就虚,尽量避免与竞争者正面冲突;同时,还应积极地创造条件,积聚力量,积累到一定程度时再与对手做正面交锋。

(2)敌弱我强战略。当企业本身实力处于有利地位,一般应以扩张战略为主,包括自我发展或组织联合体共同发展。同时,企业应从战略上努力保持自己的优势地位,从而创造或维持品牌。例如,使企业在技术上和产品性能上始终保持在国内同行业中的领先地位,并不断扩大自己的规模,采取扩建各地分公司或通过兼并、联合竞争对手的方法使企业在本行业当中占据垄断地位,同时瞄准国际市场,努力赶超世界先进水平。

(3)敌我力量相当战略。当企业和竞争对手的力量相当时,企业应先采取维持战略,避免盲目发展和盲目竞争。然后,企业应积蓄力量不断壮大自身的实力,以寻求在市场中的优势。当然,当企业与竞争对手实力相当时,也可采取出其不意的绝招。俗话说"两强相遇勇者胜",趁竞争对手不备,采取出奇制胜的战略,要想很好地运用这种战略,就要比竞争对手领先一步,想别人之未想。

3. 战略选择矩阵

战略选择矩阵是一种指导企业进行战略选择的模型。企业应结合自身的优劣势和内外部资源的运用状况，选择合适的战略。战略选择的分析工具有很多，举其中的一种战略矩阵为例，如图 4-8 所示。

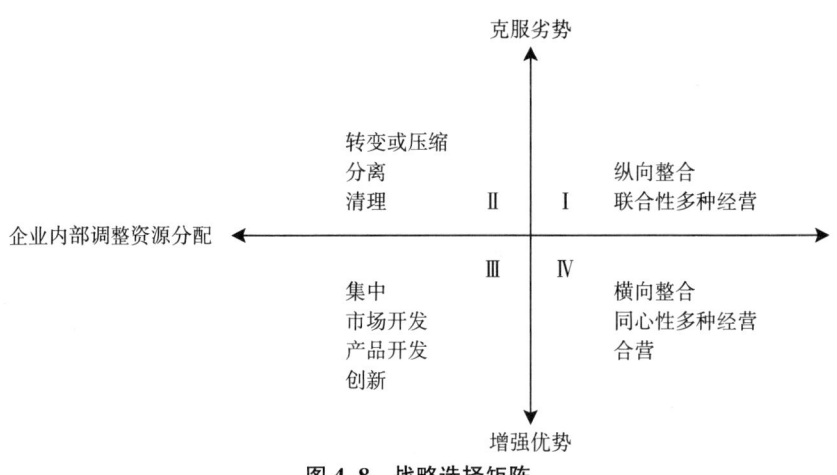

图 4-8 战略选择矩阵

在象限 I 中，企业会认为自己当前的生产经营业务的增长机会有限或风险太大，既可以采用纵向整合战略来减少原材料或顾客渠道方面的不确定性所带来的风险，也可以采用联合型多种经营战略，既能投资获利，又不用转移对原有经营业务的注意力。

在象限 II 中，企业常采用较为保守的克服劣势的办法。在保持基本使命不变的情况下，企业在内部将一种经营业务转向另一种经营业务，加强有竞争优势的经营业务的发展。企业可以采用压缩战略，精简现有业务。实际上，压缩也是起着一种转变战略的作用，即从提高工作效率，消除浪费中获得新的优势。如果某种业务已经是成功的重大障碍，或者克服劣势所费巨大，或者成本效益太低，就必须考虑采取分离战略，把这种业务分离出去，同时获得补偿。当经营业务已经徒然耗费组织资源，有导致破产的危险时，就可以考虑清算战略。

在象限 III 中，集中即市场渗透，全力倾注于现有的产品和市场，力求通过再投入资源，增强优势以巩固自己的地位。市场开发和产品开发都是要扩展业务，前者适用于预先有产品拥有新顾客群的情况，后者适用于现有顾客对企业现有产品感兴趣的情况。产品开发也适用于拥有专门技术或其他竞争优势的条件。

在象限 IV 中，企业通过积极扩大业务范围来增强竞争优势，会需要选用一种注重外部的战略。横向整合可以使企业迅速增加产出能力，同心型多种经营业务与新业务密切相关，可以使企业平稳而协调地发展。合资经营也是从外部增加资源能力的战略，可以使企业将优势拓展到原来不敢独自进入的竞争领域。合作者的生产、技术、资金或营销能力可以大大减少金融投资，并增加企业获利的可能性。

4. 基于生命周期理论的战略选择

企业生命周期是指企业从出生开始，到成长、成熟、衰退直至死亡的过程。企业发展的不同生命周期具有不同的发展规律和特性，因此企业经营战略的选择取决于企业所处的生命周期。

（1）初创期。这时企业的生存能力比较弱，企业多存在市场界限模糊、资源紧张、技术不足、信息滞后、管理集权化、人才匮乏、资金短缺等诸多问题，整体的发展处于"摸着石头过河"的探索阶段，企业市场地位不稳定。处在这个阶段的企业核心竞争力比较弱，暂时没有足够的能力考虑更深层次的多元化问题，只能通过拓展业务范围或打造企业的核心竞争力，单一产品多元化成为企业发展的必然选择。企业会在这一阶段努力积攒实力，争取平稳度过"婴儿期"为多元化战略的实施做准备。

（2）成长期。在艰难度过投入期之后，企业便生存下来，这时企业实力获得了长足增长，企业发展速度加快，规模不断增大。此时，企业在市场上已占据一席之地，影响力逐渐提高，内部也已形成较为成熟和完善的组织架构、价值理念和管理体系，市场地位逐步提升。企业的核心目标是立足于现有市场，确定主攻领域，以主导产品为主做出自己的品牌和特色，并开展小规模的多元化战略。企业将大量的资源和精力都用于开拓并做大现有市场，发展势头良好。

（3）成熟期。企业资金充裕，质量、科技等方面的水平都可以得到保证，管理水平日渐成熟，企业运转自如。这时企业由于占有较高的市场份额，利润率会不断提高，竞争对手已经不太容易撼动其地位。企业内部现有的核心竞争力在对市场机会的获得上得到了最大限度的扩散，企业具备了超越行业平均水平的竞争优势和领导地位。在成熟期后期的企业一般都开始考虑深层次的多元化经营的问题，这就需要企业找到既满足企业资源又符合市场需求的增长点。通常，为了实现现有领域突破，在企业发展的成熟期，企业应该"先入为主"，抢在竞争对手前面进入新领域，抢占新市场，实行相关产品多元化发展战略，创造新的利润增长点。

（4）衰退期。企业通常患有"大企业病"，管理严重僵化，外部竞争更加激烈，现有经营领域出现饱和，市场机会逐渐减少。此时，企业必须做出战略转折以应对市场风险。同时，由于长时间失去创新而得不到改善，市场格局逐渐发生改变，原有的"金牛"企业可能变成"瘦狗"企业，企业产品和技术严重过时失去了竞争力。通常衰退期的企业要不消亡，要不蜕变。蜕变型文化强调大刀阔斧地对企业精神层、制度层、行为层和物质层的全面改变，通过剔除企业旧的躯体上的弊端，保留合理先进的成分，塑造一个全新的企业。要想获得新生，开拓新领域是企业的必然选择，进而施行多元化战略完成业务领域扩张，或者企业能够在现有业务领域的基础上进行细分市场，挖掘细分市场，开启新一轮的生命周期循环。

五、企业战略选择实践

2015年7月，沃尔玛宣布收购1号店余下股权，全资控股1号店，但是在被收购之后，问题接踵而至。

一是谨慎面对商家入驻，1号店与沃尔玛的质量之路任重而道远。网购已成当今消费者的重要消费渠道之一。随着网络销售市场的日渐壮大，可供选择的网店越来越多，价廉、物美、质优、售后有保障已经是消费者选择在哪家购物的重要标准。但日前，中国质量万里行投诉部接到多起1号店网店的购物投诉。1号店作为国内知名的B2C电商，秉着"只为更好的生活"的口号和"诚信、顾客、创新、执行"八字箴言在业界取得了辉煌的业绩，但近两年众多消费者却纷纷表示在1号店的购物经历实在太糟糕：商品质量欠佳、假冒伪劣产品、产品质量安全难以得到保障等。消费者通过网络食品交易第三方平台购买食品，其合法权益受到损害的，可以向入网食品经营者或者食品生产者要求赔偿。网络交易平台作为平台的开办者和管理运营者，对于利用其平台向消费者提供商品或者服务的经营者负有一定的审查、监管责任。1号店作为第三方平台，在对于商家入驻时需持谨慎态度，防止无正规营业执照以及提供未通过检验检疫产品情况的出现，保障食品及服务质量以确保消费者消费安全。1号店要实现安全放心的消费者质量购物，其未来之路任重而道远，需加强相关部门的监管力度，坚决抵制以次充好。同时，沃尔玛作为1号店的控股商，应避免质量问题对企业信誉的波及，更要加强1号店的质量监督，加强产品质量监督体系的建设，为消费者创建更好的消费基础，打造令人安心的消费平台。

二是人才的流失。被沃尔玛收购后，1号店的内部开始出现人事动荡。2015年7月，1号店和沃尔玛双双宣布，1号店创始人兼董事长于刚、CEO刘峻岭离开1号店，公司正在寻找合适的继任者。在这之前，1号店已有多名创业高管相继离开，据不完全统计，包括CTO韩军、市场部副总裁程峻怡等已先后离职。与此同时，原有的公关团队也大部分离职了。员工一头雾水，沃尔玛的战略指示不够清晰。在1号店，员工们失去了安全感，不仅因为只有不到20%的股权为创始团队所有，整体福利待遇不高，而且在自高管接二连三离职后，始终没有谁告诉留下的人，这家公司未来的发展方向在哪，这直接导致了人才持续地流失。

　　三是沃尔玛本身受到重创。部分人才的流失比起母公司的困境可就显得九牛一毛了，1号店最大的危机便是收购方沃尔玛面临的困境。在当前沃尔玛全资控股的情况下，沃尔玛经营状况变动将直接左右1号店的生存。2016年1月15日，沃尔玛宣布将在全球范围内关闭269家店铺，其中美国本土门店154家，海外市场115家。本次调整的代价是惨痛的，因为沃尔玛旗下拥有的员工总数超出美国其他任何一家企业，但是薪水是全美最低的。在宣布关店后为了抚慰员工情绪，沃尔玛宣布除将原本最低时薪9美元上调至10美元，调薪后，全职员工的薪资平均将涨至13.38美元，调幅为3%；而兼职员工的薪资涨幅更大，达到6%，平均时薪涨至10.58美元。但是，美国工会并不买账，要求沃尔玛将最低时薪调涨至15美元。美国评论称，关店"猛药"代价并不小，将让沃尔玛今年额外支出15亿美元，或形成新的财务压力。更令人震惊的是，2016年2月18日，沃尔玛出现自1980年以来的首个年度销售下跌。与此同时，预警销售前景依然黯淡。根据沃尔玛公布的财报，截至1月31日，公司年度营收同比下滑0.7%至4821亿美元；净利润同比下滑7.2%至147亿美元。沃尔玛上一财年第四财季营收同比下滑1.4%至1297亿美元；净利润同比减少7.9%至45.7亿美元。这次沃尔玛经营状况的下滑为1号店敲响了警钟，未来的1号店就像在大海中飘摇的帆船，不得不因为沃尔玛本身可能出现更大的动荡做好准备。

　　6月20日晚间，京东集团发出内部信宣布，沃尔玛成为京东集团的战略投资者，双方达成深度战略合作。作为此次协议的一部分，沃尔玛将获得京东新发行的A类普通股，约为京东发行总股本数的5%。以京东当前股价计算，沃尔玛持股价值约为14.35亿美元（约合95亿元人民币）。也就是说，1号店实际估值为95亿元人民币左右。同时，各方将在电商、物流以及供应链等多个战略领域进行合作。今后，京东将拥有1号商城的主要资产，包括1号店的品牌、网站、APP。沃尔玛将继续经营1号店自营业务，并入驻1号商城。沃尔玛将借助其全球供应链优势向消费者提供更加丰富的商品，1号店将继续保持其品牌名称和市场定位。京东收购1号店，算情理之中，但也是意料之外。首先，符合扩大非标品交易额，提升整体商品毛利的需求。其次，以日用快消、生鲜两大类目为核心的"营+平台"都在积极进行中。如投资天天果园、永辉超市，这很明显是在供应链上寻求整合。自建京东到家、京东超市是在O2O、B2C渠道搭建上互补。

对于沃尔玛来说，算是甩掉了1号店这个"包袱"。2011年，沃尔玛入股1号店，再到2015年全资收购1号店，沃尔玛控股1号店，其外资理念与以于刚为首的1号店创始团队的经营理念一直存在很大分歧，而随着沃尔玛收购1号店，于刚、刘峻岭等创始人出局后，带来了1号店排队离职潮，元气大伤。另外，沃尔玛自建电商业务发展并不顺利，将其中国的电商业务与1号店融合计划推行并未达到预期效果，并且1号店长期处于亏损状态，在沃尔玛手中已经无法力挽狂澜了。

沃尔玛为什么选择收购1号店？其原因有以下五点：①沃尔玛处在一个电子商务发展迅猛的时代，一味固守实体超市而不谋求线上发展必然会被时代所抛弃。同时，沃尔玛面临的竞争不仅仅来自线下的实体超市，也包括了如雨后春笋般崛起的线上商城。激烈的竞争让沃尔玛不得不选择开拓线上发展的道路。②沃尔玛在中国市场的本土化工作没有将其优势全面展现出来，导致其陷入了与当地企业胶着竞争的泥潭，从而不得不变换思路，跻身中国电子商务市场。③沃尔玛起初建设自己在华的电子商务团队由于多种原因无法推广至全国市场，不得不考虑收购线上已有企业。④它与京东合作并逐步实现收购的尝试以失败告终，不得不将目光转向1号店。⑤1号店自创建以来发展势头迅猛，十分引人注目。其目标是成为网上沃尔玛，与沃尔玛本身十分契合。二者的经营品类有极大的重合，顾客资源、物流体系以及供应链系统理论上都可以达成具有相当效益的共享。1号店所积累的经验可以为沃尔玛在华电子商务市场的发展护航。

沃尔玛与1号店融合还有什么问题难以解决？甚至于最终不得不放手？主要存在以下四点：

一是沃尔玛在中国"水土不服"。沃尔玛收购1号店之初，在中国市场，来自京东、苏宁等竞争者压力巨大，一方面国美、苏宁供应链的逐渐成熟又加上京东的强势供应链，使沃尔玛一直引以为傲的供应系统优势逐渐减弱。另一方面，沃尔玛的门店数量远不如其竞争对手家乐福，由于错过进驻中国市场的最佳时机，市场趋于饱和，其门店数量难以突破进展。这些都成为制约沃尔玛在华市场进展的因素。在中国，虽然沃尔玛已经建设了416家商场、11家鲜食配送中心和9处干仓配送中心。但其第二季度财报显示，中国市场上沃尔玛的总销售额只有1.2个百分点的增长。已进驻百亿俱乐部的电商新秀1号店带来的增长是"两位数"的,可以有效弥补沃尔玛在华线下的"不尽如人意"。也正因如此,沃尔玛对线上平台1号店寄予更高期望:①"最后一公里"配送电商行业的竞争就是用户体验的竞争,抑或是用户满意度的竞争。"最后一公里"作为物流体系的重要环节之一,对电商的要求很高。针对这个问题,自创立之初起1号店一直采用传统的第三方物流。但1号店的与众不同在于,其一直聚焦关键指标,如配送成功率、及时到达率等对快递公司考评,简单来说1号店看中的是用户满意度,因此1号店的配送常常超出客户预期值。1号店强大的配送体系,可以在北上广深实现"半日达"的服务,也正是沃尔玛看中的。但是这样一个物流体系被传统零售商融合和应用存在困难。因为1号店作为电商的库存小批量动态更新和沃尔玛每天盘存的大批量仓储难以协调,供应链融合较难。②提升用户黏性与国内大多电商早期依托广告营销大量投入不同,1号店是依靠社会化"口碑营销"发家,比如吉尼斯营销品牌。1号店成立之初便是定位于网上超市模式,这与一般电商初期垂直电子商务模式有着本质区别。无疑,这样1号店避免了早期的直接竞争,同时由于其定位准确,主打快消品,实现用户规模的迅速扩大。1号店的客户群体也很有可能成为沃尔玛未来电商的潜在用户群。留住用户除了靠价格,更重要也更难以做到的是良好的售后服务。1号店被沃尔玛收购后的服务质量不升反降,发货、退货处理迟缓的问题增多,售后服务质量堪忧。

二是沃尔玛版1号店高管"大换血"问题。被沃尔玛收购后掌门人更换为沃尔玛全球电子商务亚洲区总裁王路——1号店正在加速"沃尔玛化"。随着于刚、刘峻岭等的离去,多位1号店副总裁级别的高管也发生了职位调动,被沃尔玛电商团队成员替换。例如:职位调动后,来自沃尔玛英国艾思达公司的 Steve Smith 担任商品和市场高级副总裁;而来自沃尔玛中国的 Aichoo Wong 则担任合规部高级总裁。"换血"高层,被公认是沃尔玛加速掌控1号店的进一步动作。沃尔玛在华经营情况并不乐观,而其目前电商山姆会员店影响力有限,"速购"品类难以满足消费者需求,此时急于"换血"1号店,将其"边缘化"显得有些操之过急。从收购的第一天起,双方中美商业文化的博弈就开始了,因而沃尔玛的管理风格也面临着本土化的难题。

三是收购后的1号店优化平台管理问题。1号店被沃尔玛收购后,其原先平台加自营的模式将发生什么变化?经营模式都分为两种:第一种是自营模式,即自己进货销售的商品,就是说把这商品买来进行销售,质量有保证。第二种是平台模式,让第三方卖家入驻,类似出租的铺面。1号店之前是平台加自营模式,即两种经营模式都有涉猎。之前董明伦曾透露1号店的经营模式将发生变化。近期，1号店CEO王路在内部信中称，1号店将坚持"网上超市"的定位，在无线、跨境电商、生鲜等领域拓展、集中发力。从2015年12月起，1号店正式启动2016年体系优化与重构，自营与商城业务的变革就是其中重要一步。从前1号店明显侧重于弱化自营，加强其线上商城业务。在2015年，1号店取消了几项业务的自营，10月取消大家电业务，11月取消医药保健类业务，由自营转为品牌合作。

四是采购体系难以融合。1号店成立之初便是定位于网上超市模式，这与一般电商初期垂直电子商务模式有着本质区别。1号店定位准确，主打快消品，而快消品具有需求量大、重复购买率高的特点，因而1号店具有广大的受众群体。截至2014年底，1号店的注册用户接近9000万。中国市场的显著特点，第一是中国消费者对于价格的极其敏感性，第二是对生鲜食品、快消品的需求量极大，高达50%以上，远远高于美国市场。这两方面恰恰是沃尔玛的强项，既符合其"最低价格"的自我定位，其在管理日常杂货商品方面显然也更有经验。沃尔玛也在利用自己原有的国际供应链，来提升1号店商品中进口食品的占比。以上海的洋山港码头为例，1号店每天有上百个集装箱的牛奶进口。1号店进口牛奶销量好，因为它的导流效果好，购买频次高，黏性好，复购率高。沃尔玛恰恰与澳大利亚、德国、英国等地的牛奶厂商有很好的合作关系，甚至有自己曾经收购的牛奶品牌，都可以助力1号店。被收购后，网络上时有1号店"以国产充进口"的负面新闻，可以证明沃尔玛和1号店采购体系的融合确实存在缺陷。

从理论上分析，收购后的1号店需要做好企业战略整合，具体包括以下四点：

（1）企业战略整合。如何判断企业并购是否成功，是否服务于企业的长期发展战略，战略整合的程度是关键。企业并购后的战略整合确立了企业的发展目标，是企业未来发展的向导，入华多年，沃尔玛主要业务集中在线下零售，而自己品牌的网店山姆会员店网上商场影响力并不大。也正基于此，沃尔玛自2012年便决定将电商发展作为集团战略。新CEO王路对整个运营团队这样要求道：收购1号店后半年到一年之内，我们要达成如下初步的战略目标：①实现沃尔玛与1号店资源的无缝对接，发展1号店占据中国电商鳌头，营业额翻倍。②探索中国市场，为其进一步发展速购等旗下业务积累经验。③避开本土亚马逊等电商的线上围剿，减少来自中国官方对海外企业的限制。明确了并购后的战略目标，才让企业的发展有了方向。

（2）企业组织结构整合。根据企业组织结构的变化受战略变化的驱使，而战略变化又与企业面临的外部状况相联系的理论，并购会引起外部环境和内部环境的变化，组织结构整合是战略整合的基础，所以并购双方进行组织结构整合是十分必要的。无组织，战略无法实施，组织整合有两条路径可选择：一是重塑组织愿景和使命，二是重构组织结构。战略目标明确后，新任 CEO 王路也明确表态："优化组织结构"是重要任务之一，将沃尔玛与1号店的组织结构优化，形成有效不冗余的组织架构，最大限度地满足战略目标的要求，为达成最终的战略目标埋下伏笔。

(3) 企业人力资源整合。员工不接受的并购，很难说是一次成功的企业并购，所以人力资源整合的目的就是要让双方员工都接受并且理解这次并购。在此基础上，主动达成合作，以期未来实现共同的目标。一般来说，被并购企业员工会出现忐忑不安的状况，会产生无归属感和焦虑感，进而出现人员的流失的问题。关键人员大量流失会导致并购成效就大打折扣，所以毫无疑问，留住关键人员是并购后人力资源整合的重点。然而并购后，1号店已经出现了不少的人员流失问题，多名高管相继离开，对于沃尔玛来说这是不小的挑战。收购1号店之后，如何进行有效的人员分配，尤其是管理人员的部署使人力资源得到有效的整合，管理层达到默契，为企业的战略目标服务，是控股1号店后沃尔玛的难题之一。

(4) 企业的市场与业务整合。扩大市场是企业并购的主要目标之一，沃尔玛本土化不够成功，面临着线下实体超市和线上电商企业的双重压力，通过收购1号店减少来自中国官方对海外企业的限制（政策方面的阻力）。在仓储物流上，1号店拥有北京、上海、广州、武汉、成都五大仓储中心；在集成供应链上，1号店有庞大的采购团队，从供应商认证到确保产品质量，对供应商进行管理。①在供应链的整合方面，尤其是物流的整合上，沃尔玛携手1号店，努力降低成本，以商城建设为核心，扬长避短，引进第三方物流，物流模式采用自营和与第三方物流公司合作的方式以及注重大数据应用的建设。②在会员的整合方面，对1号店的会员制度进行优化和改革，并且将其与沃尔玛旗下的山姆会员整合起来。

(5) 企业文化整合。每一家企业，每一个组织，都有具有自己特点的、独特的文化，所以文化融合是并购整合中最困难的任务，无疑最有效的文化融合应是取其精华，去其糟粕，吸取两家企业各自的文化中的优秀部分，合成新型的优秀企业文化。领导者是文化整合的关键，并购企业的双方的高层领导应达成共识，奠定文化整合的基础。除此之外，应建立良好的二者文化的沟通和理解机制，帮助两家企业的员工更好地接受新的企业文化。沃尔玛与1号店企业文化具有相似性：沃尔玛推出了"一站式"购物概念，顾客可以在最短的时间内以最快的速度购齐所有需要的商品；1号店的经营理念为"全力满足顾客需求，追求最完美的客户体验"，让用户都能享受足不出户"一站式"购物的乐趣。二者的融合可以"只为更好生活，天天低价"为契合点。

总之，沃尔玛与1号店的融合之路该怎样前行？如何不打破沃尔玛自身原有的市场体系，同时保证两方消费者的利益？这都将是关系到沃尔玛发展的重要战略选择。

【本章参考文献】

［1］Andrews K R. The Concept of Corporate Strategy ［M］. Homewood，Dow Jones Irwin，1971.

［2］Ansoff H.I. Corporate Strategy ［M］.New York：McGraw-Hill，1965.

［3］C. K. Prahalad and Venkatram Ramaswamy，Coopting Customer ompetence［J］. Harvard Business Review，2000：1-2.

［4］Christine Oliver，Sustainable Competitive Advantage：Combining Institutionaland Reource-Based Views［J］. Strategic Management Journal，1997，18（9）：697- 713.

［5］David J. Teece，Gary Pisano，Amy Shuen. Dynamic capabilities and Strategic Management ［J］. Strategic Management Journal，1997，133：187-195.

［6］Hamel G. Strategyas Revolution ［J］. Harvard Business Review，1996，74（4）：69-82.

［7］Michael E. Porter，What Is Strategy ［J］. Harvard Business Review，1996：11- 12.

［8］Michael E.Porter，Towards a Dynamic Theory of Strategy［J］. Stategic Management Journal，1991，12：95- 117.

［9］Mintzberg H.，Ahlstrand B.，Lampel J. Strategy Safari：A Guided Tour through the Wilds of Strategic Management ［M］. New York，Free Press，1998.

［10］P.Ghemawat，Del SolP. Commitment versus Flexibility？［J］. California Management Review，1998，40（4）：26-43.

［11］P.Ghemawat. Commitment：The Dynamic of Strategy ［M］. New York：Free Press，1991.

［12］Porter E.M. Towards a Dynamic Theory of Strategy ［J］. Strategic Management Journal，1991，12（S2）：95-117.

［13］Porter E.M. What Is Strategy？［J］. Harvard Business Review，1996，74（6）：61-77.

［14］Prahalad C. K.，Hamel G. The Core Competence of the Corporation ［M］. Strategische Unternehmungsplanung -Strategische Unternehmungsführung. Springer Berlin Heidelberg，2006：275-292.

［15］艾尔·里斯，杰克·特劳特. 定位［M］.北京：中国财政经济出版社，2002.

［16］韩炜. 战略承诺约束下的企业战略定位演化效应研究［J］.管理科学，2010，23（4）：27-37.

[17] 黄宪,曾冉.微金融理论研究的发展[J].经济评论,2013(5):147-153.

[18] 加里·哈默等.战略柔性[M].北京:机械工业出版社,2000.

[19] 李庆华.企业战略定位:一个理论分析构架[J].科研管理,2004(1):7-13.

[20] 唐飞,刘太萍,宋学锋.也谈企业的战略定位——兼与李庆华先生商榷[J].科研管理,2007,28(1):60-64.

[21] 夏清华.从资源到能力:竞争优势战略的一个理论综述[J].管理界,2002(4):109-114.

[22] 项保华,李庆华.基于企业—顾客认知互动过程的企业战略观[J].南开管理评论,2000(4):24-27.

[23] 周小虎,陈传明.企业演化视角下的战略定位理论与持续竞争优势[J].经济管理·新管理,2004(6):12-16.

第五章 战略核心

第一节 竞争优势与核心竞争力

一、竞争优势的内涵

"竞争优势"一词由英国经济学家张伯伦（E. Chamberlin）于1939年率先提出，经霍弗和申德尔（Hofer & Schendel）引入战略管理领域，从20世纪80年代中期开始得到以波特为代表的战略管理学者的广泛关注，现在已经成为战略管理研究的中心课题之一。企业竞争优势理论主要是回答"为什么有些企业能够相对于其他企业获得更好的业绩"这个问题（Mehra，1998），即解释造成企业之间业绩差异的原因。战略管理学在这方面已经取得了许多重大的成果和进展，对于企业竞争优势的来源有着不一样的理解或阐释，由此形成了不同的战略学说或理论。

最早对竞争优势进行专门研究的理论是以波特等为代表的行业结构学派。行业结构学派的战略思想起源于以Mason和Bain等为早期代表的产业组织经济学派，其基本范式是S-C-P（结构—行为—业绩）。该范式的本质是，一个企业在市场上的业绩表现主要取决于它所参与竞争的产业环境。波特（1985）认为，竞争优势是指使公司的组织因素超越其竞争对手，持续的竞争优势应该是一个组织竞争策略的中心目标和创造价值的手段。巴尼（1991）认为，如果一个公司实施一个价值创造战略而其他竞争对手或者潜在竞争对手不能同时实行该战略时，那么该公司就可以获得竞争优势。科利斯和蒙哥马利(1995)认为,竞争优势无论其来源,最终都可以认为是拥有宝贵的资源,从而使公司活动执行得更好或成本比其竞争对手低。纽伯特(2008)在波特关于竞争优势解读的基础上,进一步指出竞争优势是指在某一行业中一个公司相较于对手能够保持一个可持续的优势,并且在很长的一段时间里这种优势不会被侵蚀。山奈森(2008)在对核心竞争力、独特竞争力和竞争能力分析加以区分对比的基础上,指出竞争优势是一种难以被模仿,并且十分宝贵的能力或资源,能够帮助企业获得优于其竞争对手的业绩表现。[①]对于"竞争优势"的解释,不同的人从不同的研究角度,对其有着不一样的理解和定义。然而,尽管这些定义或概念在表述上有所区别,但是其基本内涵却是一致的,即企业竞争优势是指一个企业在有效的"可竞争性市场"上向消费者提供具有某种价值的产品或服务的过程中所表现出来的超越或胜过其他竞争对手,并且能够在一定时期之内创造超额利润或高于所在产业平均水平盈利率的属性或能力。[②]

竞争优势是一种特质,竞争力大或强的才有优势,那么这种优势就是独特的,否则它就不可能有更大或更强的竞争力。一般地说,只要竞争者在某些方面具有某种特质,它就具有某种竞争优势。因此,也可以说,竞争力是一种综合能力,而竞争优势只是某些方面的独特表现。之所以称为独特或特质就是指不同于别的竞争者的东西,如企业的创新能力比别的强,那么它的新产品开发就快就准;又如,某企业的品牌有独特的魅力,能更多地吸引顾客,那么它就更容易开拓市场或扩大销售等。所以,竞争优势是某种不同于别的竞争对手的独特品质,这种品质难以观察和测量,但在竞争中是能够比较明显地表现出来的。也可以说是会脱颖而出的。竞争优势是在竞争中培育出来的,也是在日常工作中积累起来的,不过需要用心和智慧,而不是随意或自然就可拥有的,简单地说就是修炼的结果。

学者对竞争优势的认识先后经历了产品、产业和商业生态系统三个层次,企业实施总成本领先战略或者差异化竞争战略是把企业的竞争优势建立在产品层次上。实施多元化或者产业链一体化集团战略是把竞争优势建立在产业层次上,而实施商业模式创新则是把竞争优势建立在生态系统层次上,旨在构建一个以自己为核心的商业生态系统。竞争战略和集团战略等常规战略只能帮助企业构建企业

[①] T. O'Shannassy, Sustainable Competitive Advantage or Temporary Competitive Advantage [J]. Journal of Strategic Management, 2008 (1): 168–180.

[②] 李亮. 以破坏性创新理论构建零售企业竞争优势的研究 [D]. 北京工商大学, 2010: 13.

或产业层次的竞争优势，而商业模式创新这种"核能"级别的战略则能帮助企业构建覆盖面更广的系统层次的竞争优势。由此可见，企业核心竞争力不是一个层次，而是包括由竞争优势、关键流程和重要资源三个层次组成的系统。

在传统的竞争环境下，这些优势一旦建立，可能维持几十年而不会发生变化。当企业从一个阶梯向另一个更高的阶梯移动时，所需的时间可能是几十年甚至更长。

然而，在超竞争（过度竞争）环境下，却不可能长期地维持这种平衡，成功的企业需要通过适当的战略和行为去获得暂时的优势，同时通过打破市场均衡来破坏竞争对手的优势。在超竞争环境下，一个企业能否成功取决于其能否快速地从一种优势转向另一种优势，如果行业中的某一个企业快速地移向更高的阶梯，其他企业必须随之而上。领先企业越来越快地向上一阶移动，而非领先企业也不满足于它们的现状，即使领先企业是宽容的并不想挤垮它们。在这种情况下，即使一个小企业有时也能驱动整个行业向上升级。这种超竞争性企业迫使其他公司或者背水一战，或者被竞争淘汰。可见，竞争优势的获取和保持需要企业不懈为之努力。

二、竞争优势的来源

有关竞争优势的来源，有外生论与内生论两种学说。

1. 竞争优势的外生论

竞争优势外生理论发轫于著名的 S-C-P 范式（梅森—贝恩范式），即市场结构（Structure）—市场行为（Conduct）—市场效率（Performance）。Michael Porter 接受了这一理论体系并提出了基于产业分析的竞争优势理论。该理论认为，企业竞争优势来源于在有吸引力的产业的有利竞争地位。"决定企业盈利能力首要的和根本的因素是产业吸引力"，产业吸引力由五种基本力量（现有竞争者、潜在进入者、供方、买方、替代品）决定，因此"理解产业结构永远是战略分析的起点"。在产业结构相对稳定的前提下，企业的竞争优势取决于企业在产业中的相对地位。企业要获取有利的竞争优势就要实施基于价值链（Value Chain）的战略，主要是成本领先战略、差别化战略和目标集聚战略。[①]

2. 竞争优势的内生论

竞争优势的内生性理论认为，企业的竞争优势主要是由企业内部条件决定

[①] 唐心智.企业竞争优势理论研究综述 [J].成都电子机械高等专科学校学报，2005（3）：66.

的，外部的市场结构与市场地位对企业的竞争优势产生一定的影响，但并不是决定性因素。这些理论在共同的"企业异质性假设"基础上，分别从企业的资源、能力和知识等不同侧面解释了企业竞争优势产生的内部原因。[①]

(1) 企业资源分析。企业的经济活动必须要有资源，资源也反映企业的实力。通过企业资源分析，可以明确企业的优势和劣势。资源是公司所控制或拥有的有效因素的总和，企业的资源包括有形资源、无形资源和人力资源。[②]

1) 有形资源 (Tangible Resources)，是指那些可见的、能够量化的资产，主要包括实物资源和金融资源两大类。而实物资源主要包括企业的土地、基础设施、厂房、机器设备、工具模具、库存原材料、产成品和在制品等内容；金融资源主要包括现金、银行存款、有价证券（股票和债券）、短期债权等流动资产等。[③]有形资源的战略特征主要包括稀缺性、可交易性以及不完全可模仿性。在评估企业有形资源战略价值时，需要注意该资源是否与外部环境和企业战略相匹配，以及是否已经被企业组织利用这两个方面。

2) 无形资源 (Intangible Resources)。无形资源是指那些深深根植于企业的历史之中，长期以来积累下的资产。企业的无形资源主要包括个人拥有的无形资源和组织拥有的无形资源两大类。个人拥有的无形资源主要包括企业家和员工拥有的观念、个人理想、知识经验、个人的关系和声誉资源等内容；而组织拥有的无形资源主要包括企业文化、组织知识、企业的关系和声誉资源等内容（详见表5-1）。[④]无形资源的战略特征主要包括生成过程中的背景依赖和路径依赖性、内部构成的社会复杂性、相互之间的交互关联性、与竞争优势之间关系的因果模糊性以及交易和流动困难性。就无形资源的战略价值而言，由于一项有形资源的价值是否能够被认识并发挥，在很大程度上取决于企业是否具备认识和发挥其价值的无形资源和能力。企业无形资源中包括了"人力资源"和"由人构成的组织"的内容，这使企业无形资源具有能动性的潜力，能通过驱动有形资源创造价值，这是无形资源价值的关键所在。同时，由于独特的无形资源是隐含在企业家和员工个人的意识和行为，或根植于组织惯例和实践中，并高度依附于个人或企业组织的，所以企业在聘用员工期间只要激励得当，员工所拥有的观念、知识、经验和技术是可以被企业良好利用的；而企业组织所拥有的观念、文化、知识、经

[①] 李亮. 以破坏性创新理论构建零售企业竞争优势的研究 [D]. 北京工商大学，2010：14.
[②] 邵一明. 战略管理 [M]. 北京：中国人民大学出版社，2009：78.
[③] 周智颖. 基于无形资源的企业竞争优势理论与实证研究 [D]. 重庆大学，2010：52.
[④] 周智颖. 基于无形资源的企业竞争优势理论与实证研究 [D]. 重庆大学，2010：54.

验、技术和独特能力，由于它们是随着企业成长在企业内部逐渐积累的，并根植于组织惯例和实践中的，所以拥有这些无形资源的企业一定会比其他的企业更好地利用这些自己专有的无形资源。①

3）人力资源（Manpower Resource），主要是指能够推动企业发展的全体员工的能力。人力资源是指经过开发而形成的具有一定体力、智力和技能的生产要素的资源形式，这里着重强调人的创造能力。在知识经济时代，掌握知识的员工将比资本和土地等自然资源更为重要。识别和评价一个企业的人力资源是非常复杂和困难的。个人的技能可以通过每个人的学历、经验和工作表现来加以评估，但这只是表明了每个人的可能潜能，并不等于将这些方面放在一起就能协同发挥作用，也不等于将每个人的能力加总就可以得到整个企业的人力资源。当企业面临外界环境的快速变化，或者企业谋求新的发展的时候，必须认识到员工过去和现在的工作表现固然重要，然而员工能否根据新的要求很快调整他们的技能则显得更为重要。②

表 5-1 企业的无形资源

企业的无形资源	内容
个人拥有的无形资产	企业家人力资源：企业家个人的观念、企业家个人的知识、企业家个人的关系、企业家个人的声誉
	员工人力资源：员工个人的观念、员工个人的知识、员工个人的关系、员工个人的声誉
组织拥有的无形资产	组织的知识资源、组织的文化资源、组织的声誉资源、组织的关系资源

（2）企业能力分析③。能力是指运用、转换与整合资源的能力，是资产、人员和组织投入产出过程的复杂结合，表现在整合一组资源以完成任务或者从事经营活动的有效性和效率。因此，这种利益观念重在资源间的整合，通过这种整合可以有效地发挥资源的作用。所以，能力往往包含各种无形资源与有形资源彼此之间的复杂互动。

但是资源不等于能力。虽然资源有重要价值，但仍然不是能力，比如说某一物流企业拥有很多仓库和配送中心，而另一家物流企业仅有几个仓库和配送中心，但是却有强大的物流信息系统作支持；在这种情况下就不能贸然断定拥有众

---

① 周智颖. 基于无形资源的企业竞争优势理论与实证研究 [D]. 重庆大学，2010：57.
② 刘珂，王海飞. 企业战略管理 [M]. 南京：南京大学出版社，2012：62-63.
③ http: //baike.haosou.com/doc/503387-533013.html.

多仓库和配送中心的物流公司的服务能力要强于另外一家。

能力理论管理学家克里斯蒂森指出:"就本身而言,资源几乎没有生产能力……能力是生产活动要求资源进行组合和协调而产生的。"现实中有不少物流企业存在这样一种状况,企业资金实力雄厚、人才充足、技术设施一流,但是经营业绩不佳,其原因不在于资源而在于企业缺乏运作资源的能力,缺乏将资源有效地整合在一起为企业利润做贡献的能力。但是需要注意的是,虽然资源本身不是能力,但是优势资源的拥有的确能够给企业带来较强的市场竞争优势。

三、核心竞争力

1. 核心竞争力理论演化

核心竞争力理论的形成经历了一个漫长的过程,它随着企业能力理论的演进而发展,它主要起源于经济学和战略管理学两方面。在现代经济学中,对企业能力的研究可以追溯到亚当·斯密的分工理论。1776年,亚当·斯密在《国富论》中提出企业内部分工的性质和程度是限制规模经济效益的主要因素,进而决定了企业规模成长的界限。用企业核心竞争力理论来看,劳动分工产生了新知识的发现和积累,实现了企业能力逐渐形成的过程。大卫·李嘉图(1817)在《政治经济学和赋税原理》中指出,组织特定的资产、技巧和能力对分工效率影响很大。在此基础上,1920年阿尔弗雷德·马歇尔创立了"企业内在成长论",指出企业内部各职能部门之间、企业之间、产业之间存在"差异分工",这种分工与其各自的知识和技能相关,这种知识和技能可以被看作企业的能力。"企业内在成长论"可以说是企业核心竞争力理论的雏形。企业核心竞争力理论在战略管理学方面起源于在1960年产生的战略管理理念,该理念强调了战略的重要性,可被称为第一代战略管理理论,由钱德勒等提出。

Selznick(1957)是第一个应用"能力"来分析战略环境的学者。他把"与众不同的能力"看作组织内部形成的固有行为和反应方式,并把二者综合起来思考企业能力问题。"核心竞争力"这个术语最早是由美国学者普拉哈拉德(C.K. Prahalad)和哈默(G.Hamel)于1990年在《哈佛商业评论》上发表的 *The Core Competence of The Corporation* 一文中提出的。他们认为,企业核心竞争力是"企业组织中长期形成的积累性常识,尤其是如何组织协调不同的生产技能和整合各种流派的技术学识",其中特别强调了"知识、协调和整合",并以知识的能力大小或占有程度为前提,以此获得竞争优势的核心能力。该文第一次正式阐述了企业核心竞争力及其在管理实践中的应用。他们认为,可以通过以下的几个特性来辨认识别核心竞争力,"首先,可以在不同的市场上应用核心竞争力;其次,核心竞争力可以为消费者创造更多的价值;最后,核心竞争力难以被轻易模仿"。

1995年,D.L.巴顿从外部能否获得或模仿企业所拥有知识的角度来定义企业核心能力,他认为核心能力这个知识体系可以给企业带来竞争优势从而使企业独具特色。它包括四个维度:技巧和知识基、管理系统、价值观系统与技术系统,并且这四者彼此间也有强烈的相互作用。巴顿还认为,由于核心能力是随着时间慢慢积累的,因而不易被其他企业所学习模仿,而这则构成了竞争优势。只有核心能力的持续积累才能使企业实现持续性的自主创新。核心能力是以知识为基础逐渐形成的,提高核心能力的重要途径是学习,由此核心能力的核心是学习能力。1997年,克里斯汀·奥利弗(Christine Oliver)在《可持续的竞争优势》一文中从企业资源角度出发,认为核心能力是企业获取并拥有稀缺的、独一无二的、专有的、持续的、不可被模仿的特殊资源的独特能力。由于我们面临的竞争市场是一个"不完全的"和"有缺陷的"要素市场,企业要想获得高额利润回报率和持续性市场竞争优势的关键点在于自身所拥有的资源和能力,而企业在决定积累资源上的决策是基于"缺陷市场"上自身所获得的有限的信息、认知、因果关系模糊等条件制约下所作出的最佳选择,不同企业在资源选择和配置上的差异性就决定了其获得不同利润回报的可能性,而这些差异性就构成了企业的核心竞争力。其他的有代表性的研究还包括美国知名咨询公司麦肯锡,他们认为:"企业内部一系列知识和技能的互补性结合,构成了企业的核心竞争力,它能使组织的一项或多项产品及服务达到世界一流水平。"该内涵与普拉哈拉德和哈默强调核心能力的知识和技能观相似,但进一步拓展了它的内涵,将核心竞争力与产品和服务达到世界一流水平联系起来,使其成为核心能力的一个终极性价值取向,但这种观点只能为少数超大型企业服务,对中小企业并无指导作用,是发达国家市场经济的产物。1997年,Teece等把动态能力定义为企业创建新的竞争优势,对环境变化做出反应的能力;并提出在企业能力的决定因素中,最重要的是组织的惯例,包括企业的例规、习俗、制度和隐性知识,并指出动态能力有三个构面:流程(Process)、定位(Position)、路径(Path);2007年,Teece又提出三种新的动态能力构成:感知、攫取和转化。

关于核心竞争力,比较著名的代表人物及其观点阐述归纳如表5-2所示(按时间顺序)。[①]

[①] 陈继祥,黄丹,范徵.战略管理(第二版)[M].上海:格致出版社,2008:304.

表 5-2 国外学者关于企业核心竞争力的主要理论观点

代表人物	典型定义	能力维度	能力特征	关注焦点
Prahalad 和 Hamel (1990)	组织中积累性的学识，特别是协调不同的生产技能和有机结合各种知识流派的学问	技术 技能	用户价值 独特性 延展性	知识整合
Leonard-Barton (1992, 1994)	使公司区别于其他公司并对公司提供竞争优势的一种行动能力，是一个组织能在长期中形成专有能力从而为顾客提供价值的关键所在	知识与技能 管理体制 实务系统（技术系统） 价值观与规范	制度化了的关联 专有性 提供价值 持久性	知识载体
Mayer 和 Utter-Back (1993)；Lehnerd (1997)	智能的集合体，产品的基础，通过产品平台、产品族与企业绩效正相关	产品技术技能 对用户需求的理解能力 分销渠道能力 制造能力	与产品的关联	产品平台
Prahalad (1993)	多种知识和有关顾客的知识及直觉创造性的和谐整体	技术 管理过程 群体学习	差异性的来源 超越单一业务 模仿困难	战略杠杆
Hamel (1994)	技能的融合	市场进入能力 诚实关系能力 功能关系能力	用户价值 独特性 延展性	知识整合
Henderson 和 Cockburn (1994)	元件能力（资源、知识技能、技术系统）及构架能力（合成能力、管理系统、价值标准、无形资产）的结合	元件能力 构建能力	独一无二	能力构成
Hamel 和 Pra-Halad (1994)；Coyne (1997)	企业由于以往的投资和学习行为所积累的技能与知识的结合，它是具有企业特长性的专长，是使一项或多项关键业务达到世界一流水平的能力	洞察力预见力 前线执行能力	用户价值 独特性 延展性	企业特长性的专长

144

续表

代表人物	典型定义	能力维度	能力特征	关注焦点
Faulkner 和 Bowman (1995)	公司专有的、优异的、扎根于组织之中和适应市场机会的，更有可能实现可持续竞争优势并获得超平均水平利润的一种复合性、整合性的能力	运行能力（技术） 制度能力（价值保障、提升与创新）	专有的 优异的 扎根于组织之中 适应市场机会的 可持续的竞争优势	能力整合
Gallon (1995)	一组组织竞争能力因素的协同体。反映在职能部门的基础能力、SBU 的关键能力和公司层次的和谐能力	"市场—界面"能力 基础结构能力 技术能力	持续的价值性 广泛的价值性 区别于其他企业	核心技术能力
Foss (1996)	核心能力既是组织资本又是社会资本，它们使企业知识的协调和知识的有机结合成为可能	组织资本 社会资本	有价值的 异质性 不能仿制的 难替代的	知识资本
Coombs (1993, 1996)	企业能力的一个特定组合，是企业、市场与技术相互作用的特定经验的积累	技术专长 组织能力	技术性 组织性	组织能力
Patel 和 Pa-vitt (1997)	高专利份额与高现实技术优势	专利份额（PS） 现实技术优势（PTA）	创新型	技术能力
Klein (1998)	是一组技能集合，可以用一个技能网络来表示核心能力	各种技能及其关系所形成的网络	能力相关	技能网络
郭斌 (1998)	在市场竞争条件下，以企业技术过程为核心，通过企业战略管理过程、组织界面管理过程、市场营销过程、制造过程的支撑和交互作用所表现出的获取持续竞争优势的能力	战略管理能力 核心制造能力 核心技术能力 核心营销能力 组织界面管理能力	企业独特性 途径依赖性 积累性	基于核心能力的组合创新

续表

代表人物	典型定义	能力维度	能力特征	关注焦点
夏伯尧（1999）	核心能力是营造大公司的关键基因	洞察、预见、抓住机遇的能力 战略企划能力 核心技术和核心产品 技术创新引导市场的能力 融资和资本运筹 娴熟和独特的运作技巧 市场网络和操作能力 政治和社会资源 品牌和企业形象	持大性	民营企业的成长壮大
康荣平、柯银斌（1999，2000）	在本行业全球市场中具有的长期获利能力	基本能力（本地市场） 亚核心能力（全国市场） 核心能力（全球市场）	用户价值 独特性 延展性	中国企业能力
管益忻（2000）	企业特有的经营化的知识体系，是一种把各种可以从市场上买来的资源组合起来并引导其未来为特定的生产目标服务"的整合能力	企业全部的知识体系	更大消费者剩余 核心价值观 系统整合	知识体系
王毅（2000）	企业复杂的动态知识系统	战略整合能力 组织整合能力 技术整合能力	创造价值 可扩展性 难以模仿	整合能力

不同的研究者分别从整合观、知识载体观、组织和系统观、资源观等不同角度对核心能力概念和理论进行了深入的探讨研究。然而自20世纪90年代以来，学者基本上趋向于两种共同的认识，"一种是从核心能力的组成要素来诠释核心能力；另一种则侧重于从核心能力的知识特性角度来定义它"。

在现代企业中，核心竞争力使公司在竞争中处于优势地位，是其他对手很难达到或者无法具备的一种能力。核心竞争力能够为企业带来顾客所看重的价值，并且这种能力很难被竞争对手模仿和替代，因而在竞争中能为企业带来持久的竞争优势。企业的核心竞争力有多个来源，主要包括企业人力资本、核心技术、独有知识、管理能力、创新能力、企业文化、品牌声誉等。

狭义地看，核心竞争力是关于怎样协调多种生产技能和整合不同技术的知识和技能。从产品与服务的关系的角度，核心竞争力是指隐含在企业核心产品或服务中的知识或技能，或知识和技能的集合体。广义地看，核心竞争力是动态创新能力与商业模式有机结合的产物。[①]

2. 核心竞争力的构成要素[②]

有关核心竞争力的构成，主要有以下几个主流观念：①由文化与价值观构成，核心竞争力是整合企业组织的能量，通过核心专长表现出来的，而其赢得竞争的能力是企业文化与价值观。②由资源构成，企业核心竞争力是无形资产，它在本质上是企业通过对各种技术、技能和知识进行整合而获得的能力。③由体制与制度构成，企业体制与制度是最基础的核心竞争力。④由资产与机制融合构成，企业核心竞争力是由核心产品、核心技术和核心竞争力等核心资产构成的，是核心资产的综合运用和反映，是企业多方面技能、互补性资产和运行机制的有机融合。

从能力的角度看，核心竞争力的构成要素包括：①研究开发能力，即企业所具有的为增加知识总量以及用这些知识去创造新的知识而进行的系统性创造活动能力。研究开发包含基础研究、应用研究和技术开发三个层次。②不断创新能力，即企业根据市场环境变化，在原来的基础上重新整合人才和资本，进行新产品研发并有效组织生产，不断开创和适应市场，实现企业既定目标的能力。所谓创新，包括技术创新、产品创新和管理创新三个方面。③组织协调各生产要素有效生产的能力。这种能力不仅仅局限于技术层面，它涉及企业的组织结构、战略

---

① 刘珂，王海飞. 企业战略管理 [M]. 南京：南京大学出版社，2012：69.
② 王图锹. 企业核心竞争力初探 [J]. 企业研究，2015（1）：276.

目标、运行机制、文化等多方面，突出表现在坚强的团队精神和强大的凝聚力、组织的大局势和整体协调以及资源的有效配置上。④应变能力。客观环境时刻都在变化，企业决策者必须具有对客观环境变化敏锐的感应能力，必须使经营战略随着客观环境的变化而变化，即因时、因地、因对手、因对象而变化。

综合核心竞争力的各个理论派系，不难发现，其共同认可的核心竞争力关键点是：文化力、技术力、管理力、营销力等。对于零担物流行业来说，除此之外还应包括网络能力、产品能力、服务能力、成本能力、效率力等方面。这些能力都是通过长期的发展逐渐培育和积累而成的。综合而言，核心竞争力的体系大致可分为三个层次多个方面，如图5-1所示。

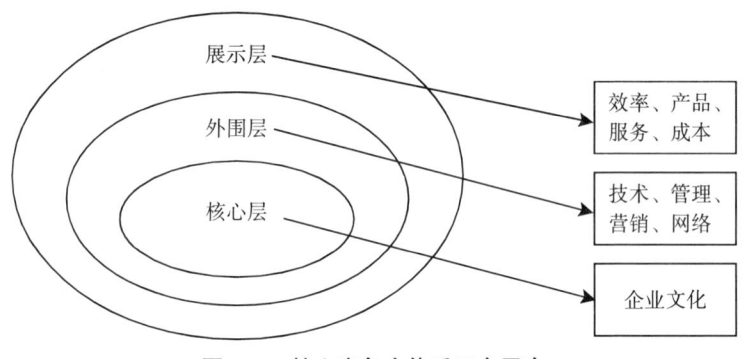

图 5-1 核心竞争力体系三个层次

以德邦物流公司为例，其核心竞争力构成了三个层次的体系。

（1）效率。速度是物流市场竞争的关键因素，德邦物流在业内首创的卡车赶超飞机的"精准准卡航"业务，已形成德邦的优势业务甚至是物流行业的标杆。德邦物流的规范化流程和高效管理在物流行业已形成良好的口碑，"精准城运"是经济发达区域的城市之间的快速运输方式，德邦物流承诺实现当日发货、次日到达的服务。德邦在时效管理上细节化、系统化的运作流程、卡车的装卸车时间和排期、上门提货的时间、运输的时间、派送的时间都有严格的时效管理规定，保证时间上的精准和安全。

（2）成本。参与市场竞争时提供顾客最直观的低廉的价格，而定价是与成本紧密挂钩的，没有利润的生意是没人做的，所以成本控制能力就成为其核心能力的一部分。这里说的成本指的是整体的运输和运营成本。德邦的运营的低成本主要来自高效的管理，如优化管理组织机构、降低管成本，提高信息化程度，通过合理的规划提升效率、降低成本等。

(3)产品与服务。德邦的"拳头"产品"精准卡航"基于自有网络和运输能力,发展多条产品线,与核心产品相互配合、相辅相成。拥有精准城运、整车运输、商务专递、标准快递、"3.60"特惠件等多种产品。通过合作达成电商尊享服务,不断满足客户的个性化需求,完善自身产品服务体系。

(4)营销。德邦作为国内民营零担快运的"领头羊",品牌知名度较高,品牌形象认可度也在不断提升,尤其是安全可靠、精准快速上的优势进一步加强了德邦品牌优势。联合淘宝进行"双十一"等活动的整合营销等。

(5)技术与管理。在企业发展初期,德邦顺应时代发展,聚焦公路零担领域,有明确业务方向和定位。在发展过程中,坚持标准化、单一化的产品发展思路,为快速扩张奠定基础;产品策略以时效为核心,大力发展精准卡航,实现产品领先;在组织模式上,经营和运作分开,实现专业能力快速提升,总部集权能够推动标准快速执行;管理聚焦产品品质,以解决问题为出发点,辅以量化管理,为持续改善奠定基础;在激励机制上,充分利用快速发展契机,以快速晋升为核心,吸引高素质人才,调动全员积极性。在扩张之时,积极探索发展方式,牵手国际咨询公司,全方位制定战略蓝图,规划适合德邦发展的战略路径,实现科学化、系统化的管理,加速产业布局和核心竞争力提升。同时,德邦认为人才是其核心竞争力之一,坚持人才自培。德邦在人力资源的实践概括起来有三点独到之处:一是从全国招聘优秀大学毕业生,立足自主培养;二是建立了以"快速提升"为核心的整体报酬体系和充满人文关怀的激励制度,增强员工归属感;三是任人唯贤、用能力说话,内部人际关系极其简单、风清气正。

(6)网络。德邦始终紧随客户需求而持续创新,坚持自营门店与事业合伙人相结合的网络拓展模式,提供标准化的优质服务。营业网点自建也使德邦物流提高了市场敏锐度,可以准确把握客户的需求,以更加精确地指导公司对物流运营中心的选址。同时,坚持车辆自采、自己招聘司机、组建车队。看似使用了又慢又笨的方法,但公司稳扎稳打,打造了一支庞大而高效的运输队伍,形成了一套完整的选车、买车、用车、培训司机的标准体系。截至 2016 年 12 月,德邦自有车辆 10200 多台,公司已开设 10000 多家标准化的门店,服务网络覆盖全国 34 个省级行政区,全国转运中心总面积超过 120 万平方米。这样的一套网络覆盖全面、自主经营的物流体系,无论是在配货的灵活性还是运送的时效性方面,都掌握了明显的主动权。

3. 核心竞争力的基本特征

Paul J. H. Schoemaker(1992)认为,确定核心能力是通过积累性学识和信息分享逐渐演化而来,进行双倍投资也难以大幅度加速其发展或提升;不宜于模仿和转移到或出售给其他组织,可带来竞争优势,并且消费者能够认识得到;可以弥补其他的组织能力,产生"1+1=5"的效果。具体来说,核心竞争力是企业的特殊能力,具有显著特征,详见表5-3。

表5-3 核心竞争力的基本特征

比较特征	主要理论特征
高价值性	随着市场需求变化的适应性生产经营能力,能提供顾客真正需求的产品,顾客能感受到产品带来的独特的价值和利益,最终使企业获得超过同行业平均利润水平的超值利润,富有战略价值能为企业创造更高价值,降低成本
稀缺性	在长期的经营管理实践中逐渐培育和沉淀的优势能力,是行业内独一无二且组织擅长的稀缺性资源或能力
难以模仿性	长期性、知识性和学习性支撑的经验型或积累型能力,竞争者难以模仿性
延展性	互补、协调和配置的能力,能支持多业务发展,从一项业务到他业务的转移能力。对企业的一系列能力或竞争力都有促进作用。核心竞争力为企业打开多种产品市场提供支持,犹如一个"能量源",通过其发散作用将能量不断扩展到终端产品上,从而为消费者源源不断地提供创新产品
整合性	企业核心竞争力的形成是一个复杂的系统工程。它是企业技术知识研究开发、生产制造、设计水平、组织结构、管理理念、营销服务、文化形象战略管理与创新能力等技术经济实力协调耦合形成的一个有机整体。它是一个综合的概念,从整体上反映了企业的综合实力,有明显的整合性
动态性	企业的核心竞争力与一定时期的产业状态、市场需求、管理模式、企业资源高度相关。随着时间的推移经历产生、成长、成熟、衰亡等阶段。在核心能力形成之后,面临着培育和提升的问题,否则将会沦为一般竞争力,甚至完全丧失竞争优势

4. 核心竞争力的识别

核心竞争力可以是技术,如索尼公司的微型化技术,摩托罗拉公司的无线通信技术,英特尔公司的芯片制造技术,佳能公司的光学镜片成像技术和微处理技术;也可以是管理和业务流程,如全球规模最大、利润最高的零售商沃尔玛公司的"过站式"物流管理模式,联邦快递公司能保证及时运送的后勤管理,宝洁公司、百事可乐优秀的品牌管理与促销,丰田公司的精益生产能力等;还可以是技术、经营、管理等能力的结合,如海尔的技术开发能力、质量保证能力和营销能力所构成的核心能力。核心竞争力的储备状况决定了企业的经营范围,特别是企业多元化经营的广度和深度。

有两种工具可以帮助公司识别核心竞争力。第一种工具是可持续竞争优势的四个标准,如表5-4所示;第二种工具是价值链分析,如图5-2所示(希特等，2012）。

（1）可持续竞争优势的四个标准。那些有价值的、稀缺的、难以模仿的、不可替代的能力就是核心竞争力。不能满足这四个标准的能力就不能称为核心竞争力。当竞争对手无法复制公司战略带来的收益，或者缺乏足够的资源进行模仿时，公司才能获得可持续的竞争优势。在某一段时间内，公司可以利用有价值的、稀缺的但是易模仿的能力来获得核心竞争力。公司利用核心竞争力创造的价值能维持多长时间，取决于竞争对手成功地模仿产品、服务或生产流程的速度。只有四项标准都满足，创造价值的核心竞争力才能持续比较长的时间。

表 5-4 可持续竞争优势的四个标准

有价值的	帮助公司抵御威胁或利用机会
稀缺的	不被他人拥有
难以模仿的	历史性：独特而有价值的组织文化或品牌名称
	模糊性：竞争力的起因和应用是模糊的
	社会复杂性：管理者、供应商以及顾客间的人际关系、信任和友谊
不可替代的	不具有战略对等性

（2）价值链分析。价值链分析可以让公司了解运营过程中，哪些环节可以创造价值，哪些环节不能创造价值，如图 5-2 所示。公司的价值链可以分解为价值链活动和辅助功能。价值链活动是指在产品的生产、销售、分销和售后服务过程中能为顾客创造价值的一系列活动和任务。辅助功能是指为了支持产品的生产、销售、分销和售后的服务工作而进行的活动或任务。公司可以在任何一个价值链

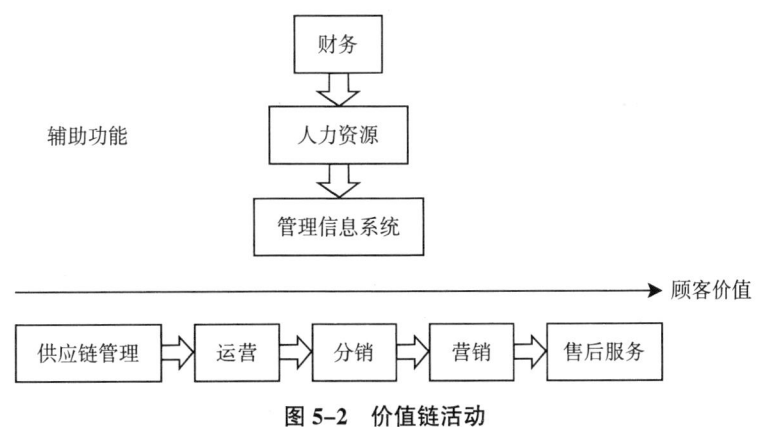

图 5-2 价值链活动

活动或辅助功能中发展自己的能力或核心竞争力。一种能力要成为核心竞争力和竞争优势的来源，必须满足两点：第一，让公司在执行一个活动时能创造出比竞争对手更高的价值；第二，让公司能够执行竞争对手无法执行的价值创造活动。只有满足这两个条件，公司才能不断为顾客创造价值，并有机会收获这一价值。

5. 核心竞争力分析模型

1990年，美国著名管理学者加里·哈默尔和普拉哈拉德的核心竞争力（Core Competence）模型，这是一个著名的企业战略模型，其战略流程的出发点是企业的核心力量。该理论认为，随着世界的发展变化，竞争加剧，产品生命周期的缩短以及全球经济一体化的加强，企业的成功不再归功于短暂的或偶然的产品开发或灵机一动的市场战略，而是企业核心竞争力的外在表现。企业核心竞争力是建立在企业核心资源基础上的企业技术、产品、管理、文化等的综合优势在市场上的反映，是企业在经营过程中形成的不易被竞争对手仿效，并能带来超额利润的独特能力。在激烈的竞争中，企业只有具有核心竞争力，才能获得持久的竞争优势，保持长盛不衰。核心竞争力的识别标准为：价值性、稀缺性、不可替代性、难以模仿性。

企业核心竞争力的钻石模型包括两方面的含义：一是指企业核心竞争力水平不仅取决于企业文化、人力资源、创新能力、组织管理能力、市场营销能力、战略管理能力、生产和服务能力等这些实质性因素水平的程度高低，更取决于这些因素之间的相互联系、相互影响的细密程度，每一个因素都分别和其他六个因素有着密切的联系，如图5-3所示。二是企业文化是企业核心竞争力构成因素中的

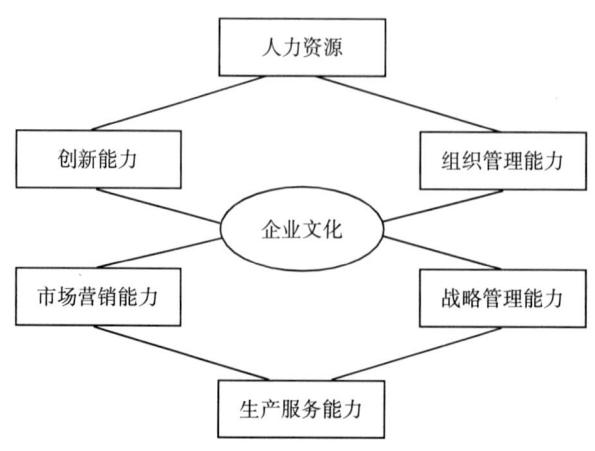

图5-3 企业核心竞争力钻石模型

核心因素，其他六项因素是企业核心竞争力构成因素中的外围因素。企业文化与六大外围因素之间都有双实线通道相连。所谓企业文化提升企业核心竞争力的钻石模型就是由这六大路径支撑起来的，相互间有密切联系的六大因素通过有机结合最后形成一个交叉立体空间结构模型，这种立体结构使企业作为一个整体会有很大的"势能"，企业核心竞争力就是在这六大基本路径的培植与和谐运行中提升的。

四、动态竞争

动态竞争理论研究企业间竞争行为之间的内在规律及其缘由。由于资源基础主要是对企业已有资源的关注，难以反映其动态变化，西方管理学者从20世纪90年代初开始，就在总结20世纪七八十年代竞争理论的基础上提出并发展了动态竞争理论。

动态能力理论秉承了熊彼特"创造性毁灭"的思想和演化经济学的组织惯例观点。为了获得持久的竞争优势，企业需要的是能够进行"创造性毁灭"的动态能力。动态能力适应企业经营环境的变化，从而使能力的更新和培育成为一个不断的连续动态过程，这对于企业获得持续竞争优势是至关重要的。Tecce首先提出了动态能力理论，成为一个新的战略管理流派。1997年，Teece等把动态能力定义为企业创建新的竞争优势，对环境变化做出反应的能力；并提出在企业能力的决定因素中，最重要的是组织的惯例，包括企业的例规、习俗、制度和隐性知识，并指出动态能力有三个构面：流程（Process）、定位（Position）、路径（Path）；2007年，Teece又提出三种新的动态能力构成：感知、攫取和转化。总的来看，国内外学者关于动态能力维度的划分，可以总结如表5-5所示。

表 5-5 国内外学者关于动态能力的维度划分

学者	Teece 和 Pisano	Teece 和 Pisano	侯嘉政	唐健雄	邓少军、焦豪等	唐孝文、刘敦虎等
提出时间	1994	1997	2008	2008	2011	2015
维度划分	适应能力 整合能力 重构能力	整合能力 构建能力 重构能力	市场导向感应能力 组织学习吸收能力 社会网络关系能力 沟通协调整合能力	环境识别能力 资源整合能力 管理控制能力 持续创新能力	环境洞察能力 学习吸收能力 变革更新能力 整合重构能力	环境洞察能力 规划设计能力 组织学习能力 变革领导能力

企业的战略在本质上是动态性的而非静态性的，一个企业采取的行动引起其他竞争者的反应，这些行动反过来又会导致最初采取行动的企业的反应。同时，

企业战略的成功与否不仅由企业初始竞争性行动所决定，还由企业对竞争对手的竞争性反应进行预测的准确程度及其对竞争者的初始行为（也称为攻击）的反应所决定。

竞争性对抗是指竞争者为了获取有利的市场地位，各自所采取的竞争性行动以及随之所发生的竞争性反应。企业层面上关于竞争性对抗模型的描述如图 5-4 所示。

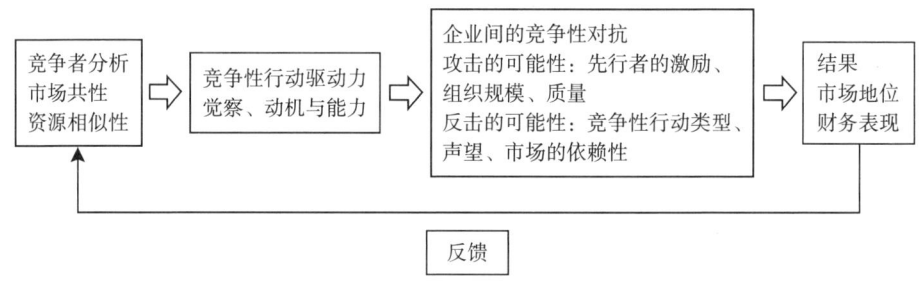

图 5-4　竞争性对抗模型

第二节
商业模式

一、商业模式的形成

商业模式源于创业者的创意，商业创意来自机会的丰富和逻辑化，并有可能最终演变为商业模式。其形成的逻辑是：机会是经由创造性资源组合传递更明确的市场需求的可能性（Schumpeter, 1934；Kirzner, 1973），是未明确的市场需求或者未被利用的资源或者能力。商业模式是一种包含了一系列要素及其关系的概念性工具，用以阐明某个特定实体的商业逻辑。它描述了公司所能为客户提供的价值以及公司的内部结构、合作伙伴网络和关系资本（Relationship Capital）等用以实现（创造、推销和交付）这一价值并产生可持续盈利收入的要素。简言之，商业模式就是公司通过什么途径或方式来赚钱。

随着市场需求日益清晰以及资源日益得到准确界定，机会将超脱其基本形式，逐渐演变为创意（商业概念），包括如何满足市场需求或者如何配置资源等核心计划。随着商业概念自身的提升，它变得更加复杂，包括产品/服务概念、市场概念、供应链/营销/运作概念（Cardozo，1996），这个准确并差异化的创意（商业概念）进而逐渐成熟并最终演变为完善的商业模式，从而形成一个将市场需求与资源结合起来的系统。

20世纪90年代，互联网技术发展和商业应用引发了人们对商业模式的研究和应用。著名管理学家德鲁克教授曾指出，当今企业之间的竞争，不是产品之间的竞争，而是商业模式之间的竞争。

玛格利塔是中国比萨行业的代表性企业之一，自2012年成立至今，其门店数量在全国范围内已经超过了600家，从一个名不见经传的小企业迅速发展成为"中国现烤比萨第一品牌"。玛格利塔以"众筹"和"员工合伙制"为代表的发展方式，成为其取胜的关键手段。玛格利塔商业模式的形成，大致可以分为以下五个阶段：第一阶段是商业模式萌芽阶段。考察中国比萨市场，确定未来发展方向。越春云于1999年创办了面包工厂烤面包；2010年，随着面包、蛋糕类产品的兴起，凭着与生俱来的商业嗅觉，他在福州马尾建立了省内第一家冷冻面团工厂；他为85℃面包店供应了两年的冷冻面团，他又经过对市场的考察，又将目光锁定了比萨的巨大市场，为未来的发展指明了前进的方向。第二阶段是商业模式初步形成阶段。以独特视角对必胜客进行分析，确定玛格利塔商业模式的基本雏形。玛格利塔进入比萨市场的时间刚刚好，在经过必胜客等比萨品牌的市场教育后，比萨拥有了广阔的市场。而玛格利塔以低于必胜客30%的亲民价格，融入普通百姓的生活。其后，赵青云又提出了"切片比萨"的新思路——全国第一家提出，以低于必胜客30%的定价进入市场，赵青云于2012年7月在福州首山路开了玛格利塔的第一家店。在了解市场情况后，以切片式、低价格这种新思路进入市场，这打破了以往必胜客整片出售，且价格高的格局，玛格利塔专注于对比萨的研究，很好地抓住了消费者的胃，迅速拥有了自己的客户群。第三阶段是商业模式形成阶段。建立标准化生产车间和中央厨房，可以生产出原汁原味的意式比萨风味原料，为玛格利塔商业模式的形成奠定了物质基础。建立标准化生产车间，推行全面质量管理；建立中央厨房，保证食材供应与质量安全；设定精确烹饪技术，培训店长烹饪技艺。第四阶段是商业模式成熟与发展阶段。食材按照精细化标准进行挑选，比萨制作的每一个环节都经得起"烤验"，在经营管理中凸显玛格利塔独特的商业模式，以科学高效的管理、开放包容的理念、人才储备培养等方式促进企业商业模式不断发展。第五阶段是商业模式创新阶段。门店众筹与直营模式的出现是玛格利塔商业模式的最新阶段，赵青云突破了教科书上定义的传统的连锁经营三种模式，开创了直营管理与合作经营结合的方式，实现了门店众筹。这种扩张模式将合作伙伴、员工、房东，甚至竞争对手都纳入自己的团队，彼此称为"同路人"。门店众筹模式不仅惠及"同路人"，也为企业家解决了一道资金难题。

二、商业模式的内涵

商业模式最早出现在20世纪50年代，但直到90年代才开始广泛传播和使用？商业模式是一个综合的、复杂的系统，是一个非常宽泛的概念，与商业模式有关的说法很多，包括运营模式、盈利模式、B2B模式等。目前，关于商业模式的界定还没有形成统一认识，国内外学者从不同角度对其进行了相应诠释。

在国外，Timmers（1998）认为，商业模式是指企业价值创造的基本逻辑，即企业在一定的价值链和价值网络中如何向客户提供产品和服务并获取利润。通俗地说，就是企业是如何赚钱的。Weill和Vitale（2001）提出，商业模式描述了公司的消费者、客户和供应商的角色与相互关系。Magretta（2002）认为，商业模式是对厂商运行方式的解释。哈佛商学院的教学参考资料中将商业模式定义为"企业赢利所需采用的核心业务决策与平衡"（Hamermesh, Marshall and Pirmohamed, 2002）。例如，Google采用让普通用户免费使用其搜索引擎，而通过定向广告从企业客户那里获得收益的商业模式。Magretta（2002）认为，商业模式是一个描绘了企业的各个部分如何组合起来并相互匹配的系统，是一项为了帮助顾客创造价值实现而进行的活动。Magretta（2002）认为，商业模式是企业的一项很重要的模式，这种模式能够通过生产、销售和运营给企业带来利润。除此之外，商业模式能够为企业带来大量的客户资源，为企业建立经济市场中的关系网，从而促进企业的快速发展。阿兰·阿福亚赫（2004）对商业模式进行了更为深入的分析和探讨，他认为商业模式对企业的作用远远不只是为企业创造利润，商业模式能够使企业在经济市场上具有一种优势，企业凭借商业模式能够获取丰富的客户和市场资源，从而赚取丰厚的利润，进而实现企业的价值。[①] Shaferet等（2005）认为，商业模式是一个企业在价值网中创造和捕获价值的核心逻辑和战略选择的表现。Zottetal（2011）指出，商业模式是解释企业如何"做生意"的活动系统结构。Amit和Zott（2012）认为，商业模式通过交易内容、交易结构和交易治理来开发商机，实现价值创造。交易内容是指运营系统包括哪些环节，交易

---

① 温诗园.商业模式驱动下企业价值创造研究——以轻资产价值创造为例[D].成都：西南财经大学硕士学位论文，2013.

结构描述活动之间的联系以及活动对于业务的重要性，而交易治理是指对不同参与主体之间关系的治理。Fielt（2013）认为，商业模式是一个组织如何创造和捕获顾客价值的价值逻辑，它由相互关联的客户、价值主张、组织架构和经济要素来表现。Osterwalder（2004）提出，"商业模式是一种包含了一系列要素及其关系的概念性工具，用以阐明某个特定实体的商业逻辑，它描述了公司所能为客户提供的价值以及公司的内部结构、合作伙伴网络和关系资本等用以实现（创造、营销和交付）这一价值并产生可持续、可盈利性收入的要素"。

在国内，清华大学雷家骕教授将商业模式的定义概括为一个企业如何利用自身资源，在一个特定的包含了物流、信息流和资金流的商业流程中，将最终的商品和服务提供给客户，并收回投资、获取利润的解决方案。原磊（2007）[1]指出，商业模式从根本上讲是企业价值创造的根本逻辑。具体而言，商业模式是一种概念性工具，描述了企业如何通过对战略方向、经济逻辑及运营结构等具有相互关联性质的变量进行价值定位和资源整合，说明了企业如何对价值主张、价值网络、价值维护和价值实现四个方面进行商业模式体系设计，在创造顾客价值的基础上，为股东创造价值，为合作伙伴等其他利益相关者创造价值，最终实现企业价值创造。罗珉等（2005）[2]立足于商业模式对企业的作用，对商业模式进行了深入研究，他认为商业模式是企业一种新颖的战略模式，能够优化企业的组织和管理方式，企业通过这种模式能够激发员工的工作热情、获取丰富的客户资源、增加企业的市场份额，最终获取丰厚的利润。魏炜等（2009）认为，商业模式是指利益相关者的交易结构，包括内部利益相关者和外部利益相关者。每个公司都有它特定的利益相关者，可以构成不同的交易结构。利益相关者可能是顾客、供应商、合作伙伴、经销商等，他们通过各种交易结构联系在一起，从而形成了一个稳定的商业模式。

综上所述，商业模式是一个企业满足消费者需求的系统，这个系统组织管理企业的各种资源（资金、原材料、人力资源、作业方式、销售方式、信息、品牌和知识产权、企业所处的环境、创新力，又称输入变量），形成能够提供消费者无法自给而必须购买的产品和服务（输出变量），因而具有自己能复制但不被别人复制的特性。[3]

---

[1] 原磊. 商业模式体系重构[J]. 中国工业经济，2007（6）：70-79.
[2] 罗珉，曾涛，周思伟. 企业商业模式创新：基于租金理论的解释[J]. 中国工业经济，2005(7)：73-81.
[3] http://baike.haosou.com/doc/5383475-5619870.html.

三、商业模式的构成要素及类别

商业模式构成要素众说纷纭，Osterwalder 提出的九要素模型较为全面，接受度和认可度较高，如表 5-6 所示。

表 5-6 商业模式构成要素详解

四大支柱	构成要素	含义
产品或服务	价值主张	公司通过其产品和服务所能向消费者提供的价值。价值主张体现了公司相对于消费者的实际应用价值
消费者界面	目标消费群	公司所瞄准的消费者群体。这些群体具有某些共性，从而使公司能够（针对这些共性）创造相应的价值
	分销渠道	公司用来接触消费者的各种途径。分销渠道涉及公司如何拓展市场和实施营销策略等诸多问题
	客户关系	公司同其消费者群体之间所建立的联系。客户关系管理与此相关
资产管理	资源配置	为消费者创造价值时如何安排行动和资源
	核心能力	公司执行其商业模式所需的能力
	合作伙伴网络	公司同其他公司之间为有效地提供价值并实现其商业目标而形成的合作关系网络。这也描述了公司商业联盟的范围
财务方面	成本结构	公司所使用工具和方法的货币描述
	盈利模式	公司通过各种收入流来创造财富的途径

另外，裂变模式（Business Name Consumer）也是商业模式的构成要素之一，它规定了公司商业模式转变的方式、转变的方向。

例如，薄荷公司构建了一个 Web 端移动端交互、线上线下互补、软硬件相结合的减肥社交平台，重塑了"软件+硬件+服务+产品"的新型商业模式。首先，薄荷公司的愿景是"让人们拥有健康、美丽和快乐"；公司价值观是"做有意义的事，做负责任的人；改变自己，改变世界；快乐工作，健康生活"。公司很好地通过其产品和服务理念向消费者传达了企业的价值主张，确认了公司对消费者的实用意义。薄荷公司的目标群体十分鲜明，即都市白领女性。通过对这些目标群体共性和需求的研究，公司能够（针对这些共性）创造价值、精准定位。从之前单纯的线上咨询服务到如今的"超模 25"自主品牌减肥代餐食品，薄荷公司通过多种渠道开拓了市场。此外，公司还经常举办线上及线下活动，同城会等与消费者群体建立了良好的客户关系。薄荷公司高层领导者独特的商业眼光、高水平的研发团队和多层次的人才队伍使公司很快具备了执行其商业模式所需的能力和资格。此外，公司经过创业初期的探索已经形成了较为成熟的盈利模式，并且在不断变化的外部环境下及时进行了调整和优化，形成了自己独特的裂变模式。薄荷公司"软件+硬件+服务+产品"的新型商业模式已经取得了初步的成功。

商业模式分为运营性与策略性两大类。运营性商业模式重点解决企业与环境、产业价值链环节的互动关系。运营性商业模式创造企业的核心竞争力，主要包含以下两个方面的内容：一是产业价值链定位，即企业处于什么样的产业链条中，在这个链条中处于何种地位，企业结合自身的资源条件和发展战略应如何定位；二是盈利模式设计（收入来源、收入分配），即企业从哪里获得收入，获得收入的形式有哪几种，这些收入以何种形式和比例在产业链中分配，企业是否对这种分配有话语权。策略性商业模式是对运营性商业模式的进一步扩展和利用，涉及企业生产经营的方方面面，具体有以下几个方面：①业务模式。企业向客户提供什么样的价值和利益，包括品牌、产品等。②渠道模式。企业如何向客户传递业务和价值，包括渠道倍增、渠道集中/压缩等。③组织模式。企业如何建立先进的管理控制模型，如建立面向客户的组织结构、通过企业信息系统构建数字化组织等。

四、商业模式模型

从商业模式的模型看，国内较常见的有"魏朱六要素商业模式"和"商业模式画布"模型。

清华大学经管学院朱武祥教授和北京大学汇丰商学院魏炜教授总结了多年教学及研究成果，提炼出了魏朱商业模式结构图，简称魏朱模型，[①] 如图5-5所示。

"魏朱六要素商业模式"指出，商业模式在本质上是利益相关者的交易结构，利益相关者包括内部的利益相关者和外部的利益相关者。商业模式的构成包括六个要素：业务系统、定位、盈利模式、关键资源能力、现金流结构和企业价值。①业务系统：企业选择哪些行为主体作为其内部或外部的利益相关者。这是整个商业模式的核心，强调整个交易结构的构型、角色和关系。②定位：企业满足利益相关者需求的方式。③盈利模式：利益相关者的收支来源及收支方式。④关键资源能力：支撑交易结构的重要资源和能力。⑤现金流结构：以利益相关者划分的现金流在时间序列上的比例关系。⑥企业价值：商业模式构建和创新的目标与最终实现的结果。

[①] 魏炜，朱武祥. 发现商务模式. 第一版 [M]. 北京：机械工业出版社，2009.

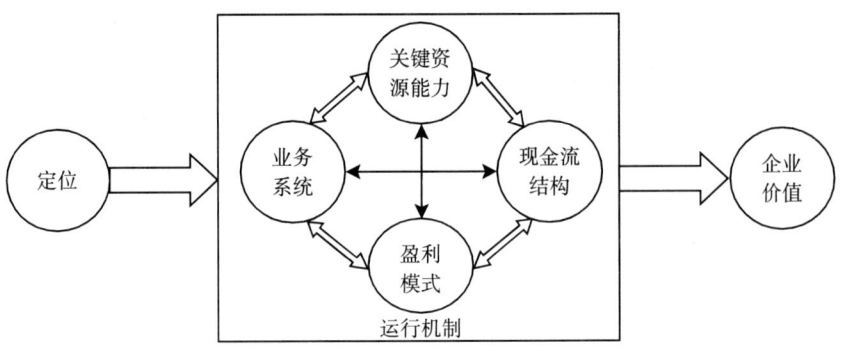

图 5-5 魏朱商业模式结构

在亚历山大·奥斯特瓦德（Alexander Osterwalder）所著的《商业模式新生代》一书中介绍了一种分析商业模式的有力工具——商业模式画布。"商业模式画布"模型描述了企业如何创造价值、传递价值和获取价值的基本原理，是包含一系列要素及其关系的概念性工具。商业模式的构成包括九个要素：客户细分（定义所面向的顾客族群）、价值主张（通过什么产品和服务，解决客户的问题并满足其需求）、渠道通路（如何与目标客户交流，以传递价值）、客户关系（叙述组织与特定的客户之间是什么样的关系）、收入来源（叙述组织自目标客户获得的收入）、核心资源（叙述执行商业模式所需要的资产，包括实体资产及非实体资产，如人力资源等）、关键业务（叙述能够不断创造价值，并提供给顾客的重要活动）、重要合作（叙述对组织的活动而言至关重要的合作伙伴）、成本结构（叙述事业在营运时必要的成本）。

另外，我国学者张婷婷与原磊在2008年提出了"3-4-8"的商业模式构成体系，如图5-6所示。"3"代表联系界面，包括顾客价值、伙伴价值、企业价值；"4"代表构成单元，包括价值主张、价值网络、价值维护、价值实现；"8"代表组成因素，包括目标顾客、价值内容、网络形态、业务定位、伙伴关系、隔绝机制、收入模式、成本管理。

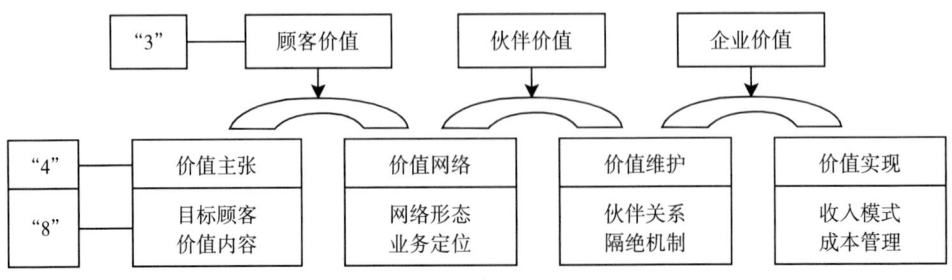

图 5-6 商业模式组成要素

五、商业模式发展阶段

杨锴、田锁林、郭梅（2012）将商业模式划分为四个发展阶段：模仿型、定位细分型、网络型和集成适应型。

1. 模仿型商业模式阶段

企业在进入行业之初，缺乏清晰的模式概念，也没有鲜明的特色能争取顾客，在这一阶段容易被竞争对手模仿，也容易模仿他人，企业差异化程度很低。

2. 定位细分型商业模式阶段

这一阶段企业会投入更多的精力研究市场，根据不同的商业领域制定不同的策略，对消费者进行细分，尽可能满足不同消费者的需求。

3. 网络型商业模式阶段

在这一阶段企业进入快速成长期，网络型商业模式对外部有选择地整合资源和能力。将外部的资源和优势能力转化为企业发展的条件，获得外部的支持，能够共同承担企业的风险和成本。作为广受年轻用户追捧的陌生人社交平台，陌陌公司的商业模式发展就经历了以上三个发展阶段。在模仿型商业模式阶段，陌陌在微信、微博以及其他各类竞争对手的强大压力下进入市场，这时社交行业正涌动着LBS的热潮，为了在严峻的竞争环境中生存并积累原始用户，陌陌也加入LBS社交的行业，并采取"软色情社交"的方式，尽力在众多LBS社交APP中站稳脚跟。在定位细分型商业模式阶段，陌陌通过舆论造势、广告宣传等方式，引入直播、视频、游戏等多种形式，此外，在吸引更多用户的同时，以强大的用户黏性基础下各领域互补支持的商业模式创新击败竞争对手，并将各个元素融入社交业务，强化社交定位，一方面引入了更多新的用户，另一方面为老用户提供了新的模块，以此来巩固顾客忠诚度。在网络型商业模式阶段，陌陌公司从简单的第三方流量合作转型为一个全面的营销平台，覆盖了多种营销模式，包括从品牌导向的展示广告到行动导向的营销产品，如应用下载广告。同时，陌陌也在寻求更多的合作伙伴，比如牵手58同城，双方致力于共同打造移动互联网本地生活"O2O"服务平台。58同城为陌陌用户独家提供涵盖招聘、房产、二手车、家政等全方位的本地生活服务信息；而在陌陌的APP应用版面上，为58同城开辟了一个"同城服务"入口。双方合作、互相支持，旨在达成双赢的结果。

4. 集成适应型商业模式阶段

随着市场地位的确定，企业的发展趋于成熟。企业以顾客需求为中心，匹配消费者行为和供应商之间的关系，建立与合作企业之间的战略联盟关系，内部员工能够将创新的理念融入具体工作，自觉总结形成群体性知识，交叉型的组织结构使企业能够认知市场机会和顾客需求的变化。从外部引进的技术和创意很好地结合企业的发展。这一商业模式的集中领域逐渐向企业和顾客共同发展上转移，企业的生态系统慢慢形成，知识管理成为推动创新的内在驱动力，企业的发展方向更趋向于联合和广泛共享。然而，由于新领域风险的存在，企业的经营出现不稳定，商业模式难以预期未来。

应将不断革新的思想植入企业，将创新体现在生产活动的各个环节，通过职能管理、内部控制和顾客关系管理，将能力与企业商业模式结合起来，树立企业形象，形成独特而合理的能力结构体系。在创新合作中，与外部合作伙伴分享技术、金融风险和商业利润，确定企业的战略性资源，统筹管理。

六、商业模式特征与评价

商业模式必须具备以下两个特征：一是商业模式是一个整体的、系统的概念，而不仅仅是一个单一的组成因素。例如，收入模式（广告收入、会员费、服务费）、向客户提供的价值（在价格上竞争、在质量上竞争）、组织架构（自成体系的业务单元、整合的网络能力）等，这些都是商业模式的重要组成部分，但并非全部。二是商业模式的组成部分之间必须有内在联系，这个内在联系把各组成部分有机地关联起来，使它们互相支持、共同作用，形成一个良性的循环。

商业模式评价是给商业模式的要素与功能一些量化指标。商业模式的评价要素包括评价主体、评价指标体系和评价方法。评价主体包括投资公司、公众以及企业家。评选指标体系标准包括以下三点：一是独特的顾客价值主张，指在既定价格上企业为顾客提供服务或产品时所需完成的任务。二是独擅的资源和能力，支持顾客价值主张和盈利模式的具体经营方式。三是独享的盈利模式，即企业用以为股东实现经济价值的过程。如果让投资公司、公众以及企业家共同评价企业的商业模式，希望尽可能有一致的意见，就需要提出一套兼顾三种课程的评价体系和指标，并按照一定比例组成评价小组。《21世纪商业评论》的商业模式评价体系具有一定的借鉴价值。具体的评估指标和体系如表5-7所示。

关于商业模式适合与否的判断问题，可以结合Amit和Zott（2012）发表在 *MIT Sloan Management Review* 的一篇论文中提及的NICE标准框架："Novelty, Lock-in, Complementarities, Efficiency"，即新颖性、锁定性、互补性和效率性。Amit和Zott将上述四种属性作为商业模式有效性的判断标准。NICE标准框架里

表 5-7　商业模式评价体系

	要素	描述	权重
产品	价值主张	价值主张确认了公司对消费者的实用意义	15
顾客界面	消费者目标群体	公司所瞄准的消费者群体，定义消费者群体的过程被称为市场细分	5
	顾客关系	同消费者所建立的联系	5
	分销渠道	公司用来接触消费者的各种途径，它涉及公司的市场细分和分销策略	5
管理架构	价值配置	资源和活动的配置	10
	核心能力	公司执行其商业模式所需要的能力和资格	20
	合作伙伴网络	公司同其他公司之间为有效提供价值并实现其商业化而形成的合作关系网络	10
财务表现	成本结构	所使用的供给和方法的货币描述	10
	收入模型	公司通过各种收入流来创造财富的途径	20

的"新颖性"是指引入新内容、改变运营结构或改善治理；"锁定性"是指交易活动持续进行或价值网络中各参与者持续合作的程度；"互补性"是指交易活动的捆绑或者利益相关者之间的联结关系，它创造价值是因为相互依赖的活动产生了价值增值效应，实现了系统大于部分之和；"效率性"是指商业模式各构成要素之间通过相互依赖而降低成本，提高效率。

魏炜等（2009）认为，不同的商业模式存在不同的效率差异，高的商业模式效率标志着是好的商业模式，而商业模式的效率定义成"价值空间/交易价值"，其中价值空间=交易价值-交易成本。而价值空间的来源有两种：一种是价值创造，另一种是价值耗散。因此，好的商业模式的标准之一就是：高价值创造、低价值耗散。

另外，好的商业模式还可以从价值定位、构造、传递和获取四个维度来评价，其中价值定位决定了价值构造的方向，价值构造和价值传递实现了价值的定位，并决定了价值获取的方式和来源。例如，GC（在线旅行服务公司）创始人李宇翔董事长（李董）在公司不同发展阶段所开发的商业模式就是基于这三个维度：一是起步阶段。李董受到了一个来自英国的网络酒店会员征求函的启发，基于对在线旅行市场中酒店和旅行人士需求及时匹配性的价值定位，于 1998 年 5 月在北京创办了以网络和呼叫中心相结合为价值构造方式的中国第一家收费会员制酒店预订公司，并通过酒店和会员传递佣金提成和注册费获取价值，在短时间内成功创造了该行业的数十项第一名。二是发展阶段。由于在线旅行服务的网络酒店预订模式门槛低,容易被竞争对手模仿,在1998年后的3年左右的时间,全国酒店预订公司相继成立2000余家。所以,GC围绕客户需求进行了全面调研,将其价值定位于管家式商务旅行综合服务,通过线下接机服务补充了其线上预订的单一价值构造方式,并将GC价值传递的客户划分为个人、企业和多层供应商三类,获取的价值包括航空公司和酒店的佣金、合作渠道费、广告推广费和最主要的续会费,最终实现了网络订房服务转变为在线旅行社OTA(Online Travel Agent)集成平台的商业模式。三是开创阶段。随着互联网的深入渗透,平台式(淘宝)、垂直搜索引擎(去哪儿)等新型模式崛起,导致OTA市场佣金率下滑,行业利润率走低,渐渐失去了已有的优势。GC李董重新查阅了其会员数据,发现很多特点如89.5%的GC会员乘坐飞机出行、95%会选择入住四星级以上酒店等,并结合现有的外部环境,将其价值定位于提供"最优产品+最低价格+管家+全程+线上+线下+呼叫中心+PC+APP"的低付出、高享受服务,以线上预订和线下"连锁自营贵宾厅"等全程服务链的价值构造方式,为中高端商旅人士传递在线旅游服务价值,并向酒店等合作商获取低佣金、高会员服务费和广告费,以打造D2D商旅全程管家服务的新商业模式。因此,基于价值定位、构造、传递和获取四个维度,GC单一网络订房服务、OTA集成平台和生态D2D的商业模式开发过程如表5-8所示,后续每个阶段呈现逐渐完善的趋势,如价值定位由酒店和客户需求信息无缝对接、管家式商旅综合服务到"低付出高享受"全程管家服务的提升,不同程度上采取了线上预订和线下服务相结合的价值构造方式,为公司合作商(如酒店和航空公司等)和会员传递了价值,最终获取合作商佣金提成和会员注册费等价值。

表5-8 GC不同发展阶段商业模式的开发过程

	价值定位	价值构造	价值传递	价值获取	商业模式
起步阶段	实现酒店和客户需求信息无缝对接	线上预订"网络+呼叫中心"	酒店与会员	"酒店佣金+会员注册费"	单一网络订房服务
发展阶段	管家式商旅综合服务	"线上预订+线下接送机服务"	多层次会员(个人、企业和供应商会员)	"合作商佣金+会员续会费+广告费"	OTA集成平台
开创阶段链	"低付出高享受"全程管家服务	"线上预订+线下全程服务"	中高端会员	"低合作商佣金+高会员服务费+广告费"	生态D2D[门(Door)到门(Door)的全行程]

七、商业模式设计

商业模式设计关注的是企业的价值实现，是企业的商业逻辑表达方式和产品/服务盈利方式。成功的商业模式设计应该以企业现有条件为出发点，充分考虑社会资源的集约利用和设计安排，创造企业价值、客户价值、伙伴价值和社会价值。商业模式主要有如下设计方法：

1. 参照法

该方法以国内外商业模式作为参照，根据本企业的有关商业权变因素，如环境、战略、技术、规模等不同特点的调整，确定企业商业模式设计的方向。采用参照法时，一定要根据企业自身的情况加以调整和改进，创新地摸索出符合本企业的商业模式。许多企业在商业模式设计中都运用了参照法，如腾讯参照新浪等建立门户网站。

2. 相关分析法

相关分析法是在分析某个问题或因素时，将与该问题或因素相关的其他问题或因素进行对比，分析其相互关系或相关程度的一种分析方法。相关分析法需要根据影响企业商业模式的各种权变因素，运用有关商业模式设计的一般知识，用影响因素与商业模式一一对应来确定企业的商业模式。利用相关分析的方法，可以找出相关因素之间规律性的联系，研究如何降低成本，达到价值创造的目的。例如，eBay 网上拍卖来自传统的拍卖方式；亚马逊通过分析传统书店的运营模式，在网上开办电子书店。

3. 关键因素法

关键因素法是以关键因素为依据来确定商业模式设计的方法。商业模式中存在着多个变量影响设计目标的实现，其中若干个因素是关键的和主要的（成功变量）。通过对关键成功因素的识别，找出实现目标所需的关键因素集合，确定商业模式设计的优先次序。

4. 价值创新法

价值创新法即通过价值要素的构建、组合等设计出新的商业模式，这一点在互联网企业中表现得尤为明显，如盛大网络游戏全面实行免费模式，开创了网游行业盈利新模式——CSP（Come-stay-pay）。A8 音乐公司通过网络原创音乐平台，将网民、网络音乐下载者、电信运营商、风险投资者、合作伙伴等关联起来，从而设计出新的商业模式。

氪空间作为最早一批中关村管委会认证的"创新型孵化器"，在商业模式设计方面就综合运用了以上方法。一是参照标杆企业。诞生于美国纽约的 Wework 作为联合办公行业的鼻祖，在成立之初就实现了盈利，已经形成了自己鲜明的优质格调与服务生态。氪空间借鉴其灵活的空间利用方式和注重维护人际网络的思路，迅速步入正轨。二是进行相关分析。创业企业孵化器和传统办公楼是氪空间最主要的替代品。传统孵化器会隔绝企业的其他融资机遇，所提供的创投服务也极其封闭和有限，氪空间则对症下药，为企业提供更为开放和全面的企业服务。传统办公楼成本高昂、工序繁琐，氪空间则能够提供灵活、便捷、高性价比的办公空间。三是直击关键因素。空间、服务、社群是联合办公的三要素，氪空间在这些关键因素上做足了文章。首先，以空间为根本和依托，降低运营成本，改善办公体验，解决企业碎片化发展、寻找高性价比办公场所的刚性需求，给企业特别是中小企业以满足感。其次，通过打磨生活服务和企业服务，提高用户黏度，赋予身处其中的办公者幸福感。最后，聚焦于创业社群的缔造，促进资源融通与信息共享，使入住者拥有强烈的归属感和仪式感。四是专注价值创新。在联合办公空间中，资源的聚合和信息的互通突破了办公的界限，除了高性价比的空间外，知识、人脉、资源的共享帮助办公者在社群中有所收获，让创业者在一个空间、一个区域，或者是一个城市里寻找到社群依靠和安全感。一个创业者，一旦感受过联合办公的氛围，体验过联合办公的舒适环境，是不愿意再走回传统的格子间的。这种"曾经沧海难为水"的强烈归属感，正是氪空间迅速深入人心的原因，也是它的核心竞争力。

结合大量互联网企业实例和价值理论，纪慧生（2010）等提出，从价值发现（Value Find）、价值主张（Value Proposition）、价值创造（Value Creation）、价值配置（Value Configuration）、价值管理（Value Management）、价值实现（Value Realization）六个要素角度进行商业模式设计，并构建商业模式设计模型（见图 5-7）。

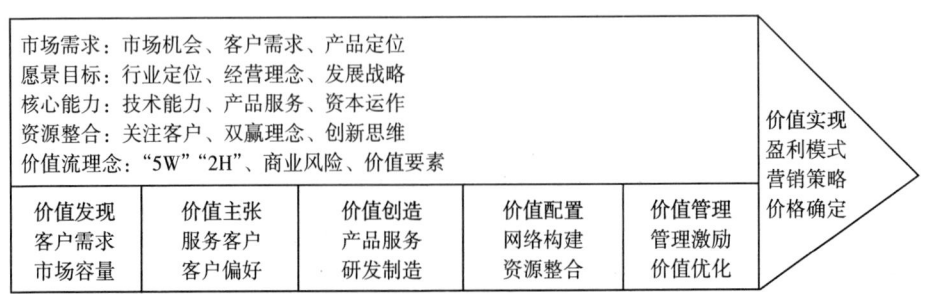

图 5-7 基于价值的商业模式设计模型

（1）价值发现。价值发现是基于企业愿景目标，通过内外部环境的 SWOT 分析，对企业的战略进行定位，进而利用核心优势创造市场价值的过程。价值发现主要立足于发现市场需求，深入分析企业的价值链环节和客户需求，判定企业的利润区分布和市场容量，分析产品、服务的市场价值。客户需求的空间是无限的，因此企业必须持续不断地发现市场需求，适时调整并设计商业模式，抓住并掌握企业发展的机遇。

（2）价值主张。价值主张是公司通过其产品和服务所能向消费者提供的价值。一个能为参与者理解且接受的价值主张应该能使每一个参与者都增加其经济效用。价值主张的阐释必须清楚、准确，如果价值主张表述得太复杂，会使顾客在购买的时候产生犹豫。同时，价值主张必须要对客户及其偏好深刻理解，必须是真实的、可信的、独特的，具有销售力的。价值主张的渗透力越强，就越能打动消费者的心，通过产品或服务创造价值就越持久。戴尔公司成功的关键就在于按订单制造和个性化定制的价值主张。

（3）价值创造。价值创造研究的是价值是如何被创造出来的，即价值的源泉是什么。商业模式是企业创新的焦点和企业为自己、供应商、合作伙伴及客户创造价值的决定性来源。产品研发与制造或服务是公司价值创造的核心。越来越多的顾客开始参与公司的价值创造活动，无论对于产品开发还是服务提供，顾客参与都是价值创造的重要来源。商业模式价值创造主要在于便捷性、成本低廉、新颖性、用户黏性、锁定以及创新性。

（4）价值管理。James M. McTaggart 于 1994 年在《价值命令》一书中提出了价值管理（Managing for Value）的观念。价值管理本质上是一种管理模式、一整套指导原则，是一种以促进组织形成注重内外部业绩和价值创造激励的战略性业绩计量行动。价值管理能够传承落实公司的愿景，采取设定员工守则、工作信条等方法，通过团队激励和价值优化等核心内容，沟通组织内外部，凝聚组织与个人目标成为共同信念，增加组织成员与顾客满意度，提高组织持续竞争力。

（5）价值配置。价值配置是资源和活动的配置，目标是企业资源和能力的有效配置和协同发展。价值配置涉及价值链的各个环节，涵盖了企业的整个运营流程。价值配置能有效整合价值网络中的各种资源，实现资源的最佳利用，促进网络价值创造活动，实现优化产出。价值配置以利益相关者需求满足和合作共赢为目标，以利益相关者价值网络构建为核心，通过对资源和活动的有效整合与配置，建立合作共赢的价值网络体系。

(6) 价值实现。价值实现是指企业创造的价值被市场认可并接受,从完成要素投入到要素产出的转化。价值实现主要依靠一系列商业策略来完成。微利时代的到来使企业需要依靠独特的价值主张吸引更多的用户来获取利润。

八、商业模式与战略

1. 二者的联系

一个公司的成败与否最终取决于它的商业设计是否符合了消费者的优先需求,商业模式和公司战略的匹配显得尤为重要。

Mansfield 和 Fourie(2003)认为,商业模式与战略非常接近,但战略的很多内容是商业模式所缺少的,两者必须结合使用。商业模式描写价值创造的逻辑,而战略内容中也包含了对价值进行创造的策略。比如,波特的价值链模型就是对价值创造过程的描述。同时,他们认为战略的资源基础观点也非常接近于商业模式的概念。该观点认为,企业通过内部资源和能力创造价值并获得竞争优势。完整的商业模式本质是对具有竞争优势的价值创造活动的描述或设计;战略的本质是为创建竞争优势而对价值创造活动的规划。

由此可见,两者本质相同。商业模式通过可视的价值活动方式实现了对战略内容的解读,无论基于构成要素还是基于逻辑结构的对比分析,商业模式与战略理论高度一致。战略理论侧重于对战略制定方法及战略形成的过程的研究;而商业模式侧重于对具体的战略措施体系所具有的内在联系的研究。

商业模式与战略的联系表现为以下几个方面:

(1) 商业模式与战略具有相同的本质。

(2) 商业模式是对已实施的战略的描述,与战略在内容上高度一致。商业模式的内容可以通过其构成要素或三个逻辑层面来描述,构成要素和三个逻辑层面是完全一致的,它们可以归入不同的逻辑层面。

(3) 商业模式理论属于战略理论范畴。既然商业模式与战略在本质和内容上是一致的,商业模式理论必然属于战略理论范畴。

2. 二者的差异

虽然商业模式与商业战略都追求提升企业业绩和竞争优势,但在本质概念上是不同的。商业战略强调竞争和垄断,商业模式强调合作、合伙、联合价值创造和共赢(Magretta, 2002);商业模式更关心价值创造,商业战略更关注企业相对于竞争对手的定位(Zott and Amit, 2008),更强调如何捕获价值并维持(Chesbrough and Rosenbloom, 2002),其主要作用是追逐竞争优势(Mansfield and

Fourie, 2004); 商业模式关注价值主张和顾客角色的作用, 以顾客为焦点进行价值创造, 商业战略关注顾客需求等。

国内著名营销学者王建国 (2016) 在《IP理论》中指出, 商业战略与商业模式对于提升业绩、强化竞争优势和盈利的动机是一样的, 它们的根本区别在于它们的思维方法和商业逻辑。商业模式对企业、顾客、竞争对手乃至整个经济的性质有着与商业战略完全不一样的假设。商业模式用生态网络思维, 通过与顾客和价值关联伙伴共同创造和交易网络价值达到合作共赢的目的; 商业战略用线性思维, 通过创造行业内线性价值链, 与竞争对手竞争并捕获市场价值份额。所以, 商业模式和商业战略的区别不在于关注价值创造, 因为二者都要关注价值创造, 而在于创造什么性质的价值。是网络价值还是线性价值? 是与顾客和伙伴共同创造还是企业单独创造? 是在一个行业内价值链上创造还是在跨行价值网中创造? 是合作共赢的交易方法还是零和竞争的争抢方法? 商业模式和商业战略的本质区别是它们的价值主张、创造价值和获得价值以盈利的商业逻辑不同, 价值性质不同、商业模式是要描述其商业逻辑, 而不是实施方案; 商业模式的实施是流程管理和组织管理的问题, 商业模式的实施方案是流程和组织的设计问题。

也就是说, 商业模式是外向网络思维, 聚焦在发现、创造和交易商业生态网络价值, 达到合作共赢的网络价值逻辑和交易结构; 战略思维是内向行业思维, 聚焦在发现、创造和捕获线性价值, 达到独赢的竞争逻辑和捕获手段。前者注重企业与顾客和伙伴的合作, 从扩大价值总量中共赢获利; 后者注重打败竞争对手、垄断目标顾客, 从给定的产品市场价值总量中扩大份额以实现盈利。商业模式与商业战略差异的对比如表5-9所示。

表5-9 商业模式与商业战略差异对比

商业模式	商业战略
外向生态网络思维, 发现、创造和交易网络价值达到合作共赢	内向线性思维, 发现、创造和捕获行业内线性价值链提升市场份额
更关心价值创造	更关注企业相对于竞争对手的定位
强调合作、合伙、联合价值创造	强调竞争和垄断, 更强调如何捕获价值并维持
更关注价值主张	更关注顾客需求
主要作用是关注顾客角色	主要作用是追逐竞争优势
从扩大价值总量中共赢获利	从给定的产品市场价值总量中扩大份额以实现盈利

经济的生态网络性质使生产者用商业模式替代商业战略，以合作共赢替代零和竞争，创造和交易网络价值，皆与分工和交换经济相关，商业模式与商业战略交替使用，竞争与合作形影不离。商业模式和商业战略一样，是一个动态发展和自然产生的过程，从产生组织的那一刻起就产生了。或者说，组织本身就是商业模式的产物，只不过我们的思维方法屏蔽了它的存在。

九、商业模式的企业实践及现实评价

企业必须选择一个适合自己的、有效的、成功的商业模式，并且随着客观情况的变化不断加以创新，才能获得持续的竞争力，从而保证企业的生存与发展。

表5-10列出了2000年以来赴美上市的部分中国企业的商业模式及其变现方式，从中可以看出，这些企业基本上都处于新兴产业领域，有清晰可行的商业模式。

表5-10 2000年以来赴美上市的部分中国企业的商业模式及其变现方式

企业名称	商业模式	变现方式
新浪网、网易、搜狐	门户网站	广告/游戏/用户增值服务
携程、艺龙、去哪儿、途牛	在线旅游网站	酒店票务预订/旅游度假业务/广告
51Job、智联招聘	人才招聘网站	广告/用户增值服务
盛大、完美世界、巨人	网络游戏运营开发	直接变现
百度	超级入口	在线推广服务（竞价排名）
分众传媒	户外广告投放	楼宇广告
高德地图	数字地图	车载导航/位置服务/技术服务
YY	语音视频平台	游戏/YY音乐/广告
搜房网	房产门户网站	广告/房源发布/电子商务
世纪佳缘	婚恋网站	用户增值服务/线下活动
人人网	社交网络	广告/合作商佣金/游戏/用户增值服务
新浪微博	社交网络	广告/在线活动/用户增值服务/游戏
陌陌	社交网络	会员预订/移动游戏/移动营销
唯品会	品牌限时特卖网站	销售收入/广告
聚美优品	化妆品团购	销售收入/广告/交易佣金
京东、兰亭集势	电商	销售收入/佣金收入/广告收入
宝尊	电商代运营/尾货特卖	服务收入/经销收入

续表

企业名称	商业模式	变现方式
汽车之家	汽车导购网站	广告
爱康国宾	健康商城	体检业务/疾病检测/保健服务
58同城	分类信息网站	商家付费/用户付费/广告

可见,一个具有吸引力的、成功的商业模式,通常需要具有某些能够创造价值与竞争优势的特点,这些特点往往影响着创业企业能否成功,因此它们成为商业模式评价不可忽略的重要因素。

1. 适用性

适用性也称为个性,是商业模式的首要前提。企业自身情况千差万别,市场环境变幻莫测,商业模式必须突出一个企业不同于其他企业的独特性。这种独特性表现在它怎样为自己的企业赢得顾客、吸引投资者和创造利润。严格地说,一个企业的商业模式应当仅适用于自己的企业,而不可能为其他企业照搬照抄。

2. 有效性

有效性是商业模式的关键要素。一个成功的商业模式不一定要在技术上进行突破,也可能通过对某一环节的改造,对资源进行有效的配置,并进行高效管理、风险控制和统筹规划。因此,评价商业模式,最根本的一条在于它的有效性。根据埃森哲咨询公司对70家企业的商业模式所做的研究分析,这种有效性具有以下三种特点:①它必须是能够提供独特价值的。在一些时候,这个独特价值可能是新的思想;而更多的时候,它往往是产品和服务独特性的组合。这种组合要么可以向客户提供额外的价值,要么使客户能用更低的价格获得同样的利益,或者是用同样的价格获得更多的利益。②它必须是难以模仿的。企业通过确立自己与众不同的商业模式,如对客户的悉心照顾、无与伦比的实力等,来提高行业的进入门槛,从而保证利润来源不受侵犯。③它必须是脚踏实地的。脚踏实地就是实事求是,把商业模式建立在对客户行为的准确理解和把握上。

3. 前瞻性

前瞻性是商业模式的灵魂所在。企业以营利为目的,它的运营机制必然突出确保其成功的独特能力和手段——吸引客户、雇员和投资者,在保证盈利的前提下向市场提供产品和服务。但是,仅仅如此是不够的,因为这只是商业模式的

"现在式",而商业模式的灵魂和活力在于它的"将来式",即前瞻性。也就是说,企业必须在动态的环境中,保持自身商业模式灵活反应、及时修正、快速进步和快速适应的能力。也就是说,就是具有长久的适用性和有效性,以达到持续营利的目的。

十、商业模式创新

1. 商业模式创新的内涵

一个成功的商业模式是对现有方法的有效改进或突破。一种新的商业模式,可能始于设计一种新产品,以满足一项未能满足的需求或未能很好满足的需求,如 Google 的搜索引擎和定向广告链接服务;也可能始于一个流程的创新——用更好的方法从事一种成熟产品或服务的生产、销售或分销,如 eBay、Dell、沃尔玛;也可能源于这两部分不同环节的创新组合,如苹果公司的"iPod+iTunes"的商业模式。一方面,iPod 容量大,其时尚的外观设计迎合了年轻人的喜好,40G 硬盘的标准配置可以容纳近 1 万首歌曲;另一方面,苹果的 iTunes 把 iPod 和 99 美分音乐下载服务联系起来,其简便赢得了大多数用户的青睐,并带动了 iPod 的销售。

随着科学技术的不断发展,商业模式也有了多样化趋势,互联网的免费模式就是其中的典型代表。每一次商业模式的革新都能给公司带来一定时间内的竞争优势,但是随着时间的推移,公司必须不断地重新思考它的商业设计。随着(消费者的)价值取向从一个工业转移到另一个工业,公司必须不断改变它们的商业模式。

Hamel(1998)把商业模式创新理解为一种战略创新,并且认为商业模式创新就是为了打乱竞争对手的阵脚,为顾客创造新价值并为利益相关者创造新财富而重构行业现行商业模式。[1] 在 Markides(1998,2006)看来,商业模式创新就是"为了引入可盈利商业模式而打破既有游戏规则"。也就是说,商业模式创新会颠覆既有商业规则,并引入新的商业规则。对既有规则的颠覆可通过重新确定顾客细分标准、顾客需求、产品生产与交付方式或者开发新产品等手段来实现。[2] Siggelkow(2002)指出,商业模式创新关注的是企业系统性的整体变革,而不只

---

[1] Hamel G. Leading the Revolution [M]. Boston: Harvard Business School Press, 2000.
[2] Markides C. Strategic Innovation in Established Companies [J]. Sloan Management Review, 1998, 39 (3): 31-42.

是简单的技术、产品的创新。Magretta（2002）也认为，商业模式的创新是一个对企业的现有价值链进行调整和创新过程。Schlegelmilch 等（2003）认为，商业模式创新是一种战略性创新，通过颠覆既有规则和改变竞争性质来重构企业既有的商业模式和市场，在大幅度提升顾客价值的同时，实现企业自身的高速增长。Bock 等（2010）把商业模式创新看作一种不同于其他类型组织创新的全新变革过程，一种企业层面开发利用新机会的过程，并且认为一旦渐进式变革和产品创新滞后于外生不连续性，组织管理层就会利用商业模式创新来面对层次更高、为期更长的挑战。[1]

Mitchell 等（2003）认为，并非所有商业模式的变化都是商业模式创新，如果只是模式的某一个构成要素发生改变，即使这种改变能够显著提高公司当前的销售量、现金流或竞争力，这也只能称为是商业模式的一种改进，而不是商业模式创新。只有当相对于竞争对手四个以上的商业模式构成要素（定位、业务系统、关键资源能力、盈利模式、自由现金流结构和企业价值）都有所改进时，才能被界定为商业模式创新。[2]

更具体地说，Johnson 等于 2008 年发表在《哈佛商业评论》上的文章《改造你的商业模式》中指出，商业模式是由四个独立的要素组成的，包括顾客价值主张、盈利模式、关键资源和关键流程。因此，商业模式创新应该包含企业在这些方面的变化。

因此，判断商业模式创新的标准应该以商业模式作为一个整体是否发生变化为依据，而不应以单独的要素变化程度，或者发生变化要素数量的多少为依据。

商业模式学科是融合了技术创新学、战略学、营销学等不同学科的相关内容而形成的一个新兴的管理学独立交叉学科（王雪冬和董大海，2012），可以从技术创新、战略学和营销学三种视角阐述商业模式创新概念（王雪冬，2013）。基于技术创新视角定义商业模式创新是一种全新的创新，突出强调技术创新对于商业模式创新的重要性，技术创新需要与商业模式创新有效结合才能更好地实现商业化。基于战略学视角定义商业模式创新是企业的一种变革方式，重点关注企业如何改变自身商业模式以及带来的结果。基于营销学视角来定义商业模式创新则从顾客和消费者出发，解释商业模式创新的前因特征，强调企业在发掘潜在需求方面发挥主观能动性以及商业模式创新的双边市场特征。

---

[1] 王雪冬.商业模式创新概念研究评述与展望[J].外国经济与管理，2013，35（11）：31.
[2] 齐严.商业模式创新研究[D].北京：北京邮电大学硕士学位论文，2010.

商业模式创新是指企业价值创造的基本逻辑发生变化，即把新的商业模式引入社会的生产体系，并为客户和自身创造价值（Chesbrough et al.，2002；Osterwalder et al.，2005）。新引入的商业模式既可能在构成要素方面不同于已有商业模式，也可能在要素间关系或者动力机制方面不同于已有商业模式。商业模式创新是改变创造和交易网络价值的价值逻辑和交易结构的组织化过程。商业模式创新分两个层次：一是跨类创新，即创新网络价值逻辑（关联网络价值量的盈利因果逻辑）、交易内容（产品/服务等价值构成）和交易结构（企业、顾客和第三方的收入分配和成本分摊结构）。它包括用新的商业模式替代原有商业模式、商业模式之间的组合创新。二是同类创新，在同类商业模式的要素组合设计和安排上个性化创新。它包括通过整合新科技等方法降低交易成本的手段放大原有模式的规模，如利用互联网、物流和金融以及金融科技，把中间商门店模式放大为中间电商模式，虽然商业逻辑和交易结构没变，但可以大大节省交易成本、扩大规模、加剧增销量；再有就是对所选商业模式的组织框架和活动流程等具体表现形式做出选择和个性设计。

2. 商业模式创新的驱动因素

（1）驱动商业模式创新的外部因素。企业进行商业模式创新的外部驱动因素包括技术进步、政策环境、行业竞争、市场需求等（张越和赵树宽，2014）。

从技术推动视角来看，由于商业模式这一概念是随着网络经济的兴起而被广泛接受的，早期对商业模式创新的关注也多集中在新兴的互联网企业上。因此，Timmers（1998）、Amit 和 Zott（2001）等早期研究者认为，以互联网技术为代表的新技术是商业模式创新的主要动力。Kodama（2004）、Faber 等（2003）、Yovanof 和 Hazapis（2008）等学者的研究也表明，在更广泛的 IT 和 ICT 领域，产业模块化和产业融合等技术变化推动了美国、欧洲国家和日本相关企业的商业模式创新。随后，技术对商业模式创新的推动在多个领域相继得到证实。

从需求拉动视角来看，随着商业模式创新研究从互联网行业扩展到更多领域，人们发现商业模式创新不仅由技术推动，如有些商业模式创新根本没有利用新的技术，而只是提供了能满足客户需求的新产品或新服务。德勤咨询公司通过对 15 家企业的商业模式创新进行研究发现，推动商业模式创新的主要动力并不是大家通常认为的技术、法规和社会经济变化，而是企业为满足消费者长期拥有但被忽视或未得到满足的需求而进行的努力，如美国西南航空提供的廉价短途航空旅行服务，星巴克提供的消费者可承受的奢侈和能够放松、交谈及参与的聚会场所。

从竞争逼迫视角来看，市场竞争与经营危机压力是迫使企业寻求创新机会的重要原动力，也是逼迫企业实施商业模式创新的重要驱动因素。IBM（2006）对世界范围内 765 个 CEO 或公司高管进行调查，结果发现，约 40%的 CEO 或公司高管担心竞争对手的商业模式创新有可能从根本上改变行业前景，因此它们希望自己的公司能够参与和掌控这种创新。之后，Venkatraman 和 Henderson（2008）深入研究了压力促进商业模式创新的作用方式，发现技术和经营方式的变化会给企业带来压力，当压力累积到一定程度（或达到临界点）时，企业就会产生商业模式创新的需求。

（2）驱动商业模式创新的内部因素。企业家、企业的社会资本等是商业模式创新的内在动力（张越和赵树宽，2014）。商业模式创新涉及企业经营的方方面面，因此必须在企业高管的支持下才能实现。因此，企业高管的创新精神也受到一些研究者的重视。Linder 和 Cantrell（2000）对 70 名企业高管的访谈和对二手资料的整理表明，企业高管是推动企业商业模式创新的主要动力，接受调查的 70 名高管把他们 30%左右的创新努力放在了商业模式创新上，有些甚至把商业模式创新放在传统创新之前。

企业家对于企业自身以及企业所处竞争环境的认识，是企业进行商业模式创新的原始激发点，具有创业精神和创新精神的企业家更有助于企业进行商业模式创新。同时，企业家的创新能力、学习能力、知识水平、应变能力都将会影响企业商业模式创新的进程。企业的社会资本是保障企业成功进行商业模式创新的内在因素。企业社会资本是指有助于企业实现其目标的、能够被企业所控制的、独特的、显在和潜在的资源和能力的集合。当企业面对经济环境中的竞争和机会时，其社会资本是企业获取更多交易价值、取得竞争优势的基础。在这层意义上，商业模式创新是企业对于社会资本的有效切割和重组。

3. 商业模式创新特点

商业模式创新一般具有以下特点：

第一，商业模式创新更注重从客户的角度，从根本上思考设计企业的行为，视角更为外向和开放，更多注重和涉及企业经济方面的因素。商业模式创新的出发点，是如何从根本上为客户创造增加的价值。因此，它逻辑思考的起点是客户的需求，根据客户需求考虑如何有效满足它，这点明显不同于许多技术创新。一种技术可能有多种用途，技术创新的视角常从技术特性与功能出发，看它能用来干什么，去找它潜在的市场用途。商业模式创新即使涉及技术，也多是与技术的经济方面因素、与技术所蕴含的经济价值及经济可行性有关，而不是纯粹的技术特性。

第二，商业模式创新表现得更为系统和根本，它不是单一因素的变化。它常常涉及商业模式多个要素同时发生较大的变化，需要企业组织的较大战略调整，是一种集成创新。商业模式创新往往伴随产品、工艺或者组织的创新。反之，则未必足以构成商业模式创新，如开发出新产品或者新的生产工艺，就是通常认为的技术创新。技术创新，通常是对有形实物产品的生产来说的。但如今是服务为主导的时代，如美国 2006 年服务业比重高达 68.1%，对传统制造企业来说，服务也远比以前重要。因此，商业模式创新也常体现为服务创新，表现为服务内容及方式、组织形态等多方面的创新变化。

第三，从绩效表现看，商业模式创新如果提供全新的产品或服务，那么它可能开创了一个全新的可盈利产业领域，即便提供已有的产品或服务，也更能给企业带来更持久的盈利能力与更大的竞争优势。传统的创新形态能带来企业局部内部效率的提高和成本的降低，而且容易被其他企业在较短期时期内模仿。商业模式创新虽然也表现为企业效率提高、成本降低，但由于它更为系统和根本，涉及多个要素的同时变化，也更难以被竞争者模仿，常给企业带来战略性的竞争优势，而且优势常可以持续数年。

4. 商业模式创新的基本思路与路径

（1）基本思路。根据魏炜等的商业模式创新理论（魏炜、朱武祥和林桂平，2015），商业模式创新的基本思路是对价值链进行切割重组。价值链的概念首先是由美国哈佛商学院 Michael E. Porter 在《竞争优势》中提出来的，他认为"每一个企业都是用来进行设计、生产、营销、交货等过程及对产品起辅助作用的各种相互分离活动的集合"。对一家企业来说，价值链上的任何活动环节都涉及投入、处理和产出。投入的是资源，处理反映的是利益相关者的能力，产出的归属则定义了利益相关者的角色。这三部分都可以切割：分解投入、分切活动、分割产出。而这些切割出来的资源、能力、业务活动环节、管理活动环节、产出等又可以重新组合到新的利益相关者，这就实现了商业模式创新。切割、重组后，新的商业模式具有三个评价标准：交易价值、交易成本和交易风险。构建新的商业模式至少要满足以下特点：提高了交易价值、减少了交易成本、降低了交易风险。

价值链理论演变推动着商业模式创新的转变。在价值链的概念基础上，产生了虚拟价值链、价值网络、价值星系的概念（见图 5-8），该演变过程反映了随着时代的变化价值创造活动中各种要素相互之间关系的演变。企业商业模式是对企业全部价值活动进行优化选择，并对某些核心价值活动进行创新，然后再重新排列整合而形成的。以价值链的演化为依据进行商业模式创新成为必然选择。

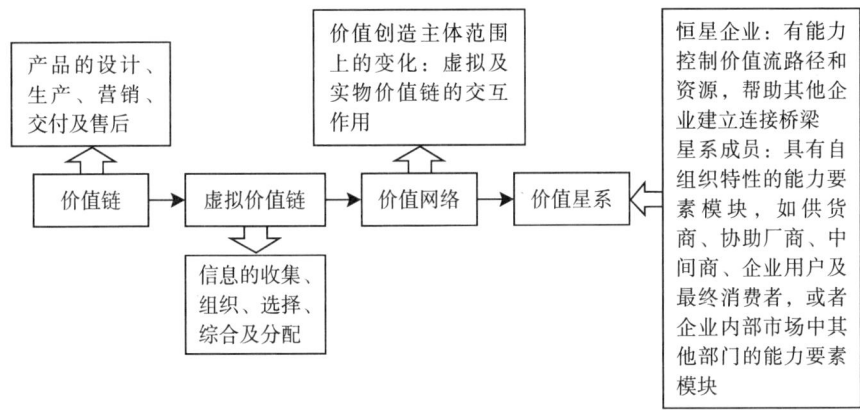

图 5-8　价值链理论演变过程

（2）路径。商业模式创新是指企业在原有商业模式基础上，以新方式、新角度为客户创建新的价值，通过不断创新的商业模式，构筑企业的可持续竞争优势。从本质上讲，商业模式就是要解决企业从哪里挣钱、以怎样的方式挣钱、凭什么能够挣到钱等问题。

从价值重构逻辑来看，商业模式创新主要存在以下五种途径：① 价值让渡。通过结盟等方式联合更多参与者和更多产品，不断调整和扩增产品系列，向目标顾客提供满足其需求的产品组合。②附加产品/增值产品。在主导产品/服务基础上，挖掘附加产品或增值产品的价值，通过主导产品与附加产品的策略性互补，实现商业模式的盈利稳定性。③顾客分类。对顾客群体进行分类，将顾客划分为付费用户和免费用户，实现通过免费用户吸引付费用户创造收入的目的。④第三方市场。将互相关联并协同支持的多个用户群连接为一个网络，焦点企业承担"平台"作用，将双边（或多边）参与者维持在平台内。⑤逆向收入源。改变企业自身的网络定位和价值交易的收费通道，如将向买方收费转为向卖方收费，或将向卖方收费转为向买方收费。

将商业模式创新与 Osterwalder 给出的商业模式组成要素分析框架进行联系，商业模式创新可分为三部分：顾客价值创新、根据新的顾客价值构建价值创造系统以及设计合理的企业价值获取机制。

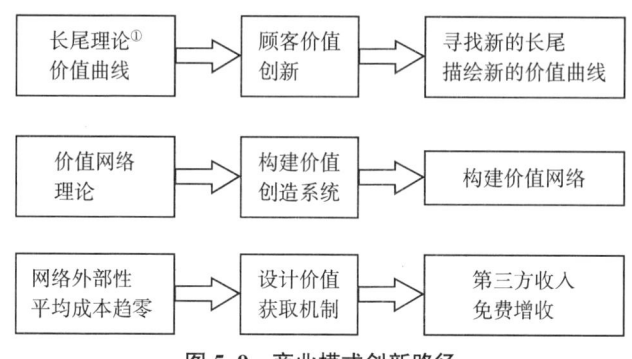

图 5-9　商业模式创新路径

在顾客价值创新方面，一方面可依据"长尾效应"的核心思想，探寻新的目标客户群体；另一方面，可借助价值曲线和四步动作框架为已知目标市场提供全新的价值主张。

在顾客价值创造系统的构建上，互联网企业可以通过设计符合自身资源与能力的价值网络，来创造和传递新的顾客价值。

在设计企业价值获取机制时，要充分考虑网络外部性、平均成本趋零等经济学特征，并根据价值网络中的各利益相关者群体的价值取向，制定科学的定价策略和寻找可持续的收入来源。

商业模式创新可以表述为企业在产业价值链中的定位，企业价值链的定位除了取决于企业在产业价值链上的优势，还取决于企业在产业价值链变化时对机会的把握。基于价值创造的商业模式创新主要存在以下两种途径：一是基于价值链的商业模式创新；二是基于价值网的商业模式创新。

基于价值链的商业模式创新。波特的价值链考虑了企业价值创造中的"实物"活动，可以称为实物价值链；企业价值主张与目标顾客的匹配，以及企业价值的传递，都有赖于信息与通信技术的支持，这是基于信息的价值链，被称为虚拟价值链。互联网经济时代的到来，使虚拟价值链成为企业进行商业模式创新的新领域。实物价值链与虚拟价值链的结合成为现代企业基本的商业模式。借助于

---

① 长尾理论是网络时代兴起的一种新理论，由于成本和效率的因素，只要产品的存储空间和流通渠道足够大，需求不旺或销量不佳的产品所共同占据的市场份额可以和那些少数热销产品所占据的市场份额相匹敌甚至更大，即众多小市场汇聚成可产生与主流相匹敌的市场能量。"长尾"实际上是统计学中幂律（Power Laws）和帕累托分布（Pareto Distributions）特征的一个口语化表达。过去人们只能关注重要的人或重要的事，如果用正态分布曲线来描绘这些人或事，人们只能关注曲线的"头部"，而将处于曲线"尾部"、需要更多的精力和成本才能关注到的大多数人或事忽略。

虚拟价值链，有助于企业更有效地关注顾客需求的信息以及对顾客需求更快做出反应，然后通过实物价值链加以实现。对于两种价值链的结合方式，企业通常采用两种形式：一种形式以实物价值链为主，辅以企业网站发展虚拟价值链；另一种形式是以虚拟价值链为主。一般来说，传统企业采用前一种方式。实物价值链与虚拟价值链结合形成的价值矩阵如图5-10所示。

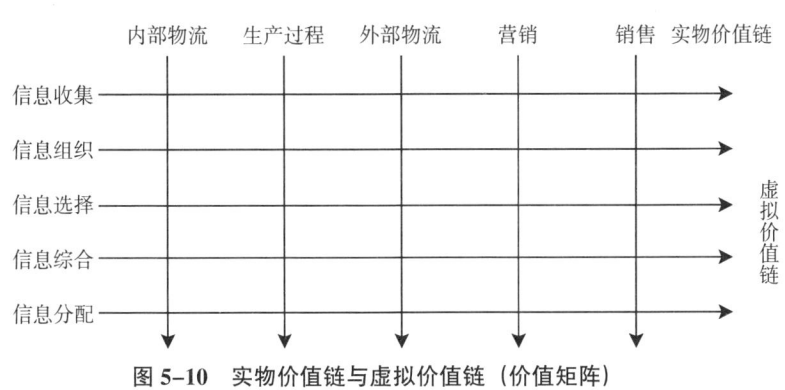

图 5-10　实物价值链与虚拟价值链（价值矩阵）

价值链整合的核心逻辑是以整合创造价值。这种价值创造主要体现在两个方面：一是通过整合，提升整个价值链质量，为客户带来独特的价值；二是企业自身价值的创造，通过整合提升企业在产业价值链中的战略地位。企业要打造独具优势的商业模式，价值链的创新是核心部分，具体方式包括：深化与产业链上下游企业的协同关系，整体化快速响应市场；价值链分拆、职能外包的缩短价值链，把握关键环节和核心价值内容，获得专业化集中优势；价值链整合和外包同时进行。企业可根据自身能力和资源来选择某一途径形成商业模式。

基于价值网的商业模式创新。价值网理论是在虚拟价值链的基础上衍生的。价值网的概念是由 Adrian Slywotzky 在《利润区》一书中首次提出的。他指出，由于顾客的需求增加、国际互联网的冲击以及市场高度竞争，企业应将传统的价值链转变为价值网。价值网的本质是在专业化分工的生产服务模式下，通过一定的价值传递机制，在相应的治理框架下，由处于价值链上不同的企业及相关利益体组合在一起，共同为顾客创造价值。价值网络的思想打破了传统价值链的线性思维和价值活动顺序分离的机械模式，围绕顾客价值重构原有价值链，使价值链各个环节及各不同主体按照整体价值最优的原则相互衔接、融合以及动态互动，利益主体在关注自身价值的同时，更加关注价值网络上各节点的联系，冲破价值链各环节的壁垒，提高网络在主体之间相互作用及其对价值创造的推动作用。企业要实现自己的价值主张,需要在一定的技术支持下通过商业模式创新与客户、供应商、合作单位甚至竞争对手等利益相关者联系起来,共同构架一个价值网,共同为顾客创造价值。基于价值网模型(见图5-11),商业模式创新途径包括以下三种:一是增强"供应商—企业—顾客"构成的价值链,企业专注于核心优势企业,利用网络成员的资源和能力,协调网络成员,提升顾客价值。二是企业可通过虚拟经营,使竞争者成为供应商,通过"供应商—竞争者—顾客"为客户创造价值。三是"企业—互补企业—顾客"与"供应商—企业—顾客"构成互补价值链,作为一种新的价值链,增加了新的价值源泉,进而增加了原有价值链的价值。总之,基于价值网的商业模式创新使企业从仅考虑内部的流程和改造到整个个体企业与上下游企业之间的业务流程,最终将形成整合企业内外、跨行业、跨区域的所有业务流程。

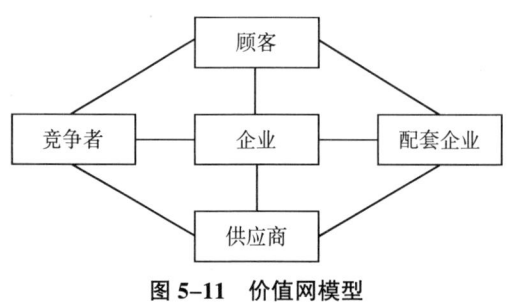

图 5-11　价值网模型

一些学者在研究实施过程时借鉴了战略规划、组织变革和业务流程重组研究的部分思路和成果,形成了基于战略规划、持续改进和 IT 变革视角研究商业模式创新问题的不同思路。

基于战略规划的商业模式创新研究。作为全球商业模式设计与创新研究的领先学者,Osterwalder(2007)把商业模式创新的过程分为环境分析、商业模式设计、组织规划和商业模式执行四个阶段。环境分析阶段的任务主要是使规划团队成员就商业模式的社会、法律、竞争、技术等问题上达成共识,然后规划商业模式的框架。商业模式设计阶段的主要任务是根据商业模式的构成要素来描述新的商业模式;在这个阶段,企业可以选择一个或几个商业模式原型进行测试。在组织规划阶段,企业根据商业模式的构成要素将商业模式分解为业务单元和具体的流程,同时规划支持商业模式执行的基础信息系统。最后阶段就是将设计好的商业模式付诸实施,即商业模式执行。

基于持续改进的商业模式创新研究。为了降低风险,或者由于受现有资源的限制，许多企业往往在商业模式创新过程中采取持续改进的方式。Morris、Schindehutte 和 Allen（2003）认为，商业模式创新就是企业在逐步加深对自身的商业逻辑认识的基础上，不断完善和调整自己的商业模式。商业模式创新就是从基础层商业模式向专有层商业模式和规则层商业模式逐步递进的过程。

（3）基于 IT 变革的商业模式创新实施研究。随着信息化的发展，IT 系统成为诸多企业正常运营不可或缺的组成部分。Timmers（1998）、Kodama（2004）、Venkatraman 和 Henderson（2008）等学者都谈到了 IT 系统在商业模式创新中的作用，并强调 IT 系统建设要与商业模式创新相匹配。IBM（2006）认为，IT 变革是商业模式转变的一个内在因素，同时也决定了商业模式转变的可行性。在商业模式创新中，企业技术人员应该配合企业管理者从三个方面实施商业模式创新的行动，即理解商业模式的系统构成、用商业思维对企业现有的 IT 模式进行创新、建设柔性化和响应化的 IT 基础设施。

5. 商业模式创新的维度与模式

（1）维度。Osterwalder（2004，2007）指出，在商业模式这一价值体系中，企业可以通过改变价值主张、目标客户、分销渠道、顾客关系、关键活动、关键资源、伙伴承诺、收入流和成本结构等因素来激发商业模式创新，每一个经营环节的创新都有可能成为一个成功的商业模式。彭俊等（2012）总结出通常的商业模式创新可以从战略定位创新、资源能力创新、商业生态环境创新以及这三种创新方式结合产生的混合商业模式创新这四个维度进行。

1）战略定位创新。主要是围绕企业的价值主张、目标客户及顾客关系方面的创新，具体指企业选择什么样的顾客、为顾客提供什么样的产品或服务、希望与顾客建立什么样的关系，其产品和服务能向顾客提供什么样的价值等方面的创新。在激烈的市场竞争中，没有哪一种产品或服务能够满足所有的消费者，战略定位创新可以帮助我们发现有效的市场机会，提高企业的竞争力。在战略定位创新中，企业首先要明白自己的目标客户是谁，其次是如何让企业提供的产品或服务在更大限度上满足目标客户的需求，在前两者都确定的基础上，再分析选择何种客户关系。合适的客户关系也可以使企业的价值主张更好地满足目标客户。

2）资源能力创新。是指企业对其所拥有的资源进行整合和运用能力的创新，主要是围绕影响企业核心竞争力的关键活动，建立和运转商业模式所需要的关键资源的开发和配置、成本及收入源方面的创新。关键资源即能够让企业创造并提供价值的资源，主要指那些其他企业不能够代替的物质资产、无形资产、人力资本等。在确定了企业的目标客户、价值主张及顾客关系之后，企业可以进一步进行资源能力的创新。战略定位是企业进行资源能力创新的基础，且资源能力创新的四个方面也是相互影响的。一方面，企业要分析在价值链条上自己拥有或希望拥有哪些别人不能代替的关键能力，根据这些能力进行资源的开发与配置；另一方面，如果企业拥有某项关键资源如专利权，也可以针对其关键资源制定相关的活动；对关键能力和关键资源的创新也必将引起收入源及成本的变化。

3) 商业生态环境创新。是指企业将其周围的环境看作一个整体，打造出一个可持续发展的共赢的商业环境。商业生态环境创新主要围绕企业的合作伙伴进行创新，包括供应商、经销商及其他市场中介，在必要的情况下，还包括其竞争对手。市场是千变万化的，顾客的需求也在不断变化，单个企业无法完全完成这一任务，企业需要联盟，需要合作来达到共赢。企业战略定位及内部资源能力都是企业建立商业生态环境的基础。没有良好的战略定位及内部资源能力，企业将失去挑选优秀外部合作者的机会以及与他们议价的筹码。一个可持续发展共赢的商业环境也将为企业未来发展及运营能力提供保证。

4) 混合商业模式创新。混合商业模式创新是一种战略定位创新、资源能力创新和商业生态环境创新相互结合的方式。企业的商业模式创新一般都是混合式的，因为企业商业模式的构成要素战略定位、内部资源、外部资源环境之间是相互依赖、相互作用的，每一部分的创新都会引起另一部分相应的变化。而且，这种由战略定位创新、资源能力创新和商业能力创新两两相结合甚至同时进行的创新方式，都会为企业经营业绩带来巨大的改善。

（2）模式。商业模式创新就是对企业基本的经营方法进行变革。常用的四种方法包括改变收入模式、改变企业模式、改变产业模式和改变技术模式。

1) 改变收入模式。就是改变一个企业的用户价值定义和相应的利润方程或收入模型。这就需要企业重新定义用户需求，即深刻理解用户购买你的产品需要完成的任务或要实现的目标。用户要完成一项任务需要的不仅是产品，而是一个解决方案。一旦确认了此解决方案，也就确定了新的用户价值定义，并可依次进行商业模式创新。例如，国际知名电钻企业喜利得公司（Hilti）不再出售而是出租电钻，并向用户提供电钻的库存、维修和保养等综合管理服务，从硬件制造商变为服务提供商，并把制造向第三方转移，同时改变盈利模式。

2) 改变企业模式。就是改变一个企业在产业链的位置和充当的角色。也就是说，改变其价值定义中"造"和"买"的搭配，一部分由自身创造，其他由合作者提供。一般而言，企业的这种变化是通过垂直整合策略或出售及外包来实现的。例如，IBM意识到个人电脑产业无利可追，便出售此业务，并进入IT服务和咨询业，同时扩展软件部门，这一举措改变了它在产业链中的位置和它原有的商业模式。

3) 改变产业模式。是最激进的一种商业模式创新，它要求一个企业重新定义本产业，进入或创造一个新产业。例如，IBM通过推动智能星球计划和云计算服务的发展，重新整合资源进入新领域并创造新产业，如商业运营外包服务和综合商业变革服务等，成为企业总体商务运作的大管家。

4) 改变技术模式。产品创新往往是商业模式创新的最主要驱动力，技术变革也是如此。企业可以通过引进激进型技术来主导自身的商业模式创新，如当前极具潜力的云计算，它能提供诸多新的用户价值，从而提供企业进行商业模式创新的契机。

6. 商业模式创新的评价

商业模式由不同的要素构成，每一个构成要素企业创造价值的过程中都对企业的生产资料产生了不可替代的作用，其作用的综合结果反馈为企业通过商业模式创造的价值。但是，各要素对于企业价值创造的贡献很难是平均的，根据企业自身性质的不同，必然会导致某些构成要素在商业模式中占主导地位，有些则成为企业商业模式不可缺少的基本组成部分，因此，企业类型决定了单一商业模式构成要素在价值创造过程中的重要性，及其为企业创造价值的贡献度。例如，戴尔公司创新了电脑的销售模式，成为全球领先的计算机系统直销商，其核心产品是计算机系统，这与同行业竞争对手相比并无明显优势。但是直销的、消除了中间商的运营流程以及与之相适应的价值链结构才是商业模式的创新点，也是为其带来竞争优势的占主导地位的要素。因此，可以说占主导地位的一个或几个商业模式的构成要素进行创新时，可能引起其他非主导要素的协同创新，进而实现商业模式的整体创新。

当我们对于一个企业进行商业模式创新的综合评价时，市场是检验创新效用的标准，如果主导要素的创新主是被市场广泛接受的，那么这种商业模式创新的效用就是比较大。也就是说，创新的商业模式会为企业创造更大的价值。在企业资源不变的条件下，当企业价值实现有效提升时，该商业模式创新是有效的；当企业价值没有实现有效提升时，则可以说该商业模式创新是无效的。Mitchell等认为，商业模式构成要素改进的个数是衡量商业模式是否实现创新的标准。他认为，"相对竞争对手，包括至少四个商业模式构成要素的改进，称为商业模式更新；如果商业模式更新能以前所未有的方式提供产品、服务给客户或最终消费者，那么它就是商业模式创新"。当我们评价一个企业的商业模式创新时，虽然不能严格按照商业模式构成要素的改进个数来判断这是否是一个好的商业模式创新，但可以通过评价新的商业模式构成要素的状态来评估一个企业的商业模式创新。

7. 商业模式创新的企业实践

自 2008 年成立以来，作为世界最大的商用车生产商戴姆勒的全资子公司，Car2go 在全球 29 个城市交出了完美的答卷，"含着金汤匙"出生的 Car2go 具有良好的品牌形象，以先进的理念为节能减排和治理城市拥堵做出了贡献。作为分享经济和"互联网+"的产物，Car2go 为用户提供快捷、方便、优质的出行体验，实施了商业模式创新策略。

Car2go 对于国内大多数人来说仍然是个陌生词汇，但是提起它的"同胞兄弟"梅赛德斯—奔驰，恐怕在中国是无人不知、无人不晓的。事实上，同属于戴姆勒公司的 Car2go 在国际上已经有一套成熟而完善的运营模式。

在互联网经济高速发展的今天，传统行业如何利用自身特长与互联网"牵手"，紧跟时代发展的趋势，是传统行业企业急需解决的问题。戴姆勒股份公司是全球顶尖整车制造商，旗下的梅赛德斯—奔驰、Smart 等品牌在全球享有较高的知名度，并且已经成为优质、高端汽车的代名词。这位汽车行业的贵族并不是墨守成规的守旧派，在技术变革和经济形势变化中，戴姆勒始终紧跟时代的步伐。在分享经济的趋势中，戴姆勒抓住市场机遇，挖掘出自身与互联网经济的结合点，在 2008 年 10 月推出 Car2go 汽车共享项目，是第一家踏足汽车共享行业的整车生产商。Car2go 创造性地提出了独特的汽车共享模式，致力于使用户无须购买汽车即可享有完全自主的出行体验。在城市中，Car2go 没有固定的租赁点，会员如果需要出行，便可在随处可见的城市公共停车位看到 Car2go，用户也可以通过手机 APP 查找附近可以使用的 Car2go，APP 将引导用户到最近的 Car2go。找到车辆后，会员将芯片卡放置在挡风玻璃后的读卡器上便可开启车门，之后取用车内钥匙便可发动汽车，在使用期间，Car2go 按分钟计费。到达目的地后，用户只需停靠在附近的运营区内即可，并且停车免费。此外，汽车保养和燃料补充由 Car2go 服务团队完成。Car2go 模式在欧美市场取得了很好的成绩，截至 2015 年 3 月，Car2go 在全球 8 个国家 29 个城市落脚，拥有 100 万用户，在 2015 年 5 月，它成为全球最大的汽车分享公司，可以说 Car2go 是传统汽车行业与互联网经济的一次完美"联姻"。

Car2go 项目能够畅行欧美 29 个城市，商业运作的力量不容忽视，然而在竞争者中脱颖而出最终靠的还是其能够带给用户特别的、优质的体验。总体而言，Car2go 具有以下特点：

（1）"互联网+"，流程简单。Car2go 在全球各个市场的使用流程是统一的，仅需简单的六步就可以完成 Car2go 的使用，与传统的租车形式相比，大大提高了用户体验。首先，用户无须前去租车门店办理繁琐的注册手续，只需在官网注册，足不出户就能完成。其次，在取车环节，Car2go 手机 APP 能够帮助用户发现附近可使用的车辆，因此用户能够最方便地使用距离自己最近的车辆。再次，用户也无须取钥匙，在用会员卡打开车门后，用户只需在车上输入平台生成的密码即可用车。最后，当用户使用完毕，费用的支付也是通过移动终端绑定的银行账户直接支付的，没有繁杂的手续。自助式的汽车使用流程一方面降低了 Car2go 的人力成本，另一方面将整个流程与智能手机结合，也真正做到了方便快捷。

（2）免费停车，自由流动。随着城市汽车保有量的增多，有车族不仅要面对道路拥堵，在到达目的地之后，停车难也让驾驶者头痛不已。上班族不得不提早到达公司抢车位，否则即使绕到距离公司很远的停车场也很难再找到车位。此外，很多商业区、娱乐区周围的停车场收费较高，停车几个小时就可能需要交纳近百元的停车费。Car2go 模式帮助用户解决了这些问题，Car2go 在进入一个城市之前会与城市交通规划部门商议，制定规划方案，在 Car2go 入驻之后，用户可以在 Car2go 的运营区域内随心停车，并且免费停车，Car2go 在市区内还有专用停车位供用户停放。正因如此，Car2go 在欧美国家已经真正融入市民的生活。在德国斯图加特，Car2go 车辆分布在大部分城区和一些周边城镇的指定区域内，在这个区域内，汽车可随处停放，直到下一个人使用并开到其他地方。找车、订车和用车只需通过 Car2go 的手机 APP 完成。社交平台上，一位斯图加特的 Car2go 用户分享了其第一次驾驶 Car2go 去听音乐会时的情景："通过我的 Car2go 手机 APP，我看到一辆 Car2go 停在约 370 米远的距离，预订这辆车，走到那里，进到车里，输入我的 PIN 码，然后开走。音乐会结束后，我又查看了 APP，一辆 Car2go 就在 400 米开外，我再次预订，走过去，输入 PIN 码然后出发，这种体验实在太棒了。"Car2go 在提升用户体验方面可谓考虑周全，将使用汽车的每一个环节都进行了优化，作为汽车共享项目，Car2go 在停车方面甚至比拥有一辆车更加便捷，并且能够为用户节省停车费用。相比于其他汽车分时租赁项目和传统租车项目，Car2go 利用随时停车的模式优势，在市场竞争中取得了难以替代的优势，而取得这一优势也是得益于 Smart 车型的轻便小巧，无须太大空间便可停车。

(3) 个人空间，乐享驾驶。Car2go 从诞生伊始就与专车服务不同，虽然同属分享经济，但从严格意义上来说，它与 Uber 并不算竞争关系。Uber 一类的专车由专车司机驾驶，与传统的出租车形式类似，但由于专车司机审核门槛过低，而且难以监控，以致常有关于专车司机的负面新闻出现，同时由于驾驶的主动权不在用户手中，用户经常会花费很长时间等待专车，尤其是高峰时期，用户不得不接受一定的溢价。与司机发生纠纷也成为用户需要面对的。与之相反，Car2go 的用户能够自己驾驶 Smart 汽车，无须等待专车司机到来，无须承担司机绕路的风险，用户真正租用了这辆汽车而不是购买了乘车服务。对于 Car2go 的目标人群来说，能够体验驾驶乐趣恰恰是年轻、充满活力的他们所向往的，在驾驶的过程中，Car2go 完全为用户提供了个人空间，用户在整个过程中真正拥有汽车的使用权。这样的模式为 Car2go 节约了审核专车司机的成本以及补贴专车司机的费用，同时确保了用户享受驾驶、安全乘车，大大提高了目标用户的使用体验。

【本章参考文献】

[1] Barney, J. B. Firm Resources and Sustained Competitive Advantage[J]. Journal of Management, 1991, 17 (1): 99-120.

[2] Collis, David J. and Montgomery, Cynthia A. Competing on Resources: Strategy in the 1990s [J]. Harvard Business Review, 2008: 140-150.

[3] DiMaggio P.J., Powell W.W.The Iron Cage Revisited: Institutional Isomorphism and Collective Rationality in Organizational Fields [J]. American Sociological Review, 1983 (48).

[4] Hamel G.Leading the Revolution [M]. Boston: Harvard Business School Press, 2000.

[5] http://baike.haosou.com/doc/503387-533013.html.

[6] http://baike.haosou.com/doc/5383475-5619870.html#5383475-5619870-5.

[7] http://baike.haosou.com/doc/5383475-5619870.html.

[8] http://www.chinavalue.net/Management/Blog/2012-2-23/881884.aspx.

[9] Ireland R.D., Hitt M.A., Camp S.M., Sexton D.L.Integrating Entrepreneurship and Strategic Management Action to Create Firm Wealth[J]. Academy of Management Executive, 2001 (1).

[10] Ireland R.D., Hitt M.A., Sirmon D.G. A Model of Strategic Entrepreneurship: The Construct and Its Dimensions [J]. Journal of Management, 2003 (6).

[11] Lumpkin G.T., Dess G.G. Clarifying the Entrepreneurial Orientation Construct and Linking it to Performance [J]. Academy of Management Review, 1996 (21).

[12] Markides C.Strategic Innovation in Established Companies[J]. Sloan Management Review, 1998, 39 (3): 31-42.

[13] Mehra, A. Strageic Groups: A Resource-based Approach [J]. Academy of Management

Journal, 1998, 31 (2): 331-339.

[14] Porter. Competitive Advantage: Creating and Sustaining [M]. New York: The Free Press, 1985.

[15] Prahalad, C. K. and Hamel, G. The Core Competence of the Corporation [J]. Harvard Business Review, 1990: 79-91.

[16] Selznick, P. Leadership in administration [M]. New York: Row, Peterson and Company, 1957.

[17] Sirmon D.G., Hitt M.A., Ireland R.D. Managing Firm Resources in Dynamic Environments to Create Value: Looking Inside the Black Box [J]. Academy of Management Review, 2007 (1).

[18] T.O' Shannassy, Sustainable Competitive Advantage or Temporary Competitive Advantage [J]. Journal of Strategic Management, 2008 (1): 168-180.

[19] Teece, D.Explicating Dynamic Capabilities: The Nature and Ricro-foundations of (sustainable) Enterprise Performance [J]. Strategic Management Journal, 1997, 7 (28): 509-533.

[20] Wernerfelt, B.A Resource-based View of the Firm [J]. Strategic Management Journal, 1984 (5): 171-180.

[21] 陈继祥, 黄丹, 范徵. 战略管理（第二版）[M]. 上海：格致出版社, 2008.

[22] 陈建勋. 多层次视角下的核心竞争力形成机理 [J]. 当代财经, 2008, 7.

[23] 韩伯棠, 张平淡, 郭怀刚. 企业战略管理的战略思维比较[J]. 经济与管理研究, 2001 (5).

[24] 李亮. 以破坏性创新理论构建零售企业竞争优势的研究 [D]. 北京：北京工商大学硕士学位论文, 2010.

[25] 李品媛. 再论企业"核心竞争力"[J]. 当代财经, 2002 (4).

[26] 栗学思. 商业模式制胜 [M]. 北京：中国经济出版社, 2015.

[27] 林祥, 郭海, 魏泽龙. 战略型企业家精神与自主创新：一个研究框架[J]. 科学学研究, 2009 (S2).

[28] 刘珂, 王海飞. 企业战略管理 [M]. 南京：南京大学出版社, 2012.

[29] 罗珉, 曾涛, 周思伟. 企业商业模式创新：基于租金理论的解释 [J]. 中国工业经济, 2005, 7: 73-81.

[30] [美] 迈克尔·波特. 竞争战略 [M]. 北京：华夏出版社, 1997.

[31] 齐严. 商业模式创新研究 [D]. 北京：北京邮电大学硕士学位论文, 2010.

[32] 邵一明. 战略管理 [M]. 北京：中国人民大学出版社, 2009.

[33] 宋光辉. 企业核心竞争力理论演进及研究发展趋势 [J]. 财会月刊, 2010 (11).

[34] 谭高. 企业竞争优势理论评述 [J]. 中国证券期货, 2012 (7).

[35] 唐心智, 王宇. 企业竞争优势理论研究综述 [J]. 成都电子机械高等专科学校学报,

2005 (3): 66-70.

[36] 王爱国. 高技术企业战略思维模式的创新研究 [J]. 科学学研究, 2005 (S1).

[37] 王长海. 虚拟实业 [M]. 广东: 广东经济出版社, 2014.

[38] 王图锹. 企业核心竞争力初探 [J]. 企业研究, 2015 (1).

[39] 王雪冬, 董大海. 商业模式创新概念研究述评与展望[J]. 外国经济与管理, 2013, 35 (11): 29-36.

[40] 王雪冬. 商业模式创新概念研究评述与展望 [J]. 外国经济与管理, 2013, 35 (11).

[41] 魏炜, 朱武祥, 林桂平. 基于利益相关者交易结构的商业模式理论 [J]. 管理世界, 2012, 12: 125-131.

[42] 魏炜, 朱武祥. 发现商业模式 [M]. 北京: 机械工业出版社, 2009.

[43] 魏炜, 朱武祥, 林桂平. 商业模式的经济解释 [M]. 北京: 机械工业出版社, 2016.

[44] 温诗园. 商业模式驱动下企业价值创造研究——以轻资产价值创造为例 [D]. 成都: 西南财经大学硕士学位论文, 2013.

[45] 徐向艺. 核心竞争力理论及其对当代企业管理理念的影响 [J]. 文史哲, 2005 (1).

[46] 闫志强. 企业核心竞争力相关理论研究综述 [J]. 现代商业, 2011.

[47] 杨刚, 李光金. 企业战略思维新探: 内涵、过程及要素[J]. 华东经济管理, 2011 (2).

[48] 伊碧波. 以资源为基础的企业竞争优势理论的演进与发展趋势 [J]. 管理论坛, 2010, 24 (6).

[49] 原磊. 商业模式体系重构 [J]. 中国工业经济, 2007, 6: 70-79.

[50] 袁博. HJB 民营医院商业模式创新研究——基于"商业模式画布"视角的案例分析 [D]. 厦门: 厦门大学硕士学位论文, 2014.

[51] 赵桂娟. 企业战略中智慧的运用 [M]. 天津: 河北工业大学出版社, 2006.

[52] 周智颖. 基于无形资源的企业竞争优势理论与实证研究 [D]. 重庆: 重庆大学博士学位论文, 2010.

第六章　战略转型

战略转型是企业为了动态地适应外部环境和内部条件的变化，或者为了利用潜在的机会而从一种战略状态转变到另一种战略状态，从而创造企业的竞争优势。为了保证企业的可持续发展和快速成长，企业有必要结合自身资源、规模和能力，对原有战略进行重大调整，实施战略转型（王国顺、唐健雄，2008）。

企业的战略转型是指企业在环境发生重大变化或经营管理面临关键转折的情况下，为了谋求自身的生存与发展，彻底摒弃原有的战略逻辑与框架，从根本上重新制定企业战略并保证战略的有效执行，使之能重新适应环境变化或克服经营危机，实现持续发展的行为与过程（邓少军等，2011）。从本质上来讲，战略转型是那些构成战略类型的组织要素的"重新构造"。薛有志等（2012）认为，企业的战略转型是以实现那些构成企业战略要素之间的匹配为目标，系统性地改变原有战略要素的特征或要素结构，从而使企业战略定位或战略制定过程发生改变的战略行为，战略转型既包括战略内容的变化也包括战略过程的变化。

企业战略是组织中不同要素在特定条件下共同形成的"共同构造"，理想战略类型的标准在于形成企业战略各要素的内部匹配，及其与经营环境的外部匹配。

因此，战略转型并非仅仅改变战略的内容，如业务数量的增减、竞争战略类型的变化，而且包含构成企业战略的其他组织要素，如企业文化、组织结构与管理体等发生的战略性变化。

换句话说，战略转型本质上是那些构成特征战略类型的组织要素的"重新构造"。与一般的战略变化不同，战略转型更加强调形成企业战略的多个组织要素的系统性变化，而不是单一要素的改变；战略内容的变化仅仅是战略转型的一个方面，那些引发或支撑战略内容形成的要素的变化，也是战略转型的表现形式。

第一节 战略转型的概念与模型

一、战略转型的多视角考究

20世纪70年代以后,组织战略变化(包括战略转型、战略调整、战略演化、战略更新等)的理论已逐渐成为战略管理理论中的一个重要流派。作为组织适应环境复杂性、不确定性的根本手段,组织战略转型和调整往往被理论者和经营者当作帮助组织在"超竞争环境"中获得持续生存的根本动力之一。基于此,战略转型相关的理论在战略管理理论、组织理论等方面的理论占有重要地位。

战略转型是组织在成长过程中,为应对复杂环境的动态变化,结合自身的资源和能力状况,在具体内容或实现形态上进行根本性变革的过程。战略转型往往源于内外部环境的变化累积到某种程度,组织的高层管理者已经意识到以往的战略模式将严重阻碍组织的持续发展,必须要转变战略类型与实现模式。

国内外对于战略转型及相关理论的理论存在着不同的视角(见图6-1)。有些理论提出者着重理论战略转型的必要性和加速变化的因素,也有理论提出者着重理论战略转型的过程以及限制转型的因素。还有理论提出者试图探究战略转型的本质,也有理论者对组织如何回应环境的威胁和机会而进行转型进行理论。

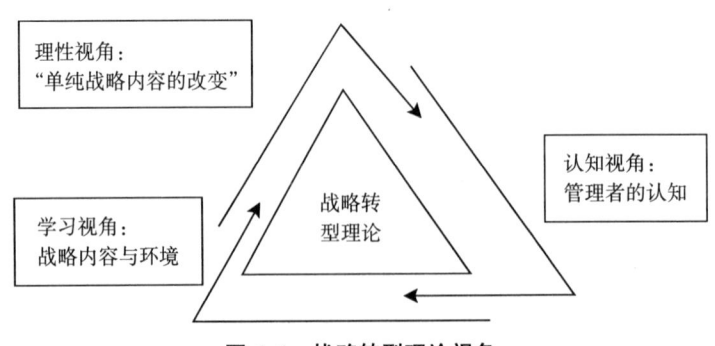

图6-1 战略转型理论视角

1. 理性视角

理性视角下的战略转型被定义为"单纯战略内容的改变"。以Ansoff(1965)等为代表人物的理性分析范式认为,战略转型是一种为达成组织既定目标,用一系列有计划的方式求出最优解的过程。在这里环境被假定为客观决定的并且是清晰而明确的,它表现为组织机会与威胁的来源。依据理性的战略转型,能够根据企业所处的特殊环境和拥有的资源、能力禀赋等因素来判断战略变革的时机、方向和规模。总体上理性视角下的战略转型分析框架可以用图 6-2 来表示(实线表示直接作用路径,虚线表示反馈影响)。

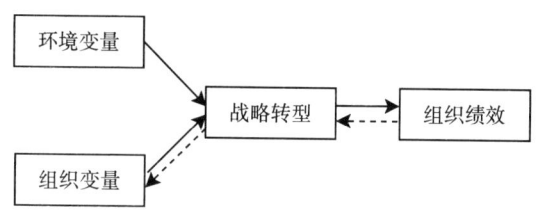

图 6-2　理性视角下的战略转型分析框架

2. 学习视角

学习视角下的战略转型理论框架如图 6-3 所示,它被定义为"战略内容与环境变化的组合",通过引入"管理行为"来解释战略转型的过程。该分析范式把战略转型看作一个反复的过程:管理者通过设计一系列探索环境和组织的"学习步骤"来影响战略转型。这些"学习步骤"会导致战略内容不同程度的变化。与理性分析范式相比,学习分析范式对战略变化描述得更加全面,它强调管理行动在战略变化过程中的核心作用。其中较有代表性的是 Crossman(2003)将复杂组织学习框架应用于加拿大邮递公司的战略更新的经验理论。

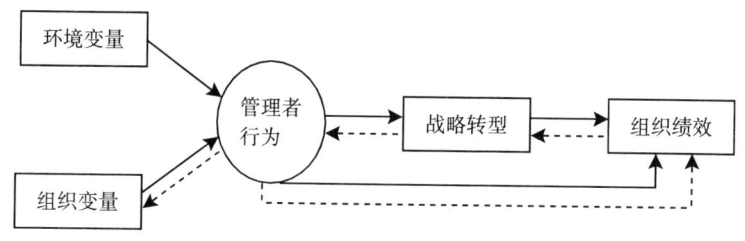

图 6-3　学习视角下战略转型理论框架

3. 认知视角

认知视角下的战略转型框架如图 6-4 所示,它被定义为"管理者的认知或战略变化过程中的知识架构"。认知分析范式较之于理性分析范式和学习分析范式在理论上有了进一步的发展。该范式将管理者的认知因素作为企业战略变革的重要影响因素,强调的是管理者对环境、企业背景的认知与说明。隐含在认知分析范式中的一个关键假设是：环境和企业的状况及变化不是客观确定的，而是由管理者通过认知进行表示和描述的。基于认知视角的战略转型理论着重强调管理层与环境和组织变量的相互作用。

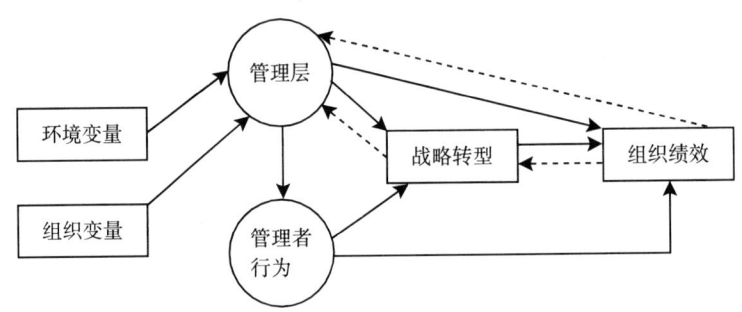

图 6-4　认知视角下的战略转型理论框架

二、战略转型的主要内容

企业战略转型是指根据其外部以及内部资源和能力状况，为克服企业在原有经营格局中所遇到的种种困难并获得新的竞争优势，对其发展目标、长期经营方向、运营模式及其相应的组织方式、资源配置方式进行重新设计，并由此重新塑造竞争优势、提升社会价值，形成新的技术、产品和市场，或者新的企业形态的过程。企业战略转型既可以是渐进的，也可以是突变的；既可以是局部的，又可以是整体的。战略转型的本质是变革，而变革必然会遇到来自股东、管理层和基层的阻力，因此战略转型必须对内外部环境进行综合分析，以实现战略、利益相关者与企业文化的有机结合。

战略转型的主要内容包含以下几个方面：

（1）识别战略转型方向。战略转型研究的核心内容是战略的方向性变化，识别战略转型的方向，既包括企业经营方向的识别，也包括业务运作战略的制定。经营方向的识别指企业要选择适合自己的业务领域，其选择标准主要依赖于产业的吸引力、自身的资源优势等方面。

（2）把握战略转型时机。企业战略转型时机一般可以分为非危险状态下的转型和危险状态下的转型。前者指环境的变化虽然暂时没有危及产业的生存，但造成了潜在的、严重的危机，在此形势下，企业应提前进行战略转型；后者指企业经营业绩急剧下降或者因财务岌岌可危，企业已经存在可感觉到的危机，或面临严重危机，被迫进行转型。选择合适的时机是企业战略转型取得成功的关键。要分析企业内外部环境的变化，找准合适的切入点。操之过急容易导致失败；过于滞后则会错失良机。

（3）战略模式的选择。根据内外环境的变化采取不同的战略模式是保持和实现可持续发展的关键。战略模式分为公司总体战略、业务层战略和职能层战略三个层次。其中，公司总体战略主要解决企业的经营范围或战略经营范围；业务层战略主要解决企业在某一特定经营领域的竞争优势；职能层战略是为贯彻、实施和支持公司战略与竞争战略而在企业特定的职能管理领域制定的战略，其重点是提高企业的资源利用效率。

（4）控制战略转型的过程。战略转型是一项艰巨的系统工程，具有很高的风险，因此要对企业战略转型进行控制，主要的控制系统分为两种：财务控制和战略控制。财务控制将绩效用客观的财务指标来衡量，战略控制将绩效评价建立在战略性的指标基础之上。战略控制更有利于企业部门间的相互沟通和协调，更有利于企业从整体出发对市场变化做出反应，更有利于管理人员政策措施的贯彻实施，从而更有利于企业战略转型的成功实现。

（5）优化企业竞争优势。李廉水等（2004）认为，企业战略转型会从源头上推进企业的持续成长，一般发生在产业衰退、成长能力不足的情况下，是企业求生存和发展的必然选择。唐健雄（2008）指出，战略转型的实质是组织在成长过程中应对动态环境的动态变化，为谋求未来生存发展的竞争优势，结合内部资源能力，促使组织战略内容、形态发生根本变革的过程。家族企业战略转型的内在推动力在于企业家，尤其是企业家才能中的创新能力，是家族企业创业导向下的必然行为。

在战略转型中，企业应该如何来定义自己的业务？Derek Abell 建议从以下三个维度来考虑：企业业务满足对象（哪一类顾客）、满足什么样的需求（顾客需求/顾客价值）、如何满足（技术、知识或独特竞争力）。三者的交集就是企业业务的定义区域。

阿贝尔模型强调顾客导向，有助于企业预见消费转变，将市场环境的变化转化为机会（见图6-5）。

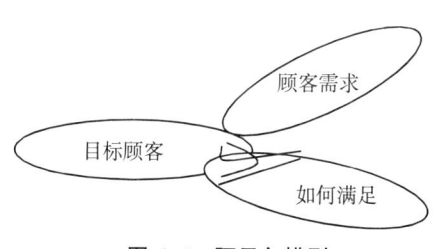

图6-5 阿贝尔模型

三、战略转型的模型

1. 动力模型

战略转型的过程始于关注内外部环境变化的战略思维,三者的相互作用进一步引起转型压力和维持现状的惯性,前者是推力、后者是阻力,推力与阻力相互作用,最终形成战略转型动力,使企业进行以战略行为和组织学习为内容的战略转型具体实施过程,最后需对战略转型的绩效进行评估,评估结果反馈至最初战略思维,良好的转型绩效通过突出当前战略的效果而减小对转型的抵制,使战略转型始终处于动态。影响战略转型的因素有很多,主要可分为影响战略转换需求的因素和影响企业实施战略转换能力的因素。战略转型过程如图6-6所示。

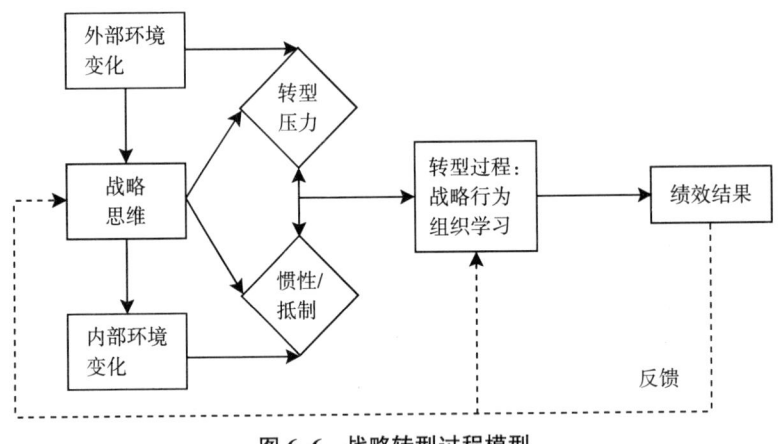

图6-6 战略转型过程模型

影响战略转换需求的关键因素包括竞争地位、产品生命周期、技术发展、政府政策、竞争者行为、消费者偏好以及企业绩效等。竞争地位的下降、产品生命周期进入衰退期、技术的快速发展、政府政策的变化、竞争行为的变化、消费者偏好的改变和企业绩效的衰退等都会增大企业面临的竞争压力,从而增大对战略转换的需求。影响实施战略转换能力的关键因素包括高层管理人员的更替、企业特殊因素、企业资源水平以及组织惯性。

战略转型动因外生性理论认为,战略转型的动力源主要为企业外部经营环境变化。企业外部经营环境包括市场需求状况和产业竞争环境。一方面,市场需求结构变化状况往往决定了企业的生存与发展,因此市场需求的变化直接关系到企业战略选择及其实施。另一方面,随着市场竞争日益激烈,企业间的竞争关系逐渐成为企业进行战略转型的主要动因。在有限的市场资源竞争中，一个企业要战略转型成功往往依赖于竞争对手的经营活动变化（潘安成，2009）。此外，外部动因还可以从社会、政治、经济和政策等宏观大环境来考虑。企业战略转型动因内生性理论认为，战略转型行为必然会触发组织演化与变革，而组织演化相应地会加速和进一步引发企业战略转型。组织演化不仅加速和推动了企业战略变革，而且从根本上保证了战略转型的有效实施（潘安成，2009）。通常来讲，企业战略变革是由其内部各种力量在动态变化过程中的不均衡发展所推动的，这种组织演化力量往往体现在企业用较少的成本、投入和时间来获取较大竞争优势的过程中。此外，内部动因还可以从企业的能力资源、绩效、管理等多方面入手分析。

这里还要强调一下，企业 CEO 的战略思维对战略转型的决定作用。根据刘鑫和薛有志（2014）的研究，新任 CEO 的战略转型的动因可以分别从战略环境匹配观、认知心理学理论和经理人防御理论三个视角进行探讨。首先，从战略环境匹配观的角度来说，新上任的 CEO 要承担起为企业制定战略转型决策并加以有效贯彻的重任，这正好满足了因为新 CEO 上任之前公司绩效低下而导致董事会或企业主管部门对企业战略转型的期望与需求。其次，由于企业 CEO 的工作经历不尽相同，新任 CEO 与前任 CEO 相比，必然在认知路径上存在显著差异。在分析环境、处理信息以进行战略决策的过程中，不同认知路径必然导致新任 CEO 做出与前任不同的战略选择，从而催生新的战略转型。最后，根据经理人防御理论，内部经理人会利用自己对企业的控制权建立防御机制，以维护职位安全并保证自身效用最大化。新任 CEO 进行战略转型是其构建经理人防御的有效途径，一方面可以获取董事会或主管部门的信任，另一方面可以获取组织权利并形成与企业战略导向的嵌入关系。

例如，江中集团遇到瓶颈之前采取的是专业化战略，以儿童营养饮料和草珊瑚含片为主导产业，支撑集团发展。由于集团业务集中于某一领域，可能失去其他一些市场机会；且由于市场竞争日趋激烈，中药市场产品难以产生大幅差异化竞争，保健品产业属于新兴产业，新兴市场变幻莫测，让人难以捉摸，市场发展情况并不能得到很准确的预期。在这期间，公司的竞争对手也在实施各自的战略，潜在的进入者也跃跃欲试，替代品的竞争也可能随时出现。在这种情况下，江中集团很难找到或创造出一个能长期运用专业化经营战略的核心产品。专业化易形成较高的退出壁垒，当发生经营危机时企业难以退出，陷入"过度专业化"危机，束缚了企业的发展。另外，由于经营领域集中、专一，企业的某些技术或资源优势不能得到充分发挥，并且易使企业陷入故步自封，钝化其对市场变化的反应，在经营领域出现衰退或危机时，难以迅速实施行业转移。因此，外部市场不再适应专业化战略的发展，企业内部还没有敏锐地发生改变，在内外要素的发展变化中，江中集团遇到了瓶颈。还好钟虹光董事长很快就意识到了问题的根源所在——企业需要战略转型。专业化战略已经不适应现阶段企业的生产经营。具体动因如下：企业在发展过程中随着经营规模的不断扩大，往往会从单一产品或服务过渡到多种产品或服务的经营。考察江中集团进行多元化经营战略的动机，主要有以下几点：其一，早期国内宏观经济环境和市场的不完善，促使企业为弥补规模不当和寻找新的发展机会，而发展多元化经营。20世纪80年代末，国内医药、保健品市场商品短缺、竞争不激烈，行业均处于供小于求的状态。不少企业在原产品市场逐渐趋于饱和的同时，为寻求新的企业增长点，谋求新的发展空间，纷纷搞跨行业多元化经营。其二，追求企业的规模经济效益，充分利用企业资源，提高资源利用效率。资源基础理论认为，企业经营业务所在的行业增长能力及盈利能力下降时，利润增长率降低即边际利润下降，对原有业务的投入不再为企业发展带来希望，从而减少该行业投资。由企业原有业务带来的资源随着投入的减少未得到充分利用，为实现资源利用最大化而不选择将剩余资产出售或剥离，企业就可能寻找多元化途径进入更高利润的行业。

2. 五要素模型

企业战略转型是基于对市场的深刻洞察，根据行业和市场的变化，完成对自身的重塑，这是指对自身的商业模式和运营模式所进行的重大改变，如果跨行业转型是企业战略转型的一种方式的话，企业战略转型就是对市场环境变化后自身的商业模式和运营模式的深刻改变。企业战略转型要做好六要素的把控，即转型领导力、企业级的持续创新、商业模式创新、运营模式再造和企业文化转型，这五大要素相互影响、相互促进，构成一个正向促进、循环往复的变革系统（见图6-7）。

商业模式创新，是企业战略转型的重中之重。商业模式是企业的价值模式，是关于企业进行价值创造的系统设计。商业模式的设计要兼顾价值系统中的诸多要素的整合，并减少经营风险，同时取得价值中的多方共赢。今天企业间的竞争已经超过了单一产品的竞争，一个关键就是商业模式设计带来了资源重新配置和整合释放的巨大能量。在商业模式创新的过程中，利用价值系统的分工和整合提供更好的产品或服务的企业，才是商业模式创新的真正赢家。

运营模式是对企业模式的支撑，是企业创造价值的实现方式。运营模式关注的是企业价值创造的效率，从根本上说，运营模式就是效率模式。对于运营模式

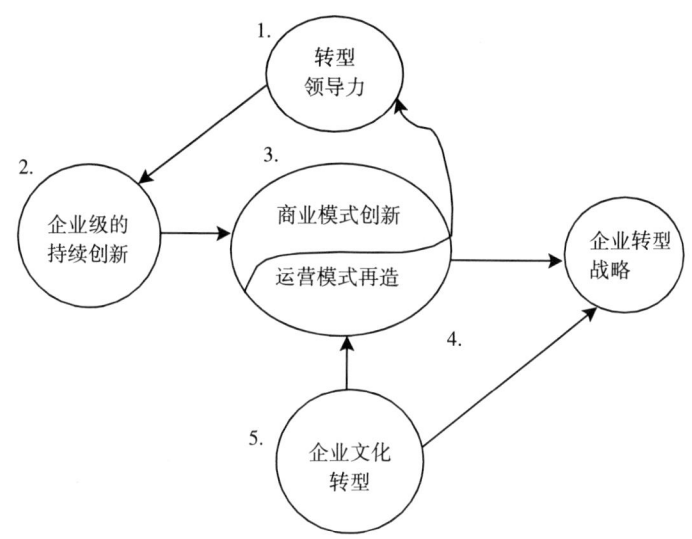

图 6-7　企业战略转型五要素模型

的优化和再造,实际上是对商业模式的构想和设计必须搭载在一个完整的运营模式之上,以完成这个商业模式的运作。商业模式创新也是运营模式再造,是企业转型的两个核心,商业模式和运营模式是企业运行中的两个基本命题。商业模式的确立需要运营模式的支撑。

彼得·圣吉曾说:"领导力,就是人类组织塑造未来的能力。"领导者要为组织描绘未来,并用未来与现在的差距激发组织的内在动力。要将心智中形成的未来愿景付诸实施,必须塑造核心团队的领导力,从而使组织成员逐步走向所设定的未来愿景。当然,在向未来愿景前进时会产生差距,差距也是奋斗的渴望,但过大的差距可能会挫败团队的信心。明智的领导会根据组织的现状分阶段地提出不同时期的战略转型愿景,让团队在这个过程中逐渐适应,在完成组织目标的同时提升其能力。企业战略转型中领导力发展的核心就是寻找企业转型的意义,或者根本来说就是企业经营的意义。如果企业家在这个方面无法突破,企业战略转型的根本动力就不存在。企业战略转型源自领导者的推动,没有领导者的强力推动、牵引和持续不断地注入动力,企业的战略转型很难成功,这几乎是所有企业战略转型成功的定律。关于转型领导力有许多不同的描述,事实上最核心的就是两种基本能力:第一是对机会的洞察和对自身优势的识别,与组织和团队成员共同塑造新的转型意愿;第二是为了实现转型愿望改变自身领导力,并塑造整个团队的领导力,通过对团队领导力的重新塑造,尤其是核心管理团队领导力的重新塑造,带领全体员工去实现设定转型愿景。

当企业确立了企业战略转型的意愿后，企业战略转型要围绕一系列创新活动来开展，这些创新活动将重塑企业的价值系统和运营系统，包括产业创新、服务创新、流程创新等。在全球化竞争和技术升级日趋加快的今天，创新也绝非一招一式或权宜之计，必须形成企业级的持续创新。企业级的创新最终会落到商业模式创新以及运营模式的优化和再造，也就是企业价值系统的重塑和效率的优化。企业级的持续性创新是围绕商业模式创新和运营模式的优化或再造展开的，能够很好地管理商业模式的创新阶段和运营模式优化或再造的创新活动，就能很好地管理企业的持续创新。

企业转型战略是指企业长期经营方向、运营模式及其相应的组织方式、资源配置方式的整体性转变，是企业重新塑造竞争优势、提升社会价值、达到新的企业形态的过程。企业转型战略是对于商业模式创新和运营模式的再造所形成的转型计划的落地，是关乎实施和行动的，而不仅仅是理念和愿望。迈克尔·波特将战略定义为一组行动计划，是为了构建差异化的优势。对企业转型的实施来讲，战略是可以将企业的转型方案扎实推进的行动措施，它的推进产生成果，最终实现企业的愿景，并且交付企业的价值主张。它回答了企业在哪里、展开怎样的转型活动、取得怎样的成果的问题。

四、战略转型测量

冯海龙（2010）对国内外主要战略转型测量进行了多业务、企业层面与业务层面、战略类型、战略定位、资源配置、战略集团的六个整合归类，基于对2010年之后年份的战略转型测量文献归纳梳理，补充了战略决策程序、战略速度、国际化经营三个战略转型测量整合归类，共计九个整合归类。其各自涉及的主要测量构念如下：

（1）多业务，熵值变化、产品/市场多元（均可细分为优势业务比率和相关业务比率两个子维度）；

（2）企业层面与业务层面，企业层面管理活动（企业层面），市场变革、生产制造变革、研发变革与财务政策变革（多业务层面）；

（3）战略类型，SNOW 四种战略，增强业务战略、控制成本战略；

（4）战略定位，产品观念变化、市场观念变化；

（5）资源配置，广告强度、研发强度、厂房与设备更新、非生产性管理费用、存货水平、财务杠杆、国际市场业务；

（6）战略集团，战略集团分布；

(7) 战略决策程序，组织结构变化、高管激励变化、执行团队变化；
(8) 战略速度，战略制定效率、战略执行力强度；
(9) 国际化经营，国外市场销售额变化和国外市场地域范围。

五、战略转型的类型

战略转型是一场深刻的企业变革，研究角度的不同，战略转型的类别也不一样。

根据企业战略转型时所处的状态可将其划分为"优势转型"与"劣势转型"两种。所谓优势转型，是指企业于经营高峰状态时，提前预见和把握未来的机会及威胁，进行主动的战略转型，再攀事业高峰。所谓劣势转型，是指企业在经营困难时，为使企业焕发生机，而重新培育企业的核心专长，开始进行企业战略转型。劣势转型较优势转型要复杂得多，困难会更大，任务会更艰巨。

根据企业发展方向和经营领域的改变程度可分为顺势转型和产业跳跃式转型两种。

按转型操作的实施节奏可划分为全面重建式和重点突破式两种。所谓全面重建式转型是指企业整个管理系统结构和运行机制同时进行大规模的调整，力求一步到位。而重点突破式转型是指企业先从某关键环节开始入手进行改造，进而逐渐带动整个企业战略转型。

基于企业资源和能力的战略转型。这种战略转型模式认为企业的资源和能力实质上就是每个企业在发展演变过程中，通过在实践中的学习，不断积累和进化而来的、企业参与市场竞争的一种内在特征的沉淀和提炼，它深深地根植于企业的文化之中，这是企业生存和发展的内因，也是企业转型成功最为关键的因素。这种"高度渗透性"不仅表现在资源和能力与文化相互渗透，还表现在资源和能力、文化与其他业务的相互渗透，二者的高度关联使其企业很难学习模仿，从而保证了这种结合的独特性，如果这种结合的成本较低，将为企业的竞争带来持久的竞争优势。例如，合肥糖酒有限公司前身作为国营流通企业，在经营过程中积累了大量优质的资源和能力。合肥糖酒在市中心核心地段拥有大量门店，其品牌形象亦早已深入人心，由于历史原因，其与很多名酒厂商保持着良好的关系，同时具有很多高端名酒的代理权。此外，它长期从事烟酒等商品的流通，具有丰富的商品流通经验和门店运营能力。因此，合肥糖酒的第一次转型是基于其已有的资源能力，从原来"小而全"的模式转变为"专而精"，专做高端名烟名酒的连锁经营。合肥糖酒试图通过此次转型形成核心竞争力，具体表现为产品的盈利能力、对消费者的影响力、在供应链中的议价能力、连锁店的运营能力。

南开大学学者薛有志将企业战略转型划分为四种基本类型，分别为激进型战略转型、渐进型战略转型、侵蚀型战略转型与结构型战略转型，具体如图6-8所示。

图6-8 战略转型模式划分

表6-1 四种战略转型类别的特征比较

战略转型模式	转型程度	转型方向	间断性	计划性	实施路径
激进型战略转型	剧烈	变革	非连续性	非目的性与非计划性	自上而下
渐进型战略转型	细微	调整	连续性	非目的性与非计划性	自下而上
侵蚀型战略转型	细微	变革	连续性	目的性与计划性	以自上而下为主 以自下而上为辅
结构型战略转型	剧烈	调整	非连续性	目的性与计划性	以自下而上为主 以自上而下为辅

1. 激进型战略转型

这种转型的典型特点在于，不仅形成企业战略的各要素发生了较为剧烈的变化，而且企业的战略方向发生了革命性的变化，是一种典型的战略变革行为，是一种非连续性的战略创新活动，通过该活动组织放弃了已有的能力和核心竞争力，从而促使组织活动偏离现有的实践活动，使组织发生根本性的战略改变。激进型战略转型通常是一种非制度引导的创新。换句话说，激进型战略转型更多地表现为一种非计划性、非设计性、非组织性与非职能性的活动，它会给组织成员带来一种危机、充满不确定性与恐慌的感觉。组织成员通常不愿意推进这种模式的战略转型。因此，这种模式的转型是需要引导的。凭借所拥有的决策权以及关键资源，高层管理者的推动是这种转型模式的关键。相应地，"自上而下"的实施路径与这种战略转型模式更为匹配。

2. 渐进型战略转型

这种转型的典型特点在于，不仅形成企业战略的各要素发生的变化较弱，而且企业的战略方向没有发生根本性的转变，这种转型模式建立在企业原有知识和竞争力的基础上，从而不会导致转型后的战略活动与现有活动之间的脱离，是一种连续性的战略调整行为。渐进型战略转型模式更加强调战略形成的累加性，而这一过程通常由高管团队以外的其他利益群体引发自发性战略行为（自发的战略行为是一个自下而上的过程），因此"自下而上"的扩散便成为渐进型战略转型较为匹配的实施路径。与激进型战略转型相似，渐进型战略转型同样更多地体现为一种非目的性与非计划性的战略调整行为，通过自发性的组织学习使企业战略不断地演化是战略转型的重要动力。

3. 侵蚀型战略转型

该类转型的典型特征在于，战略转变的程度很细微，但转变的方向是革命性的，即通过连续性地、顺序地、细微地改变某个战略要素，逐渐地"侵蚀"传统的战略轨迹，重新塑造出新的核心资源与核心能力，最终形成崭新的战略定位或战略过程。它与上述两种转型模式的重要区别在于，侵蚀型战略转型是一种有计划性与目的性的战略转变，存在应遵循的制度或一套程序，并且通过高层管理者的推进构建严格的控制系统。因此，"自上而下"的贯彻与控制是侵蚀型战略转型实施的重要路径。然而，过度的控制会导致员工行为的刚性，从而抑制组织根据环境变化识别风险与计划的能力，而这种能力对于具有计划性与目的性的战略转型是必不可少的条件。那么，仅仅强调"自上而下"的路径，忽略了员工的自主行为将不利于侵蚀型战略转型的实施，因此"自下而上"的扩散同样是支撑侵蚀型战略转型成功实施的路径。尽管如此，由于侵蚀型战略转型需要脱离传统的战略轨迹、重塑公司的战略目标与支撑体系，打破"刚性制度"是实施侵蚀型战略转型的基础。相应地，"自上而下"的控制与引导是侵蚀型战略转型的主导性路径，而"自下而上"的信息扩散和参与是侵蚀型战略转型的辅助性路径。

4. 结构型战略转型

该转型的典型特征在于，战略转变的程度较为剧烈，但战略方向没有发生革命性的转变，即通过系统地、飞跃性地改变多个战略要素，从而形成新的战略定位或过程，但新的战略仅仅是结构性的改变，并没有从整体上使新战略脱离已有战略的轨迹。由于结构型的战略转型并没有改变传统战略的意图与目标，这种模式的战略转型过程是按照既定的轨道、在既定的框架下完成的。一般而言，产生这种转型的原因在于利用战略的改变回应环境的突发性变化，从而实现企业成长的目的。因此，结构型战略转型表现出一种目的性和计划性的特点。正如上文中对侵蚀型战略转型所分析的那样，计划性战略转型的实施路径不仅需要"自上而下"的引导与控制，而且需要"自下而上"的扩散，即两种路径结合的混合路径。一方面，结构型战略转型的实施会引发传统企业战略中的某一或某几个构成要素发生剧烈与突发性的转变，此时，其他的要素需要快速地进行干预性的调整，以实现战略要素的内部匹配；另一方面，由于结构型战略转型具有较强的计划性，内部员工的信息供给对于计划制定与有效实施具有重要的价值。然而，与侵蚀型战略转型不同，尽管结构型战略转型也是目的导向的，但战略轨迹没有发生革命性的转变，打破刚性制度的需求相对较低，因此，为了避免过度干预所导致的弹性不足，在结构型战略转型的实施过程中，"自下而上"的路径应该占据主导或引导的地位，而"自上而下"的路径发挥辅助作用。

第二节 战略转型的体系、路径与实践

一、战略转型的体系化

公司战略可以分为三个层次：公司层战略、竞争战略和职能战略。公司层战略需要根据公司的目标，选择公司的经营领域，合理配置公司经营所需要的资源，使各项经营业务相互支持、相互协调；竞争战略涉及各业务单位，是对公司战略的具体化；职能战略主要涉及公司内的各职能部门，为各级战略服务，以提高组织效率，形成协同效应。

公司的战略转型涉及公司层、业务层和职能层三个层次的相互支持和约束，从而形成系统性变化（见图6-9）。它主要受到外部环境和内部要素，如公司的资源和能力、管理者的特征和动机等因素的驱动（李小玉等，2015）。

在众多公司战略转型的案例中，海尔的转型是比较成功的一个。自1984年创立至今，海尔经历了名牌战略发展阶段、多元化战略发展阶段、国际化战略发展阶段、全球化品牌战略发展阶段四个阶段，当前正处于网络化战略阶段。与每一阶段的战略相适应，海尔先后"砸掉"原有的组织，由科层制，经历事业部制、内部市场制、"倒三角"组织，逐渐发展为当前的平台化组织。在这一过程中，海尔的总体思路是由集权转变为分权，力图使组织扁平化，自主管理，贴近

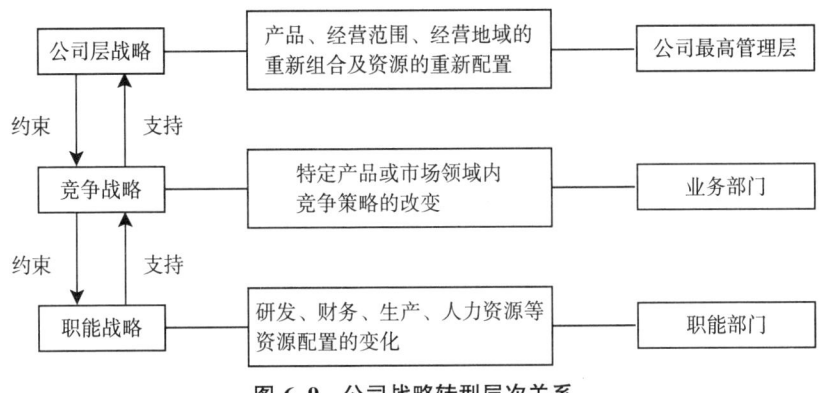

图 6-9　公司战略转型层次关系

用户,并在企业内部引入市场机制,提高效率。而其中不变的是海尔对于质量的要求,即最初的名牌战略,并进一步发展出以用户需求为中心的经营方式。这种战略的转型是体系化的。

二、战略转型的路径

影响战略转型的动因有三个方面,即初始战略的主导地位、权力和影响力在组织中的分布,以及组织的所有权结构。这三个方面因素的特征也决定了战略转型可选择的实施路径。当初始战略的主导地位很强,权力和影响力主要集中于高层管理者手中,并且组织的所有权结构为管理者控制型时,应以高层管理者为主要推动者,打破组织刚性,实现"自上而下"的引导与控制;反之,中低层管理者或员工可以积极有效地参与战略转型,形成"自下而上"的推动与扩散。因此,从战略转型的推进要素以及战略决策过程的理论研究可以得出,"自上而下"与"自下而上"是企业战略转型的两种典型路径。

"自上而下"和"自下而上"这两种战略转型实施路径的差异在于公司所关注的战略问题不同。一般而言,公司层面的管理者是"自上而下"实施路径的主要推动者,而公司中的部门层管理者是"自下而上"实施路径的主要推动者。从战略转型的内容上看,由"自上而下"的路径所引导的战略转型形式更加倾向于公司层面的战略转变,即改变公司的经营范围与边界;而"自下而上"的战略转型路径更倾向于通过部门层业务的变化逐渐传导至公司层面的战略转型。从战略转型的过程来看,"自上而下"的实施路径更加倾向于由价值观和战略目标转变所引导的战略转型,即价值观和管理者利益改变后,新的价值观导入组织内部,或新的利害关系反映组织各方利益主体;而对于"自下而上"的实施路径,由于决策权力的限制，其难以改变公司的战略目标、组织结构、行为准则等刚性制度，但通过自下而上的学习与积累，软性制度更容易在长期发生变化，如组织文化、非正式组织的构建、冲突解决的方式等，这些软性制度的改变会使战略决策过程发生转型。

三、企业成功转型的关键性因素

1. 价值定位是前提

一个企业首先要明确自己的使命即存在的价值是什么，其次根据企业使命，在对企业外部环境与内部条件充分研究分析的基础上找出企业面临的机遇与威胁、拥有的优势与劣势，最终明确企业的发展战略。根据企业的战略定位，进一步明确企业的事业领域与核心业务范围，即将为市场提供什么产品与服务。根据选定的事业领域，细分目标市场并解析产业价值链，在价值链上选择关键环节，集中配置资源予以突破性发展，形成竞争优势。依托自身优势，建立广泛的战略联盟，通过资源整合与强强合作打通产业价值链，并共享价值链带来的增值效益。

2. 产业升级是目的

企业是一个永续经营的组织，其存在价值最终要通过所经营的产业对社会做出的贡献来衡量。企业经营者的基本责任是不但要使今天所做的一切具有现实意义，更要对企业的发展具有未来价值。这个未来价值就是要有利于产业竞争力的不断提升，有利于公司的持续经营。因此，根据企业的使命与战略，以务实的态度与首创精神来推动产业的技术进步与持续发展才是战略转型的根本目的。

3. 管理升级是基础

管理是通过计划、组织、领导、协调和控制等措施来实现企业一体化运营并达成战略目标的过程。有效的管理是避免组织离散、实现一体化经营的前提，也是确保企业战略目标实现的基础。管理转型要以完善公司法人治理结构为核心，建立集权与分权相结合、激励与约束相统一的组织体系、目标管理体系和运行机制，以实现领导方式由单靠个人魅力和权威到靠魅力、权威和组织化；决策由凭经验、靠直觉到凭信息、靠科学；组织运作由抓具体人、具体事到抓带头人、抓组建功能团队，实现统一目标指导下的功能团队协作；员工成长由单渠道到多渠道；考核激励由单目标体系到多目标体系；投资与子公司管理由诸侯化、离散化到集约化、集团化等。

4. 资本运营是手段

资本运营是指根据战略发展的需要获取并有效配置资源的方式、方法或手段。资本运营是科学，不是投机，其实质是企业根据战略发展需要对自身进行的一种扬弃，即"新陈代谢"与"吐故纳新"。有效的资本运营必须以实业支撑为基础和目的。为此，可将资本运营分为三个层次，即有效配置自有资产，靠自我积累，滚动发展；合理利用信贷资金，有效配置，借力发展；股权转让，增资扩股，直接融资，一体化发展。

5. 企业文化转型是核心

企业文化是特定企业的成员当下普遍自觉的观念和遵循的规则系统，是隐藏在组织细胞核中的基因密码。现代管理的趋势是由人管人到制度管人再到文化管理。企业文化的核心价值在理念，企业文化的价值体现在行为。要通过明确企业存在价值与使命，规划战略与愿景，确立公理与规则，实施激励与约束、教育与培训等措施来建立优秀的企业文化，引导核心理念的广泛认同与普遍的自觉行动。

6. 人力资本是保障

企业的竞争是人力资源的竞争，更是人力资本和人力资本结构的竞争。人才是企业的第一资源，要以组织愿景为旗帜去召唤、以利益机制为纽带去凝聚有共同理念与事业追求之士。要致力于发现和造就了不起的人，围绕了不起的人去组建了不起的团队，通过统一目标下有自治性的团队的协同努力，去造就了不起的产品和服务，去开创了不起的事业与未来。

7. 产权结构改革是"瓶颈"

生产力与生产关系的矛盾是社会的基本矛盾，生产力决定生产关系，生产关系又反作用于生产力，这是辩证的统一。企业战略转型的目的在于更有效地组织与配置企业的生产要素资源，在于解放和发展生产力，所以应属生产关系的范畴。而改善生产关系的关键在于改善生产关系的三个要素，即产权结构、资源配置方式和收入分配方式。这里，产权结构是生产关系的第一要素，所以产权结构的改革直接影响着资源配置方式和收入分配方式的改善，也直接影响着企业的运营效率。

8. 核心能力建设是关键

核心竞争力是指企业依托并运用要素资源，形成远远超越于竞争对手的，使对手在短期内难以替代的竞争优势。基于资源的有限性，核心竞争力建设的原则是或统一于技术，或统一于市场，不可兼得。当然，统一于技术不是不做市场，统一于市场也不是不要研发，这里指的是资源配置的战略导向。

四、企业战略转型实践

无印良品诞生于日本"二战"危机后,属于日本本土的制造零售业,是一个概念性品牌。自创立之初,无印良品一直以合理的价格提供着优质的商品,其极简的设计艺术和"无品牌"的品牌形象深受消费者的喜爱。创立之后,无印良品的业绩增长势如破竹,即便在"泡沫破裂后失落的10年"中,其他百货公司和知名零售商纷纷沉寂,无印良品都没有出现赤字,被业界誉为"MUJI 神话"。然而,创造过"MUJI 神话"的无印良品,也曾经遭遇过危机:在连续20年持续增长之后,无印良品突然在2001年亏损38亿日元。面对危机,时任社长的松井忠三先生找准原因,实施战略转型,最终将无印良品的经营拉回了正轨。

1. 无印良品战略转型的影响因素

第二次世界大战后,日本的政治环境慢慢趋于稳定,日本的经济发展则经历了战后经济恢复、经济高速发展、经济低速发展、长期经济停滞四个阶段。由于泡沫经济崩溃及其后遗症的影响,日本经济从1990年3月起陷入了泡沫经济崩溃萧条,由此进入了长期经济停滞阶段。虽然在此后1993年底出现复苏迹象,但1997年又进入衰退。2000年前后,受美国 IT 繁荣的影响,日本曾出现短暂的 IT 景气,实际经济增长率达2.9%。然而,2001年美国 IT 泡沫崩溃后,日本经济再次陷入危机,2001年度实际经济增长率仅为0.2%。此后,日本经济从2002年初开始复苏,当年度实际增长率恢复到0.3%。日本经济局势在 1990~2002年一直不太景气且不稳定。

在这种情况下,日本国民对生活用品等商品的需求更加偏向于物美价廉,更注重商品价值和价格的平衡,追求简单低调舒适的生活方式。因此,类似于无印良品的零售业品牌便越来越受到民众的认同、喜爱和关注。于是,越来越多类似的零售业品牌开始慢慢出现。在过去的20多年,日本互联网飞速发展,网络技术、网络安全等在世界互联网发达国家中名列前茅,以互联网为代表的信息通信技术已经成为带动日本社会经济复苏的主要力量。1998~2005年是日本互联网快速发展时期,这期间日本政府通过基础设施建设、国民普及教育等大力助推互联网的发展。2005年以后,日本互联网发展进入平稳时期,其对社会经济的带动作用开始凸显。到2009年底,日本6岁以上国民中有9408万人上网,互联网的普及率达78%。由于日本互联网技术的普及,加之始于2000年的日本网上零售业的发展,线下业务向线上业务的延伸和转变成为一个引人注目的选择。

除此之外,无印良品面临的行业竞争结构也发生了很大的变化。良品计划的经营范围主要是服饰杂货、生活用品和食品这三个领域。在2000年前后,三个部门都因为各领域竞争对手的强大攻势而大受影响。其中受打击最大的便是服饰杂货部,此时优衣库刮起的旋风对无印良品产生了巨大的冲击。对此,松井社长表示,"服饰部门是无印良品的软肋,在这种情况下受到最大影响的便是这个部门"。而在生活用品方面,似鸟公司(NITORI)也对无印良品进行了仔细的研究。似鸟公司的商品以家具为中心,不但推出了能够和无印良品相抗衡的商品,而且价格比无印良品低三四成。另外,在小件化妆用品及文具方面,大部分的营业额也被迅速崛起的百元店——比如大创夺走了。松井提道:"在主营的商品市场里,新的企业不断崛起。而这时公司的整体实力都在减弱,因此这些外部因素的影响也非常大。"

除了外部环境的变化外,无印良品的内部环境也发生了变化。比如,盲目增加门店面积,导致商品开发速度跟不上,带来运营上的恶性循环;快速扩张背后的公司治理缺失:员工骄傲自满、过度自信,公司内部组织结构变得过于庞大以至于僵化,在打造品牌上出现懈怠导致其品牌自身出现弱化,对专于创造的初衷产生了动摇等。

2. 无印良品的转型

良品计划再生工程的第一个对象是服饰杂货部。为了施行企业结构改革,公司首先必须切除服饰杂货部遗留的"脓包"。其次,在着手改革企划生产体制的同时,对该部门的商品实施彻底的库存管理。于是,公司果断地对2001年度的库存商品(价值约38亿日元)进行了特别损失处理。受此影响,服饰杂货部的当期纯利润首次出现了赤字。2000年9月就任服饰杂货部部长的加藤隆志为了使服饰杂货部重新获得生机,首先加强了部门从总体上控制生产业务的能力,提高了部门决策速度。其次,为了消除企业内部纵向组织的缺点,加藤还加强了同销售部门的合作。这些企业结构改革的成果很快就体现在了服饰杂货部现有店铺的销售额上。虽然当时的业绩比上年同月大幅下降了三成,但到了2001年夏季,营业额经过短暂停滞后便呈现上升恢复的趋势。到2003年春季以后,服饰杂货部的业绩与前一年相比终于由亏转盈。

在服饰杂货部恢复业绩之后,接下来便是占全公司销售额半壁江山的生活用品部的改革。2004年6月,加藤调任到该部门,他采取了与服饰杂货部改革过程中相似的方法:首先,为了提高战略企划的决定速度,加藤进一步巩固了部门内部组织结构、实现了权限的集中化;其次,加藤采取了一系列措施,如明确商品的销售策略，建立与卖场员工之间的信赖关系，确立新的商品开发方式以求能够直击消费者需求，等等。这些措施在短期内就取得了成效，数据显示，2005年度的部门业绩取得了两位数增长的佳绩。由此，生活用品部门恢复了创造高营业额的销售能力。加藤推行的业务改革，是在顺应时代的变化和不断发展壮大企业的基础上，构筑商品部内部组织和业务流程的策略。总而言之，业务改革所带来的商品部体制不仅使无印良品商品开发理念的优越性得以体现，并且适应了市场的需求。

看到无印良品2005年度的业绩走势，各个媒体都对其恢复状况给予关注。某家报纸在报道无印良品时，使用了"无印，脱离感性而复活"的标题。报道的内容提到，松井社长所倡导的"脱离单纯依靠文化和感性的经营理念"，可以说是无印良品走向复活的原动力。

松井社长在认同"文化与感性"的同时，认为更应该重视科学合理性。他实行的具体措施有以下三项：一是基于其独特的《开店标准》，对场地条件进行五个阶段的评价；二是基于明确的数学标准，推行商品生产的最合理化；三是基于店铺作业的准则，提高人员的工作效率。这些标准中蕴含了将企业运营及业务转换成数值，从而形成科学的、合理的管理方式。正是通过贯彻这一科学的、合理的管理思路，无印良品才成功实现了企业的复苏。

然而，松井社长推崇新的管理方式并不意味着否认文化与感性的重要性。松井社长坦言，如何把握好科学合理性和文化与感性的平衡才是最难的。良品计划是巧妙地借助设计师的天赋，即他们的感性，来展开经营的。可以说，良品计划是一家将科学的合理性和感性与文化很好地融合起来，从而不断成长的企业。但松井社长认为，从经营的角度来讲，只有坚定地施行科学管理的企业才会最终胜出。因为感性不能通过累积转换成数值的业务流程及标准，成果是可以逐步累积起来的。在无印良品"重生"的进程中，松井社长最先实施的就是实现企业运营全部过程的可视化。只有亲眼看到自己从事的业务、商品、卖场还有顾客的确切信息，才能迅速应对各种变化以及需求。感性与文化是看不见的资产，但如果能够巧妙地利用这些资产，就能够实现企业近期的管理经营目标。通过这一方法，成功展现在人们面前的就是"新生·良品计划"。

松井社长就好像一名医生，他对良品计划实施了外科手术进行止血。与此同时，他还采用内外结合的疗法——从内部改善公司的"体质"（改善业务）。通过实施一系列的改革措施，无印良品的业绩得以呈"V"字形迅速恢复，扭亏为盈，此后连年打破自身营业额纪录，并在2007年获得了总营业额1620亿日元和普遍收益 186 亿日元的好成绩，创造了从 38 亿日元赤字到 1620 亿日元营业额的传奇。无印良品也就此成为日本公认的国民品牌。

【本章参考文献】

［1］Barney J. Firm Resources and Sustained Competitive Advantage[J]. Journal of Management, 1991, 17（1）: 99-120.

［2］De La Bruslerie H. Corporate Acquisition Process: Is There an Optimal Cash-equity Payment Mix? [J]. International Review of Law and Economics, 2012（32）: 83-94.

［3］Deephouse D. L. To be Different, or to be the Same? It's a Question（and theory）of Strategic Balance [J]. Strategic Management Journal, 1999, 20（2）: 147-166.

［4］Ginsberg A. Measuring and Modelling Changes in Strategy: Theoretical Foundations and Empirical Directions [J]. Strategic Management Journal, 1988, 6: 559-575.

［5］Lewellen W. A Pure Financial Rationale for the Conglomerate Merger [J]. Journal of Finance, 1971（26）: 521-537.

［6］Mantere S., Schildt H. A., Sillince J. A. A. Reversal of Strategic Change [J]. Academy of Management Journal, 2012, 55（1）: 172-196.

［7］Penrose E. The Theory of the Growth of the Firm [M]. New York: Oxford University Press, 1959.

［8］Prahalad C. K., Hamel G. The Core Competence of the Corporation [J]. Harvard Business Review, 1993, 68（3）: 275-292.

［9］Rajagopalan N., Spreitzer G. M. Toward a Theory of Strategic Change: A Multi-lens Perspective and Integrative Framework [J]. Academy of Management Review, 1997, 22（1）: 48-79.

［10］Scharfstein D. S., Stein, J. The Dark Side of Internal Capital Markets: Divisional Rent-Seeking and Inefficient Investment [J]. Journal of Finance, 2000（55）: 2537-2564.

［11］Wernerfelt B. A Resource-based Review of the Firm [J]. Strategic Management Journal, 1984（5）: 171-180.

［12］Westphal J. D., Fredrickson J. W. Who Directs Strategic Change? Director Experience, the Selection of New CEOs, and Change in Corporate Strategy [J]. Strategic Management Journal, 2001, 22: 1113-1137.

［13］邓少军，焦豪，冯臻. 复杂动态环境下企业战略转型的过程机制研究 [J]. 科研管理, 2011, 1: 60-67.

［14］李小玉，薛有志，牛建波. 企业战略转型研究评述与基本框架构建 [J]. 外国经济与管理, 2015（36）: 3-15.

［15］刘鑫，薛有志. 新任 CEO 的企业战略转型动因理论模型研究 [J]. 经济管理, 2014, 10: 44-52.

[16] 潘安成.企业战略变革动因理论的述评与展望[J].预测,2009,1:1-8.

[17] 薛有志,周杰,初旭.企业战略转型的概念框架:内涵、路径与模式[J].经济管理,2012(7).

第七章　创新创业战略

第一节　创新战略

一、创新

1. 创新的内涵

英语中的"创新"（Innovation）一词源于拉丁语"Innovare"，意思是更新、制造新事物或者改变。创新成为一种理论是 20 世纪初期的事情。众多学者对创新的定义有着不同的观点。

美国学者曼斯菲德认为，创新是一项发明，当它首次被运用时，可称为技术创新；彼得·德鲁克认为，创新是企业家的特殊工具，通过应用创新，企业家把变化作为不同业务和服务的机遇，创新可以作为一门学科、一种学术或一项实践。

在创新理论方面最著名的应该是美籍奥地利人、哈佛大学教授约瑟夫·熊彼特的创新理论。[1] 熊彼特认为，所谓创新就是要"建立一种新的生产函数"，即"生产要素的重新组合"，就是要把一种从来没有的关于生产要素和生产条件的"新组合"引进生产体系，以实现对生产要素或生产条件的"新组合"；作为资本主义"灵魂"的"企业家"的职能就是实现"创新"，引进"新组合"；所谓"经济

---

[1] 陈劲，郑刚. 创新管理：赢得持续竞争优势（第二版）[M]. 北京：北京大学出版社，2013.

发展"就是指整个资本主义社会不断地实现这种"新组合",或者说资本主义的经济发展就是这种不断创新的结果;而这种"新组合"的目的是获得潜在的利润,即最大限度地获取超额利润。周期性的经济波动正是由于创新过程的非连续性和非均衡性,不同的创新对经济发展产生不同的影响,由此形成时间各一的经济周期;资本主义只是经济变动的一种形式或方法,它不可能是静止的,也不可能永远存在。当经济进步使创新活动本身降为"例行事务"时,企业家将随着创新职能减弱,投资机会减少而消亡。熊彼特进一步明确指出了"创新"的五种情况:一是采用一种新的产品——也就是消费者还不熟悉的产品——或一种产品的新的特性。二是采用一种新的生产方法,也就是在有关的制造部门中尚未通过经验验定的方法,这种新的方法不需要建立在科学新发现的基础之上,并且也可以存在于商业上处理一种产品的新的方式之中。三是开辟一个新的市场,也就是有关国家的某一制造部门以前不曾进入的市场,不管这个市场以前是否存在过。四是掠取或控制原材料或半制成品的一种新的供应来源,也不问这种来源是已经存在的,还是第一次创造出来的。五是实现任何一种工业的新的组织,比如造成一种垄断地位(如通过"托拉斯化"),或打破一种垄断地位。后来人们将他的这一面点归纳为五个创新:产品创新、技术创新、市场创新、资源配置创新、组织创新,这里的"组织创新"也可以看成是部分的制度创新,当然仅仅是初期的、狭义的制度创新。

创新强调的是新发明、新产品或新工艺的首次商业化。中国著名互联网公司阿里巴巴创始人马云通过对互联网的认识与运用,注重对电子商务体系的完善,不断创新,建立了领先的消费者电子商务、网上支付、B2B 网上交易市场及云计算业务,近年来更积极开拓无线应用、手机操作系统和互联网电视等领域,这使阿里巴巴最终成功在美国上市。阿里巴巴通过创新不仅使企业变得更强大,而且带动了大众创业的热潮。

2. 创新的类别

创新涵盖众多领域,包括政治、军事、经济、社会、文化、科技等。因此,从创新的领域来分,创新可以分为科技创新、文化创新、商业模式创新等。科技创新是原创性科学研究和技术创新的总称,是指创造和应用新知识和新技术、新工艺,开发新产品,提高产品质量,提供新服务的过程。科技创新可以被分成三种类型:知识创新、技术创新和现代科技引领的管理创新。企业文化创新是指为了使企业的发展与环境相匹配,根据本身的性质和特点形成体现企业共同价值观的企业文化,并不断创新和发展的活动过程。商业模式创新是指企业价值创造提供基本逻辑的变化，即把新的商业模式引入社会的生产体系，并为客户和自身创造价值，通俗地说，商业模式创新就是指企业以新的有效方式赚钱。新引入的商业模式，既可能在构成要素方面不同于已有商业模式，也可能在要素间关系或者动力机制方面不同于已有商业模式。

从创新的内容上来看，创新可分为产品创新、工艺流程创新、服务创新和组织模式创新。产品创新是指提出一种能够满足顾客需要或解决顾客问题的新产品。例如，苹果公司的 iPhone 手机、支付宝服务创新等。产品创新又可细分为元器件创新、架构创新和复杂产品系统三类。[①] 工艺（流程）创新是指生产或传输某种新产品或服务的新方式（如对产品的加工过程、工艺路线以及设备所进行的创新），这在制造企业中显得相对明显。工艺流程创新包括新工艺、新方式、整合新的制造方法和技术等。在服务型企业，常通过对服务流程的创新提高顾客满意度。例如，1986 年，联邦快递公司向市场推出了其独特的包裹跟踪系统，通过条形码来对整个快递系统进行管控，操作员只需要通过条形码读入器来扫描包裹，顾客就能通过条形码知道自己包裹的运送情况，如今条形码扫描方式已成为各大物流公司的基本管控方式，大大提高了快递运送效率。服务创新是指通过服务要素创新，提高服务质量、创造新的市场价值，对服务系统进行有目的、有组织的改变的动态过程。[②] 服务创新主要包括服务产品创新、服务流程创新、组织创新和市场创新四类。例如，银行业通过开发网上银行，使银行在中国零售业业务成为现实，也拉近了银行与大众的距离。服务创新不仅限于服务业，也包含制造业的服务创新。伴随着消费者需求的升级，现代制造业和生产性服务业之间的融合发展服务业向制造业的渗透也日益广泛，出现了制造业服务化的趋势，众多制造企业在提高自身产品质量的同时，也更加注重对产品服务的创新，如联想通过其完善的售后服务网点，提高了顾客的忠诚度和产品的品牌。在欧洲国家，服务业的产值占 60%~80%，服务业在经济发展中处于主导地位，因此服务业的创业如企业的技术创新一样重要。

从全球化与本土化战略选择的视角看，存在反向创新与反式创新。反向创新是指一种与"全球化"加"本土化"相反的商业和创新模式。在"全球化"+"本土化"模式中，跨国企业将创新重点放在其所在的发达国家，将研发成果及产品推向世界其他国家和地区的市场，并针对当地情况对技术和产品进行微调。"反向创新"模式是这一过程的逆化，企业将研发重点放在中国等发展中国家，

[①②] 陈劲，郑刚. 创新管理：赢得持续竞争优势（第二版）[M]. 北京：北京大学出版社，2013.

并利用其在全球的丰富资源和经验为当地市场需求研发产品、服务和技术。相关技术和产品在当地市场成熟并获得成功后，反向推广到国际市场和发达国家市场。2009年GE的CEO伊梅尔特与其他几位专家在《哈佛商业评论》上发表了文章《反向创新：通用电气的自我颠覆》，引起业界巨大反响，被认为是继"全球本土化"之后，跨国企业经营最成功的创新模式。"反向创新"既是当今企业界日益流行的一个新概念，更是时下跨国企业发展的一种新趋势。这个概念最初由通用电气（GE）公司总裁兼首席执行官杰夫·伊梅尔特和几位学者在研究中提出。近年来，由于全球金融危机的影响和全球经济格局的演变，"反向创新"成为跨国企业继"全球化"和"本土化"之后全球战略的一种新思路。尽管目前"全球化"+"本土化"的运营战略仍是跨国企业的主导商业模式，但"反向创新"已成为跨国企业全球发展战略的新趋势。伊利董事长潘刚在反向创新理论基础上进一步创新发展，提出了反式创新。其他大型跨国企业在发展中国家建立工厂，研制适用于发展中国家消费者的高性价比产品，如果市场前景良好，便反向推广到本国生产销售。传统意义上的反向创新，是跨国公司为了降低成本，获取高额利润的一种手段，对于发展中国家来说，是一个产品试验区。而伊利的反式创新是在乳品发达国家整合全球优质的乳业资源、研发能力和管理经验服务中国市场，并顺势融入全球乳业产业链，最终建成全球资源体系、全球创新体系和全球市场体系，用全球最好的资源服务中国消费者，进而服务全球市场。

　　从创新的技术层面来讲，可以将创新分为颠覆式创新和渐进式创新。渐进式创新是采用当前技术对产品进行微小的改变，颠覆式创新是指在新产品中使用具有革新性质的全新技术。渐进式创新包括创造和引入新类型的产品、改进现有产品和工艺、开发利用已有的技术和能力内容三个方面，颠覆式创新包括在企业和市场上引入全新的产品、在企业创新中引入全新理念、在企业创新中引入和开发新技术、创造全新的技术和工艺扩展现有市场四个方面。渐进性创新和颠覆性创新之间的界限一直没有得到清晰的划分。颠覆性创新的定义与高度的市场和技术不确定性、新市场创造、产品装配有关，会影响到企业的知识基础。如果工作单元采用了新技术或者工作单元对其所采用的技术在流程中进行了适当变革，那么就可以将这种情况视为颠覆性创新,因为颠覆性创新就是改变或冲破当前技术进步轨迹的创新。

　　以环境为基础，创新可分为破坏性创新和维持性创新。1997年，美国哈佛大学著名管理学者克莱顿·克里斯滕森通过对磁盘驱动器工业的研究，将技术创新与市场创新成功地融合在一起，他以环境为基础把创新分为两个明显不同的类别——破坏性创新（Disruptive innovation）和维持性创新（Sustaining Innovation）。维持性创新是指对现有市场上主流客户的需求不断进行产品的改进和完善，以满足客户更挑剔的要求；破坏性创新是指改变了原有技术发展路径的创新，它不是向主流市场上的消费者提供性能更强大的产品，而是创造出与现有产品相比尚不足够好，但又具有不为主流市场用户看重的性能的新产品。破坏性创新产品一般价格便宜、结构简单、功能新颖、便于使用，这对于处于边缘市场且不太挑剔的消费者或者潜在消费者具有很大的吸引力。克莱顿·克里斯滕森又将破坏性创新分为新市场破坏（New-market Disruptions）和低端破坏（Low-end Disruptions）。新市场破坏是为了满足这种顾客的需求，他们由于缺钱或缺乏技能而无法购买自己需要的东西。新市场破坏产品价格更适宜，使用更简单，使一个新群体能更方便地拥有并使用这些产品。新市场破坏面临的挑战是怎样开辟出这样的新市场，面对的是那些从未使用过类似产品的客户而不是目前市场的用户，因此克里斯滕森把它称作与"非消费"进行竞争。低端破坏植根于最初的价值网络或主流的价值网络，它并不创造新市场，而是以低成本的商业模式，通过吸引主流企业不看重的低端顾客的消费而发展壮大。这些顾客以前也购买主流产品，但由于产品价格较贵，购买量可能很小。而一旦有了价格合适的类似产品，他们将非常乐意接受。低端破坏者的营销任务就是将低成本商业模式扩展到那些能够给企业带来更多利润的消费者正试图获得的产品上。

此外，还存在跨界创新。跨界创新是指企业超越本行业传统预设前提，突破本行业既有规则边界，借鉴其他产业成熟做法，从产业跨界的视角在本行业创立新的更有效的管理和经营规则的过程。跨界创新的根本动力来自顾客真实的需求。顾客意识和顾客需求意识是企业转型升级的关键。顾客意识是基于为顾客提供真实价值的意识，是基于终端消费者需求的意识，是基于全岗全员具备终端顾客需求意识的更新，实现跨界创新需要的要素包括企业服务能力、合作方能力、用户体验度和市场细分。随着O2O模式的迅速蔓延和移动互联网创新应用不断出现，零售、餐饮、医疗、教育、金融、汽车等传统行业正在互联网的渗透下转型升级，跨界融合创新已成为越来越多企业的选择。企业企图通过跨界创新开创更大市场空间，创造更多新产品。

3. 创新维度

创新在国家发展战略中的重要性不断凸显，而企业作为国家实施创新战略的主体，有不同的创新表现。在组织结构创新、营销创新、供应链管理创新的同时，也不断渗透企业文化的创新，创新的维度和测量方式如表7-1所示。

表 7-1 创新维度与测量方式

创新维度	测量维度	学者
组织结构创新	管理幅度和理性、集权程度、组织适应性、员工参与度、员工工作满意度、群体凝聚力	李刚、程国平（2006）
营销创新	营销观念创新、营销策略创新、营销市场创新和营销制度创新	Prashant（2015）
供应链管理创新	资源管理创新、采购管理创新、生产管理创新、订单流程管理创新、存货管理创新、仓储管理创新、客户服务创新、物流管理创新、财务管理创新	周璐（2009）
文化创新	挑战性、信仰、鼓励自由和冒险、组织的活力和持续发展、组织对外界环境的敏感性、信任和开放、辩论、跨职能的交流和自由、创新成功的寓言和故事、领导对创新的支持和参与、奖励和薪酬、可支配的创新时间和创新培训、一致性、非官僚的组织结构等	岳贤田（2010）

（1）组织结构创新。企业组织结构创新是企业创新活动的重要组成部分，也是当前我国企业面临的重要任务。随着企业的成长和内外部各种影响因素的变化，企业必须要进行组织结构的相应创新和变革，以实现人、财、物、信息、知识等各种资源的合理利用，提高当前的效益和长远的竞争能力。

从企业发展史来看，企业组织结构创新大致分为三个主要阶段：简单结构向"U"型结构和"H"型结构的转变，"U"型结构和"H"型结构向分权制结构的转变，以及分权制结构向网络型结构的转变。

交易费用理论学派认为企业组织结构创新的动因在于节约交易费用，企业组织结构创新的历程就是企业通过减少"有限理性"和"机会主义"的影响，逐步减少交易费用的过程。企业由于有限理性的压力，逐步采取了分权发展，而为了克服分权过程中机会主义可能造成的损失，又必须实行有效的控制，这两种需求的不同结合就造成了各种不同的组织结构模式。

组织结构创新受到多种内外因素的影响，这些因素不仅包括产业特征、竞争状况、环境变动性等外部环境因素，以及企业规模、企业生命周期、人员素质等内部因素的影响，同时还包括交易费用、企业战略、企业关键人员、能力与组织资本增长等"复合因素"的影响（Larrye Greiner，1998）。信息技术的发展也对企业的组织结构创新产生巨大影响，企业信息系统的建设有利于底层信息准确、及时地向上传递，从而有利于高层人员掌握全面信息，减少决策失误，也有利于企业信息在整个企业内部的广泛分配，从而为企业的分权发展并保持总体协调创造条件（吴伟浩、吴伯田、许庆瑞，1999）。

(2)营销创新。经过了 30 多年的引进、消化与吸收,中国营销学研究从简单的复制与模仿走到了致力于理论创新的路口(张闯、庄贵军、周南,2013)。顾客、供应商、内部市场等关联市场是企业创新知识的重要来源,实施关系营销导向战略的企业运用信任、承诺、沟通和互惠等手段加强与各关联市场的联系,能帮助企业了解顾客,积极获取市场信息,而企业通过知识整合对获取的顾客知识和市场信息进行有效的整理、加工,有助于营销创新的成功(李颖灏,2012)。多数学者发现营销创新对企业绩效产生一定的影响。例如,李先江(2011)研究发现,创新导向对企业绩效的正向影响不显著,但可以通过突破性营销创新间接对企业绩效施加正向积极影响。杨伟等(2011)研究发现,管理创新与新创企业的绩效正相关,与成熟企业的绩效之间具有倒"U"型关系;营销创新与新创企业的绩效具有"U"型关系,与成熟企业的绩效正相关;管理创新、营销创新的交互作用对于新创企业绩效具有负向作用,对成熟企业的绩效有正向作用。

(3)供应链管理创新。企业供应链管理包括了来自上下游物流和信息流所引发的企业内部的各种不同流程,如资源管理、采购管理、生产管理、订单流程管理、存货管理、仓储管理、客户服务、物流管理、财务管理等(周璐,2009)。供应链管理是基于信息技术革命和知识经济的企业发展新战略,是企业管理的创新。供应链管理是营销渠道的整合,促进了产销一体化,奠定了企业经营方式从大规模生产向大规模定制转变的基础(郑吉昌,2003)。供应链管理整合业务流程,扩散和移植了企业的核心竞争力,形成企业关系能力,提高了企业的社会资本。

部分学者从不同角度分析了供应链创新策略。Bello 等(2004)从制度上分析全球供应链的创新模式,提出确保供应链中的所有成员都参与供应链创新的管理框架模型;Choi(2006)从供给环节出发,研究供应链中的交易成本、风险、响应性与供应商创新之间的关系;Suo(2007)分析了制造商支持上游供应商创新的供应链协作模式;Roy 等(2012)对供应链中各成员的关系进行研究,揭示了供应链中创新产生的根源,并给出供应链创新的理论模式和研究建议;Ji(2005)通过综合分析供应链中不同阶段的利润、成本、价值等因素,建立了敏捷供应链创新理论模型;Kamrad 等(2005)通过建立正态随机创新扩散模型分析供应链中各成员的相互作用对供应链创新扩散的影响;Kim(2010)分析供应链中的生产商和供应商之间的关系,通过供应链创新降低供应成本,实现供应链协作,最终确保生产商和供应商都能从供应链协作和创新中获益。

(4)文化创新。企业文化是企业核心竞争力中最具有个性和深层次的一个重要因素。良好的企业文化不仅可以影响和改善员工的思维与行为方式，还可以凝聚企业领导与员工之间团结奋进的斗志，有利于培育一支高素质的管理阶层和员工队伍，使企业处于不败之地。张敏等（2014）认为，创新型文化具有长期的、多样化、创造性、强风险意识，并以未来发展为导向的文化。Alan L. Frohman（1998）认为，文化创新能够唤起一种不可估计的能量、热情、主动性和责任感，来帮助组织达到一个非常高的目标。创新文化是指建立一种有利于创新的文化环境，无论是营销创新、知识创新，还是商业模式创新都需要有相应的机制体系和文化环境。岳贤田（2010）对组织内有利于创新的要素和规范进行了一系列的研究，最终发现了一些共同的要素：挑战性和信仰、鼓励自由和冒险、组织的活力和持续发展、组织对外界环境的敏感性、信任和开放、辩论、跨职能的交流和自由、创新成功的寓言和故事、领导对创新的支持和参与、奖励和薪酬、可支配的创新时间和创新培训、一致性、非官僚的组织结构等。

二、创新战略

1. 创新战略需求

市场竞争能够刺激创新需求，激励新产品、新技术、新工艺、新方法等的更替，提高质量水平，提升客户未满足的需求。需求是企业和社会的前提动力条件，竞争则是市场经济必要的动力条件。没有竞争的压力，企业和整个社会创新的动力往往不足，容易形成惰性或满足于现状。通过竞争也能培育成熟、不易满足甚至"挑刺"的消费群体，对产品、信息、网络、服务等提出更高的要求，从而对企业构成压力，迫使其为生存发展而创新。通过创新，企业所运用的新技术、新工艺、新方法等降低了运行成本，保持或增加了市场份额和盈利能力，在市场竞争中立于不败之地。例如，拥有自主知识产权的企业研发创新能力较强，所占市场份额处于支配地位，其在竞争中就能保持一定的优势。[①]

创新型企业是指拥有持续创新机制、能够将资源要素系统地转化为创新绩效，并把创新作为日常管理的核心内容，获取持续稳定的创新能力和竞争性优势的组织，是主流的企业模式发展演变的最新形态。

2. 创新战略内涵

创新战略又称"结构性战略"或"分析性战略"。是企业依据多变的环境，积极主动地在经营战略、工艺、技术、产品、组织等方面不断进行创新，从而在

---

① 陈晓辉. 创新战略与标准战略互动作用的思考 [J]. China Standardization, 2014, 10 (457).

激烈竞争中保持独特优势的战略。创新战略是一种以产品的创新以及产品生命周期的缩短为导向的竞争战略，采取这种战略的企业往往强调风险承担和新产品的不断推出，并把缩短产品由设计到投放市场的时间看成是自身的一个重要目标。

创新战略是相对于传统经典战略而言的，是在经典战略基础上进行战略衍生与创新，它突破了经典战略的边界。组织战略在本质上是回答组织成长与竞争的问题，其中包括两个问题：一是组织的定位问题；二是组织如何发展的问题。在思考这两个问题时，经典战略和创新战略具有本质的不同。

（1）经典战略。经典战略主要阐述了关于组织的三个问题"想做什么、能做什么和该做什么"。因此，经典战略主要存在两种流派：以波特为代表的行业结构流派和以哈默尔等为代表的核心竞争力流派。

行业结构流派主张先选择行业结构、再选择组织定位。波特尤其强调选择行业结构的重要性，他认为行业结构决定了整体的行业性，正是因为行业结构的不同，因此在价值链分配过程中，不同组织价值在分配时才是不同的。例如，在有限的竞争环境下，组织的营利性特别好；相反，在团购市场中，由于竞争主体非常多，组织的盈利能力大幅减弱，甚至会出现过度竞争现象。

核心竞争力流派主要是以普拉哈拉德和哈默尔为代表的，具体内容在前面章节中已做相应介绍，该学派强调任何组织应该要具备自己的核心竞争力，才能在市场竞争环境下可持续发展，而组织的战略目标在于识别和开发竞争对手难以模仿的核心能力。

经典战略的核心是强调组织间边界之内竞争关系；在目标市场上，追求差异化，强调细分市场；在组织定位上，强调取舍。在发展目标上，经典战略强调组织应该发展自己的核心竞争力，在市场竞争环境下取得优势地位。如果企业都按照经典战略思维去发展，必然意味着战略的趋同性。

（2）创新战略。与经典战略不同，国内学者廖建文[①]认为，创新战略更多的是强调边界之外，战略创新思维强调合作；在目标市场方面，创新战略思维强调如何跨越细分市场，寻求共性的最大化；在组织定位方面，更多的是强调融合；在组织能力建设上，创新战略更多的是强调跳出竞争的思维，变为生态圈的思维。

从企业边界角度来看，创新战略思维强调跨越边界。经典战略理论的一个假

---

① 廖建文，南伊利诺伊大学博士，长江商学院副院长，战略创新与创业管理实践教授，美国伊利诺伊理工斯图沃特商学院终身教职；曾任教于香港科技大学、北京大学、中欧商学院教授，任美国中小型企业管理局的顾问；主要研究领域为公司战略、创新战略、创业战略等；获2009年度伊利诺伊理工斯图沃特商学院杰出教学奖。

设前提就是能够清晰回答这个企业属于哪种行业，并在这个行业中处于什么位置，而创新战略思维更多的是思考如何再认识行业边界，这要求企业不能直接按照竞争对手的游戏规则行事，因为按照这个游戏规则对于将更具有竞争力，因此创新思维强调要跨行业思考，改变游戏规则是最好的方式。跨越边界首先要思考如何跨越或替代（互换）行业，去开创一片蓝海。例如，对于蒙牛和伊利两家乳制品企业来说，从跨行业角度来看，其合作空间远大于竞争空间，比如营造良好的行业环境，提升消费者对国内品牌的信任度；开创新的蓝海，让不喝牛奶的群体喝牛奶等。

在产品经济和服务经济时代，企业与企业间的竞争往往体现在通过一个价值链来满足这部分需求，而用户实际上完全处于一种被理解、被满足的状态，因此创新战略思维从体验上进行价值创新。例如，为什么苹果的一款产品能满足那么多人的需求？因为它是通过互动体验创造出来的。这从根本上改变了我们对很多商业模式的思考，如何由原来简单的产品服务变成用户参与价值定义和价值创造的共同创造价值。

从企业定位的角度看，经典战略强调个性细分，追求差异化，创新战略强调追求共性最大化。以酒店为例，传统的五星级酒店的定位是把所有的竞争要素推到极致——无论餐饮、区位、开放性，还是娱乐设施都是最好的，通过差异化争夺最高端的客户。而战略创新则是把不同竞争要素的组合，如如家酒店，其定位是经济型酒店，它没有在低成本差异化作为战略定位的取舍，而是通过把竞争要素重新组合实现了一个跨越。

此外，不同要素的组合不是价格驱动，而应该是价值的驱动，它应该被不同的人所喜爱，而不是某个特定的人群。例如，LV 的品牌定位是全球最贵的箱包品牌，但为何在香港排队买 LV 包的并不是最有钱的人，而大多数却是中产阶级呢？因此在思考市场定位的同时，我们经常问的一个问题是"谁是我的客户以及他们有什么需求"。在思考这个问题时，我们其实有一个假设：我希望产品满足特定用户的需求，所以市场适用化的结果导致了产品的多样化。例如，在传统的思维当中，网络游戏是青年男性群体的专属产品，这个群体追求惊险、刺激，因此很多游戏公司在设计网络游戏时，就趋于相似甚至是雷同。反问自身，女孩子和老年人难道不玩游戏吗？他们不玩是因为我们只是把游戏用户群体定位在青年男性，因此并不是市场没有需求，只是我们定了一个假设。因此，游戏公司不应只是把市场定位在青年男性，而要把目标客户战略从研究特定群体的个性到研究不同群体的共性。基于共性，我们可以发现不管是老年、青年还是中年都喜欢互动,这就导致了越来越多的互动游戏应运而生了。如果共性变得最大化,则特性已不再那么重要了。

从企业能力角度来看,经典战略强调重视核心竞争能力建设,其主要是基于以下几种假设:其一,你的核心竞争能力不是别人的核心竞争力;其二,核心竞争力是一个静态的延展,可以把它延伸到其他行业;其三,核心竞争力往往是整个价值链的思维,最终核心往往是单一的,因为很难将价值链的各个环节都做得比别人好;其四,核心竞争力往往是内生的。

在创新战略思维下,未来的竞争是生态圈的竞争,这意味着将完全改变我们对核心竞争力的理解。如何管理你不拥有的能力,在一定程度上会成为一个动态的能力。生态圈意味着是一个共生、互生和再生的概念,在竞争的同时,互相依赖,合作、不断创造新的价值。例如,近几年浙江卫视推出的"中国好声音"(以下简称"好声音")节目,实现了一个全新的商业模式,这是一个买卖的关系,也是一个价值链的思维。与以往娱乐节目不同,"好声音"对于娱乐节目来说具有核心价值的名家点评环节,以前的模式是点评多少次制作方给多少钱,但在"好声音"这个节目里,名家没有什么直接报酬却愿意在晚上12点接电话,因为将来每个徒弟背后产生的衍生经济他们都有分成,制作方也拼命想把这个节目做好,因为他们也有分成,这就是一个生态圈的思维,而不是价值链的思维:不是在竞争谁玩得最好,而是竞争谁跟你一块儿玩得更好。这意味着,核心竞争力由原来单方变成多方,核心竞争力由内转向外,也由此创新出一个多方共赢的生态圈。

3. 创新战略分类

从创新战略实践层次来看,在市场经济建设过程中,创新战略有宏观创新战略和微观创新战略。我国宏观创新战略为正在进行的创新驱动发展战略;微观创新战略主要为企业创新发展战略。

从创新战略组织创新活动方式来看,创新战略可以分为自主创新、合作创新与模仿创新。[1]自主创新指企业组织内部科研人员进行独立的研发活动,不断探寻创新方向,不断突破技术难关,不断丰富自身的科研能力,并通过自身能力推动技术商品化,这样容易形成较强的技术壁垒,获取较大的竞争优势。合作创新是指企业、科研机构和高等院校三个研发主体组合在一起充分利用各方优势进行的

---

[1] 邓金梅.创业板企业"创新战略—资本结构—企业绩效"关系的实证研究[D].长沙:湘潭大学硕士学位论文.

创新活动；他们的合作是建立在明确的合作方案的基础上的，目的是提高创新的成功率并降低创新投入，综合合作方资源和能力，共担风险并共享利益。模仿创新是在借鉴成功经验、吸取失败教训的基础上集中力量、有针对性地在创新链的重要环节寻求突破；这种创新具有被动性，创新的方向跟随整个行业的创新动态而变动，环境变动会加大其风险。

从创新的动力机制来看，创新战略可以分为市场拉动型、技术推动型和综合作用型。[①]市场拉动型创新战略认为企业创新的主动力是市场需求的牵引力，为了得到消费者的认可，企业需要充分做好市场调查，以顾客的需要为基础进行技术创新；市场拉动型创新以一个既定的市场消费群为出发点，需求已经存在，创新要做的是通过新产品或新形式满足这一需求。技术推动型创新战略认为很多情况下消费者对自己的一些隐性需求并不了解，对未来的需求也无预见，这时企业就可以发挥主观能力性，主动进行技术创新和开发新产品，积极对市场需求进行引导；对企业来说并不存在既定的市场，而是要以技术创新开创出一个新的市场。综合作用型创新是以技术和市场的综合作用为牵引的创新，是技术推动和市场拉动两种模式的整合，既有对现有市场需求的充分把握，又有技术支撑以创造需求，强调两种动力的协调和动态均衡性。

目前，国内外学者对创新战略的分类还没有形成统一认识，主流分类标准包括创新程度、创新努力程度、战略姿态、创新对象以及创新来源等（见表7-2）。

表7-2 战略创新的分类

分类标准	分类结果	代表性文献
创新程度	激进性创新 渐进性创新	He 和 Wong（2004）；Richard 等（2007）；Morgan 和 Berthon（2008）；李剑力（2009）
创新努力程度	市场领先型创新 市场跟随型创新	Freman（1974）；Miles 和 Snow（1978）；Zahra 和 Covin（1994）；李心丹等（1998）
战略姿态	前瞻性创新 反应性创新	Gilbert（1994）；Zahra 和 Covin（1994）
创新对象	产品创新 过程创新	Porter（1980）
创新来源	自主创新 合作创新	郭俊华和万军康（1998）；Veugelers 等（1999）

资料来源：根据相关研究整理。

---

① 邓金梅.创业板企业"创新战略—资本结构—企业绩效"关系的实证研究[D].长沙：湘潭大学硕士学位论文.

4. 开放式创新战略

(1) 开放式创新的内涵。2003 年，美国加州大学亨利·切斯布朗（Henry Chesbrough）出版了《开放式创新：进行技术创新并从中赢利的新规则》一书，针对企业在创新过程中面临形势的改变而不得不改变创新模式的情况提出了"开放式创新"的观点，强调了外部知识资源对于创新过程的重要性，提出企业必须同时利用内部和外部技术及创意，将其转化为新产品、新架构、新体系和新渠道。这些与公司现有的业务体系不同，它将会创造更多的附加值。开放式创新范式可以被理解为传统的垂直整合研发模式的"对立面"。

自 Chesbrough 于 2003 年针对传统封闭式创新方法提出开放式创新开始，对于开放式创新含义的研究已经有很多。如表 7-3 所示，列出了对开放式创新的各种理解。

表 7-3 开放式创新的内涵

研究者	开放式创新定义
Gassman 和 Enkel（2004）	开放式创新意味着企业需要打破固有边界，让价值的知识从外部流入企业内部，以此来创造与伙伴、顾客和供应商合作创新的机会。开放式创新包括对创意和知识产权的扩大，从而能比竞争对手更快地将产品投入市场
Chesbrough（2006）	开放式创新是利用有目的的知识流入和流出来加快内部创新，并扩大外部创新市场的利用。企业可以并且应该利用内、外部创意，内、外部市场路径来提高企业的技术
West 和 Gallagher（2006）	开放式创新系统地探索各种内外部资源的创新机会，有意识地整合企业能力和资源的探索，并通过多种渠道广泛地利用这些机会
Dittrich 和 Duysters（2007）	产品开发漏斗的边界是可渗透的，所以该系统被认为是开放的。一些来自创新项目的想法是通过其他进入漏斗内部的成员和其他离开漏斗的项目产生的，并进一步由其他成员开发
Terwiesch 和 Xu（2008）	存在许多依赖于外部世界创造机会的创新项目，然后从这些方案中选择最佳的方案来获得进一步发展。这个方法通常被称为开放式创新
Lichtenthaler（2011）	从知识视角将开放式创新定义为企业在创新过程中在组织内部和外部同时开展知识探索、知识保持和知识挖掘的行为

(2) 开放式创新战略模式。在 20 世纪的大多数年头，企业通用的创新模式是"封闭式创新"。该模式指出，成功的创新需要企业强有力的控制，企业必须自己研发技术并生产、销售产品，企业还必须提供售后服务和财务支持。换言之，要想有所作为，企业必须事无巨细、样样精通，从设备、材料、产品设计与制造，直到销售、服务和技术支持，事事都要亲力亲为。一个典型例子就是施乐公司在早期为了使其复印机更好用，甚至自己生产专用的复印纸张。封闭式创新

导致那些无法负担高额研发资金的企业处于竞争劣势，企业对市场需求不明确而过度技术开发或与市场脱轨，企业无视外部众多优良的同类创新成果而导致闭门造车，重复开发浪费资金。

历史的发展总是那么富于戏剧性：自行车代替了步行，汽车代替了自行车，当汽车成为人见人怕的"马路杀手"并且使用成本越来越高的时候，自行车与步行又成了不少人的最爱；电视机代替了收音机，有线代替了天线，当中央电视台宣布要无线传输高清晰电视节目的时候，可以想象，未来的高楼大厦会冒出越来越多的天线；人类在农耕时代依靠的是自给自足，工业时代则遵循亚当·斯密的"劳动分工原则"，工业时代后期的大企业则信奉钱德勒"有价值的知识本质上是稀缺的"理念，从而过强调企业集权与整合的重要性，并且很可能产生"与我无关"的思想，即拒绝接受来自外界的技术，而只相信自己内部的创新。可是在今天，企业仅依靠内部的创新已经不可能应对来自供应商、消费者、竞争者日益增大的压力。于是，我们"似乎"重新回到了斯密的劳动分工时代，开始进行"开放式创新"。在知识经济时代，企业仅仅靠内部的资源进行高成本的创新活动，已经难以适应快速发展的市场需求以及日益激烈的企业竞争。在这种背景下，"开放式创新"正逐渐成为企业创新的主导模式。该模式指出，企业应把外部创意和外部市场化渠道的作用上升到和封闭式创新模式下的内部创意以及内部市场化渠道同样重要的地位，均衡协调内部和外部的资源进行创新，不仅是把创新的目标寄托在传统的产品经营上，还积极寻找外部的合资、技术特许、委外研究、技术合伙、战略联盟或者风险投资等合适的商业模式来尽快地把创新思想变为现实产品与利润。开放式创新模式的核心理念就在于，不管是外部资源还是内部资源，只要是企业所需统统拿过来。这样外部资源就有了和封闭式创新模式下内部资源同等的地位，从而达到以最小的成本和最短的周期，实现科技创新。这种思想调节了内外部资源的合理利用，达到资源最优配置。同时通过积极寻找外部项目，如技术许可、委外研究、技术并购、战略技术联盟或者风险投资等合适的商业模式，来把创新思想变为生产现实，尽可能多地为企业创造收益。开放式创新强调组织的无边界化，即必须消除存在于企业与企业之间、企业与科研机构之间的创新流动的界限，这给企业带来的收益将大大超过付出的成本。然而，这并不意味着企业不需要建立自己的研发机构。不过内部研发机构的职能有了一定的变化，从之前的独立承担研究项目，转变为开放式模式下的确认企业需求，在自己研发的同时，根据需求寻找外部优势资源，进行匹配。或者联合外部资源，共同研发，合作攻关，形成一个合作组织。开放式创新基于一个完全相异的知识视野，其在基本逻辑、创新动因、创新主体、竞争优势及管理技能要求等方面有别于传统，具体如表 7-4 所示。

表 7-4　封闭式创新与开放式创新的区别

比较项目	封闭式创新	开放式创新
基本逻辑	极端的独立自主	合作创新基础上的自主创新
创新动因	内部化、技术推动式	内外协同：知识转移、价值转移、系统整合
创新主体	边界内的单一化部门	边界内外的多元化主体构成的开放式网络
竞争优（劣）势	R&D 投入大、产业化周长、与市场需求脱节、过度开发、风险大	最小化成本、分散风险、缩短产业化周期、适销对路
管理挑战	从研究结果到开发的过程；吸引最好及最聪明的人才	激励外部知识的获取和贡献；整合外部内资源和能力；多样化地利用知识产权资源
管理技能	极具竞争力的薪酬、优质资源和宽松的自由；研究与市场的微弱联系	对贡献者提供内在奖励；详细的环境扫描；开发吸收能力或利用联盟、网络、利益相关者；从创新组合中共享知识产权而最大化收益

（3）华为公司的开放式创新战略实践。华为公司从 1997 年开始就着手改变其公司管理模式，提出了与国际接轨的管理目标，花巨资聘请国外管理咨询公司研究设计公司的各项管理流程，形成了开放式的创新模式。华为开始从封闭式创新走向开放式创新，技术上，在美国、印度、俄罗斯等国家设立了研发中心，与IBM、英特尔等公司成立了联合研究所；管理上，聘请了许多国外优秀的咨询管理专家。

促使华为选择开放式创新战略的因素有很多，最主要的是华为由于"闭门造车"对市场的估计错误和对竞争对手的低估，公司花费大量人力、物力所研发的技术可能早已被其他公司申请专利或者早已被国外公司所淘汰，刚推出的产品面临着没有市场的尴尬局面。而且华为意识到在学习西方公司产品的基础上推出改良的产品，是消除这几十年与西方公司形成的技术鸿沟的最佳方法。

华为依据"以奋斗者为本，以客户为中心，以共建全连接世界为愿景"的指导思想，从微观层面技术与研发、中观层面业务与应用、宏观层面市场与行业系统对于开放式创新战略进行设计。

时至今日，华为的开放式创新策略仍在快速稳健地发展，在全球各地设立研发机构，与 3COM、西门子等一流企业合资。其专利授权量也得到很大的提高，专利年度授权量已经与欧美企业不相上下，具备了与西方公司相抗衡的实力。2007 年，华为公司在人力资源变革通告中指出，"华为没有任何可依赖的外部资源，唯有靠全体员工勤奋努力与持续艰苦奋斗，不断清除影响我们内部保持活力和创新的东西，才能在激烈的国际化竞争中存活下去"，"幸福不会从天而降，只能靠劳动来创造，唯有艰苦奋斗才可能让我们的未来有希望。除此之外，别无他途"。任正非在2010年华为PSST体系干部大会上，以"以客户为中心，加大平台投入，开放合作，实现共赢"为题进行了内部讲话，再次强调产业链的整体共赢，也为"后二十年"华为的对外生存法则进行了基本定调："我们已经够强大了，内心要开放一些，谦虚一点，看问题再深刻一些。不能小肚鸡肠，否则就是楚霸王了。我们一定要寻找更好的合作模式，实现共赢。前二十年我们把很多朋友变成了敌人，后二十年我们要把敌人变成朋友。""开放式创新"逐渐成为华为创新的主导模式。也就是说，华为把外部创意和外部市场化渠道的作用上升到和封闭式创新模式下的内部创意以及内部市场化渠道同样重要的地位，均衡协调内部和外部的资源进行创新，不仅把创新的目标寄托在传统的产品经营上，还积极寻找外部的合资、技术特许、委外研究、技术合伙、战略联盟或者风险投资等合适的商业模式，来尽快把创新思想变为现实产品与利润。在以"迈向全连接世界的开放之路"为主题的第十二届华为2015年全球分析师大会中，华为战略Marketing总裁徐文伟表示，"各行各业的产业链正在被重构，跨界合作成为趋势。华为持续推进生态系统的构筑，与ICT产业链上下游合作伙伴持续开展联合创新，推动产业链成熟"。华为产品与解决方案总裁丁耘在大会上表示："未来全联接世界的垂直行业应用会是千万级的，必须选择开放创新，华为将聚焦网络基础设施、IT基础设施和数字基础设施，携手业界打造有竞争力的解决方案。"2015年开始，"开放式创新"被华为广泛提及。2015年7月2日在北京召开的"中国制造2025暨德国工业4.0峰会"上，华为集团前任党委副书记朱士尧出席并演讲，提出开放创新是华为发展最强大的内生驱动力。

华为公司的开放式创新历程如表7-5所示。

表7-5 华为公司的开放式创新历程

时间	记事
1997年	与Texas Instruments、Motorola、IBM、Intel、Agere Systems、Sun Microsystems、Altera、Qualcomm、Infineon、Microsoft成立了联合研发实验室
1999年	在印度班加罗尔设立研发中心
2000年	在瑞典首都斯德哥尔摩设立研发中心
2001年	在美国设立四个研发中心
2003年	与3Com合作成立合资公司，专注于企业数据网络解决方案的研究

续表

时间	记事
2004 年	与西门子成立合资企业,针对中国市场开发 TD-SCDMA 移动通信技术
2006 年	与摩托罗拉合作在上海成立联合研发中心,开发 UMTS 技术
2007 年	与赛门铁克合作成立合资公司,开发存储和安全产品与解决方案
2010 年	加入联合国世界宽带委员会;获英国《经济学人》杂志 2010 年度公司创新大奖
2010 年	继联想集团之后,华为成为闯入世界 500 强的第二家中国民营科技企业,也是 500 强中唯一一家未上市公司
2011 年	华为与赛门铁克公司宣布双方已就华为收购华赛 49%的股权达成协议;华为入选首批"国家技术创新示范企业";推出华为 honor 荣耀手机
2013 年	作为欧盟 5G 项目主要推动者、英国 5G 创新中心 (5GIC) 的发起者,发布 5G 白皮书,积极构建 5G 全球生态圈,并与全球 20 多所大学开展紧密的联合研究
2014 年	在西班牙巴塞罗那举行的 2014 年世界移动通信大会上,华为与欧盟及产业界各方共同推动 5GPPP Association (5G 公私合作联盟) 正式成立
2015 年	华为与重庆中交通信信息技术有限公司 (CCTTIC) 建设智慧交通与车联网联合创新中心
2015 年 1 月	宇信科技与华为成立联合创新中心,深入开发金融云数据中心解决方案和全渠道银行解决方案
2015 年 5 月	郑州大学第一附属医院与华为公司成立了全球领先的远程医疗与医疗大数据联合创新中心
2016 年 2 月	苏美达集团与华为成立能源物联网联合创新中心,着手拓展全球能源工程市场,在智能光伏电站解决方案、联合技术创新、渠道资源等方面展开全方位的合作

华为公司开放式创新形成了独特的商业模式(见表 7-6),推动公司业绩的持续上升。

表 7-6 华为公司开放式创新商业模式

序号	商业模式要素	具体内容
1	价值主张	致力于开放、合作、共赢,为客户创造价值,为产业健康发展和社会进步贡献力量,共建更美好的全联接世界,与产业链、产业生态圈共同发展与繁荣
2	目标客户	一是华为产品的用户,包括个人用户、企业用户和运营商用户;二是技术转移过程中的各方,包括技术资源方、投资方、生产方
3	渠道通路	分为两类:一是线下渠道;二是线上网络渠道
4	客户关系	客户关系的维持主要是通过线上、线下两种方式进行的:线上通过开源社区、开放平台、创新大赛等维持吸引各方资源;线下主要通过保持和技术资源提供方的合作关系,建立联合创新中心

续表

序号	商业模式要素	具体内容
5	关键任务	主要分为三个层次：一是微观层面的技术与研发创新，通过专利交叉许可、全球设立研究所和联合产品研发，获取和整合技术创新资源；二是中观层面的业务与应用创新，关注客户需求的获取及挖掘，与客户甚至竞争对手联合创新；三是宏观层面的市场与行业创新，通过行业内的生态整合和跨行业的开放创新，推动商业和科技创新，推动业界建立合作共赢、公平竞争的产业健康发展生态
6	核心资源	拥有强大的线上线下技术资源方及可提供资源的机构（线下：大学、科研院所、行业协会、华为线下渠道网络、供应商、政府等，线上：各种有技术资源的人）；拥有大量的用户数据及产品数据；拥有品牌带来的影响力及号召力
7	合作伙伴	合作伙伴众多，主要包括供应商、运营商、高校、科研院所、行业协会、技术中介机构、政府机构、非相关企业等
8	成本结构	主要包括技术资源搜索成本、代理成本、多方撮合成本、项目服务成本、创新中心建设成本、技术输出成本等
9	收入来源	主要包括专利使用费、联合开发收入分成，产品创新提升销量产生的额外收入、降低企业自身研发成本等于变相的收入来源、无形收入（如企业声誉、行业地位）等

5. 迭代创新

（1）迭代创新的定义。迭代是数值分析中通过从一个初始估计出发寻找一系列近似解来解决问题的过程，为实现这一过程所使用的方法统称为迭代法。跟迭代法相对应的是直接法（或者称为一次解法），即一次性解决问题。一般来说如果可能，直接解法总是优先考虑的。但当遇到复杂问题时，特别是在未知量很多，无法找到直接解法时，就通过迭代法来解决。迭代是解决问题的一种基本方法，适合做重复性操作，它可以对一定步骤进行重复执行，在每次执行这些步骤时，都从变量的原值推出它的一个新值。

从上述理论可以得出：一是迭代的思想和方法特别适合创新模式和流程，因为创新模式和流程是典型的从一个初始估计/创新想法（Idea）来寻找一个新的或者类似的解决问题的过程。同时，创新是一个复杂问题，未知变量和未知因素很多，并且创新环境不确定，一时难以找到直接解，直接法通常不适用，只能通过迭代法来解决。二是迭代创新就是要对创新按照一定的步骤进行重复执行，迭代操作，在每次执行这些步骤时，从已经创新的原值中推出它的一个新值，使创新始终处于一种开放状态，同时充分利用已有的创新成果持续创新，并通过规范化的步骤加速创新的过程。迭代创新的征内涵包括以下四点：

第一，迭代创新是将一次长周期创新变为多次短周期的叠加创新。传统的创新方式试图在一个周期内解决所有问题,这导致周期长、速度慢。创新周期内有多个目标,达成这些目标的方法和手段可能彼此冲突,从而导致顾此失彼。迭代创新将需要解决的问题按重要性进行整理和排序。每个迭代周期都要解决当前最具全局性、最重要的几个问题,而不是将所有问题放在一个迭代周期内解决。非稳定期专注稳定期每个迭代周期结束后,需要根据上一迭代周期内的成果重新评估待解决问题,并重新对问题的重要性进行整理和排序。每经过一次迭代周期,创新问题会有所变化,会产生新问题,问题的重要性也会变动,有些问题甚至可能自然消失。这种方式可以保证每次的创新成果都有助于主要创新目标的实现,避免将资源浪费在细枝末节上,同时可保证创新成果的内在一致性。

第二,迭代创新是通过多次迭代周期实现整体螺旋式上升的累计改进。与其他创造性过程一样,迭代创新是一个由全局到局部、从框架到细节的过程。迭代创新是面向整体的创新过程,强调每个周期的产出是完整的但不一定是完美的。每次迭代都是基于上一次迭代的结果进行的,因此对反馈信息进行总结是迭代过程中的重点。经过每个迭代周期,结果都向完美更靠近一步。迭代创新是一个不断累积和改进的过程,呈螺旋式上升,经过多次迭代周期逐渐实现最终目标。

第三,迭代创新是以最小成本、最低风险来快速响应客户需求的创新方式。与生物进化类似,创新的本质是试错过程,如何降低试错付出的时间和成本是有效创新的根本问题。大自然以基因变异的方式实现生物进化的创新,通过自然选择筛选变异生物、淘汰不适应环境的变异。与生物基因变异相似,在迭代创新的每个迭代周期内改进都是有限的,所投入的时间和成本也是有限的,通过专家、市场和顾客的快速检验实现周期的进化。与自然变异无方向的特点不同,迭代创新是以问题为导向的创新,因此迭代创新的"变异"是定向的,付出的代价更小。通过几个迭代周期,可快速形成满足客户需求的阶段性成果,通过向市场发布成果可快速获得收益。这既能支持后续的创新活动,又能通过市场广泛收集反馈信息来进一步指导后续的创新活动。

第四,迭代创新强调客户高度参与。创新过程是新知识的发展过程,企业的创新活动需要组织和员工内外部知识的结合应用。野中郁次郎的知识螺旋理论认为,组织的知识创造要经过共同化、表出化、联结化和内在化四个阶段(简称为 SECI 模式),这四个阶段循环往复,形成知识积累的螺旋式上升。客户需求属于隐性知识,创新团队往往难以准确把握,如果客户能够广泛参与创新过程,通过共同化和表出化的过程将隐性需求显性化,进而通过创新团队整体把握来实现知识的联结化和内在化,企业就可以更准确地把握客户需求。同时,客户参与能使客户对创新成果进行及时而有效的评价。由于迭代创新的每个迭代周期都有创新成果产出，客户可更早地评价创新成果，创新团队也能更有效地把握创新方向。一方面，客户可以纠正创新团队对需求的误解；另一方面，客户可以及时地将未被创新团队掌握的需求显性化。总之，客户的高度参与可以大大降低在创新过程中走弯路的可能性，从而提高创新绩效。

迭代式创新与传统创新模式不同，主要体现在创新源和创新演化本质两个维度。创新源体现为用户的深度参与，即迭代式创新使创新逻辑从企业主导发展为用户主导；创新演化体现为迭代式创新是一个非线性的循环演化过程。具体不同如表7-7所示。

表7-7 迭代式创新与两种传统创新模式的比较

	渐进式创新	突破式创新	迭代式创新
连续或间断	连续	间断	连续
频率	较高	低	高
速度	较快	慢	快
改变程度	低	高	高
应对不确定的能力	弱	弱	强

（2）迭代创新的特征。用户反馈的及时性。由于创新工作具有不确定性，为了控制创新方向，需要采取一些手段（如阶段性评审、用户试用等）评估创新的阶段性成果。迭代创新中每个较短的迭代周期都能提供相对完整的创新方案，有利于利益相关者以一种较直观的方式进行评价和反馈。迭代创新中的反馈时点有多个，包括每个迭代周期结束后的强反馈、迭代周期中的持续反馈。创新团队通过收集、归纳和分析反馈信息，进而根据不同的反馈结果来及时地调整创新方向。

创新的快速性。在激烈的市场竞争中，快速创新是企业生存的必备能力，而迭代创新恰好能够满足企业快速创新的需求。迭代创新在每个迭代周期内只关注几个主要问题或需求，因此可以实现在较短时间内快速完成一次创新。当生产成本较低时（如软件行业），甚至可以做到每个迭代周期内都进行产品发布。

改进的持续性。迭代创新不是毕其功于一役的创新方式，而是每次改进都比上一次更优，使客户满意度更高、客户体验更好。在每个迭代周期结束后，对创新结果的反馈和评价、对问题和需求的再分析都是至关重要的，如此才能确保下一个迭代周期实现持续改进和优化。持续改进主要包括两个维度：其一，持续改进问题和需求，通过多次迭代实现对问题持续的挖掘和确定；其二，不断优化和改进创新结果，更好地满足客户需求。

善于试错。用科学的方法降低成本，只要有迭代存在，就会不断产生试错成本。比如，迭代速度快、周期短，缺乏全方位的论证和测试，质量无法保证；投入大量人力、物力，却只是在低水平重复循环。但试错是为了寻求机会创新，不是不犯错误，而是要少犯错误。对此，科学的试错流程与方法必不可少，如邀请一部分忠实用户体验测试版本；一些重大调整尽量与主要产品隔离，周密论证后再推行；拓宽反馈渠道，根据产品特性、用户反馈等设定合理的迭代周期。"快"要建立在"准"的基础上，确保速度、质量与效益相统一，使每一次迭代都站在新的起点上。

不忘初心。核心功能不要轻易舍弃，在产品初创时，都有一个预先设定的成长轨迹，有一个最核心的功能定位。产品一经推出，便在用户心里形成强烈的辨识度。从 1.0 到 2.0，甚至更高级别的成熟版本，无数次的迭代可以让这一核心功能更突出、更完美。对每个阶段的用户需求都进行重新审核和排序，按照优先级别，果断放弃该阶段的非重点功能模块。同时，大方向不能偏离，应围绕核心功能一步步打磨，进行微创新，尽量避免大改动。

支付宝的迭代创新模式塑造了中国移动互联网行业迭代创新的典型案例，其迭代创新的特征主要具有以下四个方面的特征：

一是用户体验。支付宝高度重视用户体验，将其作为企业发展的定海神针。早在 2009 年公司就将 12 月 8 日作为用户体验日，让所有支付宝员工体验一下自己的产品，多个部门的员工还自发成立了"杀虫剂小组"；在 2010 年支付宝年会上，马云批评自身产品"用户体验太差"，把 2010 年确定为"支付宝体验年"，并将用户体验作为所有业务部门考核的第一指标；为了更好地收集用户体验情况，支付宝公司还推出一项长期项目"用户体验改善计划"，邀请用户体验产品，参与产品的设计过程，收集用户对产品的想法和期待，从而设计出更能满足用户需求的、符合用户使用习惯的产品。

二是快速灵活。支付宝在产品研发过程中，为了避免创新活动的流程化和僵化，将大团队分成几个小团队，并且在管理模式上充分授权，调动开发人员的积极性。除此之外，支付宝的技术团队也采取相同的模式，既要保障产品的高品质又要保持对业务发展的快速响应，支付宝的技术研发体系从系统中的业务核心独立出来，由专业的团队、通过更严格的研发体系来支持它的发展。支付宝客户端不断更新迭代，业务变化也相应快速上线，截至 2015 年底，支付宝客户端总共发布了 96 个版本。

三是不断试错。支付宝拓展业务的过程并不是十分顺利的,是在不断摸索中进行的。最初支付宝将业务拓展到线下支付市场的时候,第一次是通过 POS 机的方式,由于其绕过了银联,遭到了银联的反击,以失败而告终;第二次以 O2O 的方式进入,在实现快速的支付方式后,不断进行市场推广,培养消费者在线下条码支付的习惯,逐渐覆盖了商超、交通等消费场景。2015 年春节的红包大战,支付宝创新推出了口令红包、群红包、接龙红包等玩法,但是由于支付宝宣传与实际反差过大、准备不充分、大量代金券与现金红包混合在一起等,支付宝红包被网友集体吐槽,形象受到冲击,好在支付宝方面及时道歉,第一时间撤下了毫无价值的优惠券,并追加了 2500 万元现金红包,这才勉强渡过危机。

四是目标检验。支付宝在产品研发的创新过程中,一直没有忘记其最初的产品功能定位——为用户提供"简单、安全、快速"的在线支付解决方案。例如,支付宝创新推出快捷支付功能,减少了开通网络银行的麻烦,"支付密码+手机动态密码"的极简支付流程既方便了用户,又保障了安全性,其他如声波支付、指纹支付、刷脸支付等新型支付方式也减少了用户支付的时间,更加方便快捷;支付宝功能设计的原理都很简单,条码支付、二维码支付的技术原理都是充分运用了简单的编码规则,同时客户端的界面也要求极简,总是将最本质的支付功能放在第一界面;在支付宝的发展过程中,支付宝使用数据挖掘的方式寻找用户的使用"基因",通过用户行为来保护用户安全,目前支付宝是基于大数据安全防控体系保护用户的账户及资金,通过对海量数据分析来对用户的每个账户资金操作进行实时风险识别,早前支付宝曾推出安全控件、短信校验服务、数字证书、第三方证书、支付盾等安全服务,在实际应用中为支付用户保驾护航。

(3) 迭代创新成功的关键因素。迭代创新成功的关键影响因素有以下四点:

首先,选择恰当的创新领域。迭代创新适用于三个领域。一是客户需求不明确、问题不易清晰表示的领域。利用迭代创新的方法可以快速生成原型,创新团队和客户可基于原型进行深入探讨,从而逐渐明确客户需求。二是技术更新快、客户需求变化快的领域。这些领域往往具有市场竞争激烈、新产品层出不穷、对企业创新速度要求更高等特点,通过迭代创新可在最短时间内完成创新并将产品投向市场,快速完成产品的更新换代。三是创新项目规模有限的领域。因为迭代创新的参与者需要对创新领域进行整体把握,而受限于参与者的知识、时间和精力,在大型创新项目中直接使用迭代创新方法往往不会获得较高的成功率。一种可行的方式是,在大型创新活动中,先进行整体规划,将整体创新项目细分成多个创新领域,在每个细分领域中采用迭代创新方法。例如,在 Linux 操作系统的研发过程中，操作系统被划分为多个模块，对各模块间的接口进行预先定义，独立的创新团队再利用迭代创新方法对每个模块进行快速创新。

其次，构建充分授权的小型创新团队。迭代创新是基于问题导向的创新模式，每个迭代周期的创新目标必须由创新团队自行确定，具体的实现方式由创新团队自行选择，因此必须对创新团队充分地授权。迭代创新是很多微创新过程的整合，因此进行迭代创新的团队应保持小团队模式，简化成员间的合作流程，使团队可以快速、敏捷地开展微创新，避免体积庞大使创新活动僵化。为了实现以客户为中心的创新，可使客户参与创新团队的组织和构建，从而使客户需求直接体现在创新成果中。为了便于客户参与创新，企业应构建员工与客户间的沟通平台。

再次，执行"问题—结果"导向的创新流程。在迭代创新中，大周期被分解为若干小周期，每个小周期都以明确的问题开始、以产出结果为结束。以问题作为创新出发点、将问题的确认和解决转移到创新流程中的早期阶段，可以提高创新绩效。可将每个小的创新周期进一步分解为更小的创新周期（甚至以天计算）。在更小的周期内，也以"问题—结果"作为起始点。多个小周期组成一个大周期，各周期间前后衔接，从而构成完整的迭代创新流程。迭代创新要求在既定的计划时间内完成创新活动，严格执行每个迭代周期的时间管理，通过把控每个环节的时间来保证整体创新的效率。

最后，寻找合适的迭代频度。迭代创新的周期并非越短越好，进行迭代创新时需要寻找一个恰当的迭代频度。迭代周期的长短取决于生产成本的高低和市场规模的大小，应根据行业特点和用户特点决定迭代周期。例如，在大众消费软件领域，生产成本较低、市场规模大、流行趋势变化快，因此迭代周期应尽量短、创新成果应尽快面世；在硬件领域，由于生产成本高，迭代频度过高会导致回收设备投资困难，从而在经济上不可行，因此迭代周期相对较长。同一企业根据不同的用户群体可采取多种迭代频度并存的模式。

（4）迭代创新原则。面对互联网时代瞬息万变的技术和竞争愈演愈烈的支付市场，迭代创新中还应该继续秉承五大原则：

一是问题先行原则。学者托姆科（Thomke）与藤森（Fujimo）认为，如果在开发和测试阶段才建立模型，发现问题或解决问题所需的金钱和时间成本可能非常高；如果"问题先行"，也就是将问题的确认和解决转移到产品开发流程的早期，将会提高开发绩效。李开复曾经提过一个自己的例子：在SGI（硅谷图形公司）负责多媒体研发业务时，由于沉迷于酷炫的3D浏览器技术，忽视了用户导致自己的部门被出售，100多名员工失业，李开复犯的错误就是技术至上，而忽视了用户需求这个产品开发的核心问题。

二是快速试错原则。李开复经营创新工场的逻辑是，"先向市场推出极简的原型产品，以最小的成本和有效的方式验证产品是否符合用户需求，然后再结合需求，迅速添加组件"。这正是迭代创新中快速试错的思路。如果产品不符合市场需求，最好能"快速而廉价地失败"。在没有任何蓝图可循的时候，频繁地试错能够创造更多的机会，如支付宝进入线下支付市场也经过了不断的试错，所以未来支付宝的迭代创新要继续发挥快速试错的作用，用较小的成本验证产品的服务与功能。

三是微创新原则。微创新在从产品开发到上线的周期中间的各种迭代中扮演着重要的角色，迭代要挖掘出用户的一些隐秘需求，需要的不是颠覆式的大创新，而是微创新。

四是用户体验至上原则。迭代创新意味着亲民的用户关系——让用户参与到创新过程中，在体验参与中树立品牌与影响。支付宝公司一直高度重视用户体验，在未来的迭代创新中，更要将用户体验的作用发挥到极致。

五是小团队的迭代组织原则。迭代组织共同的取向是采用小团队作战的模式。迭代开发的小团队运作非常适合使用 Scrum（橄榄球竞赛中的争球）方式，这种方式在敏捷软件开发中得到了广泛应用。Scrum 的组织模式是：一个迭代的研发项目分成产品负责人、Scrum 主管、团队开发人员，团队开发人员由 5~9 名具有跨职能技能的人组成的小团队。

（5）腾讯公司迭代创新战略的实践。腾讯公司是中国最大的互联网综合服务提供商，其主要产品 QQ、微信在国内拥有众多用户。腾讯微信自 2011 年 1 月 21 日首次推出，截至 2016 年第三季度每月活跃用户占比高达 89.47%，覆盖 200 多个国家。历时 5 年，微信采用迭代创新方式快速实现了从 1.0 版本到 6.3 版本的发布，从最初的"能发照片的免费短信"变成"移动通信、社交、娱乐、金融服务和电子商务的综合平台"，微信的成功展现了迭代创新的魅力。

微信的核心功能并不是一次性开发完成的，而是通过多次过程实现"迭代"加强和"整合"完善的。所谓"迭代"是对微创新活动反复按照一定的步骤进行重复执行、开放操作、迭代升级，在每次展开这些步骤时，并不是简单的循环复制、功能叠加，而是将创新活动始终置于一种开放的、协同的状态，充分利用已有的创新成果、紧紧追踪潜在的适用技术、细致分析所感受的用户需求，要求在每一次重复中实现哪怕是某一微小功能或技术的迭代升级，以保障实现持续创新。所谓"整合"是指微信不只是使用某种单独模式开展微创新活动，而是将微创新活动建立在基于功能、技术、定位、模式、外观、服务、渠道等多个层面，兼顾各方面的用户体验的持续改善，并不断整合各种微创新模式。从微信的发展历程来看，微信的创新模式呈现出具有规律意义的两个核心点：一是从小处着眼，体察、贴近用户的需求心理；二是专注于一个方向，快速出击，不断试错。

微信作为互联网领域迭代创新的典型代表，其迭代创新主要具有以下四个方面的特征：

一是用户体验。微信高度重视用户体验，将其作为企业发展的定海神针。除了腾讯创始人马化腾不断在内部强调用户体验外，微信内部还有"1110军令"，微信创始人张小龙每个礼拜都会特意搜索用户对微信的反馈信息，对于有价值的新闻和博文，都会仔细阅读；同时，其在微博上针对用户提出的疑问和批评，大多情况下也会亲自解决回复。重视用户体验不仅是产品经理的责任，还是每个微信团队成员的必修课。微信团队的成员都会观察自己身边的人如何使用微信，来了解用户的使用习惯。微信还成立了"微信学院""微信团队"等公众号来及时获取用户体验，帮助用户解决问题。在增加与用户交流的基础上，微信每年都会举办各种形式和主题的活动，邀请用户体验产品，参与产品的设计过程，收集用户对产品的想法和期待。此外，张小龙对产品的超强控制力和完美欲也确保了微信的用户体验很少偏差。

二是敏捷开发。首先，在微信项目的开发过程中，张小龙全力保持小团队的开发模式。如果原来是大团队，张小龙就把它拆分为几个小团队，并且在管理模式上对每个小团队进行充分的授权，并且简化成员之间配合的流程，充分调动成员的主动性、积极性，并避免因为体积庞大而让创新活动限于流程化和僵化。其次，整个开发过程中充满了由需求变动驱动的"微循环"。再次，"面对面交流"是敏捷开发倡导的原则，这是团队从邮箱时代积累的经验。又次，为了预防和解决需求的快速变动他要求开发团队不断修改甚至是重写代码，微信团队在基本技术架构中确立了"大系统小做""让一切可扩展""必须有基础组件"等几个原则。最后，微信技术团队的专业性和高效率性也是敏捷开发能够成功的最大保障。

三是不断试错。在移动互联网快速发展的大背景下，微信的创建并没有先发优势，而且微信团队成员几乎没有做手机客户端的经验。在这样的环境下，微信通过不断试错，寻找机会创新，通过连续几个版本的快速迭代，最终将竞争对手远远地抛在后面。尽管开发速度惊人，从微信创建到产品上线仅经过了 2 个月。但是，最初微信 1.0 的免费模式在中国并不受欢迎，一方面是由于和竞争对手区别不大；另一方面，和欧美不同，中国运营商提供了丰富的套餐活动，正常用户每个月的包月短信根本用不完。微信 1.2 迅速转向了图片分享。虽然从理性角度分析移动互联网时代将是一个图片为王的时代，但是市场对此反应冷淡，数据冷酷地证明了用户对手机图片分享并没有兴趣。随后，微信 2.0 是微信团队在极短时间内的第三次试错，这一次在借鉴国外软件 Talkbox 的基础上做出了改进，将产品重心放在语音通信工具上，这一次微信的用户数量获得了较大增长。微信 3.0 依托用户基础，提供了"查看附近的人"和"摇一摇"功能。"查看附近的人"成为微信的爆发点，也是微信摆脱 QQ 用户链的开始。当用户超过一亿人后，微信 4.0 推出了"朋友圈"功能，建立手机上的熟人社交圈，并开放 API 接口打造移动社交平台。微信 4.2 推出了视频通话功能，打造更加多样的沟通方式。微信从无到有，从小到大，可以说是通过不断的科学试错才发展起来的。

四是不忘初心。微信从一开始的测试版 1.0 到不断修正开辟新功能的 6.3.28 版本，始终致力于将自身打造为一个连接一切的生活方式，这是基于微信对未来移动互联网脉搏的精准把握。从 2011 年 1 月 21 日微信正式推出至今，它像一张大网，将每个人同其他人更紧密地连接在一起。除了文字通信，微信客户端通过语音通话、摇一摇、附近的人、小视频、朋友圈分享等基础服务功能，让地理上的距离不再成为人与人交流的障碍。在成功将人与人连接后，微信进一步尝试将人与设备、人与服务连接在一起，实现指尖遥控生活。微信与手环、电视、空调等智能硬件的互联，让人们的生活更加智能；微信连接服务，打开微信钱包，我们可以看到手机话费充值、理财通、彩票、滴滴打车、京东精选、微信红包、吃喝玩乐、信用卡还款、电影票、AA 收款、超市等 14 种生活服务；随着微信公众号的兴起，"扫一扫"几乎成为所有实体商店的标配，人们动动指尖，扫一扫二维码，便可以享受快速而精准的服务。不仅如此，一些传统服务与微信联结后，也产生了很好的用户体验，这使微信像水和电一样渗入人们日常生活的方方面面。"连接一切"正在成为现实。微信在满足人们想要的生活方式的同时，也在引领一种生活方式。

同时，这些也是微信能够成功的关键因素。除此之外，微信所属的创新领域比较恰当以及微信迭代创新的频度比较合适也是微信创新成功的关键因素。还有一点值得提出的是，在微信的迭代创新过程中，它并未给自己设定一个固定的迭代频度，其所有的迭代创新都是在相应用户的需求上将产品做到更好，快速、及时地将变化频繁的业务上线。

微信的迭代式创新是一种"干中学"式的创新模式，不拘泥于制定完善计划，而是采用积极试错方式去验证方案可行性。迭代式创新使腾讯以低成本并行开发多种产品，如果一个项目失败，腾讯可以迅速转换到其他项目，直到找出符合市场需求的产品。迭代式创新减少了腾讯失败的风险与成本，提升了其应对网络时代不确定性的能力。

与传统创新模式相比，迭代式创新还对组织提出了新的要求，这些要求可以归纳为三个方面：组织文化、组织能力和组织结构。迭代式创新要求组织建立起鼓励尝试、宽容失败的组织文化，而那种保守、害怕失败的组织文化则不利于组织进行迭代式创新；除了传统看重的研发能力，迭代式创新要求组织具备较强的用户交互能力、学习能力和资源整合能力；迭代式创新是一种开放式创新，组织结构通常具有如下特点：结构扁平化、边界模糊化和组织团队化。

6. 自主创新战略

（1）自主创新的内涵。自主创新与模仿创新相对应。模仿创新是指企业通过模仿率先创新者的成功产品和创新构想，吸收率先创新者的经验，购买或者通过逆向工程破译成功者的技术秘密，并在此基础上，投入资金进行局部创新和架构创新，生产出在性能、质量、价格方面能够和率先创新者产品竞争的产品，以此获得经济利润的过程。

自主创新是指企业通过自身的努力和探索产生技术突破，攻破技术难关，并在此基础上依靠自身的能力推动创新的后续环节，完成技术的商品化，获得商业利润，达到预期目标。

国内使用较广泛的分类是把自主创新界定为三类（见图 7-1）：第一类是原始性创新，指前所未有的重大科学发现、技术发明、原理性主导技术等创新成果，意味着在研究开发方面，特别是在基础研究和高技术研究领域取得独有的发现或发明，具备原始创新能力的企业掌握核心技术；第二类是集成创新，指通过对各种现有技术的有效集成，形成有市场竞争力的产品或者新兴产业，具备集成创新能力的企业处于由核心技术外围向内部过渡的阶段；第三类是引进消化吸收再创新，发展中国家通过向发达国家直接引进先进技术，尤其是通过利用外商直接投资方式获得国外先进技术，经过消化吸收实现自主创新，不仅大大缩短了创新时间，而且降低了创新风险，是提高自主创新能力的重要途径，掌握引进技术再创新能力的企业处于核心技术的组织外围。其中，原始性创新是最根本的创新，是最能体现智慧的创新，是一个民族对人类文明进步做出贡献的重要体现。

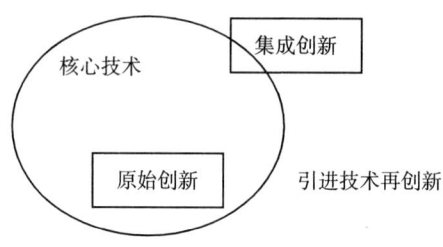

图 7-1 自主创新能力辨识

（2）自主创新战略的适用条件。可从内部基础和外部环境两个方面对自主创新战略的实施条件进行分析。首先，自主创新并非适用于所有的企业，对要实施自主创新战略的企业来说，一般需满足以下一些基本要求：第一，企业要有较强的技术基础；第二，企业要有持续地开展基础研究和应用研究的经济基础。其次，企业本身的性质应该是偏向技术密集型。在外部环境方面，国内外经济环境市场化；自主创新已经成为驱动企业核心竞争力的关键因素；有各级政府有适时出台的技术创新类的法律法规，对于企业加大自主创新的投入力度有很好的鼓励和引导作用。

（3）自主创新战略的资源配置。资源基础论认为，资源是企业能力的来源，企业能力是企业核心竞争力的来源，核心竞争力是竞争优势的基础。因此，要想形成企业的竞争优势，必须从企业的资源出发，不断整合，最终形成企业的竞争优势。由资源配置的定义可知，资源的稀缺性决定了任何一个社会都必须通过一定的方式把有限的资源合理分配到社会的各个领域中去，以实现资源的最佳利用，即用最少的资源耗费，生产出最适用的商品和劳务，获取最佳的效益。因此，资源配置的合理与否，对一个企业发展的成败有着极其重要的影响。一般来说，资源如果能够得到相对合理的配置，企业的经营效益就明显提高，发展就能充满活力；否则效益就明显低下，发展就会受到阻碍。

资金、场地、设备等资源是技术密集型企业自主创新发展的基础要素，对于自主创新型企业，是其一切后续发展的立足点，这些资源是企业成长的基石。以人才、管理、战略为企业自主创新发展的关键要素，这些资源是构成企业核心竞争力的重要组成部分。技术创新型企业是否能在市场上长期生存下来，基本上取决于这些资源是否能够为企业合理利用，是否整合出有效的竞争优势，企业在选择了自主创新之后，应当紧紧地把握这些关键要素。如图 7-2 所示，基础要素和关键要素配置的合理程度越高，企业自主创新的能力也会相应提高。原始性创新能力不足已影响到我国企业竞争力的进一步提升,企业利润的增长方式能否从要素驱动型转变为创新驱动型,是提升一个企业综合竞争力的决定性因素。资源配置系统能够促进企业创新体系的成熟,增强自主创新能力,而自主创新战略是实现创新型企业目标的根本途径。所以,建立一个运作优良的资源配置系统,对一个企业的科技实力和创新能力有重要的影响,其配置效率对创新型企业目标的实现有关键性作用。

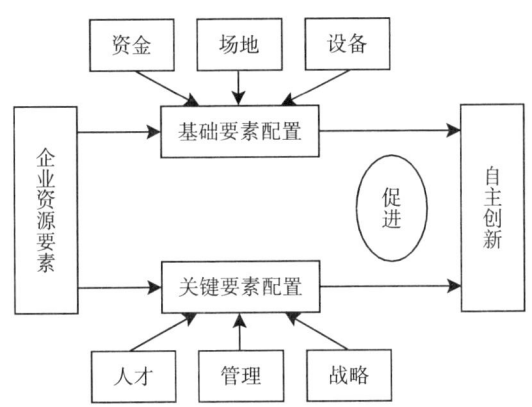

图 7-2　资源整合与自主创新发展关系模型

（4）自主创新战略的实施路径。自主创新战略的实施路径可以理解为,在自主创新的过程中,对创新的形式进行组合性调整应用的过程。而自主创新的路径选择对企业自主创新的发展起着决定性作用,企业根据自身的情况,选择合适的自主创新路径将会给企业带来巨大的效益,从而提升企业的核心竞争力和综合竞争实力。

不同的企业会因地制宜地选择适合自身发展的路径,但是企业自主创新路径的多样化不是没有限制的,共性环境将影响企业自主创新路径,从而产生相对同质的路径模式,这里以决策过程的形式,对企业自主创新路径进行分析（见图7-3）。

基于自主创新的决策过程,可以总结出以下六条具体的自主创新路径:

路径一:内生创新。企业不依托外部研发资源,通过自身努力,完成创新目标。

路径二:内外联合研发。企业内部技术人员与国外相关技术人员共同合作,完成创新目标。

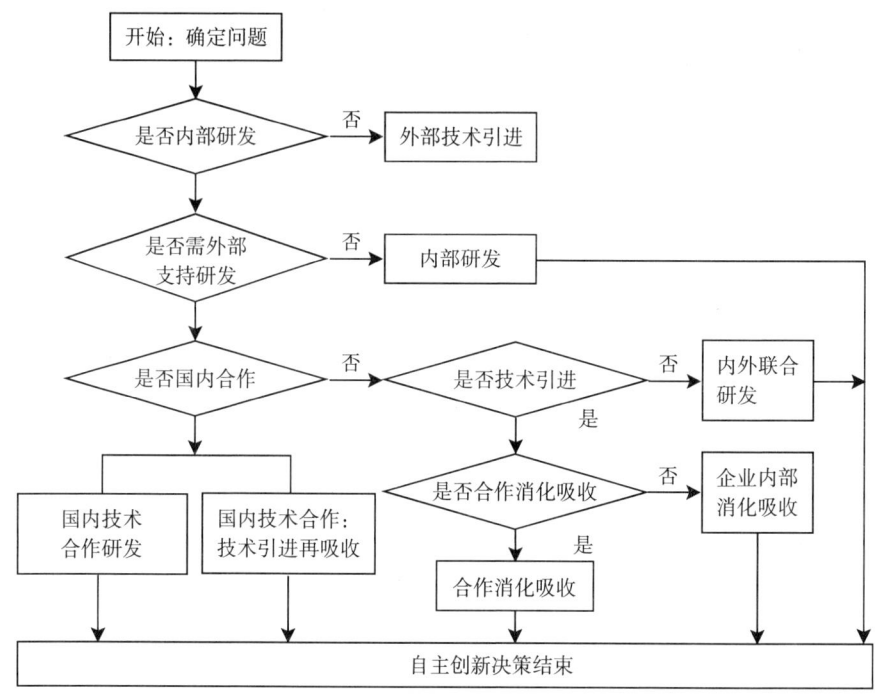

图 7-3 自主创新决策过程

路径三：内部研发+国内技术合作。企业在内部研发基础上，通过国内技术合作，特别是通过产学研合作解决部分技术难题，实现创新目标。

路径四："内部研发+国内技术合作+技术引进"消化吸收。企业在内部研发过程中发现一些技术问题自身不能解决，需要通过与高校科研机构合作进行，随着合作过程的深入，又遇到一些技术难题不能解决，通过技术引进消化吸收予以解决。

路径五："内部研发+国内技术合作+技术引进"合作消化吸收。企业在内部研究开发基础上，因为技术性的要求或者创新时间的要求，需要技术引进，技术引进之后，企业自身难以消化吸收，通过产学研合作予以实现。

路径六："内部研发+技术引进"企业内部消化吸收。企业在内部研发过程中，发现需要技术引进，技术引入之后，通过企业内部技术力量消化吸收，实现创新目标。

（5）自主创新战略的企业实践：潍柴的自主创新战略。

1）公司经营状况。潍柴集团在全球拥有员工 5.5 万余人，2014 年实现营业收入 1270 亿元，名列 2014 年中国机械工业百强企业第二位。集团是国内唯一同时拥有整车整机、动力总成、豪华游艇和汽车零部件四大业务平台的企业，是一家跨领域、跨行业经营的国际化公司，子公司遍及欧洲、北美、东南亚等地区，在中国山东、陕西、湖南、重庆、江苏、福建、上海、北京等多个省市设立了全资或控股子公司。潍柴集团始建于1946年，是目前中国综合实力最强的汽车及装备制造集团之一。近年来，潍柴集团逐步完成的战略重组不仅扩充了其产业领域，更完善了产业布局。其产业布局包括五大系统：动力系统、传动系统、液压系统、推进系统、新能源动力系统以及从产品到技术的全方位解决方案。在国内，形成了包括环渤海、"长三角"、东南、中南、西南、西北在内的，遍及内陆的六大业务板块；在国际上，在美国芝加哥、法国马赛、意大利弗利、德国法兰克福和新加坡建立了全球五大运营生产中心。

  1998~2010年，潍柴的销售收入和利润总额持续保持年均复合增长率近40%高速增长的状态；2012~2013年，受整个市场的影响，增速趋于平缓。2014年，中国政府全面深化改革、创新驱动发展，坚持转方式、调结构，推动经济进入结构趋于优化、物价涨幅趋于适度、新增就业趋于稳定、经济增速趋向潜在水平的新常态。公司坚持以改革创新为主线，坚持走"内生增长、创新驱动"的科学发展之路，加快向国际化、多元化、创新型和开放式的企业转型，全面提升发展质量，实现了平稳健康发展。2016年1月8日，潍柴在其商务大会上公布，2015年潍柴预计完成了销售收入1160亿元，较2014年略有下滑，但是这一成绩相对于2015年的经济环境来说，已然交出了一份满意的答卷。

  2) 以我为主，大胆创新。潍柴集团曾是一个有着60多年发展历史的传统体制下的工厂制国有企业。在多年计划经济体制下，企业的开发、制造、销售、规划等工作都在上级主管部门的计划指导下进行。在这样一个惯性作用下，当产品遇到市场困境时，企业因没有建立迅速而有效的市场反应机制，只能坐以待毙。1998年谭旭光上任后，引入市场经济的理念和机制进行企业改革，目标明确，就是把潍柴从一个单纯的生产工厂，变为按照市场化运作的经营公司，不仅要在没有任何依靠的情况下生存下去，而且还要实现可持续自主发展。

  1998年的潍柴是一家产品积压严重、负债3亿多元的贫困国企。全厂1.4万人，6个月没有发过工资，企业濒临倒闭。面对巨额财政赤字，谭旭光选择直接找当地的金融机构提出贷款需求。银行行长不见他，他就到对方家门口去等，一天不见等两天，直到对方被感动，说："我相信这个年轻人会把企业搞好！"潍柴拿到了暂解燃眉之急的1000万元。这一年谭旭光37岁。然而，潍柴厂的员工们很快意识到，谭旭光并非是个"慈父"，在作风严谨的新任领导班子的带领下，所有潍柴人齐心协力拧成一股绳，企业快速转入正轨，员工也终于拿到了拖欠的工资。可是就在开工资依旧不太宽裕的情况下，谭旭光决定拿出100万元成立技术创新奖励基金。在当时的情况下，这一举措可谓是极为大胆的。但日后潍柴在产品创新上取得的成就，将这一大胆决策的正确性淋漓尽致地体现了出来。2000年，谭旭光开始大刀阔斧地整治企业，启动了潍柴发展史上非常有名的自主改革创新模式："三三制"改革。潍柴的销售收入从此出现了连年翻番的壮观景象，从1999年的8亿元到2002年的27亿元，再到2004年的100亿元，利润则从几百万元蹿升到2004年的8亿元，短短几年时间，潍柴可谓是打了一个漂亮的翻身仗，为产品的自主创新打下了物质基础。

2003年，凭借不错的产品质量和低廉的价格，当时潍柴的斯太尔发动机市场销售形势很好，但是谭总并未安于现状，他决心研发出一款具有自主知识产权、达到世界先进水平的大功率发动机。以潍柴在当年的科研能力，这是一件"几乎不可能"完成的事情。况且研发新机需要上亿元资金，一旦失败怎么办？许多人对此持否定的态度，谭旭光却选择了坚持。为此，他又做出了一个出乎所有人意料的决定：到全球发动机技术中心的欧洲研发基地，借用"外脑"，联合研发。由潍柴的技术中心主任佟德辉带队，20名科研人员来到欧洲和奥地利AVL公司合作建立了研发中心。在2005年4月，中国第一台拥有完全自主知识产权并达到欧Ⅲ排放标准的10升、12升大功率发动机一次点火成功。潍柴人把这台机器取名为Land King（"蓝擎"）。它采用了大量的独有技术，基本性能和各项指标均已达到或超过国外同类型先进产品水平，其中燃油消耗率指标为182克/千瓦·小时，比目前世界最先进的机型还低3克/千瓦·小时。"蓝擎"实现了大批量生产，这表明潍柴真正掌握了欧Ⅲ发动机的核心技术，改变了我国高档重卡领域长期以来"外国心"的历史，实现了几代潍柴人制造重型车"中国心"的梦想，使中国内燃机制造业第一次真正具备了跻身世界科技先进行列的能力，从此迈入了自主创新的"中国动力时代"。"蓝擎"的问世，让潍柴人尝到了这次联合研发的甜头。但是坚持自主创新的潍柴人并没有止步于此，这并非终点，而只是又一个起点。

潍柴动力主管科研的执行总裁孙少军，1998年从北京航空航天大学硕士毕业后就来到潍柴，是潍柴第一个硕士研究生。在20年的时间里，他目睹、经历了潍柴的科研实力从低到高的发展过程。孙总告诉我们，在2000年以前是引进、模仿、学习阶段；2000~2005年是和国外研发机构合作阶段；"蓝擎"之后，则是完全自主创新阶段。通过"蓝擎"这个产品的研发，潍柴人得到了"四个一"：

搭建起了一个研发平台，带出了一支能战斗的科研队伍，建立了一套先进的研发流程，形成了一套严格的研发规范。

3）完美组合，助力奔跑。见证了潍柴凤凰涅槃后崛起成为行业领跑者的谭旭光，对中国制造必须坚持创新驱动的感受颇深。他坦言，作为国内最有影响力的重型发动机品牌，潍柴动力发动机市场占有率长期处于行业领先的根本原因，在于多年来坚持不懈的创新。潍柴60多年的历史，实质上是一部中国内燃机工业产品的创新史。在10十年前，很多产品并没有转化为生产力，产品开发与市场营销严重脱离。潍柴的新任领导班子上任后，改变传统的技术发展战略，在市场经济体制下重新制定了自主创新的发展战略。

多年来，潍柴动力在研发创新上的投入一直都是毫不吝啬的，平均占企业销售利润的5%，这一比例高出世界发达国家平均研发投入比例约2个百分点。谭旭光在"两会"期间接受记者采访时说："越是市场形势困难的时候，越要加大研发投入，潍坊本部一年都要投入十几亿元搞研发。"企业经过近十年的发展，形成"五国十地"研发中心格局：以杭州为中心的汽车电子及零部件产业基地；以扬州为中心的轻微型汽车动力产业基地；以潍坊为中心的全系列动力产业基地；以上海为中心的整机匹配研发基地；以重庆为中心的大功率发动机和轻型车产业基地；以西安为中心的重型汽车和传动系统产业基地；以及美国芝加哥的前沿技术研发中心，法国马赛的整机研发中心，意大利的豪华游艇研发中心，德国威斯巴登的叉车、液压研发中心。早些年，潍柴主要从国外购买二手设备，近年来企业投入巨资引进世界先进的设备和生产线，目前潍柴的装备水平和制造能力已经达到国内领先、世界一流。各个研发中心联合起来，如同脊梁一般，不断在技术上做出创新，支撑着潍柴动力在如今这个危机四伏、竞争激烈的市场环境里，使其可以昂首挺胸、傲视群雄。

谭旭光在谈到潍柴动力改革十年的经验时，认为有一点很重要：国企若要实现快速发展，必须采取"双轮驱动"，即"产品创新+资本推动"。在潍柴自主创新道路上，产品创新是其发展的核心动力，企业也始终坚持对产品创新的大投入。2005年，潍柴动力正式宣布我国第一台拥有完全自主知识产权的名为"蓝擎WP10、WP12"的10升、12升大功率欧Ⅲ发动机已完成样机试制并将投产。2006年，潍柴推出国内唯一的12升大功率商用车发动机。2007年，成功研制具有完全自主知识产权的国Ⅳ标准的"蓝擎"发动机，实现了从"中国制造"到"中国创造"的飞跃，国Ⅴ标准的"蓝擎"动力于2008年7月研制成功。2009年12月11日，潍柴重机股份有限公司万匹马力船舶动力生产基地首台船用中速发动机上市揭牌仪式在山东大厦广场举行。本次潍柴重机大功率船舶动力发动机上市，标志着潍柴集团全系列发动机结构性调整的全面完成。2010年9月，潍柴正式推出蓝擎动力二代产品。2012年3月13日，由潍柴动力制造的中国首款大功率缸内高压直喷压燃式天然气发动机研发成功并面市，它填补了国内天然气缸内直喷发动机在应用领域的空白，是中国天然气发动机发展史上的一座里程碑。2012年5月8日上午，潍柴动力全球研发中心总部建成启用暨中国首款高压共轨电控系统批量上市发布仪式在工业园举行。2015年1月7日，潍柴动力在（北京）国家会议中心举办新技术发布会，发布了包括Super Brake辅助制动安全技术、SPOWER职能控制技术在内的一系列商用车动力新技术，并依托这些技术推出了WP13发动机，将中国重型发动机带入了13升机的新时代，重新定义了重卡行业的标准。产品的创新让潍柴在市场上找到了立足点，但是如果缺乏资本的推动，潍柴在技术产业化上依然会有很多的阻碍。发动机的制造，也需要通过资本来推动。产品的销售，需要引进资本市场化的基因。尽管在推动资本运作的时候，常常会遇到"To be or not to be"的选择，但是谭旭光依然带领领导班子实行了具有潍柴特色的资本运作。2004年3月，潍柴动力股份有限公司H股成功在香港上市交易。通过H股的成功上市，潍柴适时地抓住时机完成了13个辅业单位的改制，引进外资5000多万元，成功盘活国有资产2.5亿元。2005年，潍柴以10.2338亿元成功收购湘火炬，当年就实现了恢复性的增长，实现销售收入50亿元。2007年4月30日，潍柴创造性地实施了"HtoA"的吸收合并，强势回归A股市场，开创了内地和香港两地上市公司合并的先河。潍柴动力的市值从并购湘火炬之初的60亿元最高一度攀升至575亿元。这一举措为潍柴的自主研发、自主创新之路做到了真正意义上的保驾护航。潍柴动力一个个成功上市的产品，一次次成功的资本运作，无不显示着双轮驱动的必要性。资本创新支撑起动力巨人的一条腿，产品创新则成就动力巨人的另外一条腿，二者互相补充为巨人的奔跑提供源源不断的动力。

潍柴的自主创新之路也是其不断对企业资源（见表7-8）进行整合之路。潍柴每年投入巨资支持自主创新，正如谭旭光在"两会"期间接受记者采访时所说，越是市场形势困难的时候，越要加大研发投入，潍坊本部一年都要投入十几亿元搞研发。潍柴建设并成立了"五国十地"研发中心，每个研发中心都各自有其研究重点，专业技术人员在企业已有技术基础之上，不断推进自主创新的进度，提升企业的自主创新能力。潍柴的自主创新并非仅仅停留在技术创新层面，基于企业长期可持续发展的战略高度，潍柴提出"双轮驱动"战略，产品创新和资本推动双重保险，让潍柴的技术可以应用于产品，在市场上找到立足点，而资本驱动战略则为技术产业化起到保障作用。2007年，首创性推出"动力总成"这一最佳的动力解决方案，是国内最早打造动力总成核心竞争力的企业之一。在大量产品流向市场之后，进一步整合利用对后市场资源，形成完整的自主创新产业链。

表7-8 潍柴动力自主创新资源整合

资源要素分类	潍柴自主创新资源的整合内容
基础要素	潍柴平均每年的研发投入巨大，占据公司销售利润的5%；于国内外成立"五国十地"研发中心；拥有国家重点实验室、国家商用车动力系统总成工程技术研究中心以及配备有先进的实验设备；拥有强大的售后服务实力，在国内设有5000余家服务站、国外设有243家服务站
核心要素	潍柴有专门的技术人员从事研发工作，与国内高校重点实验室有长期的合作关系；经过"三三制"改革之后的企业，逐步实施现代化先进的管理模式，尤其是全方位的人才管理体制；创造性地提出了"双轮驱动"战略和"动力总成"方案

自主创新的资源应是作为一个整体而存在，其对企业自主创新活动的支撑作用的实现有赖于上述各个资源相互间的协调、配合、共同作用，而其中任何一类资源的不足或缺失都不可能使企业自主创新的整体功能得到有效实现。因此，各类资源是作为企业自主创新资源的组成部分存在并发挥作用的，具有要素的特征。自主创新资源要素概念的提出可以使我们对自主创新资源的系统性有更加深刻、清晰的认识，从而有利于科技资源内部各要素协同作用、以促进科技资源配置效率的提高。潍柴在自主创新的道路上，通过对资源进行有效的配置，形成了以"五国十地"研发中心为脊梁、产品创新和资本驱动为双腿、人才理念为大脑、动力总成为心脏、售后服务为翅膀的"五大要素"有机整体。

第二节 创业战略

一、创业

1. 创业的内涵

创业是创业者对自己拥有的资源或通过努力能够拥有的资源进行优化整合，从而创造出更大经济或社会价值的过程。创业是一种劳动方式，是一种需要创业者运营、组织、运用服务、技术、器物作业的思考、推理和判断的行为。

2. 创业的类别

随着社会经济的发展，创业形成了多元化，根据不同的标准有不同的类型划分，大体如下：

（1）基于动机的分类。依照动机不同，创业可以分为生存型创业和机会型创业。生存型创业是指创业者迫于生存压力，为获得个人基本生存条件不得已而选择的创业。机会型创业是一种主动型创业，所创建的企业具有较大的发展潜力，是建设创新型国家的必然选择。

（2）基于主体的分类。依照主体性质不同，创业可以分为个体创业、企业创业两种类型。个体创业是指创业者个体和几个创业者共同组成的创业团队，不依附于某一特定组织、完全独立地创建企业的活动。企业创业是指在组织的推动下，已有企业中的个体或团队创建新的附属企业或内部组成单元的组织创新活动。

（3）基于效果的分类。根据创业对个人或市场的影响程度，创业可分为复制型创业、模仿型创业、安定型创业和冒险型创业四种类型。

复制型创业。是指创业者简单复制曾经就业企业的经营模式创建新企业的行为。这种创业类型风险低，成功概率比较大，创业者可以获得独立和自由，但创业精神不足，创新贡献程度较低，如奶茶烧烤等加盟店等形式。

模仿型创业是指创业者模仿不曾涉足产业中成功企业的经营模式创建新企业的行为。具备创业精神的创业者经过系统的创业培训，正确把握市场进入契机，这类创业行为成功概率相对较大，可以在一定程度上改变创业者的命运，实现创业者自我价值。但是，此类创业风险性较高，成本较高，创新成分较低，社会价值较小。例如，经过创业培训、学习考察其他养殖公司的农村养殖户办理养殖基地等创业形式。

安定型创业是指创业者在就业企业内进行产品或服务创新的行为。这类创业没有新组织的创建，创业者不能获得独立和自由，个人命运没有实质性的改变，但具有一定的创业精神和社会价值，创业风险较小，能在一定程度上证明创业者的能力和才华。

冒险型创业是指创业者采用全新的经营模式创建新企业的行为。这类创业者具有很高的创新贡献和社会价值，预期回报较高，能极大地改变个人命运，实现创业者的梦想。但这类创业风险很大、个人命运的不确定性很高，因此创业者必须要具备开创性的创业精神、良好的创造能力、对机遇的把握能力、科学的管理能力以及较强的心理素质，才有可能获得成功。

二、创业战略

1. 创业战略需求

创业活动在经济和社会发展中发挥着重要作用,新创企业特别是处于种子期和初创期的新创企业,如何在市场竞争中取得生存和发展成为企业界和学术界都比较关心的一个课题。通过选择有效的竞争策略,获取维持生存的必要资源,新创企业不仅自身获得了良好的发展,同时也带动了行业内的技术创新和管理创新,并从整体上改变了市场的结合和竞争状况。[①]

战略是解决企业生存、发展的有效工具。在现有的创业研究中,很多研究人员已经从战略规划的角度对新创企业的成长问题进行了研究。这些研究通常遵循Porter所建立的战略规划研究范式,新创企业的战略选择往往局限于低成本、差异化等竞争方案。

2. 创业战略内涵

创业战略概念是根据创业概念演化而来的,虽然由于创业的主体不同,创业分为个人创业和企业创业两种,但个人创业最终也通过企业创业思维表现出来。因此,目前众多学者对创业战略的研究多集中在企业创业战略方面。企业创业所探讨的是整个企业发展模式的转变,而企业战略则是企业战略层面上的改进和创新。事实上,企业战略可以分为两个部分来理解,即企业创业与企业战略。企业创业战略是两者有机的整合体,同时又以战略为主体,可以算作一种特殊的企业战略。具体而言,企业创业战略的形成系经由企业战略的创业化和企业创业的战略化两条线索发展而成。[②]

企业战略的创业化是指公司层面的战略规划过程中应用创造性和创业性思维,积极探寻创新发展机会,使战略规划能够充分反映动荡多变的环境对于公司发展的挑战。[③] 无论是个人创业还是企业创业,创业战略的基本内容都是围绕着如何应对日益复杂的市场环境,同时整合自身的资源和能力,制定妥善的经营规划,最终形成一整套、一系列的完整的战略模式和分析工具。然而,由于市场具有复杂多变的特性,原有旧的模式和方法在灵活性和效性上均存在不足。因此,与传统的战略相比,创业化的战略在灵活性和创造性上都得到较大的提高。同

[①] 林嵩,张帏,姜彦福.创业成长模型评述及构建思路探讨[J].科研管理,2007.
[②③] 林嵩,姜彦福.公司创业战略模式及应用[M].北京:中国工业经济出版社,2008.

时，在战略规划中的创业行为引入也有利于建立动态竞争优势，从而促进公司持续不断地创新和发展。

企业创业的战略化是指在公司创业活动的实施和推进中，将创业活动的推进关键点放到战略层面，借助战略分析过程来审视公司创业的可行性，同时应用战略规划的基本方法来设置公司创业的实施步骤。[①] 创业是一个系统性、复杂性的活动，面临着诸多的不确定性，因此需要战略性、系统性的思维去规划企业的创业活动。具体而言，公司创业的战略化就是从战略高度来实施公司创业活动。这就意味着在公司创业活动中并非盲目寻找新的领域，投入不菲的资金来推进创业活动，而是基于战略分析的系统过程和系统方法对创业活动的对象、过程和目标进行规划，用战略的思维方式和分析技术来指导创业过程。同时，公司创业的战略化也就是从企业高级管理层的层次上探讨公司创业活动的可行性和执行性，借助战略对于公司整体发展的指导作用，能够在整个公司范围内推进公司创业活动。因此，公司创业的战略化是对公司创业活动的深化。

综上所述，创业战略是企业创业战略化和企业战略创业化的统一，通过这两条线索的相互交织形成，最终形成创业战略。

3. 创业战略模式

国内学者姜彦福等（2008）从公司的战略过程的视角阐述了创业战略模式。[②] 他认为，企业创业战略属于企业战略层面的管理概念，提出了基于过程的公司创业战略模式，如图7-4所示。

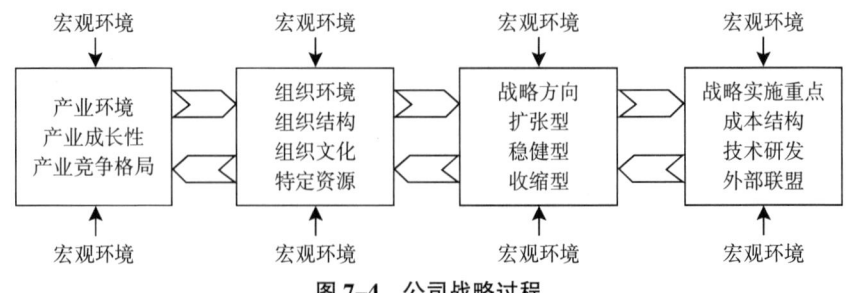

图7-4 公司战略过程

首先，公司战略要依托于具体的宏观环境，公司的战略行为离不开对宏观政治、经济、法律等因素的考虑，企业的成长方向更需要切合国家或区域发展的整体走势，这是企业战略规划的宏观背景，也是任何一个企业在制定战略规划时首

---

①② 林嵩，姜彦福.公司创业战略模式及应用 [M].北京：中国工业经济出版社，2008.

先需要关注的。在具体的战略过程中，公司对于公司所处的产业环境分析是战略规划的起点，企业需要经由系统的分析，判断产业的发展趋势，以及产业内部的竞争势态，以把握公司当前的外部竞争压力与成长机会。

其次，在产业环境分析之后，企业需要系统探寻公司的内部组织环境。公司的内部组织环境是公司未来战略方向的重要基础，公司必须对公司现有的组织结构、组织文化、组织资源等要素充分理解，才可能有针对性地制定可行的战略方案，在这一方面同样有很多经典的战略模型可以提供参考。

再次，公司战略对战略定位和战略方向的分析。这一分析是对公司外部产业环境和内部组织环境分析的系统归纳总结，同时也是对公司下一步经营要点的整合。

最后，公司需要确定未来战略的实施重点和行动方案，为战略方案的彻底贯彻奠定基础。在这一阶段，战略方案的规划要注重其操作性和可执行性，使其在实际应用中不会与事先的规划相偏差。

4. 创业战略类型

笔者选择独立创业型新创企业的技术能力水平（技术领先还是技术跟随）、目标市场（国内市场还是国际市场）和企业进入行业的成熟度（成熟行业还是新兴行业）作为考察独立创业型新创企业竞争战略的三个维度，通过这三个维度的组合，可以得到独立创业型新创企业的七种战略类型（见表7-9）：本地防御性模仿战略（Reactive Imitation L-Ⅰ）、本地化超前战略（Proactive Localization，L-Ⅱ）、本地化替代进口战略（Importsubstitution，L-Ⅲ）、创造性模仿战略（Creative Imitation，L-Ⅳ，G-Ⅰ）、国际化新兴行业跟随战略（Early-market Entry，G-Ⅱ）、国际化成熟行业差异化战略（Global Niche，G-Ⅲ）和国际化新兴行业创新战略（Globalinnovation，G-Ⅳ）。这七种战略类型全面反映了新创企业的战略选择，其中前三种战略类型的目标是国内市场，最后三种是国际市场，

表 7-9 新创企业七种战略选择类型

目标市场成熟度	技术能力水平	国际跟随		国际领先
		国内跟随	国内领先	
国际新兴行业			国际化新兴行业跟随战略	国际化新兴行业创新战略
国内成熟行业	国内新兴行业	本地化超前战略	创造性模仿战略	国际化传统行业差异化战略
	国内成熟行业	本地防御性模仿战略	本地化替代进口战略	

而创造性模仿战略是两个市场的过渡阶段。

面临不同竞争环境的独立创业型新创企业应选择适合自己发展的战略以获得市场上的竞争优势。下面对每一个类型进行详细分析，并总结它们各自的特点。

(1) 本地防御性模仿战略。采用本地防御性模仿战略的独立创业型新创企业目标市场属于国内市场，进入的行业为当地成熟行业，技术能力水平为国内跟随。大多属于生存型创业，把创业作为个人获得生存的基本条件，是国内成熟市场上的技术跟随者。他们进入成熟期或衰退期的行业，没有能力进行技术创新，只能模仿别人的成熟技术和产品，在本地市场中占有一定份额。

(2) 本地化超前战略。采用本地化超前战略的独立创业型新创企业目标市场属于国内市场，进入的行业为国内新兴行业，技术能力水平为国内跟随。技术和市场的不确定性给这类独立创业型新创企业生产新产品和进入新市场带来了不可避免的风险。如果这类独立创业型新创企业采用和其他企业合作的方式，使用其他企业已经证明并广泛采用的技术，那么无疑可以减少研发投资过程中的技术不确定性。例如，和跨国公司合作，作为跨国公司进入本地市场的国内合作伙伴，这些新创企业利用国际上刚刚出现的产品开拓国内市场，并根据国内客户的特殊需求调整技术和产品设计以满足国内客户的需求。采用这种战略的独立创业型新创企业的绩效和成长依赖于本地市场对新产品的潜在需求市场的大小、与外国合作伙伴在新产品和核心技术上的相互信赖的战略联盟以及其他竞争者的进入等因素。

(3) 本地化替代进口战略。采用本地化替代进口战略的独立创业型新创企业目标市场属于国内市场，进入的行业为国内成熟行业，技术能力水平为国内领先。因为本地技术比较落后，本地企业没有能力满足当地巨大的市场需求。跨国企业提供着技术先进的产品，占据着国内市场的绝对份额；但进口产品价格太高，国内市场迫切需要价格较便宜的替代品或零部件。因此，这类独立创业型新创企业可以致力于对进口产品的模仿制造，生产出功能相近或者质量略低的同类产品，这样本地企业就有了降低成本后的价格优势。他们生产不同于其他公司的替代产品，而不是简单的照搬模仿。

(4) 创造性模仿战略（Ⅰ、Ⅱ）。采用创造性模仿战略的独立创业型新创企业是唯一的目标市场属于面向国内和国际两个市场的战略类型。采用这种战略类型的企业一般在国内新兴行业市场上有一定的技术能力，同时又是国际成熟市场上的技术跟随者。虽然采用创造性模仿战略的独立创业型新创企业和本地化替代进口战略的独立创业型新创企业有相似的技术能力水平，但前者处于新兴行业中，并且要面对全球企业的竞争。他们的竞争优势在于迅速地进入（First-mover）、本地市场的技术优势和国际市场的跟随策略。采用创造性模仿战略的独立创业型新创企业又可以分为两个方面：国内新兴行业的技术领先者（Ⅰ）和国际成熟市场上的技术跟随者（Ⅱ）。

（5）国际化新兴行业跟随战略。采用国际化新兴行业跟随战略的独立创业型新创企业是国际新兴行业中的技术跟随者，同时又是国内技术领先者。知识经济导致的技术的快速发展，使产品生命周期大大缩短，新兴行业往往很快就会有很多相互竞争的产品。采用国际化新兴行业跟随战略的独立创业型新创企业处于国际新兴行业中，市场前景相对广阔，但在国际上又采取技术跟随战略，避免了研发新技术的不确定性，并可以较快地调整自己的战略。采用国际化新兴行业跟随战略的独立创业型新创企业的竞争优势就是把已有技术迅速商业化并推向国际市场。

（6）国际化成熟行业差异化战略。采用国际化成熟市场差异化战略的独立创业型新创企业目标市场属于国际市场，技术能力水平为国际领先，进入的行业为国内新兴行业，是国际成熟行业的技术领先者。这些成熟行业有两个明显特点：一是企业建立竞争优势的机会减少了，二是企业在差异化和成本领先两种战略选择中会更加倾向于后者。由于所处市场的大部分份额已经由几家大公司占领，大公司通过大规模标准化生产降低成本，新企业进入需要大规模投资，有很高的进入壁垒。但是这些大公司生产的标准化产品不可能满足所有客户的需求，所以独立创业型新创企业可以利用自己差异化的技术占领大公司不屑于做的市场。这些市场由于规模小，利润低，不会成为大公司的重点目标市场，就给独立创业型新创企业提供了成功的机会。成熟行业的一个重要标志，就是由巨型企业主导。

（7）国际化新兴行业创新战略。采用国际化新兴市场创新战略的独立创业型新创企业目标市场是国际市场，进入的行业为国际新兴行业，技术能力水平为国际领先，是国际新兴市场上的技术领先者。选择国际化新兴市场创新战略的独立创业型新创企业，一般拥有某项新产品的关键技术，并利用关键技术的产品化创造一个新的行业。在新的行业里，竞争的核心条件是拥有先进的技术和知识，并提供先进的产品和服务。特别是在高新技术行业，技术领先的企业可以把自己的技术作为行业的标准。

各种战略类型各自特点如表7-10所示。

表 7-10　各战略类型的特点比较

		本地防御性模仿战略	本地化超前战略	本地化替代进口战略	创造性模仿战略	国际化新兴行业跟随战略	国际化成熟行业差异化战略	国际化新兴行业创新战略
产品/市场成熟度	成熟度	成熟型	成长型	成熟型	成长型（国内）成熟型（国际）	成长型	成熟型	成长型
	成长潜力	低	中	低	中/高	很高	高	很高
	不确定性	低	中	地	中	高	中	很高
技术能力水平	领先/跟随	国内跟随	国内跟随	国内领先	国内领先/国际跟随	国际跟随	国际领先	国际领先
	研发投入	低	低	中	中	中	高	高
	技术合作伙伴	—	国际	国内	国内/国际	国际	国际	国际
	竞争优势	—	—	降低成本	产品质量/降低成本	进入时间	产品质量	进入时间
目标市场	目标市场	国内	国内	国内	国内/国际	国际	国际	国际
	国际化程度	低	低	低	中	高	高	高

5. 精益创业战略

精益创业战略是硅谷流行的一种创业方法论，它的核心思想是先在市场中投入一个极简的原型产品，然后通过不断的学习和有价值的用户反馈，对产品进行快速迭代优化，以期适应市场。精益创业战略提倡创建快速的原型来测试市场设想，然后使用用户反馈来实现设想。

精益创业战略的指导思想就是以客户为中心、尊重客户价值，防止服务不足与服务过度，杜绝无价值的经济活动，并致力于持续改进、追求卓越、尽善尽美，不断优化投入产出。可见，精益化创业是一种消除浪费、提高速度与提升效率的方法。因此，创业者必须树立精益战略思想。

精益化创业战略的核心就是在尊重客户价值的前提下降低成本，而不是在降低客户价值的情况下降低成本。低成本策略强调在与竞争对手同等条件下的低成本，而不是牺牲产品或服务质量的低成本。

6. 公司内部创业战略

公司创业战略是指企业层面的创业行为战略化（Burgelman，1983；Zahra，

1993），是指组织内部的个体或群体通过与组织联合来创建新的业务机构、推动组织内部战略更新和创新的过程。

张武保、任荣伟（2011）提出公司内部创业战略的层次、结构与内容逻辑，将其划分为公司内新创事业和公司外衍生创业两个集合。郑馨（2014）按照公司参与程度和控制权程度的高低，总结出内部创新的四种模式：内部创新提案、新项目小组或新事业部、创业孵化器以及衍生裂变创业。衍生裂变创业是现有企业将某一业务部门分拆出去创立新企业，或员工离职创办新企业。国内出现的"华为系""阿里系"，以及美国硅谷的"硅谷族谱"等，都是由母体企业不断衍生裂变形成。衍生裂变的新创企业通常和原有企业保持千丝万缕的联系，如资源的传承、业务上的往来。衍生创业者会选择成为大企业上游原材料的供应商、下游的销售商或服务商，或作为母体企业的竞争者从事类似或相同业务。

衍生裂变创业的优点在于，它既避免了由母体企业对业务的完全控制而可能导致的低效率，又避免了由独立创业而带来的完全市场交易中的高风险。这种模式一方面有利于大企业持续不断地孕育更多的创业精神，解决内部创新动力不足的问题；另一方面也为自我驱动力强、有创新基因的员工提供自由空间和强有力的激励，避免了高管的流失。

衍生裂变创业的可能风险是，大企业会成为新创企业的摇篮和"黄埔军校"，如果完全失去对衍生企业的所有权和控制权，衍生企业很有可能兼具创造力和破坏力，甚至威胁到原有大企业的利益。例如，2000年左右，华为曾鼓励内部创业。李一男离开华为，独自创建了港湾网络，带走了不少顶尖研发和销售人员。港湾科技后来发展成为华为企业级数据通信市场的主要竞争对手。这一事件以华为实施狙击，最终收购港湾网络收尾，被视为华为衍生裂变创业的"滑铁卢之役"。

内部创业战略最核心的本质是激发创新，提升企业竞争能力，获取竞争优势。硅谷精益创业教父史蒂夫·布兰克在《如何公司内部创业》中指出，大公司应该效仿"精益创业"的形式，鼓励员工内部创业以激发活力，但是怎样与现有架构无缝衔接，却不是一件容易的事。公司创业需要克服组织惯性和官僚化的侵蚀，解决新旧业务活动之间的种种冲突，善于从多个创业机会中选择适合成为未来战略内容的发展方向。这需要在战略和架构层面和公司高层（董事会、CEO、高管）达成共识，获取母公司高层权威人物的稳定支持，将自己的业务流程隔离和保护起来，以避免受到母公司既得利益集团的毁灭性打击。对于大多数企业而言，只有当公司遭遇发展困境时才会去考虑内部创新、创业的问题，但是优秀的企业却会在遭遇瓶颈前就开始行动。高水平的内部创业机制能较好地适应竞争环境的要求并创新一种竞争战略模式。

7. 国际创业战略

国际创业战略的概念经历了不断的修正、拓展和深化。McDougall（1989）认为，国际创业战略是新创企业进行国际商业活动从而实现国际化过程的战略，这种新企业的起步阶段经营是国际性的。Zahra（1993）则认为，国际创业战略是研究企业进入国际市场时承担风险行为的本质和结果。Oviatt 和 McDougall（1994）进一步完善了之前的理论，认为作为主要研究对象的国际新创企业的主要目标是多个国家出口与资源利用中得出的竞争优势。Wright 和 Ricks（1994）强调国际创业战略是公司层面的创新与创业行为，这种行为跨越国界，注重战略规划，注重国际商务环境造成的影响。McDougall 和 Oviatt（1996，2000）将国际创业战略定义为以实现组织价值创造和成长为目标的创新性战略行为，这一行为具有超前性与冒险性。Zahra 和 Garvis（2000）认为，国际创业战略是不同阶段和规模的企业为了进入国际市场而从事的创业活动和具有冒险性的行为。Shane 和 Venkatarman（2000）认为，国际创业战略重点考虑的是创造产品和服务的人与机会，以及机会的发现、评价与利用情况。Zahra 和 George（2002）则认为，国际创业战略是企业在寻求竞争优势的同时，创造性地利用、发展国外市场机会的过程。Oviatt 和 McDougall（2005）对国际创业战略做出了新的界定，认为国际创业战略是指发现、设定、评估和利用跨国机会，并借此创造商品和服务，满足国际市场未来需求而实施的系列战略行为。

对于国际创业战略机理的研究主要是创业过程中涉及的因素以及各要素之间的关系等。有关业核心要素的研究不同的学者有不同的观点，如表 7-11 所示。

表 7-11 国际创业战略相关要素

学者	要素
Timmons（1999）	机会、资源、团队
Wickham（2000）	机会、资源、创业者、组织
Sahlman（2008）	机会、人、资源、交易行为、外部环境
Gnyawal 和 Foge（1994）	机会、创业能力、创业倾向
黄胜等（2013）	国际化知识、模式、创业导向以及创业机会

影响国际创业战略的因素主要涉及创业学习、创业机会、创业能力、创业资源、创业环境、组织因素等方面。

(1) 创业环境。企业国际化过程中所处的环境，会对企业国际创业战略产生一定的影响。Danny Miller（1983）在研究战略与环境维度关系时，也将环境特性具体化并定义为动态性、敌对性和异质性。动态性指增长机会、顾客、竞争者、市场趋势变化率、创新及研发的不可预测性；敌对性指竞争的程度、竞争维度的数量和限制性的法律法规；异质性是指市场差异和不同市场细分的产品需求。Zahra 和 George 的国际创业战略要素模型提出，国际创业环境要素对组织要素与国际化行为间的因果关系起"调节"作用。环境要素数量众多，研究主要从国家和产业两个层面考虑。例如，有利的制度环境和文化、产业类型等因素对企业走向国际化有重要影响（Mitchell et al., 2000; Westhead et al., 1998）。

(2) 组织因素。组织因素主要指影响企业创业行为的企业内部因素，主要包括组织结构、企业文化、企业规模、资源特征、高管团队五个方面（Hornsby, Kuratko & Zahra, 2002; Ireland, Covin & Kuratko, 2009）。组织因素会对企业国际创业战略产生很大的影响，企业的背景决定是否有政府的干预度以及企业的竞争能力等。企业文化是企业创业文化的根基，企业文化体现出企业在国际创业的过程中的创业特性。企业在进行海外战略的制定一般是依照现有的国际市场知识或者在企业已经开展的投资活动的基础上进行的，此时企业家的管理经验、国际化的重视程度，或者是创业倾向、对待风险的态度、技能等对企业创业有着一定的影响。

(3) 创业学习。对于创业学习的内涵，学者们尚未达成共识，但公认的是，创业知识的获取被视为创业学习的结果（Politis, 2005）。知识对于抓住国外市场的商业机会有很重要的作用，国际创业战略实施过程不仅是一个渐进和积累的过程，也是主动开发机会进行知识创造的过程（Chetty & Hunt, 2004）。但由于国际创业要求的信息更加复杂，需要对目标市场及目标市场所在地的各种信息进行收集，且空间距离较远与国界的差别，使这种信息收集的成本更高。并且，由于竞争更加激烈，国际创业企业需要更强的创新能力，这就要求其对相关知识获取过程进行更大的投入，以保证其进行研究、创新所需。

(4) 创业能力。创业能力是识别、遇见并利用机会的能力，是创业过程的核心能力（Hanks, Watson, Jansen & Chandler, 1993）。创业能力对创业绩效有着显著的影响，如何提高创业能力是创业者在实践中亟须解决的问题。实施国际创业战略的企业面对更激烈的竞争，需要较强的创业能力，使企业得以在众多竞争者中保持地位甚至脱颖而出。另外，面对复杂多变的国际市场，企业进入其中时将面临经营环境的巨大改变以及高度的不确定性（Hitt et al., 1997）。因此，需要通过获取、释放、整合或重组自身资源适应市场变化、利用市场机会。

（5）创业机会。创业机会开发包括机会的识别、评价和利用，从有学者提出突出强调机会存在、发现和开发的创业领域研究概念框架，将创业领域研究的核心放在创业机会上开始，创业机会的研究逐渐增加（Shane & Venkataraman, 2000）。创业者在成功识别到机会后就要对机会进行开发，并应对机会开发过程中面临的各种不确定因素（Minniti & Bygrave, 2001）。而对创业机会的相关研究从对识别开发机会的个体行为研究，到后来的强调创业机会本身的研究，再到近年对机会形成与开发的研究。国际创业机会丰富，但识别国际创业机会并进而评价利用需要掌握大量的相关信息与知识，并在此基础上进行细致分析，而由于跨国经营的风险与成本较高，企业对机会的评价与利用也更加谨慎。也就是说，预防机会开发中的损失发生是创业者需要具备的能力之一（Fischer & Reuber, 2011）。

（6）创业资源。创业资源开发包括资源的识别、获取、整合和利用（Sirmon, Hitt, Ireland & Gilbert, 2011；蔡莉和柳青，2007）。这里面的资源最开始是经济学范畴的概念，是指为了创造财富而投入生产活动中的一切要素（Hoskisson et al., 2000）。资源基础理论则认为，只有掌握了有价值、稀缺、不可模仿和替代的资源，才能保持持久的竞争优势（Barney, 1991）。因此，相对于普通创业战略，国际创业战略对资源基础有更高的要求，进行国际创业的企业需要在一定的基础上进行，而一般创业的创业者甚至可以仅凭较少的资金开始创业过程。其中原因在于，资源对企业创业的价值也依赖于它被使用的环境，在不同的环境条件下，创业所需要的资源的类型、数量和组合方式不尽相同（Katila et al., 2005）。因此，国际创业企业需要获取适应目标市场的人力、原材料等资源并将其以特定方式利用从而生产出适应目标市场的产品。在这一过程中，国别产生的地域、文化等的差别使相应的资源获取、利用环节与国内创业产生较大差异。对于具有国有背景的企业，有着先天的政府网络优势使企业在实施国际创业战略的过程中更容易形成合作伙伴、与政府有关的关系网络，并从网络中获得资源。

中国第一汽车集团公司（原第一汽车制造厂）是中央直属的国有特大型汽车生产企业，奠基兴建于1953年7月15日，1956年7月13日建成投产，生产出第一辆国产解放牌卡车。经过60多年的发展，一汽集团已经成为国内最大的汽车企业集团之一，集团拥有23个职能部门、4家分公司，旗下拥有全资子公司6家、控股子公司4家，构建起涵盖中、重、轻、轿、客、微产品系列格局。2016年，一汽集团全年销售额310.6万辆，同比增长10.9%，销售收入628.5亿美元，位列《财富》世界500强企业第130。世界品牌实验室的《中国500最具价值品牌》报告显示,"中国一汽"品牌价值1918.28亿元,位列第9。在国际创业方面,2015年,一汽集团新建哈萨克斯坦、越南、马来西亚、菲律宾、尼日利亚、肯尼亚汽车零配件进口6个(以下简称KD)基地,一汽海外KD基地总数达到11个,当年进出口贸易总额达106.75亿美元,其中进口贸易103.42亿美元、出口3.32亿美元。一汽集团实施国际创业战略均受以上六大因素的影响。对于一汽集团来说,改革开放等国家政策的支持、世界经济一体化的趋势、汽车产业的发展等都为其国际创业提供了发展空间和助力。一汽集团的领导层正是识别到外部环境的这些变化,才开始进入国际市场,并随着产业国际化趋势的不断推进加大对国际业务的投入,从而使其国际创业水平不断提升。但同时,汽车行业内的竞争不断加剧、劳动力成本提升、市场环境动荡等因素又加大了一汽集团实施国际创业战略的难度。在被国际巨头抢占大部分市场空间后,一汽集团的国际业务发展空间本就受到较大限制,而同行业竞争者又加重了竞争压力,这使一汽集团的国际业务对外部环境影响的抵御能力较弱,表现为在面临国际金融危机、泰国政局动荡、俄罗斯周边局势紧张、非洲埃博拉病毒暴发、国内劳动力成本迅速提升、新兴市场进口贸易壁垒提高等外部环境的变化时一汽集团的国际业务发展均受到巨大负面影响。作为大型国企,一汽集团的实力深厚使其可以更轻易地获取国际创业所需资源,作为其国际创业的强力支撑。但受东北地区相对保守的文化、政府的强干预、国有控股的产权结构、官僚式作风等因素影响,一汽集团的领导层也比较保守,数届领导团队都更趋向于风险较小的发展路径,且由于大型国企在行业内的较高地位,一汽集团领导层更加注重发展国内业务、稳固企业地位,对于发展海外事业热情不大,体现出风险厌恶性。在创业学习方面,在与德国大众、日本丰田等国外汽车企业合资合作的过程中,一汽集团不断学习对方的先进技术,实现了对自身技术体系等丰富与技术水平的提升,从而为其产品的不断完善与自主品牌的发展提供动力。同时,在海外事业方面,随着经济全球化的发展与中国国际化水平的提高,一汽更加注重海外事业,在2011年成立了海外事业部,逐渐加强对国际市场信息的调查研究与对目标市场信息的收集分析,这也为一汽集团更有针对性地发展国际业务、拓展海外市场提供了信息方面的保障,使其实现更高效率的国际创业。一汽集团作为大型国企,其产销能力、技术能力、关系网络等与民营企业相比具有先天优势,而且在国际创业战略实施过程中,一汽集团不断完善组织结构、强化科研体系、丰富产品种类,使其国际创业的能力不断提升。但由于领导层频繁变动以及对海外事业的热情较低,使一汽在海外事业发展方面投入不够，近几年才开始加大对海外市场信息的探索力度以识别更多可利用的机会，也没有充分利用其优势力量，将人才、资金、技术等大量投入国际事业以充分利用探索到的创业机会，在一定程度上限制了一汽集团海外事业的发展速度。随着经济全球化的发展，一汽集团识别到新兴市场对低价产品需求增长的机遇，积极推出低价产品以适应市场需求，从而向南非、巴西、俄罗斯等国家出口了大量经济实惠的汽车产品，以达到占据海外市场、拓展国际业务的目的。并且，为了应对激烈的市场竞争、使一汽集团的产品在海外能站得住脚，一汽通过采取聚焦战略集中突破重点市场、收缩非重点市场来充分利用资源，巩固在重点市场的发展，在南非等地建设起生产基地，以寻求本地化发展，逐渐实现了从商品输出向技术和资本输出的转变。一汽集团作为大型国企与中国汽车产业的先驱，拥有大量资源，相比其他汽车企业，尤其是民营企业与规模较小的企业有巨大的优势。因此，一汽在引进德国大众、克莱斯勒等国外车企并与之合资合作时受资源约束较小。在海外事业方面，一汽也在南非、伊朗等国家投入资源建设生产基地、组装基地等，从而利用当地资源并拓展海外市场，但其投入力度相对较小，且海外事业本地化程度较低，对当地资源的识取和利用程度也不高。

【本章参考文献】

[1] 陈劲，郑刚. 创新管理：赢得持续竞争优势（第二版）[M]. 北京：北京大学出版社，2013.

[2] 陈晓辉. 创新战略与标准战略互动作用的思考[J]. 中国标准化，2014（10）：96-99.

[3] 陈忠卫. 战略管理（第三版）[M]. 大连：东北财经大学出版社，2011.

[4] 邓金梅. 创业板企业"创新战略—资本结构—企业绩效"关系的实证研究[D]. 长沙：湘潭大学硕士学位论文，2013.

[5] 董洁林. 迭代创新：小米能走多远[J]. 清华管理评论，2014（6）：48-53.

[6] [法]多米尼尔·夏代尔. 互联网与战略[J]. 胡晓云译. 营销前线，2001，6.

[7] 黄艳，陶秋燕. 迭代创新：概念、特征与关键成功因素[J]. 技术经济，2015（10）：24-28.

[8] 惠怀海. 迭代创新模式与流程研究[J]. 软科学，2008（1）：117-121.

[9] 杰伊·B. 巴尼. 战略管理——获得与保持竞争优势[M]. 朱立，张颖，张肖虎，朱芮影译. 上海：格致出版社，2011.

[10] 克莱顿·克里斯坦森. 创新者的窘境[M]. 北京：中信出版社，2010.

[11] 兰登·莫里斯. 持久创新：创新原则、创新战略和创新方法的权威性指南[M]. 北京：

经济科学出版社，2011.

[12] 李建设，王娟，沈阅.基于动态环境下的战略管理理论新发展[J].北京工业大学学报（社会科学版），2006.

[13] 李亚欣.支付宝的发展历程及对国内第三方支付的影响[J].东方企业文化，2010（1）：189-190.

[14] 李艳华.第三方支付企业的创新特征及其演化研究[J].经管空间，2012（12）：63-65.

[15] 林嵩，姜彦福.公司创业战略模式及应用[M].北京：中国工业经济出版社，2008.

[16] 刘宝宏.企业战略管理[M].大连：东北财经大学出版社，2009..

[17] 罗仲伟，任国良.动态能力、技术范式转变与创新战略——基于腾讯微信"整合"与"迭代"微创新的纵向案例分析[J].管理世界，2014（8）：152-168.

[18] 彭惠新.支付宝：提供安全、快捷的支付解决方案[J].中国信用卡，2012（8）：17-20.

[19] 彭惠新.支付宝：创新的目的是为用户创造价值[J].中国信用卡，2015（6）：20-23.

[20] 孙黎，杨晓明.迭代创新：网络时代的创新捷径[J].清华管理评论，2014（6）：30-37.

[21] 王方华，吕巍.战略管理[M].北京：机械工业出版社，2007.

[22] 王文清.知识环境与管理变革[J].科技进步管理，2003.

[23] 吴照云，舒辉，胡大立.战略管理（第二版）[M].北京：中国社会科学出版社，2013.

[24] 小阿瑟·A.汤普森，A.J.斯特里克兰，约翰·E.甘布尔.战略管理概念与案例（第14版）[M].王智慧译.北京：北京大学出版社，2009.

[25] 谢康利.关注用户的渐进式创新[J].商界评论，2013（7）：141-142.

[26] 张薇."万能"的支付宝[J].电脑知识与技术，2012（11）：5-14.

[27] 许淑君，马士华.供应链企业间的战略伙伴关系研究[J].华中科技大学学报，2001.

[28] 许扬帆.迭代出来的微信[J].清华管理评论，2014（6）：40-47.

[29] 杨晨.引领产业发展护航支付应用[J].信息安全与通信保密，2015（3）：60-61.

[30] 张腾，王迎军.迭代式创新的研究与实践发展[J].现代管理科学，2016，10：100-102.

[31] 赵晴.只争朝夕地推进传统纸媒的互联网战略——以杭州日报近两年的实践为例[J].新闻实践，2011，1.

[32] 甄继鹏.以第三方移动支付引导形成的新的支付习惯[J].货币与资本，2015（9）：178-179.

第八章　互联网与生态战略

第一节　互联网环境中的战略管理

一、互联网时代的到来

中国互联网络信息中心发布的数据显示，2014 年我国网民总规模达 6.49 亿人，比 2005 年增长 485%，互联网普及率达 47.9%，比 2005 年提高 39.1 个百分点，手机网民占整体网民的 85.8%。[①] 联合国国际电信联盟发布数据显示，2014 年全球网民数量突破 30 亿大关，且互联网使用率持续增长。[②] 这些数字意味着日常生活已被互联网改变，而企业的经营活动也深受其影响。

2015 年，国务院总理李克强在全国"两会"期间提出了"互联网+战略"的模式，即利用互联网信息通信技术，把互联网与传统各个行业结合起来，创造一种全新发展生态。也就是说从整个产业来说，"互联网+战略"的本质是对传统产业的换代升级，是基于人与人、物与物之间的互联互通，是对"人本主义"思想的尊重。

互联网时代是对全球化的进一步发展，随着互联网的发展，许多产业应运而生，以微软、阿里巴巴、百度、腾讯等为代表的互联网相关产业日益发展，改变

---

① http://www.199it.com/archives/326814.html.
② http://news.91.com/data/1411/21766718.html.

着人们的生活方式,也改变着企业的战略方式,促使企业战略转型。对高科技产品而言,传统的建立在单纯买卖关系基础上的交易型渠道已经丧失了活力,无论其中的交易环节如何"短"或者如何"扁平",生产商和中间商都不可能获得实质性的竞争优势,传统型的渠道战略在互联网环境中面临巨大的挑战,运用传统型渠道战略的企业在竞争中越来越陷入被动的不利境地。在互联网环境中,一种新型的渠道模式应运而生,这就是一种围绕着价值链和价值网建立起来的增值渠道,积极采取这种新型的渠道模式的公司正迅速成为市场的领导者。因此,在互联网环境下,组织领导者如何改变传统战略管理模式,进行战略转型,已成为一个重要课题。

随着互联网的深入发展,家庭互联网开始出现。"家庭互联网"有两层含义:一是实现家庭局域消费类电子产品的互联,如用电视来控制灯光、调节或控制其他电器;二是实现外部网络互联,通过电视来获取更多的互联网上的内容服务,如影视、娱乐、资讯等。不管是内部还是外部连接,都是以彩电作为显示或控制中心,这促进了以电视行业等为代表的家电产业的战略转型。为此,包括TCL、三星、LG、索尼等在内的多数企业都推出了具有互联网功能的相关产品,如网络电视等。相关调查显示,61%的用户渴望电视能接入互联网,74.69%的网民更愿意使用电视看网络视频,86%的网民盼望通过电视视频聊天。在预期购买平板电视的消费人群中,30%以上的消费者看重电视的上网功能,这促使了相关企业产品战略的转型。

此外,"互联网+"生态圈正在悄然形成,许多城市都尝到了"互联网+"带来的便利。以上海为例,2015年3月,微信"城市服务"入口"正式落沪",所有上海市民通过微信即可享受查询天气、支付生活账单、预约护照办理、违章查询等14项便民服务。微信"城市服务"在上海上线一周,服务人次近100万,这种开放、便利的趋势正在向全国各地扩散,随着微信"智慧城市""一站式"服务逐步落地生根,过去"信息孤岛"的局面将被彻底打破,智慧城市生态圈雏形得以展现。

"互联网+"有以下六大特征:一是跨界融合。"+"就是跨界,就是变革,就是开放,就是重塑融合。敢于跨界了,创新的基础就更坚实;融合协同了,群体智能才会实现,从研发到产业化的路径才会更垂直。融合本身也指代身份的融合、客户消费转化为投资、伙伴参与创新等。二是创新驱动。中国粗放的资源驱动型增长方式早就难以为继,必须转变到创新驱动发展这条正确的道路上来。这正是互联网的特质,用所谓的互联网思维来求变、自我革命,也更能发挥创新的力量。三是重塑结构。信息革命、全球化、互联网业已打破了原有的社会结构、经济结构、地缘结构、文化结构。权力、议事规则、话语权在不断发生变化。四是尊重人性。互联网的力量之强大最根本地来源于对人性最大限度的尊重、对人体验的敬畏、对人的创造性发挥的重视。五是开放生态。关于"互联网+",生态是非常重要的特征,而生态本身就是开放的,要把过去制约创新的环节化解掉,把孤岛式创新连接起来,让研发由人性决定的市场驱动,让创业并努力者有机会实现价值。六是连接一切。连接是有层次的,可连接性是有差异的,连接的价值是相差很大的,但是连接一切是"互联网+"的目标。

通俗来说,"互联网+"就是"互联网+各个传统行业",但这并不是简单的两者相加,而是利用信息通信技术以及互联网平台,让互联网与传统行业进行深度融合,创造新的发展生态。它代表一种新的社会形态,即充分发挥互联网在社会资源配置中的优化和集成作用,将互联网的创新成果深度融合于经济、社会各领域之中,提升全社会的创新力和生产力,形成更广泛的以互联网为基础设施和实现工具的经济发展新形态。"互联网+"不仅使互联网移动了、泛在了、应用于某个传统行业了,更加入了无所不在的计算和数据等,造就了无所不在的创新。传统行业开始尝试营销的互联网化,借助 B2B、B2C 等电商平台来实现网络营销渠道的扩建,增强线上推广与宣传力度,逐步尝试网络营销带来的便利。每一个社会及商业阶段都有一个常态以及发展趋势,"互联网+"的发展趋势则是大量"互联网+"模式的爆发以及传统企业的"破与立"。

二、互联网与战略的联系

迈克尔·波特曾指出,互联网的发展无法阻止企业进一步完善其战略。对于很多成立不久的公司,他们失败的主要原因是他们过分依赖通过互联网来销售他们的产品和服务,而不注重制定自身战略去发展他们的经营活动。事实上,互联网只是任何企业在制定新战略或更有效、更好的战略时所使用的一种新工具,所以战略是必不可少的。任何一家公司都不可能只靠使用互联网而不制定战略来取得成功。[1]

首先,互联网促使传统企业战略转型。随着互联网技术的不断成熟和普及已成为社会发展的趋势,以互联网为代表的信息技术革新速度越来越快,成本越来越低,在各个领域迅速实现大规模运用。由于互联网具有覆盖面广、成本低、效

---

[1] [法]多米尼尔·夏代尔. 互联网与战略 [J]. 胡晓云译. 营销前线,2001,6.

率高等明显优势，互联网信息技术已成为众多企业实现其经济效益的重要手段。互联网作为最大的市场信息集散和交易平台，促使企业尤其是传统企业的战略变革，将互联网与传统产业相结合产生全新的商业模式，必将成为新一轮企业战略转型的亮点。

其次，互联网为企业提供新的战略选择。互联网的发展直接带动了电子商务的崛起，众多实体企业不再局限于实体营销，迫切地希望与各电子商务精英合作，利用网络提升企业产品的品牌实力。以温州商业为例，20世纪90年代，温州的商业模式主要是依靠专卖店和特许经营店；到了21世纪，虚拟经营进一步做强；如今，全国各地营销网迅速增加。另外，对于中小企业而言，由于在品牌等方面与大企业相比处于劣势，如果借助于与B2B、B2C等网站合作，可以少走弯路，规避不必要的风险，因此互联网为中小企业提供了一个全新的战略选择。

最后，互联网促进战略理论的创新。互联网技术的成熟带来了信息化的发展，进而推动了全球一体化的进程，使市场环境变得多元化、复杂化和动态化，也从根本上改变了企业的竞争环境和竞争模式。战略管理理论随着战略环境的变化不断演进，从最初的战略规划学派、环境适应学派、逻辑改良主义，产业组织学派与波特的战略思想、资源论与核心竞争能力四个阶段，到现在的战略生态管理范式理论、战略联盟流派以及基于信息技术的战略思想的产生。

三、互联网环境下的战略管理挑战与机遇

1. 战略挑战

从我国互联网战略本身来讲，近年来我国互联网产业发展迅速，成绩显著，2013年根据波士顿咨询公司统计，中国的互联网经济占GDP的比重达5.5%，位居全球第三，成为中国经济创新发展的新引擎。互联网深度渗透到我国社会生活的方方面面，在促进文化产业发展、推动政府信息公开化方面日益发挥重要作用；在产业层面，我国也涌现出了一批具有国际影响力的互联网企业。与发达国家的互联网发展水平相比，在互联网大环境下，我国的互联网发展还相对落后，特别是在互联网基础设施与互联网应用方面的深度普及上仍有巨大发展空间。此外，由于社会制度、意识形态等因素不同，西方国家对我国互联网的发展进行遏制，因此我国的互联网战略面临着严峻的挑战。

从传统企业战略模式来讲，互联网的深度普及改变了人们的工作、学习和生活方式，为传统企业战略模式的转变带来了巨大挑战。以媒体行业为例，毋庸讳言，以互联网为代表的新媒体给传统纸媒带来了巨大冲击，尽管在十年前众多传

统纸媒依然占据着强势的市场地位,但近十年它们遭受着巨大挑战。例如,2009年,美国100多家有着悠久历史的报纸或倒闭或停止出版纸质版,改为只在网上出版,其中不乏久负盛名的百年大报。[①] 为了适应互联网大环境的趋势,《杭州日报》提出了"一报一网,网报合一战略",兴办杭州日报网,创办"城市通,打造'三合一'新型融媒体"。因此,传统行业必须适应互联网发展的趋势,在战略模式调整上与互联网相融合,使企业可持续发展。

从战略变革来讲,战略变革包括战略思维、战略模式、战略实施方式等方面,由于战略管理是为了适应组织内外部环境的变化进行变革,互联网时代对于组织战略变革是一个非常大的挑战。由于组织内部利益冲突、组织惯性、合作方抵制等,战略变革需要一定的过程,也必然遇到一定的挑战。

2. 战略机遇

在互联网时代,对于组织战略管理而言,不仅面临着战略挑战,还面临着战略机遇。

从理论研究层面来看,战略管理学是一门科学,也是一门艺术。战略管理是对变化的管理和通过变化而进行的管理,其核心是环境的变化和组织适应的问题,因而战略管理理论是随着环境变化而呈现的一种动态演进过程。[②] 互联网的诞生不亚于当年工业革命对人类社会的影响,随着网络技术的更加成熟,其不仅会改变人类的生活方式,也会颠覆企业的经营模式。由于环境的变化,原有的许多战略理论在网络环境下难以适用,必须加以理论创新。

互联网环境呈现了技术变化及扩散不断加速、信息密集、知识密集及边际递增产业浮现四个特点。与此同时,企业经营中所面临的风险的不确定性增加而可预测性不断降低、产业边界变得日益模糊,具体表现为技术的不断创新、竞争的全球化以及顾客需求的多样化,因此,企业必须以新的管理思维模式、新的灵活组织机制来应对挑战并维持组织的竞争优势。互联网出现以来,战略管理理论进一步丰富,如战略生态管理范式、以创造顾客价值为中心的战略管理模式、战略联盟战略等应运而生。

从战略实践层面来看,以互联网为代表的信息技术革新速度越来越快、成本越来越低,在各个领域迅速走向大规模应用,为企业战略转型提供新的思路。由

[①] 赵晴.只争朝夕地推进传统纸媒的互联网战略——以杭州日报近两年的实践为例[J].新闻实践,2011,1.
[②] 李建设,王娟,沈阅.基于动态环境下的战略管理理论新发展[J].北京工业大学学报(社会科学版),2006,12.

于互联网具有覆盖范围广、成本低、效率高等明显优势,互联网信息技术已成为实现经济目标最重要的技术手段。互联网作为最大的市场信息集散和交易平台,促使传统产业发生巨大变革,新兴业态不断涌现,有力地促进了经济的增长与转型。以海尔集团为例,在互联网时代下,海尔的愿景是从大型企业平台转型,对外构筑开放的平台,共建、共创商业系统。对内将企业打造成节点闭环的动态网状结构,使组织充满激情和创造力,使员工在创造价值的同时实现自我价值。网络技术和信息技术为海尔的战略转型提供载体,为员工尤其是一线员工构建创业平台。此外,互联网还为海尔质量创新形成的全流程最佳体验提供了技术支持。为全面提升用户体验,海尔借助互联网以全球五大研发中心为资源接口,形成创新生态圈,全年产生 7 万多个创意项目,全球 500 强供应商和世界一流的研发资源也积极参与,形成模块化解决方案。[①]

此外,互联网也推动了新一轮的大众创新创业。以互联网为代表的新一轮技术经济范式带来全球性的产业颠覆浪潮,引领这一浪潮的力量是创新创业。

从互联网技术推动的角度看,互联网日益成为经济社会变革的新引擎。在信息通讯技术各个环节存在摩尔定律的同时,互联网驱动的经济社会变革也在持续扩大和深化,堪称是社会领域的摩尔定律。尤其是移动互联网以后,线上到线下变得更加热门,互联网日益走出桌面、走向生活,深入实体经济社会,互联网正在从一个与其他行业并列的行业发展为改造一切行业的技术、工具和行业。从互联网领域的电子商务、移动互联网、云计算、大数据等,到互联网改造传统产业领域的互联网金融、互联网教育、智慧医疗、车联网、可穿戴设备、智能家居、智能制造等,新兴产业加速涌现,历史性的创造机会由此形成。[②]

从创业主体行为角度来看,互联网的大环境降低了创业门槛,空前催生了大众创业。在互联网时代,从开源软件、开放科学、技术众包到各类众筹,从在线开放平台到线下实体平台,从微创新到精益创业模式,创业门槛空前降低,创业方式出现变革,大众创业成为事实,如成千上万的淘宝店主、开放平台的应用开发者、迅速发展的微信公众号以及创客群体等。除此之外,互联网与传统产业结合,也为普通人提供了创业机遇,如各种垂直电商,通过移动互联网改造的各类生活服务业为大众创业提供机遇。

---

① 陈绎. 大数据、互联网与战略转型——记第九届上海国际质量研讨会分论坛之一 [J]. 上海质量,2014,12.
② 赵夫增,王胜光. "创业中国"工程——创新驱动发展的加速器 [J]. 中国科学院院刊,2014,6.

四、互联网战略思维

互联网战略思维是一次划时代的革命,在(移动)互联网、大数据、云计算等科技不断发展的背景下,互联网战略思维被定义为对用户、对产品、对企业价值链乃至对整个商业生态进行重新审视的思考方式。

互联网战略思维包括以下九大方面:①用户战略思维,即为用户至上的原则,让用户深度参与到产品创意、设计和品牌传播中,打造粉丝经济,培养用户感情,提供细节追求完美的用户体验,全方位满足用户需求。②简约战略思维。在移动互联网时代,网络的便捷性与信息爆炸令用户难以集中精力,在其日渐缺乏耐心的情况下,互联网产品应当做到简约、简洁,专注才有力量。③极致战略思维。就是把产品、服务和用户体验做到极致,超越用户预期,强调"服务即营销",紧抓用户痛点,做到自身能力的极限,做出超出用户想象、令用户尖叫的产品。④迭代战略思维。敏捷开发是互联网产品开发的典型方法论,是一种以人为核心、不断迭代、循序渐进的开发方法,允许有所不足,在持续迭代中完善产品,要求从用户需求入手,贴近用户心理,在用户参与和反馈中逐步改进,但同时要注意迭代次数过多带来用户须更新 APP 次数增加的问题。⑤流量战略思维。流量意味着体量,体量意味着分量,流量即金钱、流量即入口,用免费策略极力争取用户、锁定用户,坚持到质变的"临界点"。⑥社会化战略思维。社会化商业的核心是网,公司面对的客户以网的形式存在,生产、销售、营销等形态都应因此而改变,如何巧用社会化媒体,吸引客户,重塑企业和用户的沟通关系,是互联网企业甚至想要转型互联网的传统企业都需要思考的问题。⑦大数据战略思维。大数据的价值不在大,而在于挖掘和预测的能力,用户在网络上一般会产生信息、行为、关系三个层面的数据,这些数据的有效利用与即时分析对于精准营销、企业预测和决策都极为重要,因此企业必须构建自己的大数据平台,进行从市场营销到大数据锁定、从差异化到个性化、从大批量到量体裁衣的变革。⑧平台战略思维。即开放、共享、共赢的思维,当不具备构建生态型平台实力时,要思考如何依靠已有大平台,获取自身发展所需资源,同时可以把企业打造成员工的平台。⑨跨界战略思维。互联网企业的跨界颠覆,其本质是高效率整合低效率,打破利益分配格局,利用手中掌握的大数据资源,敢于自我创新,主动跨界。

五、互联网企业战略趋向：并购与柔性

1. 并购

互联网企业的并购呈现外资主导、国内企业间收购频繁的局面。并购类型以横向并购为主，纵向并购渐增，这意味着我国互联网企业从追求扩大规模向整合产业链和多元化延伸。互联网企业并购的动因主要包括以下方面：

（1）用户偏好促使互联网企业产生合并。用户连接到一个网络的价值取决于已经连接到该网络的其他人的数量。正是基于此种原因，用户将倾向于选择那些网络规模较大的网络企业。因为网络外部性决定了使用网络中某一产品或服务的用户人数越多，用户从中得到的价值就越高。从战略管理的角度来看，企业的瓶颈是企业的客户或受众的需求，所以许多互联网企业，尤其是一些门户网站便会通过并购的方式来扩大规模。另外，在网络经济条件下，用户需求的个性化、即时性、多样性也是互联网企业并购的动因所在。

（2）规模报酬递增使互联网企业以并购方式扩大规模。在网络经济条件下，供给增加，价格下降，需求量相应大幅度增加，并且需求量增加所带来的收益远远超过价格下降所导致的损失，从而引起收益大幅增加。网络经济的报酬递增规律产生的关键在于需求量的大幅度增加。一方面，供给成本大幅度降低，导致价格急剧下降，引起需求量明显增加；另一方面，网络经的联结性突破了时空限制，使需求量大幅度增加。网络经济的规模报酬递增呈指数增长。在网络经济中，对信息和网络建设的持续投资，不仅可以获得一般的投资报酬，还可以获得信息累积的增值报酬。同时，信息的使用会带来不断增加的报酬。这就是说，在信息成本几乎没有增加的情况下，信息的重复使用、信息使用规模的不断扩大、信息用户的不断增加，可以使价值不断增值、收益不断增加，这种传递效应使网络经济呈现边际收益递增的趋势。正是由于这一规律，互联网企业通过并购进行规模上的扩张，以谋求更多收益。

（3）马太效应促进互联网企业并购。在网络经济下的信息活动中，由于人们的心理反应和行为惯性，在一定条件下，优势或劣势一旦出现并达到一定程度，就会导致不断加剧而自行强化，出现"滚雪球"似的累积效果。这种马太效应使"强者更强、弱者更弱"。从美国互联网的发展历程中可以看到，虽然美国的门户网站众多，但是雅虎和美国在线两大门户网站无论从规模还是小收入等角度来看都是其他网站无可比拟的，其他的门户网站只能分到小部分市场。在这样的生存环境中，企业会越发意识到快速成长的必要性。互联网企业并购则是为了适应网

络经济中的马太效应而产生的必然经济现象。弱势企业向强势企业靠拢，以被并购作为代价获取生存机会，而强势企业通过并购弱势企业，增加在特定领域内的市场份额，抢占未来竞争中的有利位置。

（4）网络经济与传统经济整合推动并购。美国前财政部长萨默斯认为，"新经济需要建立在旧价值上"；美国未来学家托夫勒也认为，把传统经济同网络经济对立起来是错误的。可见，网络经济的虚拟性并未使网络经济空洞化，实物产品生产依然是社会经济的基础。网络经济并不是纯粹的虚拟经济，而是虚拟与现实经济的结合。这种传统经济同网络经济之间的整合关系可以用"鼠标+水泥"来形容。互联网与整个社会经济进行深度整合的过程，既是网络经济走向纵深的过程，也是逐步消除泡沫、安全落地的过程。传统经济不仅具有旺盛的生命力，而且具有非常成熟的经济模式。相较而言，信息技术及其所代表的网络经济则因为经济模式上的欠缺和不成熟，而在一定时期内处于相对边缘的位置。可见，新旧经济之间的相互促进、共同发展将成为未来经济发展的主旋律。

与传统企业不同，互联网企业是充分应用互联网新技术、电子商务化的创新型企业，在公开完善的市场机制中，经过比较充分的自由竞争成长起来的。它们的运营模式更加新颖、成长速度更加快速，在技术、市场快速变动的情况下，通过兼并重组以达到企业发展的欲望更加强烈。但在企业并购过程中，存在盲目并购、整合不力、缺乏并购策略等问题。关于互联网企业的并购效应，不同的人持有不同的观点。一方面，互联网企业并购具有正面效应：一是通过横向并购达到规模经济效应，迅速增加供给；二是通过纵向并购可以显著降低产品或技术不足导致的交易费用应对能力和扩大用户规模；三是并购使资源配置进一步优化与整合，能迅速弥补企业自身的缺陷；四是并购丰富了互联网企业的盈利模式，提升了核心竞争力。另一方面，互联网企业并购具有负面效应：一是横向并购可能带来规模不经济；二是并购使互联网企业的战略选择面临风险；三是并购可能造成互联网企业负债率上升、财务状况恶化。

综上所述，从互联网企业并购的动机与效应来看，网络经济与传统经济并购趋势增强。网络经济潜力惊人，但传统经济仍然保持独特的优势，尤其表现在稳定的利润来源、发育成熟的营销网络、长期经营的品牌优势和高度发达的基础设施上。在网络经济公司和传统经济公司已经意识到彼此间互补作用的背景下，它们之间开始发生大规模的并购活动，并购在加强传统行业和互联网企业的结合上起到了决定性的作用。

2. 柔性

战略管理是现代企业管理的最高层次与首要任务，是企业确定其使命，根据组织外部环境和内部条件设定企业的战略目标，为保证目标的正确落实和实现进行谋划，并依靠企业内部能力将这种谋划和决策付诸实施，以及在实施过程中进行控制的管理过程。随着经济转型和市场竞争的加剧，传统的战略形成、实施、评价相分离的方法越来越难以适应竞争环境的快速变化。尤其在互联网这样一个动态性与复杂性交织的行业，企业如果依旧只采用战略分析、战略选择到战略实施的单一方向或按部就班的战略管理方法，就会在多样的用户消费者需求与竞争者的创新战略面前变得被动，最终因组织僵化、反应迟钝而被市场淘汰。因此，在高度不确定性和变化面前，柔性战略对于当代动态市场环境下的企业尤为重要。所谓柔性战略，是指企业为更有效地实现战略目标，在动态的环境下，主动适应变化、利用变化和制造变化以提高自身竞争能力而制定的一组可选择的行动规则及相应方案。柔性战略强调战略的博弈性而不是计划性；强调利用变化和制造变化来提高竞争力，形成新的竞争优势，而不仅仅是适应环境变化。环境变化包括两个层次：一是战略中有关的战略范围、资源使用、竞争优势和协同作用；二是外部环境和起初的组织变化以及战略内容执行的变化。柔性战略依赖于企业的柔性系统，必须有柔性的组织及柔性的管理控制与之配合；柔性战略以企业创新为依托，既强调企业家的创新，又强调组织群体创新；柔性战略同时关注企业战略的转型效率和转型成本。柔性战略包含资源、能力、组织、生产和文化，只有当与所希望的新战略相匹配的资源、能力、组织、生产和文化改变并达到彼此协调时，柔性战略的实施才有保证（见图8-1）。

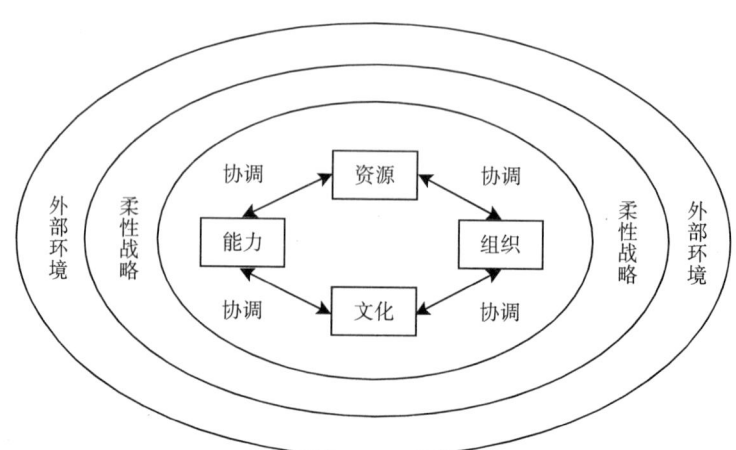

图 8-1 柔性战略的支持体系及其协调

六、"互联网+"战略的企业实践

山东新星集团成立于 1990 年 9 月 17 日,坐落于蒲松龄的故乡、中国建陶之都——山东省淄博市淄川区。集团创业之初只有七人,无资金、无场地、无现成业务、无运输车辆。在当家人魏心东同志的带领下白手起家,一路走来始终秉承"团结奋斗、真抓实干、无怨无悔"的企业精神,"诚实守信、互惠共赢"的经营理念,"以人为本、严细新全"的管理理念,"与时俱进、创建百年"的企业愿景,以及"服务人民、奉献社会"的企业责任,发展成为山东省重点企业集团。集团经营业态主要包括五大板块:分销物流(有酒水、食品、洗化、白糖、煤炭、家电分销物流及 23 家驻外分公司,其中茅台酒连续七年全国销量第一)、商品零售(有新星商厦、专业市场、珠宝连锁店、超市连锁店、名酒专卖店、汽贸连锁店、家电连锁店、摩托连锁店 428 家)、金融服务(贷款公司、典当公司、融资担保公司)、餐饮娱乐(星级酒店、休闲会所、便民早餐)和电子商务。拥有 33 家直属子公司,2600 余处销售网点,员工 7000 余人,销售网点遍布全省并辐射全国。集团先后荣获全国精神文明单位、全国文明诚信企业、全国商业百强企业、全国连锁百强企业等荣誉称号,成为商务部"万村千乡市场工程"优秀示范企业。

2012 年,沃尔玛、家乐福、TESCO 的新开店速度平均降低 27%,其他主要外资连锁企业也关闭了近 30 家门店。在这样的大背景下,虽然新星集团是一个县级连锁零售商场,但也深深感受到互联网对行业的冲击力度。曾被称为最能抵御经济周期性衰退的零售行业,在互联网的冲击下正经历前所未有的冲击,业绩与利润都在下滑,行业进入慢增长时代,逐渐陷入困局。在消费低迷和电商冲击的大环境下,中国零售业在 2012 一年不仅未交出高增长的业绩,反而面临关店、调整、利润下滑的艰难处境,转型成为必由之路。业内人士普遍认为,消费新常态将给零售业转型带来机遇,而"互联网+"将引领传统零售业的转型方向。

在这样的背景下,随着电商的崛起,本就处于微利的新星集团下的门店处境"雪上加霜"。集团商品销售额大幅下降、成本增加、利润下降已成现实,一些门店很难继续维持;大量看重性价比的消费者被吸引转向了网络购物。魏心东清楚地认识到零售业的门店若没有特色,很难让消费者再次光临。没有消费,就没有营业额;没有营业额,就没有利润;没有利润,企业就支撑不下去,而其各种成本又照样支出,在这种情况下只能是关门歇业。如果不继续想对策,新星集团会有大批员工面临下岗，企业生存状况堪忧。困境中的新星集团该如何突围？

魏心东作为集团负责人深感责任重大，尤其对于电子商务这一新兴事物来讲，只有通过不断地加强学习、增强行业交流、强化互联网思维，才能更好地适应、拥抱、引领行业的发展，否则逆水行舟，不进则退。"适者生存"的道理在严峻的零售环境中尤为灵验。基于对集团困境的认识，魏心东多次召开各板块董事会会议深度分析零售业态大环境及企业现状、传统零售业现状及未来前景、电子商务现状及未来前景；经过无数次的调查分析，无数次的争论激辩，经过无数次的推敲研判，不服输的新星人坚持"争则兴，让则亡"的信念，果断决定不惜一切代价腾地方办公，抽调精兵强将组建团队，筹集资金，寻找优秀的电子商务平台系统开发商，注册公司开始了新的创业征程。会议确立了三步走的方针：第一步完成 B2C 平台开发建设运营；运营成功后马上进行第二步整合打造融为一体的 B2C+B2B 综合平台，把线下几十亿元的批发业务搬到线上；第三步搭建第三方入驻平台。新星集团在电商大潮中坚持发展线上业务、改善线下服务体验并寻找途径实现线上与线下互动整合的过程，最终成为山东省第一家"三位一体"的线上线下购物平台。

新星集团实施了"三位一体"战略——"物流配送+超市连锁+电子商务"，探索 O2O 经营模式，发展"互联网+"，重构商业价值链，整合供应链，整合服务体系，突破地理空间，打造综合化的商业模式，自建"全渠道"流通模式并拓展自身经营模式。传统企业发展电子商务必须对自己做出合理的商品和区域定位。作为新星集团旗下的电子商务平台，新星商城不是所谓"零成本、零库存"的纯电商，也不是"买进卖出"的传统销售渠道，而是将自身定位为以酒水、家电为特色，同时经营洗涤化妆、家居百货、母婴用品等板块，立足淄博、辐射山东、面向全国的区域性电子商务平台。依托"新星名酒"的品牌效应和海尔物流园的建设，新星集团提出"线上线下"双轮驱动和"物流配送+超市连锁+电子商务"三位一体战略，整合线下实体和物流配送资源，线上线下共同发力，为新星商城的发展注入源源不断的动力。在行业内首创"物流配送+超市连锁+电子商务""三位一体"运营新模式，打造了山东省第一家"三位一体"的线上线下购物平台。

1. 物流配送网络构建

依托遍布淄博市的新星连锁超市配送，将网购商品直接送达消费者手中，解决"最后一公里"的问题。基本可以实现城区配送 2 小时以内到货；省内配送 12 小时以内到货，上午下单、下午收货；省外主要依靠第三方物流，保证 48 小时以内到货。直达便捷的服务，培养了客户的品牌忠诚度，促进了二次消费的产生。未来，新星集团将与海尔集团合资建设占地 500 亩的海尔新星物流园，每年将开发新的配送网点 300 个以上，进一步引进高端人才、创新电商营销、丰富商品品类、提高配送能力。海尔新星物流园项目将对接新星城市共同配送项目，面向社会引进各大品牌生产厂家、金融机构及物流经营企业入驻。其中，包括阿里巴巴、海尔 365RRS 和新星网上商城等电商平台的线上配送业务，以及海尔、美的、茅台、泸州等大型厂家商品的线下配送业务，形成商务批发交易、仓储物流、物流金融、综合配套等有机协调发展、线上线下"双轮驱动"的新型物流产业园区服务模式，着力解决物流配送"最后一公里"和城市配送"最后一百米"难题。项目建成后，会形成一张覆盖山东的"物流配送网"，预计入驻物流运营商约 1000 家，提供约 3000 个就业岗位，降低周边企业物流成本 30%，并形成以物流园区为核心的税源基地。

2. 超市连锁

从新星商城的商品定位可以看出，经营品类主要分为酒水食饮、日用百货、洗涤化妆、家电数码以及母婴玩具等几大类。新星商城这样的选品是出于本地化的考虑。其在规划品类时考虑到，作为一个本地化的电商，当地老百姓需要什么。经过调研，魏心东认为新星电商要以"超市品类"作为第一期的主打商品。所谓超市品类就是酒水食品、日用百货、洗涤化妆以及数码 3C 等大型超市所能提供的一些基本品类，这样做的目的是满足当地消费者的需求。另外，这样可以与天猫、1 号店等形成差异化竞争。天猫及 1 号店经过多年发展，其 SKU 数已经到达百万级，可以说包罗万象，在这样的情况下，唯有集中当地消费者所需求的主要商品做细做深，才能形成自己的特色。新星集团的首批选品重点以新星 477 家连锁门店、20 万平方米仓储中心、10 万余种商品资源为依托，需要各门店提供常规的、畅销的 A 类单品进行上传销售，其中 2/3 与新星集团实体门店的商品是一致的，另外 1/3 则主打中高端、单独为商城开发的专属商品等，如进口食品、各地农副产品，这些都需要线下的积极配合。

3. 电子商务平台

新星网上商城（www.xinxing001.com）是新星集团旗下综合性电子商务平台，始建于 2012 年 8 月。在前期投资 1.36 亿元的基础上，后续又投资 3700 万元，建设了电商新平台、新星微商城。新星商城借助新星集团全国各大名酒专卖店、新星商厦、珠宝连锁店、超市连锁店、家电连锁店、酒水总代理、茅台酒连续七年全国销量第一，以及强大的新星物流团队的优势，全力打造中国第一食品网购平台、山东第一名酒网购平台。新星商城采用 O2O 模式做强同城电商，以 B2C

模式逐步辐射全省，进一步走向全国。新星商城本着"真、快、好、省"的经营理念，主打酒水、家电、母婴、特色食品四大品类，以洗涤化妆、日用百货、珠宝首饰为辅，全方位地为顾客提供"一站式"的购物环境。新星电商被山东省商务厅认定为首批山东省电子商务示范企业。目前，新星商城的特色优势在区域性电子商务的竞争中初见成效，相信这一作用未来将会更加显著。

商界没有永恒的神话，只有适者生存的法则。2015年，中央一号文件提出要"支持电商、物流、商贸、金融等企业参与涉农电子商务平台建设"。2015年国务院《政府工作报告》提出，要制订"互联网+"行动计划，"发展物流快递，把以互联网为载体、线上线下互动的新兴消费搞得红红火火"。新星集团28年的发展就是一段艰苦奋斗、创新谋变的历程。集团之所以连续多年经济增长，与实施"大电商"战略是分不开的。

第二节　生态战略

20世纪90年代以前的企业战略管理大部分建立在对抗竞争的基础上。进入90年代中期以后，随着产业环境的日益动态化、经济全球化、网络化，信息、通信技术和管理知识的广泛传播以及竞争的国际化和客户需求的日益多样化，企业逐渐认识到，无论是想增强自己的能力，还是想拓展、开发新的市场，都得与其他企业共同创造消费者可以使用的新价值，谋求共同进化。在瞬息万变的互联网时代，企业更需要通过不断搜寻、整合各种线上与线下资源，才能以提供优质服务的方式来确定自身竞争优势。

一、商业生态系统

在生态学理论中，生态系统由生物群落和非生物环境组成，演绎到公益生态，则分别是公益生物群落和外部社会环境。生物群落又由不同种群构成，根据其作用功能的不同，可划分为领导种群、关键种群、支持种群和寄生种群四种角色。领导种群处于生态群落的核心地位，负责生态系统资源整合与协调；关键种群是其他物种所共同服务的对象，是生态系统主要活动的体现。

美国经济学家詹姆斯·弗·穆尔（James F. Moore）于1993年在《哈佛商业评论》上发表文章《掠食者与猎物：新的竞争生态》，从企业生态观视角正式提出了

"商业生态系统"（Business Ecosystem）的概念。他强调企业不再是孤军奋战的经营体，而是商业生态系统有机体的一部分。后来，马克-扬西蒂等依据这个理论，在《哈佛商业评论》中从商业生态系统的角度研究了公司应该采纳的战略类型。1996年，詹姆斯·弗·穆尔在《战争的衰亡》中又提出了一个称为"4P3S"的七维分析模式，即顾客（People）、市场面（Place）、产品或服务（Product）、过程（Process）、结构（Structure）、风险承担者（hare-owner）和社会环境（ociety）。未来的企业竞争模式将不再是传统产业意义上的竞争范畴，而更趋向于"生态系统"之间的竞争模式。这种以企业、组织甚至部分行业机构之间紧密合作关系为基础的商业系统的构建实际上意味着公司集群战略定位的竞争，构建属于本阵营的"生态防御壁垒"。它强调的是互惠、双赢，追求的是正和博弈，这也正是战略生态联盟的核心思想。Moore（1998）随后进一步完善商业生态理论，将其定义为一个更为广泛的经济和社会性系统。在此系统中，处于核心地位的企业通过非集权式决策来引导企业生态系统的发展。Kandiah和Gossain（1998）研究了生态系统中的网络系统与信息传递，并指出生态系统作为一个整体来创造价值，通过核心公司与其他公司的合作，来构成完整的价值链。

商业生态系统借用生物学的概念来研究企业的生存和发展问题，是指以组织和个体的相互作用为基础的经济联合体。这种经济联合体产生出对消费者有价值的产品和服务，消费者是生态系统的成员。有机体成员包括供应商、主要的生产者、竞争者、资金提供者、有关的行业协会、掌管标准的机构、工会、政府和半政府组织以及其他风险承担者等有关方面（见图8-2）。

商业生态系统具有以下基本特征：①商业生态系统中成员企业有多样性，各自都是责任中心、利益中心；②成员互利共存，资源共享，构成一个有序结构与功能的系统；③商业生态系统的生存发展与经济环境相联系；④各个成员在商业生态系统中重要性是不相等的，有优势企业和劣势企业、核心企业和附属企业之分；⑤商业生态系统企业群落的结构松散，边界模糊，每一个成员企业不固定于某一企业群落之中，合作关系呈现动态虚拟合作；⑥商业生态系统中物质能量有序循环，资源合理配置，注重社会、经济、环境综合效益，维持系统的延续和发展。概括来说，战略生态系统的基本特征主要是竞争与互利并存、完善协作、共同进化和群体竞争。

成功战略商业生态系统有以下构成要素：①核心技术。系统中的一家或少数几家公司拥有一种或几种可能成为给最终用户带来巨大利益的基础的核心技术，这些公司被称为商业生态系统的核心成员，核心成员一般结成战略联盟，由其他

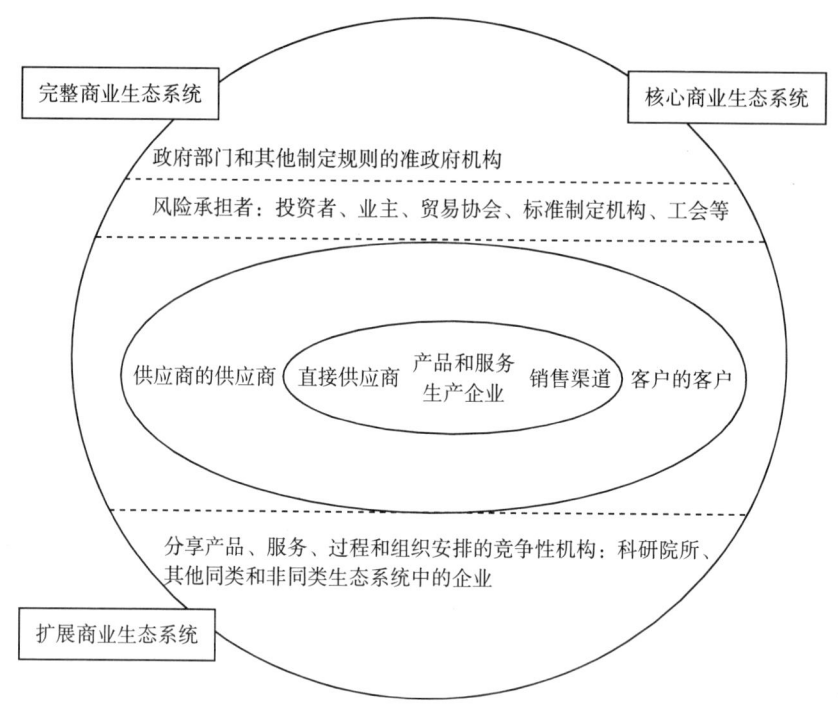

图 8-2　商业生态系统

成员提供配套产品和服务。②规模经济。商业生态系统中体现创新能力的核心产品或服务能带来巨大的销售量，建立起巨大的规模经济，使系统具备强大的竞争力。知识密集、技术含量高的产品和服务边际成本极低，而且随着销量的提高，边际成本趋于零。③全面体验。商业生态系统最终给顾客提供的是一种全面体验这种消费体验。不仅取决于核心产品或服务，还有赖于各种能增加客户经验的补充性产品和服务。④持续创新。各核心成员公司把核心产品和服务的收益进行投资，进一步增加其能力，并开发新产品和服务，这样便建立起一种降价与扩大经营的持续的创新道路，使顾客和盟友确信这种核心业务不仅现在能给他们带来利益，而且在未来他们也将受益。公司还对于生态系统的领导和支持进行投资，致力于联盟—群落的共同进化。小米成功的首要原因是"互联网+"战略下的商业模式创新，利用我国成熟的传统手机产业生态链，整合软硬件，实现更低的成本（Adner，2006）。互联网技术带来了时代的变革，大大降低了交易成本，给消除供需两侧的信息不对称创造了基础。在此背景下，小米将开放的主导逻辑引入手机行业，通过"开放、不排他、非独家"的价值主张，引领手机行业转型升级。小米通过将硬件、软件、互联网服务重新整合到开放的互联网平台中，使企业更具柔性和适应性。在开放的生态产业链中，小米专注于合作平台建构和操作系统创新，联合全球 500 多家企业合作研发，通过 OEM 的方式生产手机，减少库存和技术研发成本，使其手机拥有了很高的性价比。

以上因素可以通过投资与收益的良性循环有机地结合起来，如图 8-3 所示，这种循环是以双环形式出现的，能够使核心产品或服务的提供及生态系统内部的群体的状况不断得到改善。

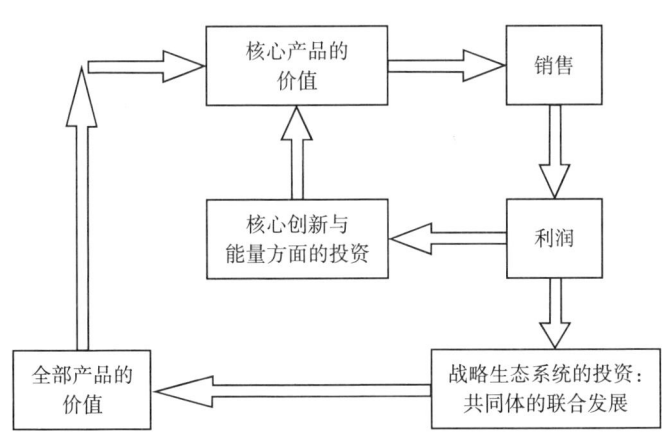

图 8-3 核心创新与生态系统发展的双环状投资

管理研究所谈到的"生态系统"这一术语通常指围绕核心企业或平台形成一系列相互关联性组织，具体包括供应商、互补者、客户、研究机构、监管部门、司法部和标准制定单位等主体（Williamson & De Meyer，2012；Gobble，2014）。生态系统与其他网络结构不同，生态系统关注生产方和使用方共同演进，但创新网络、产业网络等研究仅聚焦于生产方或使用方的组织，并具有价值逻辑、参与者共生和制度稳定性的三大特点。

在生态系统背景下，价值是通过生态系统参与者的相互作用、合作共同创造形成，其与价值链中生产者主导价值创造的线性方式显著不同（Grönroos & Voima，2013）。因此，互联网环境下企业的共创价值指在不同或相同市场中，以消费者为中心，生态系统的核心企业、组件供应商、消费者等多主体通过竞合的网络来共同实现价值定位、构造、传递和获取（Adner & Kapoor，2010）。因此，商业生态模式（Business Ecosystem Model）可概述为企业如何在一个开放的生态系统中，通过各种线上和线下服务来实现其顾客及相关协作者的利益最大化（Vinod，2013）。

商业生态系统理论强调，企业应该嵌入主流生态系统，并通过占据关键生态位，成为生态共同体的最佳角色，并不断向系统提供创新价值，从而最终确立企业的权威领导地位。同时，每个商业生态系统之间还可能发生交互和共演，并嵌入于更广泛的经济生态系统（Economic Ecosystem）。这种变化影响着企业经营管理的方方面面。例如，通信技术的发展为商业生态系统的形成提供了技术条件，消费者需求驱动经济（Demand-driven Economy）则加速了这一过程。再如，商业生态系统打破了传统的行业界限，使不同行业的企业走到了一起，从而增加了共创共赢的市场机会。此外，超分工整合（Super Dis-Integration）的发展促使企业更关注自己的生态位，以及如何使用和从超出组织边界资源中获益。

当然，生态圈与生态圈之间的竞争也可能带来重大威胁。传统企业通常面对高度同质的竞争者，在垂直价值链上争抢下游客源，竞争的形态趋向单一。平台企业发展出独特的创新生态圈，瓦解了这种线性竞争关系，潜在的敌人也往往从无法预料的方向出现。以目前尚在起步阶段的智能家居市场为例，至少存在两方力量相互抗衡。一是家电企业，在传统家电基础上融入智能化功能，构建智慧生活生态圈。例如，海尔推出"U+智慧生活平台"，通过开放的接口协议让不同品牌、不同种类的家电产品接入平台，实现系统级别的交互，可以为用户提供不同的智慧生活解决方案。此外，美的 M-Smart 智慧家居战略以传感、大数据、智能控制技术为手段，通过与阿里、华为等合作伙伴的强强联手，力求打造全品类白色家电产品互联互通。二是一些互联网企业不断延伸产业链布局，搭建统一平台，构建生态圈。例如，以京东微联、阿里小智、小米生态圈等为代表的电商导向型企业往往在传统业务基础上借助控制模块和超级 APP 模式来引流消费用户，主要定位于后装用户市场。还有一些用户/内容导向型企业，如 QQ 物联/微信开放平台、乐视超级应用乐居家等。乐视拥有云平台服务、内容资源库、硬件终端以及应用等其他企业没有的优势资源，能与合作设备商的产品及业务线产生天然的联系。在"平台+内容+终端+应用"的乐视生态基础上，带来更多的用户、内容及服务资源。此外，来自其他生态圈的组织也层出不穷。华为 Hi Link 计划打造以连接为核心的智能家居生态，将"人、车、家"的"三位一体"作为其整个布局的终极目标。360 将"云服务"技术、大数据平台技术、在线营销平台、APP 开发能力、开放芯片组等资源等进行全面垂直整合，推出一个开放、完整的智能家居生态系统和 360 智连模块。

二、商业生态模式

商业生态模式是由多组织形成的生态系统，其实施受到企业内外部因素共同作用，具体表现为战略动机、商业环境和企业资源三方面因素的影响（Porter，2001；Ritala et al.，2013）。其中，战略动机是指企业长远的目标和发展方向，决定了价值定位的方向，引导了商业模式实施的方向；商业环境是商业模式形成的外部条件，对于新兴产业来说既提供了发展机遇也存在外部约束，企业需要通过自我改变来顺应约束和把握机遇；企业资源是商业模式形成的基础，而企业采用何种商业模式都必须考虑需要何种资源、如何获得资源来完成创造顾客价值。

例如，2008年GC（在线旅行服务公司）面临商业模式再次转型，推出了服务于中高端商旅人士的"低付出高享受"D2D商业模式（见图8-4）。其D2D商业模式的生态特性主要包括如下三个方面：①服务生态化。GC面向200多万中高端会员，通过全面开通移动客户端APP、网络预订和呼叫中心等方式进一步提升其线上服务，并在全国机场、高铁站建立连锁自营贵宾厅——GC贵宾厅，提供从家门口到机场、高铁口再到酒店门口"一站式"线下管家服务，倾力打造在线商旅服务的生态化。②管理平台（扁平）化。围绕服务生态化，GC由原来多个平行的以产品分部门的冗余的组织架构，修改为按功能形成中心制如产品中心、贵宾厅管理中心、预订中心和会服中心等；通过APP1.0/2.0先后上线、修改成购物车模式和增加互动分享功能来提升GC客户体验度，并与航空公司合作官网直连，打通行业优势OTA系统；实行贵宾厅"众筹"管理制，让员工做老板，贴心管理。这些管理方式的全方位调整，逐渐使GC实现了平台或扁平化管理，实现了国际金钥匙组织的服务理念。③价值共享化。GC的D2D服务提升了会员的满意度和归属感，为合作商保证或者提高了客户的质量和数量，并有助于满足员工自我发展需求。

D2D商业生态模式是为会员提供"低付出，高享受"的全程管家服务，该价值定位决定于公司如影随形出行管家和让您的出行"一路尊享，全程无忧"的愿景和使命。而在D2D商业模式的价值构造和传递实施中，GC受到其商业环境和企业资源的共同影响。其中，商业环境包括市场、政策和产业三个要素，随着国内航空客票代理费"零佣金"和旅游在线预订新模式如惠选旅游和C2B（逆向拍卖）等市场环境日趋激烈，政府通过建立旅游行业互联网准入零负面清单制度和成立中国旅游投资商联盟，以及较完善的在线旅行产业；而对企业来说资源包括三个要素：资金、技术和人际资源，自1998年创建以来，GC已积累了较充足的资金，移动客户端 APP1.0/2.0 和多个平台化服务技术有了较成熟的运用，并与酒店、机场等合作商具有较好的关系网络。因此，GC 较激烈的市场和完善产业等商业环境和良好的企业资源，使公司通过构建线上和线下价值构造方式，向中高端会员提供"一路尊享，全程无忧"的服务，以最终获取合作商佣金低和会员服务费高等价值。所以，在线旅行服务企业 D2D 商业生态模式实施关键影响因素如图 8-4 所示。

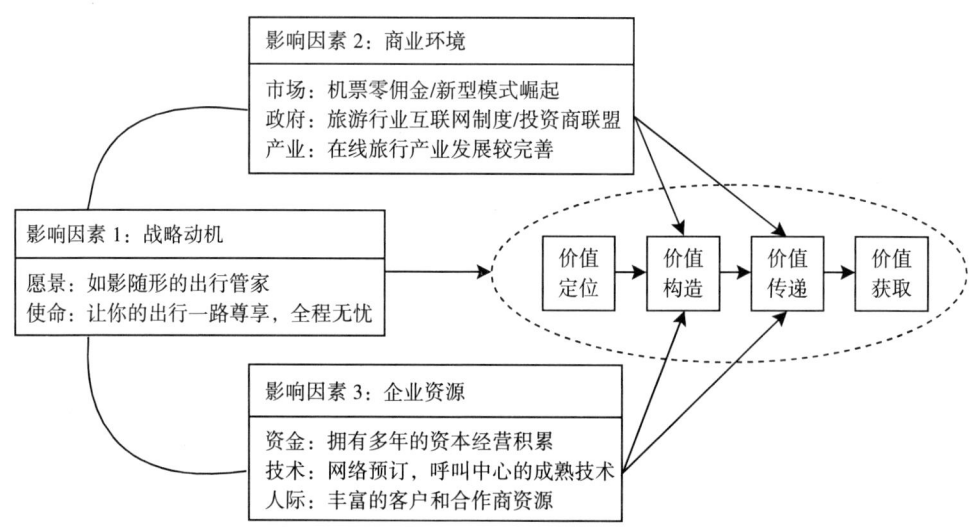

图 8-4　D2D 商业生态模式共创价值的关键影响因素

未来的企业竞争模式将不再是传统产业意义上的竞争范畴，而更趋向于"生态系统"之间的竞争模式。处于核心地位的企业通过非集权式决策来引导企业生态系统的发展，生态系统作为一个整体来创造价值，通过核心公司与其他公司的合作来构成完整的价值链。

携程在 OTA 的行业竞争中看到了这种生态系统的强大生命力，作为行业老大，携程搭建了这样一个生态圈。

首先，携程具备核心技术。一方面，携程发展较早，是行业领头企业，具有技术上的先发优势；另一方面，IT 出身的携程领导人梁建章带领硅谷的技术团队，在移动互联网的当下，其中最重要的任务之一就是利用先进的计算机技术把携程打造为雄厚的互联网公司，而不是传统意义上的旅游服务公司。其次，携程发展具有规模经济，作为国内最早的旅游互联网企业之一，携程曾占据着国内一大半的市场份额，虽后来市场份额下滑，但在梁建章大刀阔斧的内外改革后，通过横纵向并购打通了自身的资源与信息通道，特别是在收购了艺龙与去哪儿之后，携程在OTA行业奠定了坚实的龙头地位，拥有庞大的市场份额、雄厚的财务实力与规模经济。再次，在创造全面体验方面，携程实施开放平台战略，积极打造O2O（Online to Offline）合作平台。2013年底，携程召开"携程旅游合作伙伴大会"，全面推出"平台化"战略，向旅行社开放旅游B2C服务体系，提供包括产品代理、技术支持、营销推广、客户服务等在内的"一站式"旅游电子商务开放平台，联合业界推动传统旅游行业网络化、移动化。"开放平台"将在技术（产品）、营销、商务、服务等方面向提供商开放；在合作方选择上不设禁区，包括旅行社、景点景区、旅游局、租车公司、邮轮公司等；业务类型包括常规散客团队合作、商务会奖团（MICE）合作、自由行业务的地面服务及酒店合作等；在合作方式上也不限定，可以是代理、OEM贴牌生产、联合发团、合作营销、共同采购等。携程"大旅游"的发展规划将专注于旅游和主营业务，主要目标为发展全品类的业务产品，开发多元的业务模式，建立公开的进入机制，营造统一的排序逻辑，实行开放的竞价规则，为旅游发展提供公平的竞争平台，为消费者创造全方位的消费体验。最后，携程坚持持续创新。梁建章回归后，在组织机构的调整上，将部门拆分成各大事业部，鼓励内部创新，为创新营造良好的内部环境；在技术上创新上，一方面结合大数据技术更好地满足顾客需求，另一方面技术架构不断更新升级满足更大的流量需求；在产品创新上，携程不断开发新的海外产品和休闲度假产品；此外，携程将产品与客户体验相结合，利用公司覆盖广、集群能力强的规模优势实现旅游出行的高性价比。各核心成员公司把核心旅游产品和服务的收益进行投资，进一步增加携程的创新能力，开发新产品和服务，这样携程便建立起一种降价与扩大经营的可持续的创新道路，使顾客和盟友确信这种核心业务不仅现在能给他们带来利益，而且在未来也将使他们受益。未来，携程计划持续投资对生态系统的领导和支持，将有利于在线旅游企业联盟群落的共同进化。

梁建章认为，在移动互联网时代打造携程旅游生态圈体系是未来携程战略发展的关键。所谓生态圈，即一系列相互之间交易成本更低的企业的集合，因为一致的价值观和信任，建立高度的协同、共享战略。相比掌握旅游资源的公司，携程作为掌握用户入口的平台化企业有意愿也有能力牵头建立旅游生态圈系统。因此，他对携程下一阶段发展的定位是业内效率最高、规模最大的O2O旅游零售平台和生态圈，为生态圈内的伙伴提供一个价值、信息、资源流通的平台，让每个伙伴都依赖其能力创造不同的价值。"自身在创造价值的公司永远不需要跟别人一起抱团取暖",梁建章坚信,"旅游生态圈所能创造的价值远远超过了携程一家公司的价值"。未来,携程"大旅游"的发展规划将专注于旅游和主营业务,主要目标为发展全品类的业务产品,开发多元的业务模式,建立公开的进入机制,营造统一的排序逻辑,实行开放的竞价规则,为旅游发展提供公平的平台"生态圈"。

三、创新生态系统

2006年,Adner在商业生态系统的基础上进一步提出"创新生态系统"的概念,认为创新生态系统本质上是一种协同机制,这种机制能够通过人力、设备、资金、知识、技能、关系、品牌等资源的开放共享降低研发成本、分散市场风险、实现网络效应和规模效益。

一个创新生态系统可以为商业运作中的创新提供引导,也将商业战略由简单的联合工作向协同、系统的合作转变,从产品竞争向平台竞争转变,从企业独立的发展向共同演化转变,从而为管理战略的制定提供依据。

此时,竞争已不再局限于企业与企业间,同时存在于生态系统之间,组织竞争优势还依赖于外部环境的变化和生态系统成员的共同参与。

我国学者陈劲等梳理了企业创新生态系统的演化阶段及属性,区分了第三代高度基于战略管理导向的创新体系和第四代企业创新生态体系(见表8-1)。第三代体系强调创新战略在企业战略中的核心作用,及其与企业领导治理决策系统的紧密关系,认为企业战略的主导性有效实现了创新所需的各项管理职能(包括研发、制造、设计、营销等)相关协调匹配关系的顶层设计,完善了公司创新战略对于公司战略与竞争优势提升的嵌入关系。而第四代创新生态体系进一步打破企业边界,整合了与企业创新活动相关的利益主体的资源,实现利益共生、协同共演,从而促进了生态系统价值的优化与健康的演进。

表8-1 各代企业创新体系的特点

代际	名称	特点
第一代(20世纪50~60年代中期)	以研发为中心的创新体系	内部、自主
第二代(20世纪60~80年代中期)	基于协同/整合的创新体系	互动、开放
第三代(20世纪80~90年代)	高度基于战略管理导向的创新体系	战略、治理
第四代(20世纪90年代至今)	创新生态体系	生态、核心

与较为规则的网络不同,企业生态系统具有复杂性、动态性和交叉性等特征。《硅谷生态圈:创新的雨林法则》一书中指出,如果传统创新网络的创新主体之间有 (n-1) / 2 个协作节点,那么创新生态网络各创新主体之间就有可能产生 n×(n-1) /2 个协作节点,因此创新生态系统的网络节点比传统创新的网络连接节点多了 n 倍,交易越多意味着整个系统产生的经济效应可能越大。

在企业实践中,海尔集团在融入创新生态系统方面做了有益的尝试。互联网时代的驱动力变了,相应的管理哲学也被颠覆。改革开放初期,由于劳动力成本低,以加工为主的中国制造迅速发展起来。工业时代的原动力是规模经济和范围经济。规模经济就是扩大生产规模、降低生产成本,把企业做大;范围经济就是扩展经营范围,增加产品种类,把企业做强。但在互联网时代,驱动力变成了平台。例如,电商就是平台经济,其快速发展对实体店带来了很大冲击。实体工业如 3D 打印,可能会对传统的生产流水线产生重大影响。基于以上种种,海尔采取了平台化转型战略,建设创新生态圈以适应互联网时代的变革。海尔推出很多打造跨边界的创新生态系统的举措,包括 2013 年提出的"三无"——企业无边界、管理无领导、供应链无尺度,和 2014 年升级的"三化"——企业平台化、员工创客化、用户个性化。从"企业无边界"到"企业平台化",说明海尔已不再扮演"产品中心"的角色,而是转变为"资源中心",通过拆掉供应端、用户与资源中间的"隔热墙",充分交互产生满足用户需求的创意和成果,通过并联交互模式实现技术创新。从"管理无领导"到"员工创客化",是因为随着企业的发展壮大,科层制组织架构出现了"流程长、决策慢、创造力差"等弊端。"无领导"管理模式是为了以"自组织"的方式激发每个员工的潜能,让"张瑞敏制造"变为"制造张瑞敏",使每个人成为创新主体,最终目标是实现所有人自主经营。从"供应链无尺度"到"用户个性化",意味着海尔正在将传统的线性供应链转变为"按需设计""按需制造""按需配送"的现代供应链。因为,在互联网时代中,只有给予用户全流程最佳体验,才能更好地满足用户多样化、个性化、层次化的需求和参与感,增加用户黏性。从内部来看,开放联通的创新生态圈也为创客平台提供了无障碍的资源进入管道,便于第一时间发现并持续捕捉到潜在的产业颠覆机会(杀手级 A1 产品),同时承接新产业的快速孵化,最终打通形成众包、众创、众投的平台架构。转型后的海尔已经成为一个平台企业,处在混沌、动态的生态系统中,因此组织和资源边界变得模糊。

在利益协调和共享方面,海尔采取"网络协同的非线性管理",如与陶氏化学共建全球运营专利池和技术标准生态圈的利益绑定机制;接入模块商参与前端设计，从而享有优先供货权或分享超利的互惠方式；以及通过收购、投资等方式与技术创业企业合作，帮助其分担运营费用，加速技术产业化等。

在创新生态圈中，海尔的确存在失控和失去原有竞争优势等风险。例如，在生态圈内，崩溃性风险、传染性风险、不可抗力风险、断续性风险、过时风险和拒绝风险等可能造成系统功能紊乱与奔溃。前三个风险及其应对原则是结构性方面的，用来指导系统的设计，这些原则也普遍存在于自然界中；后三个风险及原则主要是管理上的，用来指导管理认知的理解和应用。为了提出应对生态圈竞争的策略，将海尔智慧家居生态圈的建设思路整理如表 8-2 所示。

表 8-2　海尔的智慧家居生态圈建设思路

打造聚合平台	为了避免"传感器+芯片+APP"模式造成不同品牌产品之间互不兼容，同时提升便捷性和用户体验，力图打造一个开放、成熟的商业生态系统，涵盖芯片、模组、电控、厂商、开发者、投资者、电子商务、云服务平台和跨平台合作等所有与智能家居有关的行业内容和相关企业
全开放	在聚合平台中，开放的协议和接口有助于合作伙伴的产品迅速升级为智慧家电，实现品牌的互联互通，数据共享，并且节约成本、缩短开发周期。目前海尔"U+平台"已经开放了云服务数据、智能硬件、APP 等接口给合作伙伴。而以开放精神、"极客"精神著称的小米也表示，将在智能家居平台中实现云服务和协议的开放，鼓励开发者参与，实现产品的快速更新
提供芯片支持	智能家居在家电市场仍属于小众产品，产品销量难以达到百万级别，导致家电厂商找芯片厂商定制芯片时要付出高昂的成本。作为智能平台的牵头者，海尔和小米都表示会提供智能硬件和芯片给合作伙伴，通过平台效应和品牌效应降低芯片成本，使中小厂商能够通过植入硬件的方式便捷地开发出智能家居产品，扭转智能家电价格普遍偏高的局面
品牌声誉	作为资质较老、资金充足、产品丰富的传统硬件厂商，海尔在家电行业具有很强的影响力和较为庞大的用户群。它更愿意通过品牌整合效应吸引消费者，让传统家庭通过对电器的更新换代来完成智慧家庭的组建
先发优势	海尔"U+平台"已经进入公测阶段，相比行业内其他企业走得更早、更快
销售渠道	目前海尔已经拥有 3000 家一、二级市场社区店，8000 多家县级专卖店，以及 2.24 万家乡镇专卖店。实体店的设立可以使消费者在海尔专卖店中实际感受到智能家居的魅力

海尔采取了多项战略布局，以扩大其生态圈在智慧家具市场的影响力和优势。例如，2014 年 9 月，海尔推出了主要针对"80 后""90 后"客户的在线装修平台"有住网"，打出了"599 元/平方米"的口号，成立 3 个月就有超过 3000 套房子的家装业务预约。同时，"有住网"还为万科、恒大、龙湖等各大地产商提供装修解决方案，并提供低利率分期贷款服务。再如，海尔推出了与供应商交互

的平台"云菜网",定位于智慧家居OTO平台和丰富的供应商交互平台,致力于为业主提供"一站式"集成家居解决方案和为大客户提供战略集采服务。云菜网与有住网形成战略互补,一个提供装修物资,另一个提供装修服务。海尔日日顺则为业主打造了一个家居网上商城,业主可以通过商城采购海尔智能家居、家电等产品。此外,海尔集团还与国内地产龙头企业恒大集团达成战略合作,有机会把海尔智慧家庭拓展到恒大旗下社区,让战略布局真正落地。

四、生态战略

生态战略一般是指在自然生态系统中,物种之间存在相互竞争、寄生、中性、合作、共生等相互制约、相互影响的关系。而处于市场环境中的各个企业也会由于竞争而产生相互关系。其中,企业的互惠共生指的是企业之间相互依存,以分工为基础,通过合作产生价值增值,从而双方共享新的价值。

周文艺在《生态战略》中通过对不同商业领域的生态考察和研究,提出生态时代的企业战略构建模型,就是以用户互动为中心,囊括了智能终端场景应用(软件或系统)、产品(或内容)和技术平台(云计算、网站)等不同构件的生态战略圈层结构。

1. 生态战略构件

(1)用户:生态的第一驱动力。用户思维是生态战略的核心,也是生态战略的驱动力。在互联网时代,消费者被赋予越来越多的权利,提高消费者满意度,将客户转变为用户,将用户聚集到特定社群,使用户价值不断扩大成为企业追求的目标。

1)消费者赋权与用户参与。在传统商业模式下,企业控制了产品的大部分信息,消费者仅作为产品或者服务的购买者,信息的不对称使消费者无法享有更大的权利,但互联网消灭了信息的不对称性,为消费者与企业搭建了平等的舞台。实时的连接使信息反馈与用户参与的成本持续降低,碎片化的时间也带来了用户参与时长的增加,两者的累加效应实现了"消费者赋权"。

2)从一次性的客户到互动型的用户。在传统商业模式中,企业和消费者是一次性交易的客户关系,交易完成时,企业与消费者的关系就此结束。而互联网时代产品变成企业与消费者之间的一个互动工具,消费者身份由客户(Consumer)变为用户(User),消费者关系由单向沟通变为双向互动,企业消费者之间因产品连接到一起,由信任而产生黏性,消费者的价值也从一次性的交易价值链变成了持续性的用户价值网。如果企业不能洞察全新消费模式的变化,将丧失未来发展的机会。

（2）产品（内容）：生态的核心价值。如果说用户是生态战略的第一驱动力，那么产品或内容就是生态的核心价值所在。因为产品是连接企业与用户的核心所在，生态中的其他构件诸如平台、应用和终端都是为服务连接而存在的。通俗地说，在互联网时代，首先是用户至上，其次是产品（内容）为王。但在产能严重过剩、产品严重同质化的今天，任何企业的崛起，靠的都不是营销的成功，而是产品的成功。

（3）智能终端：生态的连接器。在生态战略的构件中，智能终端是产品在互联网时代的一种进化形态，因为并非所有的产品（产品、服务或内容）都是以智能硬件的形态存在的。智能终端既是连接器也是新物种，各种传统设备在具备运算能力以后，就变成了全新的产品，传统产品的智能化一直是传统企业转型、新兴公司创业的热点。

（4）应用：生态的场景化入口。如果说智能终端是实现生态连接的硬件，那么应用就是实现生态连接的场景化入口，应用已经成为生态战略中依附于硬件之上、连接用户和产品的沟通界面，由于移动智能设备的普及，为应用提供了巨大的舞台。

（5）技术平台：生态的承载空间与新商业基础设施。在生态构件中，以网站、云、数据计算等为核心构成的技术平台，是商业生态的承载空间，并不断演变成新的商业基础设施。对于中小企业而言，大多是租赁使用云服务，以低成本满足企业的需要；而对于生态级的企业而言，自建并开放企业的云平台、大数据计算服务则是一个子生态的构建。

2. 生态战略商业模式

以生态战略模型图为基础，以用户为生态商业模式的核心，包括三个构件为基础，至少可以得到五种典型的商业模式：

（1）"用户+智能终端+应用"商业模式。这种商业模式的典型企业有两家，一个是苹果公司构建的封闭的以 iOS 系统为基础的智能终端和应用生态，另一个是谷歌构建的开放的以安卓操作系统为基础的智能终端和应用生态。

（2）"用户+智能终端+产品或内容"商业模式。这种模式组合的代表企业是小米，从用户到智能终端的生态链延伸，不断扩大生态链覆盖的品类。

（3）"用户+产品或内容+技术平台"商业模式。这种模式的战略组合代表企业众多，尤其在内容创业、知识电商大行其道的今天尤甚。罗辑思维、阅文集团和喜马拉雅的战略都是这一类型的生态战略。罗辑思维在构建了几百万用户的基础上，开始由单一知识电商向知识电商平台转型；喜马拉雅则是将内容有声化，搭建起内容生产、内容分发、内容创业等多个模块。

（4）"用户+智能硬件+技术平台"商业模式。这一类型的商业模式的代表企业是一家叫"硬蛋"的智能硬件供应链众包平台，它是中国最大的智能硬件创新创业平台。

（5）"用户+应用+技术平台"商业模式。这一商业模式的代表企业众多，几乎每一个超级应用都有可能实现这样的生态战略。以微信为例，微信通过应用连接起几亿用户，并进化为包括公众平台、开放平台等六大平台的生态圈。

【本章参考文献】

［1］Willianmson. Makets and Hierarchies：Analysis and Antitrust Implications［M］. New York：The Free Press，1975：189-195.

［2］Davidson C., Deneckere R. Incentives to From Coalitions with Bertrand Competition［J］. Rand Journal Economics，1984，16（4）：473-481.

［3］Chatraphom P. Accounting for Business Combinations：A Test for Long-Term Market Memory［D］. Acrobatplanet.com，2001：34-72.

［4］Hemang D., Henning, Srinivasan Krishnamurthy and Joseph Magliolo. Does the Choice of Accounting Method Matter in Mergers?［J］. Working Papers，2002（10）：14-15.

［5］Child J., Faulkner D., Tallman B. Cooperative Strategy［M］. Oxford University Press，2005：215-247.

［6］Rui H., Yip G.S. Foreign Acquisitions by Chinese Firms：A Strategic Intent Perspective［J］. Journal of World Business，2008（43）：213-226.

［7］Timmers P. Business Model for Electronic Markets［J］. Journal on Electronic Market，1998，8（2）：3-8.

［8］Linder J. C., Cantrell S. Changing Business Model：Surveying the Landscape［R］. Institute for Strategic Change, Accenture，2001.

［9］Weill P., Vitale M.R, Place to Space：Migrating to E-Business Model［C］. Working Paper, Athens University of Electronics and Business. Grace，2002.

［10］Mahadevan B.Business Models for Internet-based e-Commerce：An Anatom［J］. California Management Review，2002，42（4）：55-69.

［11］Afuah A., Tucci C. L. Internet Business Models and Strategies：Text and Cases［M］. 2nd Editon. McGraw Hill, New York，2003.

［12］Osterwalder Alexander, Yves Pigneur, Jan Ondrus, Bertrand Lathboud Skype's Disruptive Potential in the Telecom Market：A Systematic Comparison of Business Models［C］. Working

Paper, 2005.

[13] Hammer, Michael. Deep Change: How Operational Innovation Can Transform Your Company [J]. Harvad Business Review, April 2004, 82 (4): 85-93.

[14] Rappa, Michael. The Utility Business Model and the Future of Computing Sevices [J]. IBM Systems Journal, 2004.

[15] Bossidy, Larry and Ram Charan, Charled Burck. Execution: The Discipline of Getting Things Done [M]. New York: Crown Pub., 2002.

[16] Magretta, Joan and Nan Stone. What Management Is: How it Works and Why It's Everyone's Business [M]. New York: The Free Press, 2002.

[17] Lewellen, Loderer and Rosenfeld: Merger Decisions and Executive Stock Ownership in Acquiring Firms [J]. Journal of Accounting and Economics, 2003: 209-231.

第九章 国际化与知识产权战略

第一节 国际化战略

一、企业国际化理论进程

1. 小规模技术理论

刘易斯·威尔斯（Louis T. Wells，1983）在分析企业能够进行国际化的原因时，主要指出两点：第一，企业掌握了为小市场需求服务的小规模生产技术。企业开发了满足小市场需求的生产技术而获得竞争优势，这种小规模技术特征往往是劳动密集型的，生产有很大的灵活性，适合小批量生产。第二，低价格优势和低价产品营销战略。企业通常采用低价策略，而大型企业由于产量规模较大，无法进行较大幅度的降价促销措施，而小企业在策略选择上较为灵活。

2. 技术地方化理论

拉奥（Sanjaya Lall，1983）提出了技术地方化理论。他认为，国家跨国公司技术变动性本身能够使其同样拥有竞争优势，其来源于以下几方面：第一，技术知识当地化是在不同于发达国家的环境下进行的，而这种新的环境与一国的要素成本和资源禀赋相联系；第二，能生产更适应于市场需要的产品；第三，技术创新往往集中于小规模生产技术的发明与应用，并且这些技术在小规模生产条件下具有更高的经济效益。

与技术地方化理论和小规模技术理论不同的是，日本学者小岛清（Kojima，

1978)的关注点主要是在对外投资企业的技术水平与东道国相比较上,强调比较优势的重要性。

3. 比较优势理论

比较优势的理论思想体现在两个方面:一是所谓"边际产业",是指在本国内已经或即将丧失比较优势,而在东道国具有显在或潜在比较优势的产业;二是对外投资企业与东道国相应工业的技术差距越小越好,这样容易在海外尤其是发展中国家找到立足点并占领当地市场。对外直接投资技术选择的标准不是垄断优势而是比较优势。

4. 企业国际化的阶段理论

约翰逊和瓦尼(Johanson and Vahlne,1990)提出了企业国际化阶段论。企业国际化的不同发展阶段具体为:不规则的出口活动—通过代理商出口—建立海外销售子公司—从事海外生产和制造。

米勒(Miller,1993)把国际化过程分为10个阶段,即评估企业是否准备好进入国外市场、企业分析、对国内业务计划再评估、评估国际市场和竞争、制订国外市场进入计划、识别和选择国外合作伙伴、依从国外规则、选择双方市场的服务支持提供者、企业产品进入市场和在国外市场设立机构。

乔治(George,2000)把国际化步骤分为动机和战略规划、市场调研、市场选择、进入模式选择、对意外和困难的规划和补充的战略。

5. 企业国际化的资源论

资源基础论的核心观点是,企业能够可持续发展的根本原因,是它们拥有特有的稀缺资源,这种资源依附于企业的内在组织,具有无形性和知识性,难以模仿,与早期国际化理论相比,资源基础论使人们认识到企业拥有许多独特的资源优势,合理利用这些资源优势就会促进中企业的国际化经营。其中,企业家能力是企业国际化资源基础中的一个重点。市场需要的快速变化使企业的学习能力成为企业发展的一个必要因素。这种学习能力是主要从四个方面进行分析,即知识的掌握、信息的传播或分享、对信息的分析和对知识的应用。

二、国际化战略的理由

对于企业国际化经营的原因有四大理论进行诠释:一是以产业组织理论为基础,以不完全竞争为条件的研究路线,包括垄断优势理论、内部化理论、寡头均势论等;二是以国际贸易理论为基础,以完全竞争为条件的研究路线,包括产品生命周期理论、比较优势理论等;三是以企业管理、组织和战略理论为基础,包括跨国公司组织理论、战略管理理论等;四是以企业行为理论研究方法为基础,主要是渐进式企业国家化阶段理论。其中,要属国际贸易理论的分析最为完备,其相关理论如下:

1. 产品生命周期理论

产品生命周期理论是由弗农(Raymond Vernon)教授提出的,该理论从动态的角度把寡占因素和区位因素结合起来,分析特定国家的对外直接投资过程,弗农教授把产品周期分为三个阶段,并以三种类型国家(作为创造发明国的美国、其他发达国家和发展中国家)在不同阶段的生产、进出口和消费特点分析跨国公司的对外直接投资。他指出,在新产品进入市场的最初阶段,只能在本国所熟悉的环境中生产和销售;在成熟产品阶段,企业开始增加向其他国家出口,并逐步扩大对外直接投资,在其他发达国家建立子公司就地组织生产和销售,并开始注重产品的质量和成本;在产品标准化阶段,发达国家产品生产企业开始在发展中国家投资生产,再将产品返销到母国或其他发达国家市场,于是,这些发展中国家成为产品净出口国,母国及其他发达国家成为产品净进口国。

2. 绝对优势理论

亚当·斯密作为绝对优势理论的代表人物,在其著作《国富论》中提出,各国生产不同的商品效率不同,当一个国家生产一种商品比其他国家生产该产品更有效率时,此项生产具有绝对优势。绝对优势理论认为各国应该按绝对优势进行分工生产,进口不具有绝对优势的产品,这样国家间便能互惠互利。

3. 比较优势理论

比较优势理论是由李嘉图在绝对优势理论的基础上于1817年在《政治经济学与赋税》一书中首先提出的。该理论认为,各国间的贸易基础并不一定需要有绝对优势,只要不同国家间存在生产技术等方面的相对差别,生产成本和产品价格的差别也会随之出现,不同国家的不同产品就具备了比较优势,从而为国际贸易的进行提供依据。

4. 要素禀赋理论

要素禀赋理论是瑞典经济学家赫克歇尔和俄林在斯密与李嘉图的贸易理论基础上进一步发展而来的。要素禀赋是指一国拥有的劳动力、土地和资本等资源的程度,不同的要素禀赋产生各异的要素成本,要素禀赋和要素成本一般成反比关系。要素禀赋理论也认同相对优势,但是与李嘉图强调的技术差别引起相对优势的观点不同,其认为要素禀赋的差异也可决定一国贸易的相对优势。

5. 规模经济理论

上述的相关理论都假定产品的规模报酬不变，且各国生产的都是同质产品，而美国经济学家克鲁格曼提出的规模经济理论认为，大多数产品的生产规模报酬是递增的，即在一定的条件下，企业在原先的基础上扩大其生产规模，投入的生产要素能获得更多的产出。国际贸易的好处是在本国市场有限的情况下，可以扩展国外市场以增加产品的产出，节省成本，形成规模经济。

正是基于上述的国际化理论，企业才有了很好的理论支撑，能够大胆进行国际市场开拓，这就需要国际化战略的指导，提升企业的绩效，以增强企业在国际环境中的竞争能力，增强自身的适应能力和发展能力。

三、国际化战略的内涵与动因

1. 国际化战略的内涵

金润圭（1999）在《全球战略：跨国公司与中国企业国际化》中指出，企业国际化战略意味着以出口为导向，紧盯世界市场，实行国际化经营，跨国性地配置企业的各种生产要素和管理技能，积极主动地参与国际分工合作与竞争，使企业能在复杂多变的世界政治、经济、技术环境中，具备良好的自我生存和发展能力。张嘉（2006）认为，企业国际化战略是指在经济一体化和信息化背景下，企业积极主动参与世界分工，由国内市场运营向全球市场运营发展过程中所做出的战略选择。从宏观方面看，企业国际化战略指的是以培育国际竞争力和竞争优势为目标，通过国家制定的产业政策、人才培养、制度创新、技术创新以及品牌创新来融入全球化进程；从微观方面看，企业国际化战略是指对国外市场进入方式和区位的选择，竞争战略和对外投资模式等国际市场竞合关系和投资战略。部刚（2007）结合国际市场的特性，将国际化经营战略定义为"企业为了实现在国际市场的长远目标，根据国际市场环境的变化，选择最适合于本企业目标的产品、市场机会和经营形态，合理分配企业资源的过程"。

一般来讲，国际化战略是指企业在正确分析和估量国际外部环境和内部条件的基础上，寻求在国际市场经营目标、经营结构、资源配置等方面与外部环境之间的动态平衡，以帮助企业在激烈的国际市场竞争中求生存、求发展。

Prahalad 和 Doz（1987）从跨国公司对外部环境的反应出发，沿一体化压力和当地化压力两个维度将跨国公司的战略分为一体化战略、多重心战略和当地化战略。一体化战略是指企业有目的地将联系密切的经营活动纳入企业的体系，组成一个统一经济实体。本地化战略是企业为了实现融入海外目标市场的目标所采取的策略。它建议企业将自己看成是目标市场中原先的成员融入当地实际情况，而不是将企业看成目标市场的外来入侵者，强调企业以适应环境来获得更大的发展空间。

2. 国际化战略的动因

日本学者小岛清（1975）偏重用企业的垄断优势进行解释，把企业进行国际化经营的主要动因分为三类，即自然资源寻求型、市场寻求型和生产要素寻求型，由此得出东道国在自然资源、市场、生产要素方面的优势决定了母国的区位选择和投资类型的观点。Dunning（1981）提出了国际生产三个优势，即所有权优势、内部化优势和区位优势，这些优势也被称为"折衷范式"，三者共同决定了企业进行海外投资的行为。Wells（1983）对发展中国家的企业实施国际化战略的动因经过系统分析后认为，国际化动机包括"谋求低成本""分散资产""母国市场的局限""获取先进技术"等，其中"保护出口市场"是处于经济成长期国家的制造企业对外投资最为重要的动机。Lecraw（1993）提出了经营延伸型和出口提高型这两种国际化经营动机，其中经营延伸型是企业在国内市场经营的国际延伸，出口提高型指的是通过获取他国在管理和技术方面的优势，进而促进自身产品或服务的对外出口。Makino 等（2002）以新兴工业化国家的企业为研究对象，把企业国际化经营的动因划分为资产利用型与资产获取型。他们研究发现，新兴工业化国家的企业努力进入发达国家市场的主要原因在于主动获取企业的战略资产，以增强企业自身的能力和提升其在国际国内市场的竞争优势。张晶（2006）对国内外学者的研究成果进行总结，得出发展中国家企业国际化发展动因主要体现在"贸易导向型国际化""技术获取型国际化""资源导向型国际化"等方面。

1977 年，英国雷丁大学教授邓宁（J. H. Dunning）在《贸易、经济活动的区位和跨国企业：折衷理论方法探索》中提出了国际生产折衷理论。折衷范式理论是对国际化动因的垄断优势理论、内部化理论和区位理论的综合。运用该理论，可以将国际化的动因分为以下四种类型：

（1）寻求产品市场。企业从事国际化活动最直接的动因是开发市场洼地，在国外市场趋于饱和时为现有的产品和服务寻找新的顾客。随着经济全球化的发展，不同国家的消费者在需求偏好和消费习惯上有趋同的倾向，这使企业有可能将产品和服务推向更广阔的市场。

（2）寻求自然资源。企业在海外市场寻找更优质和更低廉的资源，以降低生产成本，获得低成本优势。可以带来低成本优势的资源主要包括原材料、劳动力和技术。

（3）寻求效率。企业运用立体化，以获得更大的规模效应或协同效应。通过国际化获得中间产品的自由贸易，获得区位所带来的税收减免、土地补助等。

（4）寻求战略资产。企业将经营活动领域从单一的国内市场扩展到海外市场，可以在更大的范围内学习新的技术、管理经验，积累对顾客需求的认识，由此打造出更强的核心竞争力。

不同企业走向国际化的具体原因千差万别，出于各自不同的考虑，受到各种不同因素的驱使。企业的国际化经营从根本上说都是出于整体战略的考虑，即为了寻求更大范围的竞争优势。例如，伊利为提升自身竞争力开启了国际化竞争的探索，其国际化动因主要有以下方面：

（1）提升品牌形象。2005年，伊利主营业务收入超过100亿元，多次进入"中国企业500强"与"中国品牌500强"。伊利确立了国内乳业领导者的地位，具备了与国际乳企竞争的实力。伊利适时进入国际市场，可以利用其"北京奥运"展示其产品品质和研发创新能力，会增加其品牌价值、提升品牌形象，进而获得世界的认可，达成由中国品牌到世界品牌的转变。

（2）寻求战略资产。整合全球资源、汇聚全球智慧，是伊利的两项战略性资产。伊利在新西兰建立大洋洲乳业生产基地，与意大利斯嘉达乳业集团达成战略合作伙伴关系，在荷兰建立中国的乳制品行业海外规格最高的研发中心，在美国伊利主导实施了中美食品智慧谷，集聚全球顶尖智慧、聚焦国际前沿课题。用全球最好的资源服务全球消费者，大大提升了伊利品牌形象和产品竞争力。

四、企业国际化战略的类型与方式

企业"走出去"战略的类型有本国中心战略、多国中心战略和全球中心战略。

1. 本国中心战略

本国中心战略是在母公司的利益和价值判断下做出的经营战略，其目的在于以高度一体化的形象和实力在国际竞争中占据主动、获得竞争优势。这一战略的特点是母公司集中进行产品的设计、开发、生产和销售协调，管理方式高度集中，经营决策权由母公司控制。这种战略的优点是集中管理可以节约大量的成本支出，缺点是产品对东道国当地市场的需求适应能力差。

2. 多国中心战略

多国中心战略部在统一的经营原则和目标的指导下，按照各东道国当地的实际情况组织生产和经营。母公司主要承担总体战略的制定和经营目标分解，对海外子公司实施目标控制和财务监督；海外的子公司拥有较大的经营决策权，可以根据当地的市场变化做出迅速的反应。这种战略的优点是对东道国当地市场的需求适应能力好、市场反应速度快，缺点是增加了子公司和子公司之间的协调难度。

3. 全球中心战略

全球中心战略是将全球视为一个统一的大市场，在全世界的范围内获取最佳的资源并在全世界销售产品。采用全球中心战略的企业通过全球决策系统把各个子公司连接起来，通过全球商务网络实现资源获取和产品销售。这种战略既考虑到东道国的具体需求差异，又可以顾及跨国公司的整体利益，已经成为企业国际化战略的主要发展趋势。但是这种战略也有缺陷，对企业管理水平的要求高、管理资金投入大。

国际化战略的方式具体如图 9-1 所示。

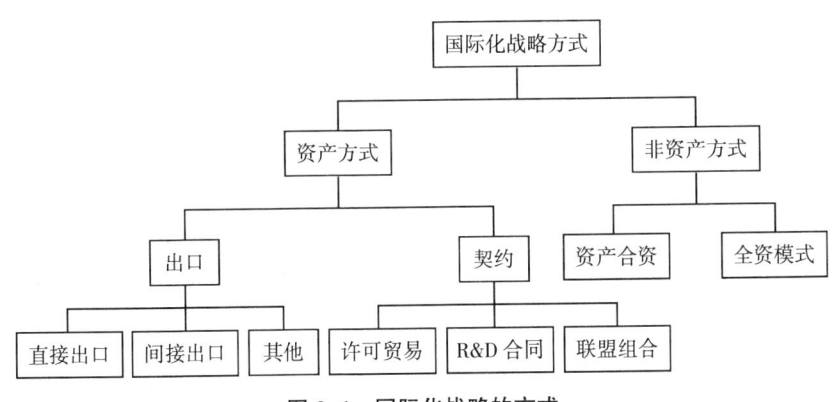

图 9-1　国际化战略的方式

五、企业国际化演化路径

中国企业国际化历史可以分为战略提出、形成和发展三个阶段：2000 年以前是孕育期，形成基本思想；2000~2007 年是发展期；2007 年以后是全面推进期，加快战略实施。

第一个阶段是对外开放思想孕育了"走出去"战略。邓小平同志深刻总结了我国建设社会主义的历史经验教训，把对外开放提高到社会主义事业兴衰规律的高度，明确指出了对外开放是我国的长期国策，并科学阐述了对外开放的内涵，提出了对外开放的步骤和发展格局，开创了中国改革开放的全新局面。因此，在党的十一届三中全会上明确提出，"在自力更生基础上，积极发展同世界各国平等互利的经济合作"。在这一重要方针指引下，我国企业开始勇敢地迈向世界。

中国大陆在改革开放初期尝试性地创立了一种企业贸易形式——"三来一补",指来料加工、来样加工、来件装配和补偿贸易,它最早出现于1979年,由张细创立了全国第一家农村"三来一补"企业——龙眼张氏发具厂。"三来一补"企业主要的结构是由外商提供设备(包括由外商投资建厂房)、原材料、来样,并负责全部产品的外销,由中国企业提供土地、厂房、劳动力。随着中国制造业的逐渐发展,2000年后,由于政府没能对"三来一补"企业的政策进行及时调整,利益结构僵化、固化,"三来一补"的企业结构显现出越来越多的问题,逐渐不适应中国加入WTO后的发展。

第二个阶段,在总结了对外开放的历史经验和教训后,正式提出把"走出去"作为国家战略。2000年3月,江泽民同志在全国人大九届三次会议上基本上把"走出去"战略提高到国家战略层面。2001年,"走出去"战略被写入我国《国民经济和社会发展第十个五年计划纲要》。胡锦涛多次提出"要积极稳妥地实施'走出去'战略,在取得实效上下功夫。这既是新形势下充分利用两个市场、两种资源的重要途径,也是扩大国际经济技术合作、提高企业竞争力的重大举措"。

综观这一时期中国企业的国际化战略,大致可以分为四种类型:第一种是海外设厂,生产本地化,如海尔;第二种是自有产品直接出口,如华为和中兴;第三种是并购国外企业,如联想;第四种是产品贴牌出口,这类企业以浙江温州企业为主。上述分类是按照企业的主导战略类型,企业国际化战略有时会采取多种战略,即组合战略来进军海外。前三种方式是中国企业国际化的方向,也代表了中国公司在国际上的竞争力。

海尔模式:海外投资工厂(生产本地化)。起初,海尔的策略是出口产品,但是后来它发现国外对来自中国的家电认可度不高,而且各国贸易保护主义对出口有种种限制。于是屡败屡战的海尔开始在海外投资工厂,以本土化生产本土化销售为方向,结果不仅成功绕过贸易壁垒,而且使海外销售迅速发展起来。

华为模式:自主知识产权的自有品牌出口。华为一直专注于通信技术的进步,每年把不低于销售额10%的经费投入研发领域,按照华为2004年销售额近500亿元计算,其2005年投入研发领域的费用接近50亿元,对中国企业来说,这是一个天文数字。华为的海外策略也对外直接投资,但是主要是建立研究机构和销售网络。在产品方面,华为一直坚持自主品牌的出口方式。

联想模式:通过并购获得市场与技术。依靠"贸工技"路线迅速崛起的中国联想集团一直坚持务实的发展路线,缺乏核心的自主知识产权一直是联想最大的软肋。作为高科技类型的企业,缺乏核心技术是很难长远生存的。联想宣布在全球收购国际电脑巨人 IBM 的 PC 业务时，引起了全世界极大的轰动，它以现金和承担债务的方式向 IBM 支付了 17.5 亿美元，同时向 IBM 转让了联想集团 19% 的股权。通过此次并购，联想成为全球第三大电脑生产商，同时也获得了原 IBM 的技术和市场。

第三个阶段特点就是加快实施"走出去"战略。2007 年党的十七大提出要"鼓励发展具有国际竞争力的大企业集团"，中国企业全球化从行业广度到深度均得到提升和拓展。标志性事件包括鞍钢收购澳大利亚金达必公司、中国移动收购巴科泰尔以及中铝收购秘鲁铜业等。

2013 年 9 月和 10 月，中国国家主席习近平在出访中亚和东南亚国家期间，先后提出共建"丝绸之路经济带"和"21 世纪海上丝绸之路"的重大倡议。2015 年 3 月，国家发展改革委、外交部、商务部联合发布《推动共建丝绸之路经济带和 21 世纪海上丝绸之路的愿景与行动》。"一带一路"倡议将充分依靠中国与有关国家既有的双多边机制，借助既有的、行之有效的区域合作平台。伊利提出了"全球织网"国际化战略，中国作为市场洼地，在新西兰建立奶源基地，在新西兰和美国投资建奶粉加工厂，在荷兰和美国共建研发中心，创新性地借鉴了海尔模式、华为模式和联想模式，以组合战略来进军海外。

六、企业国际化的实践：小米的国际化之路

2014 年以来，众多国内智能手机厂商品牌正在全面洗牌，包括小米、联想、华为、中兴、酷派等在内的众多手机厂商也纷纷踏入海外市场，国产手机厂商在十年前的首轮"出海"之后，再次掀起"出海"大潮。小米并没有埋没在这大浪之中，而是显示出了强劲的赶超势头。根据 Internet Data Center（互联网数据中心，以下简称 IDC）发布的 2014 年第三季度全球智能手机出货报告，小米已跻身全球前 3 名，而中兴、华为没能进入前 5 名。迄今为止，小米已先后进入新加坡、马来西亚、菲律宾、印度、印度尼西亚、巴西等国家市场，并且试水欧美市场，雷军还曾声称将进入泰国、越南、俄罗斯、土耳其、墨西哥等国家市场，有消息称小米计划下一站进军非洲。小米的海外扩张在紧锣密鼓地进行中，就像雷军所说的，"中国小米将升级为国际小米"。

对于海外营销的模式，小米公司透露，主要是参照国内的方式，把小米在国内的方式移植到海外，并且继续秉承"为发烧而生"的理念，定位于高性能、低价格的高性价比的产品路线。在国内，小米的营销模式其实就是七字口诀："专注、极致、口碑、快"，即雷军的互联网思维。

小米利用品牌营销和粉丝经济，通过直接电商渠道销售来降低成本；专注于产品、立志于极致，打造高性价比的产品吸引用户；并通过虚拟品牌社区与粉丝实时互动营造口碑效应。对于开拓新市场，小米公司的一位高级管理人员介绍，"就像是建设一家新公司"。小米团队需要从头开始建设新业务，在海外销售产品，相关的物流、客户服务、配送、售后和保修等环节都必须建立起来。与此同时，还必须在当地建立自己的品牌知名度。小米进军海外的主要竞争者——华为、中兴已率先开拓海外市场，华为、中兴两者与小米之间显然走出了一条不同的道路。在中兴的全球化战略中，全球范围内深化体育营销是关键一步。在美国市场，中兴通过赞助 NBA 三大球队的方式寻求扩大其在 NBA 球迷群体中的品牌影响力。而在欧洲市场，中兴通过赞助足球联赛的方式，逐步为市场所认知。中兴在欧美市场更多展现出了年轻、运动、时尚的产品调性，深受年轻群体的喜爱。华为的品牌战略呈现出了文化输出的特点，"华为荣耀丝路行"沿欧洲而行，最终到达米兰世博会，在全世界面前分享中国荣耀；以文化交流的方式，润物无声地让欧洲认识到来自中国、代表中国的科技品牌。理性与人文并重，这种价值观念不仅在国内适用，在欧洲同样是一种普世价值。华为在开拓国际化市场之后，进行了全球化布局，充分利用全球资源来支撑公司的全球化运作。华为在美国、瑞典、德国、意大利、俄罗斯、土耳其、印度等国建立了 23 个研发中心，在全球布置了 45 个培训中心、37 个技术支持中心，支撑全球的制造中心和物流中心。全球化的布局使华为能够以本土化的企业招聘到当地最好的科技人员，为华为可持续地成为世界第一提供了人才保障。此外，面对知识产权问题，华为每年要支出三亿美元的国际专利费用用于开发自己的专利。华为也开启了主动支付知识产权费用的先例。值得一提的是，与小米的性价比战略不同，华为荣耀和中兴已经通过品牌塑造的方式逐渐走出低价竞争的怪圈，在欧美市场上走出一条高品牌溢价的道路。对于小米国际化地区的选择，总裁林斌称，小米进军海外市场主要考虑三个要素：一是年轻人群规模；二是电商处于高速发展期；三是运营商对手机渠道销售的把控能力相对较小。还有小米公司相关人士透露，对于进入市场的选择，还需考察以下标准：该国家互联网发达程度、网民有良好的在线购物习惯；智能手机换机潮的时间窗口（类似前几年的中国）；该国家是否电商发达、物流发达，能够支持在线购物的配送体系。小米走出大陆，首先涉足中国台湾和香港，开办"米粉节"，为正式进入国际市场做准备。2013 年 4 月，小米与台湾代理商合作，联合台湾中华电信、远传电信两大运营商推出小米 3。同时，与香港运营商 PCCW-HKT 达成合作，推出带合约的红米手机；与和记电讯旗下"3

香港"合作推出小米 3。2013 年 8 月 29 日上午，谷歌 Android 全球副总裁雨果·巴拉（Hugo Barra）宣布从谷歌离职，并于当年 10 月正式来到中国出任小米全球副总裁（于 2017 年从小米离职），负责小米国际业务拓展事务。随着全球副总裁巴拉的到来，小米的海外征途也正式拉开了序幕。

小米跨国经营初期采用贸易进入的形式，与通过当地运营商销售其产品，物流成本也相对较高，现在考虑在国外设厂逐渐向直接投资转变。小米在不同市场的进入方式对比如表 9-1 所示。

表 9-1 小米进入海外市场的方式

市场	方式
中国台湾	与当地代理商合作，联合台湾中华电信、远传电信两大运营商联合推出小米 3
中国香港	与香港运营商 PCCW-HKT 达成合作，推出带合约的红米手机；与和记电讯旗下"3 香港"合作，推出小米 3
新加坡	开通 Facebook 主页；新加坡的三大运营商 Single、StartHub 以及 M1 已与小米达成了销售协议，销售合约手机；搭配本土 MIUI 主题
菲律宾	代理商销售
印度	与印度最大电信网站 Flipkart 合作，延续"为发烧而生"的理念
欧美	线上销售，并未向欧美消费者提供自家的时尚化智能化手机，仅销售 4 款配件
巴西	活用雨果·巴拉（前小米全球副总裁）人气，召开新闻发布会
非洲	指定 Mobile in Africa 公司作为经销商
马来西亚	小米 4 由当地零售商代理销售。与在国内市场不同，马来西亚市场比较特殊，而且小米品牌在当地市场的知名度也不高，通过网上抢购销售的方式完全行不通，交由当地零售商销售不失为一种较为妥当的方式

小米公司立志走国际化道路，出征以来战果还算不错，但是在进军的过程中也遇到了不少的阻碍：其一，存在虚拟品牌社区建立难题、饥饿营销引发的争议、网络安全隐私问题、专利问题、供应链难题等；其二，外国的进口关税高昂，同时受到印度尼西亚、巴西和墨西哥等国家设备认证流程的影响；其三，小米的秘诀之一："快"也受到了影响，导致了产品发布的延期；其四，"出海"后小米依旧以性价比作为卖点，而在发达国家的消费者购买力较高注重品牌认可，如果小米未来进入欧美等发达国家，高配低价和性价比很难成为打动消费者的要素；其五，品牌知名度也是小米海外张需要面对的问题，其海外的品牌知名度，与苹果、三星、LG 相去甚远，甚至比国产的中兴、联想还低，如在巴西小米就鲜为人知；其六，文化习惯、本土化问题、海外服务网点建设等普遍问题也依然

存在。这些诸多问题都成为小米国际化扩张的屏障。

小米打向国际市场的拳头已经挥出，虽然海外市场的初期业绩还算乐观，但也步履维艰。小米的国际化路程还很长，如何克服种种难题，在海外市场重现国内的成功，还需观察。

第二节 知识产权战略

一、知识产权战略的内涵与特征

知识产权战略是为获取与保持市场竞争优势并遏制竞争对手，运用知识产权保护手段谋取最佳经济利益的总体性规划。

知识产权战略具有以下特征：

（1）全局性。知识产权战略是关于知识产权工作的全局性指导方针、原则以及相应的行动方案，而不是某一具体的知识产权工作或某一局部内容。全局性特点表明知识产权战略追求的是知识产权方面的总体行动和总体效果，而不仅是某一局部的成效，表明知识产权战略具有系统性和综合性的特点。

（2）长远性。所谓长远性，是指在对现有经济技术实力、竞争对手知识产权状况和知识产权制度发展动态进行充分认识和把握的前提下，以长远目标规划当前的行动方案，并随着环境的变化适时加以调整，以求得当前与长远的协调发展。知识产权战略目标是为实现企业长远目标服务的。

（3）竞争性。竞争性是知识产权战略的实质性特点，这一特点源于企业战略的竞争性，即企业战略本质上是一种竞争战略。知识产权战略就是要凭借着法律赋予知识产权人的垄断权，最大限度地控制技术和市场，以达到保护自己、阻滞和制约竞争对手，从而获取竞争优势的目的。另外，知识产权战略的任务就是要运用知识产权制度及其衍生的功能，去争取有利的市场地位，获得最大化的利益。

（4）法律性。知识产权战略是依托于知识产权法律制度的，法律性体现了知识产权战略的启动和实施是建立在有效的法律保护的基础上的。实际上，知识产权战略和知识产权保护之间具有双向互动的关系：知识产权战略以法律保护为基础，而其有效运行反过来又能使知识产权得到更加有效的保护。

(5)时间性和地域性。这一特点是由知识产权的时间性、地域性特点所决定的。以时间性而论,与某一知识产权战略相应的知识产权期限届满或因故提前终止,相关的知识产权战略就应及时调整。就地域性而论,在制定、实施知识产权战略时应考虑到知识产权的权利产生地,这对于实施国际知识产权战略十分重要。

(6)保密性。知识产权战略与经营战略直接相关。其制度涉及对组织内部很多部门相关数据、资料、文件的把握和分析,以及对总体发展战略意图的理解和渗透;其实施涉及经济和科技情报分析、市场预测、新产品动向,以及经营者在某一阶段经营战略意图等很多具有商业秘密性质的信息和资料。因此,知识产权战略中这些带有商业秘密性质的内容宜加以保密,知识产权战略具有保密性的特点。

二、知识产权战略的构成要素

知识产权战略是一个系统结构,有其独特的运行机制。其基本构成要素有以下八点:一是知识产权战略指导思想,通常包括竞争观念、市场观念、创新观念、权变观念、系统化观念、全局观念等;二是知识产权战略实施环境,大体上包括外部的政治法律环境、技术环境、市场环境和社会环境,组织内部的资源配置、技术和经济实力、企业文化、组织构架等因素;三是知识产权战略原则,包括合法性原则、服从于战略原则、全局性和长远性原则、实用性原则及获取竞争优势原则;四是知识产权战略定位,在使命与愿景指导下寻找适合于生存与发展的最佳位置;五是知识产权战略目标,基于可行性原则、定量化原则、激励性原则和稳定性原则等来确定;六是知识产权战略重点,不仅需要考虑所处的行业状况、行业规模、行业竞争结构等因素,还需考虑所处的阶段;七是知识产权战略实施策略,如专利战略实施策略、商标战略实施策略等;八是知识产权战略动态调节机制,体现了知识产权战略的权变效应和适应环境变化的动态性。

三、知识产权战略的分类

按照知识产权的种类,可以把知识产权战略分为专利战略、商标战略、著作权战略等。

(1)专利战略。专利战略主要可以分为进攻型专利战略和防御型专利战略两大类。进攻型专利战略是指积极主动地将开发出来的技术及时申请专利并取得专利权,利用专利权的保护手段抢占和垄断市场,建立并扩大自己的专利阵地,取得市场竞争的主动权的手段。防御型专利战略是指在市场竞争中受到其他单位的专利战略进攻或竞争对手的专利对经营活动构成妨碍时，采取的打破市场垄断格局、利用自己的专利捍卫自己的市场占有率、防止受他人专利的制约或对他人专利实施战略性防卫的手段。

（2）商标战略。商标战略是制定者为了本身的长远利益和发展，运用商标制度提供的法律保护，在非技术性因素竞争和市场竞争中谋求最大经济利益，并保持自己非技术性竞争能力和优势的整体性战略观念与谋略战术的集成综合体。必须从战略的高度决定商标的选择、注册、使用、宣传整个过程的运作。实施这一战略应做到以下四点：重视商标的设计和市场定位；增强商标使用策略，延伸商标竞争优势；综合商标宣传方式，扩大企业社会影响力；构筑完善的商标防御体系。

（3）著作权战略。著作权战略主要针对科技文献著作权管理和计算机软件著作权管理两方面来制定。科技文献是文字作品，是用文字、图形、符号、声频和视频等方式记录人类科学技术知识的载体，是人类社会一种宝贵的智力资源，反映了人类认识世界、改造世界的科技成果。在科技文献的著作权开发和著作权利用上就必须用战略的眼光来规划，既不能侵犯作者的著作权，又要能合理地保护知识产权。计算机软件是指计算机程序及其有关文档，针对计算机软件著作权应做出相应的开发、保护战略。

第三节 专利战略

专利是科技企业的核心产品，因而专利战略的制定和实施是科技型企业知识产权战略的核心内容。

专利战略可分为专利申请战略、专利进攻战略、专利防御战略和混全型专利战略四类。

一、专利申请战略主要类型

（1）基本专利战略。企业基于对未来发展方向的预测，为保持自己的新技术、新产品竞争优势，将其核心技术或基础研究成果作为基本专利来保护，并控制该技术领域发展的战略。基本专利通常是独创性非常高的产品，具有良好的市场前景和广泛应用的可能。

（2）外围专利战略，也可称为专利网战略。企业围绕基本专利技术，开发与之配套的外围技术，并及时申请专利，获得专利权的一种战略。企业通过不断修订权利要求，可以大量申请相互关联的外围专利，构成交织重叠的专利网，迫使竞争对手接受交叉许可。但外围专利战略会降低专利的激励作用，放大垄断作用，形成反"公地悲剧"，应适度使用。

（3）防卫专利战略。有的发明虽然是本企业暂时不实施的，但作为一种技术储备或将来实施更新发明的基础，应当申请防卫专利，以免被其他企业抢先申请而形成对自己的限制。

（4）迷惑专利申请。在同行之间竞争异常激烈时，为了不让对手清楚地掌握本企业的技术发展方向，故意将一些并非本企业所需的技术申请专利，让对手无法跟踪自己的发展。还可以在专利"授权人"一栏隐匿真实身份。

二、专利进攻战略主要类型

（1）专利收买战略。将竞争对手的专利全部买下，从而达到独占市场目的的战略。

（2）专利回输战略。对引进专利进行消化吸收、创新后，形成新的专利，再转让给原专利输出企业的战略。

（3）产品出口、专利先行战略。企业向准备投资或输出产品的国家申请专利，旨在保护投资和获得未来专利产品输出垄断权的战略。其实质是将专利控制作为产品销售的"开路先锋"，避免投资和产品受他人控制。

（4）专利与产品相结合战略。允许其他企业使用自己的专利，但作为交换条件，要求被许可人必须同时购买自己的专利产品，提高自己在市场竞争中的地位。

（5）专利与商标相结合战略。把专利的使用权和商标的使用权相互交换的战略。

（6）专利有偿转让战略。在自己众多技术领域取得的专利权中，对自己并不实施的专利技术，积极、主动地向其他企业转让的战略。包括专利技术所有权有偿转让战略和专利有偿许可使用战略。

（7）专利共享战略。企业为了尽快推广利用自己获得专利权的技术，通过众多厂家的使用使其获得消费者的认同，自愿允许其他厂家无偿使用其专利技术的战略。专利共享战略只是一种在特定的情况下才有必要实施的专利战略。它一般适用于技术先进但一时难以推广、难以在市场中得到普遍认可的专利技术产品。

（8）专利诉讼战略。利用法律赋予的专利保护权限，收集竞争对手专利侵权的可靠证据,及时向竞争对手提出侵权警告或向司法机关提起诉讼,迫使对方停止侵权、支付侵权赔偿费,以达到及时维护自身合法权益,有力打击竞争对手,确保自己市场竞争优势的目的。

(9)专利联盟战略。以专利池形式建立专利壁垒,在联盟范围内互相分享专利池内的所有专利、共同阻止联盟范围外的任何主体使用这些专利。

(10)专利标准化战略。专利与技术标准结合的战略。

三、专利防御战略主要类型

(1)取消战略。针对对方专利的漏洞、缺陷,运用撤销以及无效等程序,使对方所取得的专利不能成立或者无效的战略。

(2)公开战略。本企业没有必要取得专利权但若被其他企业抢先取得专利又不利于本企业时,采取抢先公开技术内容而阻止其他企业取得专利的一种战略。

(3)交叉许可战略。企业间为了防止造成侵权而采取的相互间交叉许可实施对方专利的战略。

(4)利用失效专利战略。从失效专利中有针对性地选择相关技术进行研究开发。利用失效专利战略包括两方面内容:一是以到期或快到期的基本专利作为研究开发、创新的起点,重新组织专利申请的战略,有的学者称之为"基本专利终了战略";二是对失效专利技术的实施使用战略。

(5)专利检索战略,也称为专利地图战略。在选定专利技术开发目标阶段,应充分利用专利文献制成专利地图等工具,分析、了解其他企业的专利情况,将产品开发引导到不侵犯他人专利的方向上,密切注意其他企业专利的动向和最近进展。

(6)绕过障碍专利战略。绕开对方专利权项,开发不相抵触的技术,使用替代技术,在不受专利地域保护范围内利用他人专利。

例如,上海智臻公司采取了以下两个专利战略:一是基本专利战略(专利申请战略)。为关键技术"一种聊天机器人系统"申请专利,在与苹果 Siri 的专利大战中获取了时间领先优势,证明了专利的新颖性、创新性。二是专利诉讼战略(专利进攻战略)。面对巨头苹果公司的专利侵权,积极应战,主动提起诉讼,并在前两个回合胜诉。又如,苹果公司亦采取了两个专利战略:一是无效战略(专利防御战略)。在专利"一种聊天机器人系统"的专利说明书中,对于游戏服务器如何与用户语句进行连接的方法并没有提及,苹果公司面对专利诉讼,抓住小 i 机器人专利申请文件的固有漏洞,采取专利无效战略,为企业争取了备战时间，并取得到目前为止最终回合的胜利。二是诉讼战略（专利进攻战略）。2012年9月，苹果电脑贸易（上海）有限公司向国家知识产权局专利复审委员会提出《无效宣告请求审查决定书》，认为小i机器人专利无效。随后，苹果公司以国家知识产权局专利复审委员会为被告，向北京市第一中级人民法院提起行政诉讼，上海智臻作为第三人，败诉。

四、混合型专利战略

混合型专利战略即集合了各种专利战略方案的综合专利战略，在实施专利战略过程中，根据不断变化的市场信息、不同竞争对手的不同情况以及同一竞争对手情况的变化，及时调整专利战略，形成"强者攻、中者守、弱者跟进"的灵活战略。

例如，OPPO的专利战略就涉及基本专利战略、专利网战略、交叉许可战略和专利引进战略（见表9-2）。

表 9-2　OPPO 具体专利战略分析

战略名称	具体实施
基本专利战略	OPPO从2009年便开始申请手机类专利，在专利上积极布局。到2016年，专利申请量累计4465件，涉及电数字数据处理、电话通信、图像通信、无线通信网络等多个方面
专利网战略	OPPO围绕低电压高电流充电技术的应用和发展前景，开发了一系列配套的外围技术并申请为专利，构成了VOOC闪充技术专利网
交叉许可战略	OPPO与SONY历时12个月联合开发了高画质、高性能的旗舰级IMX 398传感器，搭载在爆款机型OPPO R9s拍照手机上。企业之间专利共享，企业双方都拥有对方需要的专利，达到互惠互利的目的
专利引进战略	OPPO与高通等公司达成专利许可协议，通过双赢合作促进自身的进步

五、专利布局

专利布局是指企业根据其产业、市场和法律等因素，对专利进行有机结合，涵盖了企业利害相关的时间、地域、技术和产品等维度，构建严密高效的专利保护网，最终形成一个保护层级分明、功效齐备、在特定领域有竞争优势的专利组合格局。

典型的专利布局方式有以下几种：一是路障式布局——将实现某一技术目标之必需的一种或几种技术解决方案申请专利，形成路障式专利的布局模式。该方式申请与维护成本较低。但给竞争者绕过己方所设置的障碍留下了一定的空间，竞争者有机会通过回避设计突破障碍。只有当技术解决方案是实现某一技术主题目标所必需的，竞争者很难绕开它，回避设计必须投入大量的人力、财力时，才适宜采用这种模式。企业必须对某特定技术领域的创新状况有比较全面、准确把握，特别是对竞争者的创新能力有较多的了解和认识。例如，高通公司的 CDMA 基础专利，无论是 WCDMA、TD-SCDMA，还是 CDMA2000 通信标准都无法绕开其基础专利这一路障型专利。上海智臻公司的专利布局方式属于路障式布局。二是专利围墙布局——是指将实现某一技术目标之所有规避设计方案全部申请专利，形成城墙式系列专利的布局模式。适用于存在多种技术方案实现相似功能。以系列式专利全面抵御竞争者侵入自己的技术领地，不给竞争者进行规避设计和寻找替代方案的任何空间。但需要企业存在多种技术解决方案，且较为全面成熟，申请及维护成本较高。例如一项与化学相关的发明，将生成其的多项化学方程式、分子设计、几何形状、温度等范围的变化都申请专利保护，形成一道围墙，以防止竞争对手有任何缝隙刻意回避。三是地毯式布局——是指将实现某一技术目标之所有技术解决方案全部申请专利，形成地毯式专利网的布局模式。一般可用于不确定性高的新兴技术、各种研发方向都能产出结果或是专利的重要性尚未明朗化的时期，围绕某一技术主题形成牢固的专利网，可对专利进行全面保护。但需要大量资金以及研发人力的配合，投入成本高，并且在缺乏系统的布局策略时容易成为专利泛滥，无法发挥预期效果。例如，苹果公司的专利布局属于地毯式布局。苹果公司在华提交的专利申请所涉及的方案中发明点较细，如用户界面的一个解锁操作就是一个发明点（技术主题），其在华发明专利申请的 IPC 分类号 G06F 的细分中，仅 G06F3/048 和 G06F3/041 这两个小组申请量就达到 135 件和 75 件，分别涉及的是"基于图形用户界面的交互技术"及"以转换方式为特点的数字转换器，例如触摸屏或触摸垫"方面的专利。四是丛林式布局——也称为糖衣式，或包绕式布局。通常是申多个外围专利来包围竞争对手的基础专利，这样就可以有效阻遏竞争对手的基础专利向四周拓展，从而极大削弱对手基础专利的价值。必要的时候，还可以通过与竞争对手的专利交叉许可来换取对手的基础专利的授权。以多个小专利包绕着竞争对手的重要专利，这些小专利本身价值性或许不高，但其组合却可以阻碍竞争对手重要专利的有效商业应用。另外，当企业本手有重要的基础型专利时，应先自行通过研发形成自己的包绕式专利布局，避免让竞争对手采取该模式。

科技型企业在不同战略下应采用不同的专利布局策略。专利布局的根本是为了创新，从而做出更好的产品，占领市场高地，当企业面临内外环境激烈变化时，利用专利策略能够助力战略转型。以小米公司为例，小米斥巨资购买专利的行为，比自主研发可以更快取得市场先机，同时在走出国门的时候，可以受到来自行业科技巨头的庇护，能够在海外市场上更快站稳脚跟。小米在每个阶段采取的专利策略都不尽相同，在多元化战略下必然采取多种专利策略，如针对国内手机市场优化优势性专利权布局，在打造生态链的时候采用以占有市场为目的商品为主，以商品改良设计型专利为主。小米在进军国际市场时主要采用了防御性专利战略。综上所述，科技公司在进行专利布局的时候，找到最适合自己的战略的专利布局方式是十分重要的。

六、专利国际化

1. 专利国际化定义

专利国际化广义上是指为了协调和专利保护地域性与经济发展全球化间的矛盾，采用统一专利标准、简化申请程序等手段，使专利在全球范围内得到保护；狭义上是指某一个企业在走向国际市场时，采用的一系列专利策略，包括海外市场专利购买等。

2. 专利国际化影响

广义上来说，由于专利国际化的主要作用在于降低跨国申请的难度、提高全球专利保护的标准和强度，因而能够吸引外商投资、技术转移、研发投入、社会福利等。而对单独的企业而言，由于海外市场特有的保护性，进入壁垒会更高，专利国际化能够使企业海外市场的开发更加顺利，实现快速占领新的海外市场，降低海外市场专利风险。另外从长期来看，专利国际化能够促使发展中国家的研发由模仿转向自主创新。

3. 专利国际化战略

长期以来，知识产权都是全球化背景下企业竞争的一个制高点。专利作为知识产权的重要组成部分，在企业占领市场和保护市场的过程中发挥着至关重要的作用。专利战略是为获得与保持市场竞争优势，运用专利制度提供的专利保护手段和专利信息，谋求获取最佳经济效益的总体性谋划。从高新技术领域开始，技术标准不断对专利技术进行纳入，现在已经扩展到越来越多的领域当中。

在专利国际化战略中，专利的拥有者将技术标准和专利捆绑在一起，通过制定技术标准和推行技术标准，获取专利使用费，并且利用技术标准中的专利来垄断市场，从而达到建立符合自身利益的市场秩序和高额利润的目的。专利的购买者通过高额海外专利的购买,以达到快速占领海外市场的目的,几乎所有的跨国科技公司都在通过实施其专利国际化战略,巩固和扩大它们在全球经济、技术中的垄断地位。

以小米为例,面对日益饱和的中国手机市场,小米从 2013 年就开始尝试"走出去"。印度是小米的第二大市场,也是增长最快的市场,对智能手机制造商来说,印度市场如今已经成了兵家必争之地,其在海外战略中的地位首屈一指。但是小米在进军海外时遇到了挑战:前印度德里高等法院裁定,小米侵犯了爱立信的标准核心专利组合,并下发了禁令,要求小米停止在印度销售和进口手机。小米成为美国专利市场的大买主,也显示了小米进军国际市场的决心。但是小米在进军美国时也遇到了挑战:小米在美国遭到 Blue Spike 的起诉;小米 4 通过美国 FCC 认证不久就遭遇了专利诉讼,美国虚拟运营商迅速将小米的手机下架,这一系列事件让小米认识到了美国市场对知识产权的管理是多么严格。面对不同程度的资本市场,进入的方式有所不同,专利策略也应有所变化。美国是成熟的资本主义市场,其知识产权管理十分严苛,想要单靠出口打开美国市场,仅靠单薄的自主研发不足以实现,小米在美单薄的专利储备使得其在美国专利市场频频受挫。小米频繁斥巨资向国外科技巨头进行专利购买,这意味着小米在进军国际市场时多了一位保护人。另外,为了更加顺利地进入美国市场,转换进入模式也是一个契机,出口的模式不利于迅速掌握美国成熟资本市场信息,不利于提高产品对国际市场的适应性和竞争力。而在进入印度市场时,虽然也面临来自专利上的诉讼,但小米通过高通巨头的专利庇护仍能实现自身一定的销售。小米在印度采取进攻型专利策略可以在对手崛起之前快速占领市场份额,这说明对于印度市场,优化优势性专利布局以及加大自主研发力度不失为一条好路。在海外扩张的过程中,小米通过专利国际化战略的实施能够更有效地巩固和扩大其在全球经济、技术中的地位。但值得注意的是,海外环境不可控因素是不确定性的主要来源,光凭专利国际化策略,而不关注国际化进程的其他方面,小米的国际化注定会受挫。

【本章参考文献】

[1] Williamson, O. E., Wachter, M. L., Harris, J. E. Understanding the Employment Relation: The Analysis of Idiosyncratic Exchange [J]. Bell Journal of Economics, 1975, 6 (1): 250-278.

[2] Hippel, E. V. The Dominant Role of Users in the ScientificInstrument Innovation Process [J]. Research Policy, 1976, 5 (3): 212-239.

[3] Hippel, E. V. The Source of Innovation [M]. London: Oxford University Press, 1988.

[4] Porter, M. E. Competitive Advantage of Nations [M]. Free Press, 1990: 42-43.

[5] Porter, M. E. Competitive Strategy [M]. Competitive Strategy: Free Press, 2001.

[6] Porter, M. E. Competitive Advantage [M]. Peking University Press, 1985.

[7] Penrose, E. T. Theory of the Growth of the Firm [M]. Oxford University Press, 1959.

[8] Adner, R. Match Your Innovation Strategy to Your Innovation Ecosystem [J]. Harvard Business Review, 2006, 84 (4): 98.